浙江省普通高校"十三五"新形态教材

高等院校会计与财务管理系列教材

U0738254

Intermediate
Financial Accounting

中级财务会计

主　编　杨丽霞　孙玉军

副主编　章红霞　陶宝山

ZHEJIANG UNIVERSITY PRESS

浙江大学出版社

·杭州·

图书在版编目(CIP)数据

中级财务会计 / 杨丽霞,孙玉军主编. -- 杭州 : 浙江大学出版社,2022.8(2025.8重印)

ISBN 978-7-308-23016-2

Ⅰ.①中… Ⅱ.①杨… ②孙… Ⅲ.①财务会计—教材 Ⅳ.①F234.4

中国版本图书馆 CIP 数据核字(2022)第 164603 号

中级财务会计
ZHONGJI CAIWU KUAIJI

主　编　杨丽霞　孙玉军

副主编　章红霞　陶宝山

责任编辑	朱　玲
责任校对	傅宏梁
封面设计	春天书装
出版发行	浙江大学出版社
	(杭州市天目山路 148 号　邮政编码 310007)
	(网址:http://www.zjupress.com)
排　版	杭州朝曦图文设计有限公司
印　刷	浙江新华数码印务有限公司
开　本	787mm×1092mm　1/16
印　张	21
字　数	524 千
版 印 次	2022 年 8 月第 1 版　2025 年 8 月第 2 次印刷
书　号	ISBN 978-7-308-23016-2
定　价	59.00 元

　　经济越发展,会计越重要,会计人面向经济主战场,必将大有可为。财务会计是现代企业会计的重要组成部分。中级财务会计在财务会计体系中起着承上启下的重要作用,它是在会计学原理的基础上,全面系统地介绍会计确认、计量、记录和报告等方面的内容,既是对会计学原理中揭示的基本理论、基本知识和基本方法的具体运用,又是进一步学习高级财务会计的必要前提和基础。

　　中级财务会计课程在会计学、财务管理和审计学等专业课程体系中处于统领地位,具有辐射功能,对学生会计职业能力和专业素养的形成起支撑和促进作用。结合多年的教学实践,我们编写了这本追随会计理论研究方向、契合会计实务发展要求的教材。本书特色如下。

　　(1)理论与实务紧密结合,体现会计与税法改革前沿。本书既注重企业基本经济业务会计处理的理论阐述,又注重与我国企业会计准则以及会计实践相结合,以财政部颁布和修订的最新企业会计准则为依据,并融入税法的最新变化,体现准则修订的最新成果和最新的财税及会计处理规定。理论知识阐释始终与上市公司真实案例紧密结合,让学生了解会计在经济活动中的真实表达,如每章通过案例或热点问题引出本章学习内容,有助于学生学以致用。

　　(2)打造新形态教材,建设立体化数字资源。在每一章嵌入"小贴士""拓展资源""国际视野""行政法规""延伸思考""案例讨论"等数字资源,将教材、课堂、教学资源三者融合,通过二维码链接,增强教材的表现力和吸引力,增加学习的趣味性,进一步拓宽学生的视野。为配套教材的学习,课程组建设了浙江省线上一流课程(浙江省高等学校在线开放课程共享平台,http://www.zjooc.cn),相关教学资源主要包括教学视频、授课教案和教学课件、案例库、习题库等,学生可随时登录,满足预习、复习、提问、答疑等需要,扩大了学生的学习空间,延展了学生的学习时间,有利于学生对教学内容的理解和把握。

(3)体现课程思政。秉承立德树人的教学理念,有机植入商业伦理和会计职业道德,将诚信、守则、实事求是的价值观,勤勉、中立、公正的职业操守,明辨是非的职业判断能力培养等思政元素融入教材,并通过案例讨论的方式呈现,兼顾知识能力目标与立德树人目标的达成。

本书由杨丽霞(浙江农林大学)、孙玉军(浙江农林大学)担任主编,章红霞(浙江农林大学暨阳学院)、陶宝山(浙江理工大学)担任副主编。全书共13章,具体编写分工如下:杨丽霞编写第一章、第三章、第四章、第五章;孙玉军编写第十章、第十一章、第十二章、第十三章;章红霞编写第六章、第七章、第八章、第九章;陶宝山编写第二章。全书由杨丽霞负责统筹和统稿。

本书适用于会计学、财务管理、审计学等专业本科生的教学,也可以作为其他经济管理类专业学生学习财务会计的参考资料,同时,也适用于会计从业人员的培训和自学。

本书在编写过程中主要参阅和借鉴了全国会计职称考试、注册会计师考试指定教材和其他同类教材及相关文献资料,并得到了浙江大学出版社的大力支持和帮助,在此一并致以诚挚的谢意。

限于编者的学识与水平,书中难免存在疏漏与不足之处,读者在使用本书过程中如发现任何问题,恳请不吝指正,以便我们在今后修订时完善。

编者

2022 年 5 月

第一章

总论

■■ **学习目标**

1. 掌握:财务会计确认基础、会计计量属性、财务报告基本要素、会计信息质量要求。
2. 理解:财务会计目标、会计信息使用者及其对会计信息的关注点、财务会计基本假设。
3. 了解:企业会计准则产生与发展的基本背景。

■■ **案例引入**

美国安然公司的财务造假丑闻

安然公司曾经是世界上最大的能源、商品和服务公司之一,名列《财富》杂志"美国500强"第七名。在 2000 年它呈现给人们的还是一派繁荣的景象,其 2000 年财务报告中致股东的部分写道:"2000 年安然的业绩无论从哪方面衡量都非常成功,我们继续在各项主营业务保持并巩固我们的领先优势。我们预期公司范围内的市场商机将在未来五年里至少翻三番……"但在 2001 年,该公司的财务造假丑闻被曝光,美国证券交易委员会立刻介入调查。

造假事件确认以后,安然公司及与其相关的投行和会计师事务所都遭到了灭顶之灾。

(1)安然公司被美国证券交易委员会罚款 5 亿美元,股票被从道琼斯指数除名并停止交易,安然公司宣告破产。

(2)美国司法部的刑事调查结束后,安然公司 CEO 杰弗里·斯基林被判有期徒刑 24 年并罚款 4 500 万美元;财务欺诈策划者费斯托被判处 6 年徒刑并罚款 2 380 万美元;公司创始人肯尼思·莱虽因在诉讼期间去世被撤销刑事指控,但仍被追讨 1 200 万美元的罚款。安然公司的投资者通过集体诉讼获得了高达 71.4 亿美元的和解赔偿金。

(3)有 89 年历史并且位居全球五大会计师事务所之一的安达信因帮助安然公司造假,被判处妨碍司法公正罪后宣告破产,美国休斯敦联邦地区法院对安达信处以 50 万美元罚款,并禁止其在 5 年内从事类似业务,从此全球五大会计师事务所变成"四大"。

(4)三大投行遭到重罚,花旗集团、摩根大通、美洲银行因涉嫌财务欺诈被判有罪,向安然公司的破产受害者分别支付了 20 亿美元、22 亿美元和 6 900 万美元的赔偿金。

这起美国有史以来最大的财务造假丑闻中,有上万名美国人失去了工作和退休金。这一事件撼动了整个美国股市,导致众多投资者的数十亿美元付诸东流。同时,它也掀开了美国一系列引人注目的企业财务丑闻被曝光的序幕,一批知名的美国公司纷纷被曝出高管主导财务欺诈的案件。安然冲击波还促使监管部门出台了一系列改革措施,其中就包括 2002 年《萨班斯-奥克斯利法案》的颁布。

安然这个商业巨人为何会在被描绘得如此光明的前景下轰然倒下?会计所传递的这些信息是否可信?上市公司作为公众公司,提供高质量的会计信息是其应尽的基本义务。提供虚假会计信息,以谋取私利,不仅严重扭曲了股票的价值,扰乱了资本市场秩序,而且损害了投资者的利益。如果不严加打击和治理,资本市场就难以有效健康地发展。通过本章的学习,作为未来的会计从业人员,你将学会如何在避免财务造假的前提下提出适当有用的财务信息。

第一节　财务会计的目标

一、财务会计目标的两种观点

会计是一门国际通用的商业语言。经济越发展,会计越重要。现代企业会计可以划分为财务会计与管理会计两大分支。财务会计是对传统会计的继承和发展。财务会计是按照企业会计准则的要求,对企业发生的交易或事项,通过确认、计量、记录和报告等程序,为投资者、债权人以及其他信息使用者提供关于企业财务状况、经营成果及现金流量等信息的对外报告会计。

财务会计目标是财务会计活动所要达到的基本目的,它是财务会计行为主体在一定的社会经济环境下,通过自身会计活动所期望达到的结果。财务会计目标决定了财务会计活动的发展方向和方式,也在很大程度上决定了会计方法的选择和发展。在会计实践中,财务会计目标决定了会计工作的具体程序和方法;在会计理论中,财务会计目标是研究会计理论、构建会计理论体系的逻辑起点,居于会计理论结构的最高层次,直接决定着会计理论研究的方向。

综观会计理论界对财务会计目标的研究,归纳起来,主要有两大观点,即"受托责任观"和"决策有用观"。

(一)受托责任观

受托责任观认为,财务会计目标就是以恰当的方式有效反映受托人的受托责任及其履行情况,即财务会计应向委托人报告受托人的经营活动及其成果,并以反映经营业绩及其评价为中心。其理由是:由于资源所有权和经营权的分离,资源的受托者(经营者)负有对资源的委托者(所有者)解释、说明其经营管理活动及结果的义务。因此,受托责任观强调会计信息的可靠性。

(二)决策有用观

决策有用观认为,财务会计目标就是向会计信息使用者提供对其决策有用的信息,即财务会计应当为现时的和潜在的投资者、信贷者和其他信息使用者提供有利于其投资和信贷决策及其他决策的信息。其理由是:随着资本市场的不断发展和完善,所有者与经营者的委托与受托关系日益模糊,作为委托人的所有者更加关注企业在资本市场上的风险和报酬。因此,决策有用观强调会计信息的相关性。

受托责任观和决策有用观虽然在财务会计目标的认识上存在差异,但这两者并非矛盾或相互排斥的。财务会计的这两种观点建立在两种不同的基础之上,是互相关联的。包括我国在内的很多国家就明确提到财务会计应提供关于管理层受托责任的信息,满足报表使用者的决策需求。

二、我国财务会计目标

财务会计目标即财务会计报告目标。我国《企业会计准则——基本准则》第四条指出:"财务会计报告的目标是向财务会计报告使用者提供与企业财务状况、经营成果和现金流量等有关的会计信息,反映企业管理层受托责任履行情况,有助于财务会计报告使用者作出经济决策。"财务会计报告使用者包括投资者、债权人、政府及有关部门、社会公众以及企业管理者。

我国财务会计目标要求满足投资者等财务会计报告使用者的决策需要,体现了"决策有用观"的目标,同时也明确提出要求反映企业管理层的受托责任履行情况,体现了"受托责任观"的目标。"决策有用观"的目标有助于投资者、债权人或者其他会计信息使用者正确、合理地评价企业的资产质量、偿债能力、盈利能力、财务弹性和营运效率,有助于会计信息使用者根据相关的会计信息作出理性的投资决策、信贷决策或其他的经济决策;而"受托责任观"的目标则要求管理者更好地履行受托责任,有利于实现企业资产的安全完整、保值增值,满足企业所有者评价企业经营管理责任和资源使用有效性的信息需求。

三、财务会计报告使用者

在市场经济条件下,企业的利益相关者在决策时通常会利用企业财务会计报告提供的会计信息,对企业的财务状况、经营成果和现金流量以及未来的发展前景进行分析判断。这些利益相关者包括财务会计报告的外部使用者和内部使用者两个方面。

(一)财务会计报告的外部使用者

1. 投资者

投资者(股东)是指公司的权益投资者,包括公司现有的股东和潜在的投资者。由于现代公司的所有者与经营者分离,股东不直接参与企业的经营管理活动,他们只能依靠财务会计报告提供的会计信息了解公司的经营情况,以便对公司的经营管理和未来发展情况进行评价,决定是否保留投资或者向公司追加投资。公司潜在的投资者也需要利用财务会计报告提供的会计信息决定是否投资入股。

2. 债权人

银行、供应商等债权人需要通过企业财务会计报告提供的会计信息了解企业的偿债能力和财务风险,从而确定贷款资金是否安全,以决定是否保有债权或是否继续对企业提供新的信贷资金。银行在决定发放贷款前,需要了解企业的财务状况和经营情况,以确定是否发放贷款。供应商等债权人则需要了解企业的经营状况,以评估货款收回的可能性,以及决定其信用政策等。

3. 政府及其有关部门

政府及其有关部门关心经济资源分配的公平、合理,市场经济秩序的公正、有序,宏观决策所依据信息的真实可靠等。比如税务部门需要通过财务会计报告提供的会计信息了解企业的财务会计报告是否真实有效、企业是否依法纳税;立法机构需要通过财务会计报告提供的会计信息了解社会财富或者利益分配是否公正;证券监管机构则需要通过财务会计报告提供的会计信息了解企业是否如实、充分地披露了相关的信息。

4.客户

客户关心的是企业连续提供商品或者劳务的能力。因此,客户需要通过财务会计报告提供的会计信息来分析公司是否具有保持与客户长期合作所需要的雄厚的经济实力和持续发展的能力。

5.竞争对手

竞争对手可以通过财务会计报告提供的会计信息了解企业的竞争优势和劣势,以此来调整自己的竞争战略,或者通过会计信息的分析,来决定是否对企业进行并购。

6.社会公众

企业的生产经营活动还与社会公众密切相关。例如,企业可能以多种方式对当地经济作出贡献,包括增加就业、刺激消费、提供社区服务等。因此,在财务会计报告中提供有关企业发展前景、经营效益及效率等方面的信息,可以满足社会公众的信息需要。

(二)财务会计报告的内部使用者

财务会计报告的内部使用者主要包括董事会、监事会、经理人以及公司员工。董事会需要利用财务会计报告提供的会计信息制定战略,同时也需要利用会计信息来评估经理人的受托责任履行情况。监事会在监督董事会和经理人时也需要利用财务会计报告提供的会计信息。经理人在进行经营管理决策、评价企业的财务状况和面临的风险以及评估企业经营的成效时需要充分利用会计信息。公司员工需要利用财务会计报告提供的会计信息评估企业的经营状况和可持续发展能力,从而确定其工作岗位的稳定性以及工资福利待遇的未来前景。

四、财务会计的特点

如前所述,财务会计是现代企业会计的一个重要分支。现代企业会计包括财务会计和管理会计。与管理会计相比,财务会计的主要特点是:①财务会计所提供的信息主要服务于企业外部,包括企业的投资人及潜在的投资人、债权人、政府及其有关部门等;②财务会计主要是面向过去,提供企业过去已经发生的经济活动全过程的会计信息;③财务会计以会计报告为工作核心,定期向外提供反映企业财务状况、经营成果和现金流量等的会计信息;④财务会计的工作程序应遵循公认、统一的会计规范(如会计准则)的要求,力求向外提供客观、公正、可靠的会计信息;⑤财务会计有一套比较科学、统一、定型的会计处理程序与方法,如填制凭证、登记账簿、编制报表等。

第二节　企业会计准则

如前所述,现代企业财务会计报告的目标是向财务会计信息的使用者提供决策有用的信息,以帮助信息使用者进行决策。然而,如果财务会计向信息使用者提供的信息没有充分的质量保证,则不能发挥其应有的作用。因此,为了保证对外提供的会计信息的质量,需要建立一套财务会计规范体系,也就是会计标准,以指导会计工作。会计标准是会计人员从事会计工作所必须遵循的基本原则,是会计行为的规范化要求,其表现形式主要有会计准则与会计制度两种。本节着重讨论企业会计准则。

企业会计准则是关于会计核算的统一规范,是企业进行会计确认、计量、记录和报告必须遵循的基本规则。企业会计准则通常由权威机构制定和发布,对企业的财务会计行为具有重要的指导和规范作用。企业会计准则最早产生于西方国家,它是随着所有权和经营权的分离,进而所有权可以在资本市场自由转让而形成的,其目的是向投资者、债权人等外部信息使用者提供公允的财务状况、经营成果和现金流量等信息,以利于他们作出决策。

国际视野 1.1:世界上最具影响的准则制定机构

我国的企业会计标准自 20 世纪 50 年代起直至 90 年代初,一直采用企业会计制度的形式。自 1988 年起开始研究起草企业会计准则。1992 年 11 月经国务院批准,财政部以部长令的形式,正式发布了《企业会计准则》(即基本会计准则),从 1993 年 7 月 1 日起正式实施。这是我国会计改革的一项重要措施,标志着我国企业会计工作进入了一个新的发展时期。

基本会计准则颁布之后,具体会计准则的制定被提上议事日程。1997 年上半年财政部正式发布了一项具体会计准则:《企业会计准则——关联方关系及其交易的披露》。截至 2001 年底,财政部共发布了 16 项具体会计准则。2006 年 2 月 15 日,财政部在对原基本会计准则作重大修订的基础上,发布了《企业会计准则——基本准则》和 38 项具体会计准则,标志着我国已基本建立起既适合中国国情又与国际会计准则趋同的能够独立实施的企业会计准则体系。

2014 年财政部又发布了《企业会计准则第 39 号——公允价值计量》《企业会计准则第 40 号——合营安排》《企业会计准则第 41 号——在其他主体中权益的披露》,并对《企业会计准则——基本准则》和《企业会计准则第 9 号——职工薪酬》等 5 项具体会计准则进行了修订。

2017 年财政部发布了《企业会计准则第 42 号——持有待售的非流动资产、处置组和终止经营》,修订了《企业会计准则第 22 号——金融工具确认和计量》《企业会计准则第 23 号——金融资产转移》《企业会计准则第 24 号——套期会计》《企业会计准则第 37 号——金融工具列报》《企业会计准则第 14 号——收入》《企业会计准则第 16 号——政府补助》。

2018 年财政部修订了《企业会计准则第 21 号——租赁》。

2019 年财政部修订了《企业会计准则第 7 号——非货币性资产交换》《企业会计准则第 12 号——债务重组》。

2020 年财政部修订了《企业会计准则第 25 号——保险合同》。

我国的具体会计准则如表 1-1 所示。

表 1-1　我国的具体会计准则

序号	名称	序号	名称	序号	名称
1	存货	16	政府补助	30	财务报表列报
2	长期股权投资	17	借款费用	31	现金流量表
3	投资性房地产	18	所得税	32	中期财务报告
4	固定资产	19	外币折算	33	合并财务报表
5	生物资产	20	企业合并	34	每股收益
6	无形资产	21	租赁	35	分部报告
7	非货币性资产交换	22	金融工具确认和计量	36	关联方披露
8	资产减值	23	金融资产转移	37	金融工具列报
9	职工薪酬	24	套期会计	38	首次执行企业会计准则
10	企业年金基金	25	原保险合同	39	公允价值计量
11	股份支付	26	再保险合同	40	合营安排
12	债务重组	27	石油天然气开采	41	在其他主体中权益的披露
13	或有事项	28	会计政策、会计估计变更和差错更正	42	持有待售的非流动资产、处置组和终止经营
14	收入	29	资产负债表日后事项		
15	建造合同				

我国企业会计准则体系由基本准则、具体准则、应用指南和解释四部分组成。

基本准则主要就企业财务会计的一般要求和主要方面作出原则性的规定,用来指导具体准则的制定以及指导没有具体准则规范的交易的处理。基本准则对会计核算的基本假设、会计信息的质量要求、会计要素以及财务会计报告等会计基本问题进行了系统的规范。

具体准则是在基本准则的指导下,对各类经济业务确认、计量、记录和报告的规范。相对于基本准则而言,具体准则具有较强的可操作性,对企业日常的会计处理起着指导作用。

应用指南是对具体准则相关条款的细化和对有关重点难点问题提供的操作性指南,以利于会计人员准确、完整地理解和把握准则。它包括会计科目、主要账务处理等。

解释则是对具体准则实施中出现的问题、具体准则条款规定不清楚或者尚未规定的问题作出的补充说明。

企业会计准则体系的上述四个组成部分既相互联系,又互有分工。其中,基本准则是纲,是具体准则制定的出发点和基础,在整个企业会计准则体系中起着统驭作用;具体准则是目,是依据基本准则的要求对有关业务或报告作出的具体规定;应用指南和解释是补充,是对具体准则的操作指引。

第三节　财务会计的基本假设与会计确认基础

一、财务会计的基本假设

财务会计的基本假设,也称为财务会计的基本前提,是组织和开展财务会计工作必须具备的前提或先决条件。财务会计基本假设是人们在长期的会计实践中,根据客观情况或变化趋势形成的对会计核算对象及经济环境的最合乎情理的判断,最有利于保证财务会计目标的实现。离开了这些前提条件,就不能有效地开展会计工作。在会计工作中,会计处理对象的确定、会计方法的选择都是以这些假设为前提的。

具体来讲,财务会计基本假设是企业财务会计确认、计量和报告的前提,是对会计核算所处的空间、时间环境所作的合理设定。财务会计的基本假设包括会计主体假设、持续经营假设、会计分期假设和货币计量假设。

(一)会计主体假设

会计主体,是指会计为之服务的特定单位或组织,即企业会计确认、计量和报告的空间范围。会计主体假设是指会计核算应当以企业已经发生的各项交易或事项为对象,记录和反映企业本身的各项经营活动。

会计人员要开展会计工作,首先应明确认定会计主体,也就是要明确会计人员的立足点(立场),解决为谁记账、算账、报账的问题。简单地说,明确会计主体,就是要明确"记谁的账,编谁的表",否则,就只能是胡乱记账、盲目编表。在会计主体假设下,会计人员只为特定的会计主体开展会计工作,会计核算所反映的只是特定会计主体的经济业务,而不应该包含该会计主体之外的其他任何组织或个人发生的经济业务。因此,按照会计主体假设的要求,会计人员在进行会计处理时,不仅要将该会计主体的经济业务与会计工作和其他的会计主体区别开来,而且也要独立于企业所有者之外。

需要说明的是,会计主体与法律主体不同,一般来说,法律主体是会计主体,但会计主体不一定是法律主体。会计主体应是一个独立核算的经济实体,其规模可大可小,既可以是作为法律主体的法人企业,也可以是作为非法律主体的经济实体。例如,企业内部进行独立核算的班组、车间或者分公司,均可以作为一个会计主体进行独立核算,但它们都不具备法人资格。同样,在编制合并报表时,由若干个法律主体(母公司和子公司)组成的企业集团也被看作一个会计主体。再如,由企业管理的证券投资基金、企业年金基金等,虽不属于法律主体,但也属于会计主体。

(二)持续经营假设

持续经营,是指在可以预见的将来,企业将会按当前的规模和状态继续经营下去,不会停业,也不会大规模削减业务。持续经营假设是指会计核算应当以企业持续、正常的生产经营活动为前提,而不考虑企业是否会破产清算,除非有明确的证据表明不是这样。持续经营假设明确了会计工作的时间范围。

持续经营是绝大多数企业所处的正常状况,其所有资产将按照预定的目标在正常的经营过程中被耗用或出售,它所承担的债务也将如期偿还。对于处在持续经营状况的企业,在进行会计确认、计量、记录和报告时,要采用非清算基础,要着眼于企业的可持续发展。财务会计的一系列方法都是以会计主体持续经营为前提。例如,只有在持续经营的前提下,企业的资产才能按历史成本计价,固定资产才可以按其使用年限计提折旧。

当然,在市场经济环境下,任何企业都存在破产、清算的风险,也就是说,企业不能持续经营的可能性总是存在的。当企业终止经营时,就不能再采用这一假设以及以这一假设为前提的会计程序和方法,而应采用以清算为基础的会计处理方法。

(三)会计分期假设

会计分期又称为会计期间,是指将一个会计主体持续经营的生产经营活动划分为一个个连续的、间隔相同的期间,以便分期结算账目和编制财务会计报告。会计分期假设是指将会计主体持续不断的经营活动人为地划分为时间长度相等的期间。

根据持续经营假设,一个企业将按当前的规模和状态持续经营下去,如果不进行会计分期,企业就只能等到最终歇业结束时,一次核算其经营活动的盈亏。这显然不能满足会计信息使用者对会计信息的需求。为了定期、及时地反映企业的财务状况、经营成果和现金流量,对外提供财务会计信息,就需要将企业持续经营的过程人为地划分为一个个长短相等的期间。会计期间通常按年、半年、季度和月来划分。正是有了会计分期,才产生了当期与以前期间、以后期间的差别,出现了权责发生制和收付实现制的区别,进而出现了应收、应付、折旧、摊销等会计处理方法。

在会计分期假设下,企业应当划分会计期间,分期结算账目和编制财务会计报告,对外提供会计信息。会计分期分为会计年度和中期。其中,会计年度可以是日历年度,也可以将以某日为开始的365天的期间作为一个会计。世界各国的会计年度起讫日期并不一致,例如,有的国家以本年的7月1日至下年的6月30日为一个会计年度,有的国家以本年的4月1日至下年的3月31日为一个会计年度。我国以日历年度为一个会计年度,即从每年的1月1日至12月31日为一个会计年度。中期是指短于一个完整的会计年度的报告期间,如半年、季度和月度。

(四)货币计量

货币计量是指会计主体在会计核算过程中应采用货币作为统一的计量单位记录、计量和报告会计主体的生产经营活动。货币计量假设是指会计主体在会计核算过程中采用货币作为计量单位,记录、反映会计主体的财务状况、经营成果和现金流量。

在会计确认、计量和报告过程中选择货币作为基础进行计量,是由货币本身的属性决定的。货币是商品的一般等价物,是衡量一般商品价值的共同尺度。作为价值衡量的单位,它能够在量上进行汇总和比较,便于会计计量和经营管理。通过将货币作为计量单位,就能够全面反映企业的生产经营活动以及交易和事项,企业发生的不同种类的交易或事项也能够以统一的货币进行计量,从而得到有价值的综合性的财务信息。

但是,统一采用货币计量也存在缺陷,例如,某些影响企业财务状况和经营成果的因素,如企业的经营战略、产品的市场竞争力、研发能力等,往往难以用货币计量,但这些信息对于财务会计信息使用者进行决策也很重要。因此,企业可以在财务报告中补充披露有关非财务信息来弥补上述缺陷。

企业进行会计核算,除了应明确以货币作为主要计量尺度之外,还需要具体确定记账本位币,即按何种统一的货币来反映企业的财务状况与经营成果。在企业的经济业务涉及多种货币的情况下,需要确定某一种货币为记账本位币;涉及非记账本位币的业务,需要采用某种汇率将其折算为记账本位币登记入账。按照我国企业会计准则的规定,在我国境内的企业应以人民币作为记账本位币。平时经营业务以外币为主的企业,可以采用某种外币作为记账本位币,但是年末编制财务报告时,必须将外币折算为人民币来反映企业的财务状况与经营成果。

货币计量假设以货币价值不变、币值稳定为前提。因为只有在币值稳定或相对稳定的情况下,不同时点的资产价值才具有可比性,同一期间的收入和费用才能进行比较,才能计算确定企业的经营成果,会计核算提供的会计信息才能真实反映企业的经营状况。在通货膨胀下,货币计量这一假设受到了挑战,由此出现了通货膨胀会计。但货币计量仍然是会计核算的基本假设。

上述会计核算的四项基本假设之间是相互依存、相互补充的关系。会计主体确立了会计核算的空间范围,持续经营和会计分期确立了会计核算的时间长度,货币计量则为会计核算提供了必要手段。没有会计主体,持续经营就失去了意义;没有持续经营,就不会有会计分期;没有货币计量,就不会有现代会计。

二、会计确认基础

会计确认基础主要有权责发生制和收付实现制两种。

(一)权责发生制

权责发生制又称应计制或应收应付制,是以应收应付为标准来处理经济业务,确定本期收入和费用以计算本期盈亏的会计确认基础。权责发生制的基础要求如下:凡是当期已经实现的收入和已经发生或应当负担的费用,无论款项是否已收付,都应当作为当期的收入和费用,计入利润表;凡是不属于当期的收入和费用,即使款项已在当期收付,也不应当作为当期的收入和费用。

在实务中,企业交易或事项的发生时间与相关货币收支时间有时并不完全一致。例如,款项已经收到,但销售并未实现;或者款项已经支付,但并不是为本期生产经营活动而发生的。为了合理反映企业在特定期间的财务状况和经营成果,就要求企业在会计核算过程中以权责发生制为基础。

实际上,权责发生制下确认收入的标准在于:收入的赚取过程是否完成,收到货款的权利是否获得,而不在于款项是否收取。同理,权责发生制下确认费用的标准在于:企业是否受益,是否形成付款的责任,而不在于款项是否支付。因此,权责发生制是一种以是否取得收款权利和是否形成付款责任为标准来确认收入和费用的会计基础。它能更合理地反映企业不同期间的经营业绩。

我国《企业会计准则——基本准则》规定"企业应当以权责发生制为基础进行会计确认、计量和报告"。

(二)收付实现制

收付实现制是与权责发生制相对应的一种会计确认基础。收付实现制又称现金制或实收实付制,它是以款项的实际收付为标准来处理经济业务,确定本期收入和费用以计算本期盈亏的会计确认基础。在现金收付制的基础上,凡在本期实际付出的款项,不论其应否在本期收入中获得补偿,均应作为本期费用处理;凡在本期实际收到的款项,不论其是否属于本期均应作为本期收入处理。反之,凡本期还没有以现金收到的收入和没有用现金支付的费用,均不作为本期的收入和费用处理。

案例讨论 1.1:
权责发生制

在我国,政府会计由预算会计和财务会计构成。其中,预算会计采用收付实现制,国务院另有规定的,依照其规定;财务会计采用权责发生制。

第四节　财务会计的基本要素

　　为了实现财务报告的目标,在明确财务会计的基本前提之后,还需要对企业发生的能够以货币计量的经济活动内容进行适当分类。按照交易或者事项的经济特征对会计对象所作的基本分类,称为财务会计的基本要素,简称会计要素。会计要素分为反映企业财务状况的会计要素和反映经营成果的会计要素两大类。它既是会计确认和计量的依据,也是确定财务报表结构和内容的基础。

　　我国企业会计要素按照其性质分为资产、负债、所有者权益、收入、费用和利润。其中,资产、负债和所有者权益要素侧重于反映企业的财务状况,收入、费用和利润要素侧重于反映企业的经营成果。会计要素的界定和分类可以使财务会计系统更加科学严密,并可为使用者提供更加有用的信息。

一、会计要素核算应解决的主要问题

国际视野 1.2:
FASB 与 IASC
会计要素体系
的差异

　　企业的日常会计核算其实就是对各项会计要素的核算。会计要素的核算主要解决会计确认、会计计量、会计记录与会计报告四个方面的问题。

(一)会计确认

　　对企业经济活动及其所产生的经济数据进行分析、识别与判断,以明确它们是否对会计要素产生影响以及影响哪些会计要素。这一过程通常称为会计确认。我们知道,企业在经营过程中会发生各种各样的经济活动,但这些经济活动及其所产生的经济数据并非全部属于会计核算的内容。例如,企业职工的构成与管理人员素质的变化等,显然不能用货币形式进行可靠的计量,因而不属于会计核算的内容。又如,企业与客户签订下年度的销货合同,由于合同所记录的内容尚未实际发生,因而也不属于会计核算的内容。因此,在实际进行会计核算之前,需要对企业所发生的经济活动及其所产生的经济数据进行分析,把非会计核算的内容排除在外,而对于影响会计要素的内容,则要进一步明确其性质,即影响什么会计要素。

国际视野 1.3:
会计确认标准

　　如前所述,会计确认要以权责发生制为基础。会计确认主要是解决能否进入会计系统的问题,具体来说,主要是解决能否入账和能否入表的问题。此外会计确认还包括终止确认,即解决退出会计系统的问题。因而,会计确认可以分为进入会计系统时的确认与退出会计系统时的确认,前者又可以进一步分为入账环节的确认与入表环节的确认。换而言之,会计确认可以分为初始确认、后续确认与终止确认。

(二)会计计量

　　在会计对有关的经济业务进行了确认,明确了企业经济活动所影响的会计要素之后,要进一步确定其影响的程度,即确定特定的经济活动对有关会计要素的数量增减变化会产生多大的影响,这一过程通常称为会计计量。会计计量是为了将符合确认条件的会计要素登记入账并列报于财务报表而确定其金额的过程。

企业在将符合会计要素确认条件的金额登记入账并列报于财务报表时,应当针对计量对象的某种属性进行计量,确定其金额。我国《企业会计准则——基本准则》规定的会计计量属性主要包括历史成本、重置成本、可变现净值、现值和公允价值。

1.历史成本

历史成本,又称实际成本,是指取得或制造某项财产物资时所实际支付的现金或其他等价物。在历史成本计量下,资产按照购建时支付的现金或现金等价物的金额,或者按照购置资产时所付出的对价的公允价值计量。负债按照因承担现时义务而实际收到的款项或者资产的金额,或者承担现时义务的合同金额,或者按照日常活动中为偿还负债预期需要支付的现金或现金等价物的金额计量。

2.重置成本

重置成本,又称现行成本,是指按照当前市场条件,重新取得同样一项资产所需支付的现金或现金等价物金额。在重置成本计量下,资产按照现在购买相同或者相似资产所需要支付的现金或者现金等价物的金额计量;负债按照现在偿付该项债务所需支付的现金或者现金等价物的金额计量。重置成本一般用于盘盈资产的计量。

3.可变现净值

可变现净值,是指在正常生产经营过程中,以预计售价减去进一步加工成本和销售所必需的预计税金、费用后的净值。在可变现净值计量下,资产按照正常对外出售所能收到的现金或现金等价物的金额扣减该资产至完工时估计将要发生的成本、估计的销售费用以及相关税费后的金额计量。可变现净值通常用于存货发生减值后的后续计量。

4.现值

现值,是指对未来现金流量以恰当的折现率进行折现后的价值。它是考虑货币时间因素等的一种计量属性。在现值计量下,资产按照预计从其持续使用和最终处置中所产生的未来净现金流入量的折现金额计量。负债按照预计期限内需要偿还的未来净现金流出量的折现金额计量。现值通常用于非流动资产和非流动负债的计量。

5.公允价值

公允价值,是指市场参与者在计量日发生的有序交易中,出售一项资产所能收到或者转移一项负债所需支付的价格。公允价值一般应用于金融资产等资产的计量。

拓展资源1.1:
公允价值的层次

在上述计量属性中,历史成本是最重要的也是最基本的计量属性。在会计计量中占主导地位。按照我国企业会计准则的规定,企业在对会计要素进行计量时,一般应当采用历史成本。这是因为历史成本具有客观性和可验证性,根据历史成本提供的会计信息不会被人为操纵。但历史成本在保证会计信息可靠性的同时,却在一定程度上损害了会计信息的相关性。正因为如此,历史成本虽然是会计计量的基本属性,但不是唯一的计量属性,在符合一定条件的情况下,企业可以采用重置成本、可变现净值、现值和公允价值等其他计量属性。与历史成本相比,这四种计量属性主观性较强,因此在使用时应当保证相关金额能够可靠地取得。如果其金额无法取得或者无法可靠地计量,则不允许采用。

(三)会计记录

企业财务会计要将企业经济活动对有关会计要素的影响性质与数量正确地记录下来，这一过程通常称为会计记录。取得原始凭证是会计记录的依据，设置会计科目是会计记录的基础，填制记账凭证是广义的会计记录，登记账簿是典型的会计记录方法。在企业的日常会计核算过程中，会计科目的设置需要着重考虑两个方面：一是满足企业内部管理的要求；二是满足财务报告的要求。

(四)会计报告

对于企业外部使用者来说，企业财务会计的最终成果是会计报告(也称财务会计报告、财务报告)。财务报告是指企业对外提供的反映企业某一特定日期的财务状况和某一会计期间的经营成果、现金流量等会计信息的文件。财务报告包括财务报表和其他应当在财务报告中披露的相关信息和资料。其中，财务报表是财务报告的核心部分，包括资产负债表、利润表、现金流量表和所有者权益(或股东权益)变动表及附注。附注是财务报表的有机组成部分，它是对报表中列示项目所作的进一步说明，以及对未能在报表中列示的项目的说明，可以帮助会计信息使用者正确阅读、准确理解财务报表所提供的信息，是提高财务报表信息相关性必不可少的辅助手段。

需要指出的是，在实际工作中，会计确认、计量、记录与报告是紧密联系，并且常常相互交织在一起的，很难截然划分为四个过程。

二、反映财务状况的会计要素

财务状况要素是反映企业在某一日期经营资金来源和分布情况的各项要素，一般通过资产负债表反映。财务状况要素由资产、负债和所有者权益三个要素构成。

(一)资产

1.资产的定义

资产是指企业过去的交易或者事项形成的、由企业拥有或者控制的、预期会给企业带来经济利益的资源。根据资产的定义，资产具有以下特征。

(1)资产是由企业过去的交易或者事项形成的。资产应当由过去的交易或事项所形成，因此，能否形成资产，首先应判断形成资产的交易或事项是否已经发生。企业过去的交易或事项包括购买、生产、建造行为以及其他交易或事项。也就是说，资产必须是现实资产，而不是预期的资产，是由于过去已经发生的交易或事项所产生的结果，而未来交易或事项以及未发生的交易或事项可能产生的结果，则不属于现在的资产，不得作为资产确认。例如，甲企业和乙供应商签订了一份购买原材料的合同，合同尚未履行，即购买行为尚未发生，因此，该批原材料不符合资产的定义，甲企业不能因此将其确认为资产。

(2)资产应该为企业所拥有或者控制。资产作为一项资源，必须由企业拥有或者控制。由企业拥有或者控制是指企业享有某项资源的所有权，或者虽然不享有某项资源的所有权，但该资源能被企业所控制。由此可见，拥有所有权并不是确认资产的绝对标准。如果企业不享有某项资源的所有权，但能够控制该项资源，这同样表明企业能够从该资源中获取经济利益，符合资产的定义，如企业非短期和非低价值租入的固定资产(作为使用权资产)。

(3)资产预期会给企业带来经济利益。预期会给企业带来经济利益，是指直接或者间接导致现金或现金等价物流入企业的潜力。这种潜力既可以来自企业的日常生产经营活动,也可以来自非日常生产经营活动;带来的经济利益可以是现金或者现金等价物,也可以是可转化为现金或现金等价物的其他资产,还可以表现为减少现金或现金等价物流出。资产预期能为企业带来经济利益是资产的一项重要特征。如果一项经济资源,不能够为企业带来未来的经济利益,那么就不应该将其列为企业的资产。前期已经确认为资产的项目,如果不能再为企业带来经济利益,也不能再确认为企业的资产,例如,企业已报废的机器设备。

2.资产的确认条件

将一项资源确认为资产,除应当符合资产的定义之外,还需要同时满足以下两个条件。

(1)与该资源有关的经济利益很可能流入企业。资产的本质特征是能够为企业带来经济利益。但是由于经济环境瞬息万变,与资产有关的经济利益能否流入企业或者能够流入多少具有不确定性。因此,资产的确认还应与经济利益流入的不确定程度的判断结合起来。如果据以编制财务报表时所取得的证据表明,与该资源有关的经济利益很可能流入企业,那么就可将其确认为资产;反之,就不应该确认。

(2)该资源的成本或者价值能够可靠地计量。可计量性是所有会计要素确认的重要前提,资产的确认也是如此。只有当有关资产的成本或者价值能够可靠地计量时,资产才能够予以确认。在实务中,企业取得的许多资产都需要付出成本。例如,企业购买或者生产的商品、企业购置的厂房或者设备等,对于这些资产,只有实际发生的成本能够可靠地计量,才符合资产确认的可计量性条件。

3.资产的分类

在资产负债表中,通常按流动性将资产划分为流动资产和非流动资产。所谓流动性,就是资产变现或耗用时间的长短。

流动资产是指企业预计可以在一年或超过一年的一个营业周期内变现、出售或者耗用的资产,主要包括货币资金、以公允价值计量且其变动计入当期损益的金融资产、应收及预付款项、存货等。

延伸思考 1.1:企业的人力资源能否作为资产确认?

非流动资产是指除上述流动资产之外的所有其他资产,主要包括以摊余成本计量的金融资产、以公允价值计量且其变动计入其他综合收益的金融资产、长期股权投资、固定资产、使用权资产、无形资产、投资性房地产等。

(二)负债

1.负债的定义

负债是指企业过去的交易或者事项形成的、预期会导致经济利益流出企业的现时义务。根据负债的定义,负债具有以下特征。

(1)负债是企业承担的现时义务。负债必须是企业承担的现时义务,这里的现时义务是指企业在现行条件下已承担的义务。未来发生的交易或者事项形成的义务,不属于现时义务,不应当确认为负债。现时义务可以是法定义务,也可以是推定义务。其中,法定义务是指具有约束力的合同或者法律、法规规定的义务,通常必须依法执行。例如,企业购买原材料形成的应付账款、企业向银行贷入款项形成的借款、企业按照税法规定应当缴纳的税款等,均属于企业承担的法定义务,需要依法予以偿还。推定义务是指根据企业多年来的习惯做法、公开承诺的或者公开宣布的政策而导致企业将承担的责任,这些责任也使有关各方形成了企业将履行义务解脱责任的合理预期。例如,乙企业多年来制定有一项销售政策,即对于售出商品提供一定期限内的售后保修服务,乙企业将为售出商品提供的保修服务就属于推定义务。

(2)负债预期会导致经济利益流出企业。预期会导致经济利益流出企业是负债的一个本质特征,只有在履行义务时会导致经济利益流出企业的,才符合负债的定义。在属于现时义务清偿负债时,导致经济利益流出企业的形式多种多样,例如,用现金偿还或以实物资产形式偿还;以提供劳务形式偿还;部分转移资产、部分提供劳务形式偿还;将负债转为资本等。

(3)负债是由企业过去的交易或者事项形成的。负债应当由企业过去的交易或者事项所形成。换句话说,只有过去的交易或者事项才形成负债,企业将在未来发生的承诺、签订的合同等交易或者事项,不形成负债。

2.负债的确认条件

将一项现时义务确认为负债,需要符合负债的定义,还需要同时满足以下两个条件。

(1)与该义务有关的经济利益很可能流出企业。从负债的定义可以看出,预期会导致经济利益流出企业是负债的一个本质特征。在实务中,企业履行义务所需流出的经济利益带有不确定性,尤其是与推定义务相关的经济利益通常需要依赖大量的估计。因此,负债的确认应当与经济利益流出企业的不确定性程度的判断结合起来。

(2)未来流出的经济利益的金额能够可靠地计量。负债的确认在考虑经济利益流出企业的同时,对于未来流出的经济利益的金额应当能够可靠计量。

3.负债的分类

负债按偿还期限的长短可分为流动负债和非流动负债。流动负债是指需要在一年或者超过一年的一个营业周期内偿还的负债,主要包括短期借款、应付或预收款项、应付职工薪酬、应交税费、应付股利、应付利息等。非流动负债是指不满足上述条件的其他负债,主要包括长期借款、应付债券、长期应付款、租赁负债、预计负债等。

(三)所有者权益

1.所有者权益的定义

所有者权益是指企业资产扣除负债后,由所有者享有的剩余权益,即所有者对企业净资产的要求权。公司的所有者权益又称为股东权益。所有者权益从来源看包括所有者投入的资本、直接计入所有者权益的利得和损失、留存收益。按照我国企业会计准则的规定,所有者权益主要分为以下六个部分:实收资本(或股本)、其他权益工具、资本公积、其他综合收益、盈余公积和未分配利润。

实收资本(或股本)是指投资者按照公司章程或合同、协议的约定,认缴或实际投入企业的资本,也是企业在注册登记时的注册资本。所有者在该部分的占资比例是其参与股东大会表决和利润分配的主要依据。

其他权益工具是指企业发行的除普通股以外的归类为权益工具的各类金融工具,如优先股、永续债。

资本公积包括资本溢价(或股本溢价)及其他资本公积。资本溢价(或股本溢价)是指企业收到的投资者投入资本超出其在企业注册资本(或股本)中所占份额的部分;其他资本公积是指除资本溢价(或股本溢价)以外的资本公积,比如以权益结算的股份支付中产生的资本公积。

其他综合收益是指企业根据会计准则的规定未在当期损益中确认的各项利得和损失,比如以公允价值计量且其变动计入其他综合收益的金融资产公允价值变动等。

盈余公积是企业按照规定从净利润中提取的各种积累资金,包括法定盈余公积和任意盈余公积。

未分配利润是指企业尚未分配、留待以后年度分配的结存利润。

盈余公积和未分配利润又合称为留存收益。

在所有者权益的上述分类中,实收资本(或股本)、资本溢价(或股本溢价)以及其他权益工具是所有者投入的资本,而其他资本公积、其他综合收益、盈余公积和未分配利润则是企业在生产经营过程中形成的。

2.所有者权益的确认条件

由于所有者权益体现的是所有者在企业中享有的剩余权益,因此,所有者权益的确认和计量主要依赖于资产和负债的确认和计量。例如,企业接受投资者投入的资产,在该资产符合资产确认条件时,就相应地符合了所有者权益的确认条件;当该资产的价值能够可靠计量时,所有者权益的金额也就可以确定。

三、反映经营成果的会计要素

经营成果是指企业在一定时期内生产经营活动的结果,具体来说,它是指企业生产经营过程中取得的收入与发生的耗费之间的差额。经营成果一般通过利润表来反映,由收入、费用和利润三个要素构成。

(一)收入

1.收入的定义

收入是指企业在日常活动中形成的、会导致所有者权益增加的、与所有者投入资本无关的经济利益的总流入。根据收入的定义,收入具有以下特征。

(1)收入是企业在日常活动中形成的。日常活动是指企业为完成其经营目标而从事的经常性活动以及与之相关的活动。如工业企业制造并销售产品、商业企业销售商品、咨询公司提供咨询服务等,就属于企业的日常活动。日常活动产生的收入通常包括主营业务收入和其他业务收入,即营业收入。有些交易或事项也能为企业带来经济利益,但不属于企业的日常活动,其流入的经济利益是利得,而不是收入。利得和收入都属于企业的收益,但收入是从企业的日常活动中取得的,而利得是从偶发的经济业务中取得的,属于那种不经过经营过程就能够取得或不曾期望获得的收益,如企业接受捐赠的收益、因其他企业违约收取的罚款等。

(2)收入是与所有者投入资本无关的经济利益的总流入。收入应当会导致经济利益的流入,这种流入可能表现为资产的增加,如银行存款的增加、应收账款的增加;也可能导致企业负债的减少,如以商品或劳务抵偿债务;或者两者兼而有之,如商品销售的货款中一部分用来抵偿债务,将引起负债的减少,另一部分收取现金,将引起资产的增加。但是在实务中,经济利益的流入有时是所有者投入资本的增加导致的,所有者投入资本的增加不应当确认为收入,应当将其直接确认为所有者权益。

(3)收入最终会导致所有者权益的增加。与收入相关的经济利益的流入最终应当会导致所有者权益的增加,不会导致所有者权益增加的经济利益的流入不符合收入的定义,不应确认为收入。如某企业向银行借入款项200万元,尽管该借款导致了企业经济利益的流入,但是该流入并不会导致所有者权益的增加,反而使企业承担了一项现时义务。因此,企业对于因借入款项所导致的经济利益的增加,不应将其确认为收入,而应当确认为一项负债。

2.收入的确认条件

收入的确认除了应当符合定义外,还应当满足严格的确认条件。企业应当在履行了合同中的履约义务,即在客户取得相关商品控制权时确认收入:①合同各方已批准该合同并承诺将履行各自义务;②该合同明确了合同各方与所转让商品或提供劳务相关的权利和义务;③该合同有明确的与所转让商品或提供劳务相关的支付条款;④该合同具有商业实质,即履行该合同将改变企业未来现金流量的风险、时间分布或金额;⑤企业因向客户转让商品或提供劳务而有权取得的对价很可能收回。取得相关商品控制权,是指能够主导该商品的使用并从中获得几乎全部的经济利益。

(二)费用

1.费用的定义

费用是指企业在日常活动中发生的、会导致所有者权益减少的、与向所有者分配利润无关的经济利益的总流出。根据费用的定义,费用具有以下特征。

(1)费用是企业在日常活动中发生的。费用应当是企业在日常活动中发生的,而不是在偶发的交易或事项中发生。这些日常活动的界定与收入定义中涉及的日常活动相一致。日常活动产生的费用通常包括营业成本(主营业务成本和其他业务成本)、税金及附加、销售费用、管理费用、财务费用等。将费用界定为日常活动所形成的,目的是将其与损失相区分,企业非日常活动形成的经济利益的流出,如对外捐赠款项、支付的罚款等,不能确认为费用,而应当计入损失。

(2)费用是与向所有者分配利润无关的经济利益的总流出。费用的发生应当会导致经济利益的流出,从而导致资产的减少或者负债的增加。企业向所有者分配利润也会导致经济利益的流出,而该经济利益的流出属于所有者权益的抵减项目,不应确认为费用,应当将其排除在费用的定义之外。

(3)费用最终会导致所有者权益的减少。与费用相关的经济利益的流出最终应当会导致所有者权益的减少,不会导致所有者权益减少的经济利益的流出不符合费用的定义,不应确认为费用。

2.费用的确认条件

费用的确认除了必须符合费用的定义之外,还应当满足严格的确认条件。费用的确认至少应当同时满足下列条件:①与费用有关的经济利益很可能流出企业;②经济利益流出企业的结果会导致企业资产的减少或负债的增加;③经济利益流出的金额能够可靠地计量。

(三)利润

1.利润的定义

利润是指企业在一定会计期间的经营成果,反映了企业在一定期间的经营业绩。因此,利润通常是评价企业管理层业绩的一项重要指标,也是投资者、债权人等作出经济决策的重要参考指标。

利润包括收入减去费用后的净额、直接计入当期利润的利得和损失等。其中,收入减去费用后的净额反映的是企业日常经营活动的业绩;直接计入当期利润的利得和损失反映的是企业非日常经营活动的业绩,具体是指应当计入当期损益、会导致所有者权益发生增减变动的、与所有者投入资本或者向所有者分配利润无关的利得或损失。其中,利得是指由企业非日常活动所形成的、会导致所有者权益增加的、与所有者投资资本无关的经济利益的流入;损失是指由企业非日常活动所发生的、会导致所有者权益减少的、与向所有者分配利润无关的经济利益的流出。企业应当严格把握收入和利得、费用和损失之间的区别,以便全面地反映企业的经营业绩。利润可细分为营业利润、利润总额和净利润。

2. 利润的确认条件

利润反映的是收入减去费用、直接计入当期利润的利得减去损失后的净额,因此,利润的确认主要依赖于收入和费用以及利得和损失的确认,其金额的确定也主要取决于收入、费用、利得、损失金额的计量。

第五节　会计信息质量要求

财务会计是一个信息系统,其目标主要是通过财务报告向投资者(股东)、债权人等会计信息使用者提供会计信息。但是,财务会计信息除满足会计信息使用者的需要外,还必须达到一定的质量要求。因为只有具备特定质量要求的会计信息,才能实现财务报告目标。会计信息质量要求是对企业财务报告提供高质量会计信息的基本规范,是使财务报告中所提供的会计信息对投资者决策有用应具备的质量特征。会计信息的质量和财务会计目标密切相关,会计目标决定会计信息的质量要求,而只有具备相应质量要求的信息才能促使会计目标的实现。

根据我国《企业会计准则——基本准则》的规定,会计信息质量要求包括可靠性、相关性、可理解性、可比性、实质重于形式、重要性、谨慎性和及时性八个方面。

国际视野 1.4:对财务会计信息质量特征的划分

一、可靠性

可靠性要求企业应当以实际发生的交易或者事项为依据进行确认、计量和报告,如实反映符合确认和计量要求的各项会计要素及其他相关信息,保证会计信息真实可靠、内容完整。会计信息只有真实可靠,才值得会计信息使用者信赖。

可靠性是高质量会计信息的重要基础和关键所在。企业以虚假的交易或者事项进行确认、计量和报告,属于违法行为,不仅会严重损害会计信息质量,而且会误导投资者,干扰资本市场,导致会计秩序、财经秩序混乱。

可靠性有三个条件:一是真实性,即财务会计所计量或描述的应与被计量、被描述的经济活动或现象是一致的;二是可核性,即不同的会计人员对企业发生的交易或事项,使用同样的确认和计量方法,可以得到相同的结果;三是中立性,即企业在制定会计政策、选择会计方法时要保持中立,不偏向企业相关利益集团中的任何一方,不追求预定的结果。

二、相关性

相关性要求企业提供的会计信息应当与财务会计报告使用者的经济决策需要相关,有助于财务会计报告使用者对企业过去、现在或者未来的情况作出评价或者预测。

相关性是会计信息质量的重要标志和基本特征之一。会计信息是否有用,是否具有价值,关键是看其与投资者等财务报告使用者的决策需要是否相关。这取决于两个因素:一是反馈价值,即相关的会计信息应当能够有助于财务报告使用者评价企业过去的决策,证实或者修正过去的有关预测。二是预测价值,即相关的会计信息应当能够帮助财务报告使用者预测企业未来的财务状况、经营成果和现金流量。

会计信息质量的相关性要求以可靠性为基础,两者之间并不矛盾,不应将两者对立起来。也就是说,会计信息应在满足可靠性的前提下,尽可能地做到相关性,以满足投资者等财务报告使用者的决策需要。

三、可理解性

可理解性要求企业提供的会计信息应当清晰明了,便于财务报告使用者理解和使用。清晰明了有助于对报表的理解,这是衡量报表质量和是否有利于决策者使用的一个标准。如果生成的会计信息不能清晰明了地反映企业的财务状况、经营成果和现金流量,就会影响会计信息的有用性。

企业编制财务报告、提供会计信息的目的在于使用。要让使用者有效使用会计信息,应当让其了解会计信息的内涵,弄懂会计信息的内容,这就要求财务报告提供的会计信息应当清晰明了,易于理解。只有这样,才能提高会计信息的有用性,实现财务报告的目标,满足向投资者等财务报告使用者提供决策有用信息的要求。当然,要真正发挥会计信息的作用,还需要信息使用者具备一定的会计专业知识。

四、可比性

可比性要求企业提供的会计信息应当相互可比。可比性主要包括两层含义。

一是同一企业不同时期可比。这要求同一企业在不同时期发生的相同或者相似的交易或者事项,应当采用一致的会计政策,不得随意变更。会计政策是指企业在会计确认、计量、记录和报告中所采用的原则、基础和处理方法。保持同一企业不同时期会计信息的可比性,有助于比较考核企业管理层受托责任的履行情况;有助于会计信息使用者了解企业财务状况、经营成果和现金流量的变化趋势,比较企业不同时期的会计信息,全面、客观地评价企业的过去、预测企业的未来,以作出决策。

二是不同企业相同会计期间可比。这要求不同企业对于同一会计期间发生的相同或者相似的交易或事项,应当采用规定的会计政策,确保会计信息口径一致、相互可比,从而有利于会计信息使用者进行企业间的分析比较,提高企业会计信息的有用性。

当然,强调可比性并不要求企业采用的会计政策绝对不变。如果原来采用的会计政策已不符合客观性或相关性的要求,或者采用其他的会计政策能够产生更为可靠或相关的会计信息,那么企业可以变更原有的会计政策,但必须在报表附注中对这一变更予以说明。

五、实质重于形式

实质重于形式要求企业应当按照交易或者事项的经济实质进行会计确认、计量、记录和报告,不应仅以交易或事项的法律形式为依据。

企业发生的交易或事项在大多数情况下其经济实质与法律形式是一致的。但随着市场经济的不断发展,经济现象日趋复杂,某些交易或事项的经济实质存在着与其法律形式不一致的情形。例如,在租赁业务中,就法律形式而言,租赁资产的所有权在租赁期内属于出租方所有,承租人在没有购买该资产之前不拥有资产的所有权。然而,就经济实质而言,按照租赁合同规定,在租赁期内承租人可以控制和使用该资产,并控制该资产在未来所创造的经济利益。正是鉴于这样的经济实质,现行会计实务中承租方可将租入的资产确认为一项资产(使用权资产)。

六、重要性

重要性要求企业提供的会计信息应当反映与企业财务状况、经营成果和现金流量等有关的所有重要交易或事项。

在实务中,如果某项会计信息的省略或者错报会影响投资者等财务报告使用者据此作出决策,该信息就具有重要性。至于哪些项目应视为重要性项目,则取决于企业本身的规模以及会计人员的职业判断。一般而言,企业应当根据所处环境和实际情况,从项目的性质和金额大小两个方面加以判断。从性质方面来说,当某一项目可能对报表使用者的决策产生影响时,该项目就属于重要项目;从金额方面来看,当某一项目的数量达到一定金额时,该项目就属于重要项目。

企业在会计处理中对交易或事项应当区别其重要程度,采用不同的会计处理方式。对于重要的交易或事项,必须按照规定的程序和方法进行处理,并在财务会计报告中予以充分、准确、详细的列报和披露;对于不重要的交易或事项,则可以采用简化的会计处理程序和方法。例如,企业对于短期银行借款利息,如果金额较小,可以不用按月计提利息费用,而是在实际支付时直接计入当期损益。

七、谨慎性

谨慎性也称稳健性。谨慎性要求企业对交易或事项进行会计确认、计量、记录和报告时应当保持应有的谨慎,不应高估资产或者收益、低估负债或者费用。

谨慎性与企业生产经营中的不确定性和面临的风险有关。在市场经济环境下,企业的生产经营活动面临着许多风险和不确定性,如商品赊销可能发生的坏账损失、存货因市场价格下跌而产生的跌价损失等。根据会计信息质量的谨慎性要求,需要企业在面临不确定性因素的情况下作出职业判断时,应当保持应有的谨慎,充分估计各种风险和损失,既不高估资产或者收益,也不低估负债或者费用。例如,要求企业对可能发生的资产减值损失计提资产减值准备、要求企业对售出商品很可能发生的保修义务确认预计负债等,就体现了会计信息质量的谨慎性要求。

八、及时性

及时性要求企业对于已经发生的交易或事项,应当及时进行确认、计量、记录和报告,不得提前或延后。

会计信息对于会计信息使用者的经济决策是有时效性的,其价值会随着时间的流逝而降低。这就要求企业在会计确认、计量、记录和报告过程中贯彻及时性要求。一是要求及时收集会计信息,即在交易或者事项发生后,及时收集整理各种原始单据或者凭证;二是要求及时处理会计信息,即按照企业会计准则的规定,及时对交易或事项进行确认和计量,并编制财务报告;三是要求及时传递会计信息,即按照国家规定的有关时限,及时地将编制的财务报告传递给财务报告使用者,便于其及时使用和决策。

■■■ 思考题

1.财务报告的目标是什么?明确财务报告的目标有何意义?

2.我国企业会计准则规范体系包括哪些内容?各部分之间有何联系?

3.财务会计基本假设有哪些?这些假设对于财务报表的编制有何意义?

4.如何理解权责发生制这种会计确认基础?

5.财务会计有哪些计量属性?财务报告目标与会计计量属性选择有何关系?

6.财务会计的基本要素有哪些?如何确认这些会计要素?这些要素之间有何联系?

7.会计信息质量要求有哪些?这些质量要求和财务报告的目标有何关系?在会计的确认、计量和报告中,这些质量要求是如何体现的?

货币资金

■■ **学习目标**

1. 掌握：库存现金、银行存款和其他货币资金的核算；库存现金和银行存款的清查。
2. 理解：货币资金的概念和内容；货币资金内部控制制度。
3. 了解：银行账户管理的基本内容；银行转账结算方式。

■■ **案例引入**

出纳员两年侵吞公款 4 800 余万元

王鹏用四年时间，从校门走进了"牢门"，因犯职务侵占罪被法院判处有期徒刑 12 年，并处没收个人财产 80 万元。

2018 年，大学毕业两年的王鹏到东湖公司担任资金结算组出纳，负责管理西川公司两个银行账户的资金日报、银企支付等。两家公司同为山海集团控股的全资子公司，东湖公司为西川公司提供财务服务。入职后，上一任出纳员向王鹏交接工作："这是公司网银账户的 U 盾，一个制单盾、一个复核盾，你把复核盾寄给西川公司财务部。"根据规定，制单盾由东湖公司出纳保管，用于制作转账付款凭证，复核盾由西川公司财务人员保管，用于复核付款凭证，复核完成后资金转账才能成功。"没问题，你就放心吧。"王鹏表面上答应，背地里却偷偷将复核盾藏了起来。

王鹏月薪 5 000 元左右，因玩网络游戏和个人消费欠下不少网贷。到了还网贷的日子，王鹏动起了歪脑筋："我先转点钱出来把网贷还上，等有钱了再还给公司。"王鹏先将资金转到西川公司账户，再通过两个 U 盾进行操作，将这些钱转到自己的银行账户用于个人消费。到了月底，公司规定出纳之间要互相核对网银账户余额，同事周兰嘱咐王鹏："小王，你把你负责的那些账户网银余额给我截个图，我这边截好图后一会儿发给你。""好的周姐，我尽快。"王鹏一边应付同事，一边想着对策，"反正是看截图，把图改一下不就得了。"王鹏把修改后的网银余额截图发给周兰检查核对，周兰没有发现其中的蹊跷。

就这样，从 2018 年 12 月到 2020 年 4 月，王鹏利用企业管理系统的漏洞，通过申请监管资金、虚假申请资金下拨、资金划转等方式挪用公司资金，截至案发前共挪用 274 次。一开始王鹏不敢挪用太多，第一次只挪了 5 万元，后来他的胆子越来越大，挪用的资金也越来越多，案发前一次挪用的金额竟高达 90 余万元。手里有钱了，王鹏流连于多家直播平台，出手阔绰，总计打赏的主播有 50 多人，单给梦云主播就刷了 1 000 余万元的礼物。令王鹏上瘾的还有各种网络游戏，为了在游戏中称王称霸，他不断购买皮肤、坐骑、武器等游戏装备，前后充值加起来合计 1 500 余万元。在不到两年的时间里，王鹏穿梭于酒吧、洗浴中心、酒店公寓等地，在网络上疯狂打赏主播、充值网络游戏，将从公司挪用的 4 800 余万元全部挥霍一空。

2020 年 5 月，西川公司财务负责人刘珊珊接到一家合作银行的电话，核实该公司在 4 月 30 日支出 63 万元的有关事项。因为该银行有内部规定，超过 50 万元的支出都会进行核实。

经过交谈,刘珊珊发现这笔63万元的款项转到了王鹏的个人银行账户。事情败露,王鹏已无法再隐瞒下去,承认自己挪用了公司4 800余万元的事实。

2020年12月,济南高新技术产业开发区检察院以涉嫌职务侵占罪对王鹏提起公诉。法院以职务侵占罪判处王鹏有期徒刑12年,并处没收个人财产80万元。

案例来源:山东济南高新技术产业开发区:检察建议堵塞管理漏洞[EB/OL]. (2021-12-07)[2024-03-28]. https://www.spp.gov.cn/spp/zdgz/202112/t20211207_538114.shtml.

第一节　货币资金概述

一、货币资金的概念与内容

(一)货币资金的概念

货币资金是指可以立即投入流通,用以购买商品或劳务,或用以偿还债务的交换媒介。它是企业流动性最强的资产,也是唯一能够直接转化为其他任何资产形态的流动性资产,具有普遍的可接受性。为了确保生产经营活动的正常进行,企业必须拥有一定数量的货币资金,以便购买材料、发放工资、缴纳税费、支付利息及股利或进行投资等。企业拥有的货币资金量通常是分析判断企业偿债能力与支付能力的重要指标。

在企业的经济活动中,由于货币收支频繁,容易发生货币资金的差错和意外损失,货币资金也是不法人员挪用、贪污和盗窃的重要目标。因此,企业加强货币资金的管理与核算,对于保护货币资金的安全完整,提高资金周转速度和使用效益具有重要意义。

(二)货币资金的内容

货币资金一般包括库存现金、存放于银行或其他金融机构的活期存款以及本票存款和汇票存款等可以立即支付使用的媒介。凡是不能立即支付使用的(如银行冻结存款等),一般不能视为货币资金。按形态和用途不同,货币资金可分为库存现金、银行存款和其他货币资金。不同类型的货币资金采取不同的管理方式。

二、货币资金内部控制制度

内部控制制度是企业重要的内部管理制度,是指企业为保证经营管理合法合规,保护其资产的安全完整和有效运用,保证会计信息的真实可靠,提高经营管理水平和效益,促进企业实现发展战略,按照企业内部分工的原则而建立的相互联系、相互制约的管理体系。

加强对货币资金的内部控制应当结合企业生产经营特点,建立相应的货币资金内部控制制度。企业建立的货币资金内部控制制度,其具体内容因企业规模的大小和货币收支量的多少而有所不同,但一般应包括以下几项主要内容:货币资金收支业务的全过程应分工完成、各负其责;货币资金收支业务的会计处理程序应制度化;货币资金收支业务与会计记账应分开处理;货币资金收入与货币资金支出应分开处理;内部稽核人员对货币资金的检查应制度化。

第二节 库存现金

会计上的现金有广义和狭义概念之分。在西方会计中,现金通常采用广义的概念,即除了库存现金以外,还包括银行存款和其他符合现金定义的票证,如支票、本票、汇票等。我国会计核算上的现金是狭义的概念,它仅指库存现金,即存放于企业财会部门、用于日常零星开支的现钞,包括各种本币和外币。

一、库存现金的管理

为了加强对现金的管理,国家对现金的使用和管理作了明确规定。根据国务院颁布的《现金管理暂行条例》等相关规定,现金管理的内容主要包括库存现金的使用范围、库存现金限额和库存现金日常收支管理。

行政法规 2.1:《现金管理暂行条例》

(一)库存现金的使用范围

企业可以在下列范围内使用现金:①职工工资、津贴;②个人劳务报酬;③根据国家规定颁发给个人的科学技术、文化艺术、体育等各种奖金;④各种劳保、福利费用以及国家规定对个人的其他支出;⑤向个人收购农副产品和其他物资的款项;⑥出差人员必须随身携带的差旅费;⑦结算起点(现行规定为 1 000 元人民币)以下的零星开支;⑧中国人民银行确定需要支付现金的其他支出。除上述情况可以用现金支付外,其他款项的支付应通过银行办理结算。除第⑤、⑥项外,开户单位支付给个人的款项,超过使用现金限额的部分,应当以支票或者银行本票支付;确需全额支付现金的,经开户银行审核后,予以支付现金。凡是不属于现金结算范围的,应通过银行进行转账结算。

(二)库存现金限额

现金的库存限额是指为了保证企业日常零星开支的需要,允许企业留存现金的最高数额。这一限额由开户银行根据实际需要来核定,一般为 3～5 天的日常零星开支需要量,边远地区和交通不便地区可适当多保留,但不能超过企业 15 天零星开支所需。企业应严格遵守核定后的库存、限额规定,超过部分应当于当日终了前及时送存银行,库存现金低于限额时可向银行提取现金补足。

行政法规 2.2:《国务院关于废止和修改部分行政法规的决定》第 110、120 条

(三)库存现金日常收支管理

库存现金日常收支管理规定包括:①现金收入应当于当日送存开户银行。当日送存确有困难的,由开户银行确定送存时间。②企业可以从库存现金限额中支付或者从开户银行提取,不得从本单位的现金收入中直接支付(即坐支)。因特殊情况需要坐支现金的,应当事先报经开户银行审查批准,由开户银行核定坐支范围和限额。企业应当定期向开户银行报送坐支金额和使用情况。③企业从开户银行提取现金时,应当写明具体用途,由本单位财会部门负责人签字盖章,经开户银行审核后方可支取。④因采购地点不固定,交通不便、生产或者市场急需、抢险救灾以及其他特殊情况必须使用现金的,企业应当向开户银行提出申

请,由本单位财会部门负责人签字盖章,经开户银行审核后予以支付。

二、库存现金的核算

为了反映现金收付情况,企业应在总分类核算中设置"库存现金"账户。"库存现金"账户用于核算企业库存现金的收付变动及结存情况,属于资产类账户。除设置库存现金总分类账户对现金进行总分类核算以外,企业还应当设置现金日记账。有外币现金的企业,还应分别设置人民币现金、外币现金的现金日记账进行明细核算。现金日记账由出纳人员按业务发生的先后顺序,根据审核无误的收、付款凭证,逐日逐项登记,每日营业终了计算当日现金收入、支出及余额,并将账面余额同库存现金实存额进行核对,做到账实相符。月末,应将现金日记账余额同总分类账余额核对相符,做到日清月结。现金日记账一般采用三栏式,也可以根据需要设置多栏式。

企业的库存现金收入主要包括:从银行提取现金;收取不足转账起点的小额销货款;职工交回的多余出差借款等。企业收到现金时,应根据审核无误的会计凭证,借记"库存现金"账户,贷记有关账户。企业的库存现金支出包括现金开支范围以内的各项支出。企业实际支付现金时,应根据审核无误的会计凭证,借记有关账户,贷记"库存现金"账户。

需要注意的是,企业内部各部门周转使用的备用金,通过"其他应收款"账户核算,或者单独设置"备用金"账户核算,不在"库存现金"账户中核算。

【例2-1】 9月1日,天目公司签发现金支票一张,从银行提取现金20 000元备用。

借:库存现金 20 000
    贷:银行存款 20 000

【例2-2】 9月8日,总裁办公室行政人员李某因出差向企业暂借5 000元。

借:其他应收款——李某 5 000
    贷:库存现金 5 000

【例2-3】 9月20日,李某回单位后报销差旅费用4 400元,并将余款600元缴还。

借:库存现金 600
  管理费用 4 400
    贷:其他应收款——李某 5 000

三、库存现金的清查

为加强现金管理确保账实相符,应对库存现金进行清查。库存现金清查包括两种情形:一是出纳人员每日营业终了进行账款核对;二是清查小组进行定期或不定期盘点和核对。库存现金清查采用账实核对法。

对现金实存额进行盘点,必须以现金管理的相关规定为依据,不得以白条抵库,不得超限额保管现金。清查小组清查后,根据清查结果编制现金盘点报告表,填写现金实存数、账存数和盘盈盘亏情况。如果发现账实不一致,除应及时查明原因外,还须进行相应的会计处理,不得以今日长款弥补他日短款。

库存现金清查中发现的长款(盘盈)或短款(盘亏),应根据现金盘点报告表以及有关的批准文件进行批准前和批准后的账务处理,以确保账实相符。现金长款、短款通过"待处理财产损溢——待处理流动资产损溢"账户进行核算。

　　库存现金盘盈时,按盘盈的金额借记"库存现金"账户,贷记"待处理财产损溢——待处理流动资产损溢"账户,应及时查明原因,按管理权限报经批准后进行会计处理。属于应支付给有关单位或个人的,借记"待处理财产损溢——待处理流动资产损溢"账户,贷记"其他应付款——××单位或个人"账户;对于无法查明原因的现金长款,其批准后借记"待处理财产损溢——待处理流动资产损溢"账户,贷记"营业外收入——现金溢余"账户。

　　库存现金盘亏时,按盘亏的金额借记"待处理财产损溢——待处理流动资产损溢"账户,贷记"库存现金"账户。应及时查明原因,按管理权限报经批准后进行会计处理。属于应由责任人赔偿的部分,借记"其他应收款——应收现金短缺款(××个人)"或"库存现金"等账户,贷记"待处理财产损溢——待处理流动资产损溢"账户;属于应由保险公司赔偿的部分,借记"其他应收款——应收保险赔款"账户,贷记"待处理财产损溢——待处理流动资产损溢"账户;属于无法查明的其他原因,借记"管理费用——现金短缺"账户,贷记"待处理财产损溢——待处理流动资产损溢"账户。

　　【例2-4】 9月10日,天目公司清查小组清查现金时,发现短款3 500元。9月19日,经细查后发现该企业出纳员朱某在支付给外单位款项时多付了1 000元,其余2 500元无法查明原因,作为管理费用处理。

　　①9月10日,发现现金短款时:

借:待处理财产损溢——待处理流动资产损溢 3 500
　　贷:库存现金 3 500

　　②9月19日,查清原因后:

借:其他应收款——应收现金短缺款(朱某) 1 000
　　管理费用——现金短缺 2 500
　　贷:待处理财产损溢——待处理流动资产损溢 3 500

　　【例2-5】 9月20日,天目公司清查小组清查现金时,发现溢余1 500元。9月23日,经细查,发现该企业出纳在支付工资时少付给李某900元,其余600元无法查明原因。

　　①9月20日,发现现金溢余时:

借:库存现金 1 500
　　贷:待处理财产损溢——待处理流动资产损溢 1 500

　　②9月23日,查清原因后:

借:待处理财产损溢——待处理流动资产损溢 1 500
　　贷:其他应付款——应付现金溢余(李某) 900
　　　　营业外收入——现金溢余 600

第三节　银行存款

一、银行存款的管理

　　银行存款是指企业存放于银行或其他金融机构的货币资金。按照国家有关规定,凡是独立核算的单位都必须在注册地或住所地开立银行结算账户,并遵循银行结算的有关规定,按核定的限额保留库存现金,超过限额部分必须存入银行;除了在规定的范围内可以使用现金收付外,其经营过程中发生的一切货币收支业务,都应通过银行进行转账结算,严格执行《支付结算办法》规定的结算制度,加强对银行存款的管理。

(一)银行存款开户管理

部门规章 2.1:
《人民币银行结算账户管理办法》

中国人民银行是银行结算账户的监督管理部门,负责对银行结算账户的开立、使用、变更和撤销进行检查监督。企业在银行开设的账户依据用途的不同可以分为基本存款账户、一般存款账户、临时存款账户和专用存款账户。

基本存款账户是指存款人因办理日常转账结算和现金收付需要而开立的银行结算账户。该类账户是存款人的主要账户,存款人日常经营活动的资金收付及其工资、奖金等现金的支取,都应通过该账户办理。每一个企业只能选择一家银行的一个营业机构开立一个基本存款账户,不得在多家银行机构开立基本存款账户。单位银行卡账户的资金必须由其基本存款账户转账存入。

一般存款账户是指存款人因借款或其他结算需要,在基本存款账户以外的银行营业机构开立的银行结算账户。该类账户可以办理转账结算和现金缴存,但不得支取现金,一个企业不得在同一家银行的几个分支机构开立多个一般存款账户。

专用存款账户是指存款人按照法律、行政法规和规章的规定,为对其特定用途资金进行专项管理和使用而开立的银行结算账户,如基本建设资金,社会保障基金,财政预算外资金,粮、棉、油收购资金,证券交易结算资金等,但不得办理现金收付业务。

部门规章 2.2:
《人民币银行结算账户管理办法实施细则》

临时存款账户是指存款人因临时需要并在规定期限内使用而开立的银行结算账户,如设立临时机构、异地临时经营活动、注册验资等。该类账户用于办理临时机构以及存款人临时经营活动发生的资金收付,并根据有关开户证明文件确定的期限或存款人的需要确定其有效期限,最长不得超过两年。临时存款账户支取现金,应按照国家现金管理的规定办理。

中国人民银行对单位开立基本存款账户、临时存款账户(因注册验资和增资验资开立的除外)、预算单位开立专用存款账户和合格境外机构投资者在境内从事证券投资开立的人民币特殊账户和人民币结算资金账户(简称"QFII 专用存款账户")实行核准制度。为了优化企业开户服务,改进银行账户管理模式,自 2019 年起,中国人民银行对境内依法设立的企业法人、非法人企业、个体工商户在银行办理基本存款账户、临时存款账户业务取消核准制,改为备案制,不再核发开户许可证。

(二)银行存款结算管理

法律法规 2.1:
《中华人民共和国票据法》

企业的一切货币资金收支,除了在规定的范围内可以用现金收支以外,其余一律通过银行账户办理转账结算,并严格遵守《中华人民共和国票据法》和中国人民银行发布的《支付结算办法》的各项规定。账户内必须有足够的资金保证支付,必须使用按中国人民银行统一规定印制的票据凭证和统一规定的结算凭证。不准签发没有资金保证的票据和远期支票,套取银行信用;不准签发、取得和转让没有真实交易与债权债务的票据,套取银行和他人资金;不准无理拒绝付款,任意占用他人资金;不准违反规定开立和使用账户。

（三）银行转账结算方式

转账结算是指企业单位之间的款项收付不是动用现金,而是由银行从付款单位的存款账户划转到收款单位的存款账户的货币清算行为。根据《支付结算办法》的有关规定,现行银行转账结算的方式主要包括银行汇票、商业汇票、银行本票、支票、信用卡、汇兑、托收承付、委托收款和信用证等方式。

部门规章 2.3:《支付结算办法》

1. 银行汇票

银行汇票是指汇款人将款项交存当地出票银行,由出票银行签发并由其在见票时按照实际结算金额无条件支付给收款人或持票人的票据。银行汇票的出票银行为银行汇票的付款人。单位和个人各种款项的结算,都可以使用银行汇票。银行汇票可用于转账,填明"现金"字样的银行汇票也可用于支取现金。申请人或收款人为单位的,不得在银行汇票申请书上填明"现金"字样。银行汇票的提示付款期限为自出票日起 1 个月,持票人超过付款期限提示付款的,银行将不予受理。收款人可以将银行汇票背书转让给被背书人。银行汇票丧失,失票人可以凭人民法院出具的其享有票据权利的证明,向出票银行请求付款或退款。

2. 商业汇票

商业汇票是一种由出票人签发的,委托付款人在指定日期无条件支付确定金额给收款人或持票人的票据。在银行开立存款账户的法人及其他组织之间必须具有真实的交易关系或债权债务关系才能使用商业汇票。商业汇票按承兑人不同可以分为商业承兑汇票和银行承兑汇票两种。商业汇票的付款期限由双方商定,最长不得超过 6 个月。商业汇票的付款人为承兑人。存款人领购商业汇票,必须填写票据和结算凭证领用单并加盖预留银行印鉴,存款账户结清时,必须将剩余的空白商业汇票全部交回银行注销。商业汇票可以背书转让。符合条件的商业汇票的持票人可以持未到期的商业汇票连同贴现凭证,向银行申请贴现。

采用商业汇票结算方式可以使企业之间债权、债务关系表现为外在的票据形式,使商业信用票据化,加强约束力,有利于维护和发展社会主义市场经济。对于购货企业来说,由于可以延期付款,便可在资金暂时不足的情况下及时购进商品,使商品流转活动顺利进行。对于销售企业来说,可以疏通商品渠道,扩大销售,加速资金周转。汇票经过承兑,信用较高,可以按期收回货款,防止拖欠。在需要资金时,还可以向银行申请贴现,融通资金。

3. 银行本票

银行本票是银行签发的,承诺自己在见票时无条件支付确定的金额给收款人或者持票人的票据。银行本票由银行签发并保证兑付,而且见票即付,具有信誉高、支付功能强等特点。在同一票据交换区域支付各种款项,都可以使用银行本票。银行本票分定额本票和不定额本票两种,定额本票的面值分别为 1 000 元、5 000 元、10 000 元和 50 000 元。银行本票的提示付款期限自出票日起最长不超过 2 个月。银行本票可用于转账,注明"现金"字样的银行本票可用于支取现金。申请人取得银行本票后,即可向填明的收款单位办理结算。收款单位可以根据需要在票据交换区域内背书转让银行本票。

4. 支票

支票是出票人签发的,委托办理支票存款业务的银行在见票时无条件支付确定的金额给收款人或者持票人的票据。支票结算是同城结算中应用比较广泛的一种方式。单位和个人在同一票据交换区域的各种款项结算均可以使用支票。支票上印有"现金"字样的为现金支票,现金支票只能用于支取现金。支票上印有"转账"字样的为转账支票,转账支票只能用于转账。支票上未印有"现金"或"转账"字样的为普通支票,普通支票可用于支取现金,也可用于转账。在普通支票左上角画两条平行线的为划线支票,划线支票只能用于转账,不得支取现金。支票的提示付款期限是自出票日起10日内,但中国人民银行另有规定的除外。超过提示付款期限的,持票人开户银行不予受理,付款人不予付款。转账支票可以根据需要在票据交换区域内背书转让。企业财会部门在签发支票之前,出纳人员应该认真查明银行存款的账面余额,防止签发超过存款余额的空头支票。

5.信用卡

信用卡是指商业银行向个人和单位发行的,凭以向特约单位购物、消费和向银行存取现金,且具有消费信用的特制载体卡片。信用卡按使用对象分为单位卡和个人卡,按信誉等级分为金卡和普通卡。凡是在中国境内金融机构开立基本存款账户的单位均可申领单位卡。单位卡可申领若干张,持卡人资格由申领单位法定代表人或其委托的代理人书面指定和注销,持卡人不得出租或转借信用卡。单位卡账户的资金一律从其基本存款账户转账存入,不得交存现金,不得将销货收入的款项存入其账户。持卡人可持信用卡在特约单位购物、消费。单位卡不得用于10万元以上的商品交易、劳务供应等款项的结算。单位卡一律不得支取现金。信用卡在规定的限额和期限内允许善意透支,但不允许恶意透支。恶意透支是指超过规定限额和期限,并经发卡银行催收无效的透支行为。

6.汇兑

汇兑是汇款人委托银行将其款项支付给收款人的结算方式。单位和个人的各种款项的结算均可使用汇兑结算方式。汇兑结算方式适用于异地之间的各种款项结算。汇兑分为信汇和电汇两种,由汇款人选择使用。汇出银行受理汇款人签发的汇兑凭证,经审查无误后,应及时向汇入银行办理汇款,并向汇款人签发汇款回单。汇入银行对开立存款账户的收款人,应将汇给其的款项直接转入收款人账户,并向其发出收账通知。未在银行开立存款账户的收款人,凭信汇、电汇的取款通知向汇入银行支取款项。

7.托收承付

托收承付是根据购销合同由收款人发货后委托银行向异地付款人收取款项,由付款人向银行承认付款的结算方式。使用托收承付结算方式的收款单位和付款单位,必须是国有企业、供销合作社以及经营管理较好,并经开户银行审查同意的城乡集体所有制工业企业。办理托收承付结算的款项,必须是商品交易,以及因商品交易而产生的劳务供应的款项。代销、寄销、赊销商品的款项,不得办理托收承付结算。托收承付结算每笔的金额起点为1万元,新华书店系统每笔的金额起点为1 000元。

收款人按照签订的购销合同发货后,应将托收凭证附发运证件或其他符合托收承付结算的有关证明和交易单证送交银行,委托银行办理托收。付款人开户银行收到托收凭证及其附件后,应当及时通知付款人。托收承付货款分为验单付款和验货付款两种,由收付双方商量选用,并在合同中明确规定。

8.委托收款

委托收款是收款人委托银行向付款人收取款项的结算方式。单位和个人凭已承兑商业汇票、债券、存单等付款人债务证明办理款项的结算,均可以使用委托收款结算方式。委托收款在同城、异地均可以使用。委托收款还适用于收取电费、电话费等付款人众多、分散的公用事业费等有关款项。委托收款结算款项划回的方式分为邮寄和电报两种。

收款人办理委托收款应向银行提交委托收款凭证和有关的债务证明。银行接到委托收款凭证及债务证明，审查无误办理付款。以银行为付款人的，银行应在当日将款项主动支付给收款人。以单位为付款人的，银行应及时通知付款人。付款人在接到通知的次日起3日内未通知银行付款的，视同付款人同意付款，银行应于付款人接到通知日的次日起第4日上午开始营业时，将款项划给收款人。

9.信用证

信用证是指开证银行依照申请人的申请开出的，凭符合信用证条款的单据支付款项的付款承诺。信用证起源于国际贸易结算。在国际贸易中，有时会发生进口商不愿意先支付货款、出口商也不愿意先发货的情况。在这种情况下，银行充当了进出口商之间的中间人和保证人，并代为融通资金，由此产生了信用证结算方式。它的出现不仅在一定程度上解决了买卖双方之间互不信任的矛盾，而且能使双方在使用信用证结算货款的过程中获得银行资金融通的便利，从而促进了国际贸易的发展。因此，该方式被广泛应用于国际贸易之中，成为当今国际贸易中的一种主要结算方式。

为了适应国内贸易的需要，经中国人民银行批准经营结算业务的商业银行总行以及经商业银行总行批准开办信用证结算业务的分支机构，都可以办理国内企业之间的信用证结算业务。采用信用证结算方式，由付款人首先向开证银行申请办理开证业务。开证银行在决定受理该项业务时，应向申请人收取不低于开证金额20%的保证金。收款单位收到信用证后，即备货装运，签发有关发票账单，连同运输单据和信用证送交银行，根据退还的信用证等有关凭证编制收款凭证；付款单位在接到开证行的通知时，根据付款的有关单据编制付款凭证。

需要注意的是，20世纪90年代中期以来，随着信息技术在银行业的应用与推广，银行业进入网上银行发展阶段。网络银行，又称网上银行或在线银行，是以计算机网络和通信技术为依托，通过互联网平台向用户开展和提供开户、销户、查询、对账、行内转账、跨行转账、信贷、网上证券、投资理财等各种金融服务的新型银行机构与服务形式，为用户提供全方位、全天候、便捷、实时的快捷金融服务系统。网络银行（网银）支付是指在银联在线支付平台通过输入用户名和密码的方式登录到网络银行，并完成支付的方式。

二、银行存款的核算

为了总括反映企业银行存款的增加、减少和结存情况，应该设置"银行存款"总分类账户进行核算，该账户属于资产类账户，借方登记企业存款的增加额，贷方登记企业存款的减少额，期末借方余额反映期末企业银行存款的账面余额。在各种支付结算方式下，存入或转入款项时，借记"银行存款"账户，贷记有关账户；提取或支付在银行的存款时，借记有关账户，贷记"银行存款"账户；该账户期末余额在借方，表示企业期末银行存款的实际结余数。

企业还必须设置银行存款日记账进行序时记录。银行存款应按银行和其他金融机构的名称与存款种类进行明细核算。有外币存款的企业还应区分人民币和外币进行明细核算。银行存款日记账由企业出纳人员根据收付款凭证，按照经济业务发生的先后顺序逐日逐笔登记，并随时结出余额。银行存款日记账应定期与银行对账单核对。月份终了时，银行存款日记账余额必须与银行存款总账余额核对相符。

【例 2-6】 9 月 15 日,天目公司以银行存款支付前欠 A 公司的购货款 120 000 元。

借:应付账款——A 公司   120 000
   贷:银行存款   120 000

【例 2-7】 9 月 20 日,天目公司购入不需安装的生产设备,以银行存款支付货款 100 000 元及增值税 13 000 元。

借:固定资产   100 000
  应交税费——应交增值税(进项税额)   13 000
   贷:银行存款   113 000

【例 2-8】 9 月 27 日,天目公司开出现金支票 300 000 元提取现金备发工资。

借:库存现金   300 000
   贷:银行存款   300 000

三、银行存款的清查

为了保证企业银行存款账目的正确性,企业必须对银行存款定期进行清查。银行存款的清查采用与开户银行核对账目的方法,即将企业登记的"银行存款日记账"与开户银行送来的对账单逐笔进行核对,至少每月核对一次。通过核对,若发现双方余额相符,则说明基本正确;若发现双方余额不相符,其原因一般有两种:一是双方各自的记账过程出现错误;二是由于未达账项所致。未达账项,是指企业和开户银行之间由于结算凭证传递的时间不同,导致一方已经登记入账,而另一方尚未入账的款项。未达账项有两大类型,一是企业已经入账而银行尚未入账的款项,二是银行已经入账而企业尚未入账的款项。具体有以下四种情况。

(1)企业已收款入账,银行尚未收款入账的款项,简称"企收银未收"。如,企业将销售产品收到的支票送存银行,根据银行盖章退回的"进账单"回单联登记收款入账;而银行要等款项收妥后才能记账,此时银行尚未收款入账。

(2)企业已付款入账,银行尚未付款入账的款项,简称"企付银未付"。如,企业开出一张转账支票采购材料,企业会计部门根据支票存根、发票及入库单等凭证,登记付款入账;但持票人尚未到银行办理转账手续,因而此时银行尚未登记付款入账。

(3)银行已收款入账,企业尚未收款入账的款项,简称"银收企未收"。如,外地某单位给企业汇来货款,银行收到汇款后登记入账,而企业尚未收到汇款凭证,因而尚未登记入账。

(4)银行已付款入账,企业尚未付款入账的款项,简称"银付企未付"。如,银行在期末将企业借款利息划出,已付款入账,而企业尚未接到付款通知,因而尚未登记付款入账。

上述任何一种情况发生,都会导致企业和银行的账簿记录不一致。因此,在与银行对账时首先应查明是否存在未达账项,如果发现有未达账项,应编制"银行存款余额调节表",对未达账项进行调整后,再确定企业与银行双方记账是否一致,双方的账面余额是否相等。如果相等,表明企业与银行的账目没有差错。否则,说明记账有错误,应进一步查明原因,予以更正。

银行存款余额调节表的编制是以双方(开户行和企业各为一方)现有银行存款账面余额为基础,各自分别加上对方已收款入账而己方尚未入账的数额,减去对方已付款入账而己方尚未入账的数额。计算公式如下：

企业银行存款日记账余额＋银行已收企业未收款－银行已付企业未付款

＝银行对账单存款余额＋银行已收企业未收款－银行已付企业未付款

下面为"银行存款余额调节表"的编制方法举例。

【例2-9】　天目公司20×1年6月30日的银行存款日记账余额为120 000元,银行对账单余额为124 000元。经逐笔核对,发现有以下未达账项：

(1)10月28日,将从某单位收到的一张转账支票2 000元存入银行,公司已入账,但银行尚未办理有关手续而未入账；

(2)10月29日,开出转账支票一张1 000元,持票人尚未向银行办理转账手续,公司已入账,但银行尚未收到支票而未入账；

(3)10月29日,委托银行代收销货款8 000元,银行已收入账,但公司尚未接到银行的收款通知；

(4)10月30日,委托银行代付水电费3 000元,银行已付入账,但公司尚未接到银行的付款通知。

根据以上资料,编制"银行存款余额调节表"(见表2-1)。

表 2-1　银行存款余额调节表

20×1年6月30日

单位:元

项　目	金　额	项　目	金　额
企业银行存款日记账余额	120 000	银行对账单余额	124 000
加:银行已收入账企业尚未入账	8 000	加:企业已收入账银行尚未入账	2 000
减:银行已付入账企业尚未入账	3 000	减:企业已付入账银行尚未入账	1 000
调节后余额	125 000	调节后余额	125 000

表2-1所列双方余额经调节后是相等的,表明双方的账簿记录正确,调节前之所以不相符,是由于未达账项所致。需要注意的是,调节后余额既不等于本单位银行存款账面余额,也不等于银行账面余额,而是银行存款的真正实有数,即企业实际可动用的银行存款数额。另外,"银行存款余额调节表"是作为核对银行存款记录正确与否的工具,它不是原始凭证,更不是记账凭证,所以不得按照余额调节表中的未达账项来调整银行存款账面数额。各项未达账项只有在收到有关结算凭证后才能进行账务处理。

第四节　其他货币资金

一、其他货币资金概述

其他货币资金是指除现金、银行存款之外的货币资金,包括外埠存款、银行汇票存款、银行本票存款、信用卡存款、信用证保证金存款以及存出投资款等。

外埠存款是指企业到外地进行临时或零星采购时汇往采购地银行开立采购专户的款

项;银行汇票存款是指企业为取得银行汇票按照规定存入银行的款项;银行本票存款是指企业为取得银行本票按照规定存入银行的款项;信用卡存款是指企业为取得信用卡按照规定存入银行的款项;信用证保证金存款是指企业为取得信用证按照规定存入银行的保证金;存出投资款是指企业已存入证券公司但尚未购买股票、基金等投资对象的款项。

二、其他货币资金的核算

为了总括反映其他货币资金的增减变动和结存情况,企业应设置"其他货币资金"账户进行总分类核算。同时,企业还应在"其他货币资金"总账科目下按照其他货币资金反映的内容分别设置"外埠存款""银行汇票""银行本票""信用卡""信用证保证金""存出投资款"等明细分类账户进行明细分类核算。

(一)外埠存款

企业汇出款项时,必须填写汇款委托书,加盖"采购资金"字样。汇入银行对汇入的采购款项,以汇款单位名义开立采购账户。采购资金存款不计利息,除采购员差旅费可以支取少量现金外,一律转账。采购专户只付不收,付完结束账户使用。

企业将款项委托当地银行汇往采购地开立专户时,应根据汇出款项凭证,借记"其他货币资金"账户,贷记"银行存款"账户。外出采购人员报销用外埠存款支付材料采购货款等款项时,企业应根据供应单位发票账单等凭证,借记"材料采购"或"原材料""应交税费"等账户,贷记"其他货币资金"账户。采购人员完成采购任务,将多余的外埠存款转回当地银行时,应根据银行的收款通知,借记"银行存款"账户,贷记"其他货币资金"账户。

【例2-10】 天目公司根据发生的有关外埠存款收付业务,编制相关会计分录。

(1)从银行汇款250 000元到北京用于购买材料。

借:其他货币资金——外埠存款　　250 000
　贷:银行存款　　250 000

(2)用此款购入材料200 000元,增值税款26 000元。材料已验收入库。

借:原材料　　200 000
　应交税费——应交增值税(进项税额)　　26 000
　　贷:其他货币资金——外埠存款　　226 000

(3)采购完毕,剩余款项汇回银行。

借:银行存款　　24 000
　贷:其他货币资金——外埠存款　　24 000

(二)银行汇票存款

企业向银行提交银行汇票委托书,并将款项交存开户银行。取得汇票后,根据银行盖章的委托书存根联,借记"其他货币资金"账户,贷记"银行存款"账户。企业用银行汇票支付购货款等款项后,应根据发票账单等有关凭证,借记"材料采购"或"原材料""应交税费"等账户,贷记"其他货币资金"账户。银行汇票使用完毕,企业应转销"其他货币资金"账户。如实际支付采购款项后银行汇票有余额,企业应根据退回的多余款项的金额,借记"银行存款"账户,贷记"其他货币资金"账户。

【例2-11】 天目公司根据发生的有关银行汇票存款收付业务,编制相关会计分录。

（1）向银行申请开一张 150 000 元的银行汇票,将银行存款转为银行汇票存款。

借:其他货币资金——银行汇票　　　　　　　　　　　　　　　　150 000

　　贷:银行存款　　　　　　　　　　　　　　　　　　　　　　　　　150 000

（2）用此汇票购入材料 120 000 元,增值税款 15 600 元。材料已验收入库。

借:原材料　　　　　　　　　　　　　　　　　　　　　　　　　　120 000

　　应交税费——应交增值税(进项税额)　　　　　　　　　　　　15 600

　　贷:其他货币资金——银行汇票　　　　　　　　　　　　　　　135 600

（3）收到多余款项退回通知,将余款收妥入账。

借:银行存款　　　　　　　　　　　　　　　　　　　　　　　　　14 400

　　贷:其他货币资金——银行汇票　　　　　　　　　　　　　　　14 400

(三)银行本票存款

企业向银行提交银行本票申请书,并将款项交存银行。取得银行本票时,应根据银行盖章退回的申请书存根联,借记"其他货币资金"账户,贷记"银行存款"账户。企业用银行本票支付购货款等款项后,应根据发票账单等有关凭证,借记"材料采购"或"原材料""应交税费"等账户,贷记"其他货币资金"账户。当企业因本票超过付款期等原因未曾使用而要求银行退款时,企业应填制一式二联的进账单连同本票一并交给银行,然后根据银行收回本票时盖章退回的一联进账单,借记"银行存款"账户,贷记"其他货币资金"账户。

【例 2-12】　天目公司向银行申请银行本票 30 000 元,后因产品质量等原因,该次采购没有实现,银行本票也超过了付款期限,退回开户银行。账务处理如下。

（1）申请办理时:

借:其他货币资金——银行本票　　　　　　　　　　　　　　　　30 000

　　贷:银行存款　　　　　　　　　　　　　　　　　　　　　　　　30 000

（2）超期退回款项时:

借:银行存款　　　　　　　　　　　　　　　　　　　　　　　　　30 000

　　贷:其他货币资金——银行本票　　　　　　　　　　　　　　　30 000

(四)信用卡存款

企业申领信用卡,按照有关规定填制申请表,并按银行要求交存备用金,银行开立信用卡存款账户,发给信用卡。企业根据银行盖章退回的交存备用金的进账单,借记"其他货币资金"账户,贷记"银行存款"账户。收到信用卡存款的付款凭证及相关发票账单时,借记"管理费用""材料采购"或"原材料"等账户,贷记"其他货币资金"账户。

【例 2-13】　天目公司根据发生的有关信用卡存款收付业务,编制相关会计分录。

（1）12 月 2 日,因开展经济业务需要向银行申请办理信用卡,开出转账支票一张,金额 50 000 元,收到进账单第一联和信用卡。

借:其他货币资金——信用卡　　　　　　　　　　　　　　　　　50 000

　　贷:银行存款　　　　　　　　　　　　　　　　　　　　　　　　50 000

（2）12 月 5 日,用信用卡购买办公用品,支付 45 000 元。

借:管理费用　　　　　　　　　　　　　　　　　　　　　　　　　45 000

　　贷:其他货币资金——信用卡　　　　　　　　　　　　　　　　45 000

(五)信用证保证金存款

企业向银行申请开出信用证用于支付供货单位购货款项时,根据开户银行盖章退回的信用证委托书回单,借记"其他货币资金"账户,贷记"银行存款"账户。企业购入货物,收到供货单位信用证结算凭证及所附发票账单时,借记"材料采购"或"原材料""应交税费"等账户,贷记"其他货币资金"账户。企业收到未用完的信用证保证金存款余款时,借记"银行存款"账户,贷记"其他货币资金"账户。

【例 2-14】 天目公司根据发生的有关信用卡存款收付业务,编制相关会计分录。

(1)12 月 6 日,因从国外进口货物向银行申请使用国际信用证进行结算,并按规定开出转账支票向银行缴纳保证金 450 000 元,收到盖章退回的进账单第一联。

借:其他货币资金——信用证保证金   450 000

    贷:银行存款   450 000

(2)12 月 20 日,收到银行转来的进口货物信用证通知书,根据海关出具的完税凭证,进口货物的成本 800 000 元,应交增值税 104 000 元,货物已验收入库。不足金额由银行存款支付。

借:原材料   800 000

    应交税费——应交增值税(进项税额)   104 000

    贷:其他货币资金——银行汇票   450 000

      银行存款   454 000

(六)存出投资款

企业向证券公司划出资金时,应按实际划出的金额,借记"其他货币资金"账户,贷记"银行存款"账户。企业购买股票、债券时,按实际发生的金额,借记"交易性金融资产""债权投资"等账户,贷记"其他货币资金"账户。

【例 2-15】 天目公司根据发生的有关存出投资款收付业务,编制相关会计分录。

(1)12 月 4 日,拟利用闲置资金进行证券投资,向证券公司申请资金账号,并开出转账支票划出资金 4 000 000 元存入该账号,以便购买股票、债券等。

借:其他货币资金——存出投资款   4 000 000

    贷:银行存款   4 000 000

(2)12 月 15 日,利用证券投资账户从二级市场购买某公司股票 200 000 股,每股市价 17 元,发生交易费用 5 000 元,作为交易性金融资产。

借:交易性金融资产   3 400 000

    投资收益   5 000

    贷:其他货币资金——存出投资款   3 405 000

三、其他货币资金的核算

为了总括反映企业货币资金的基本情况,企业资产负债表上一般只列示"货币资金"项目,通常位于流动资产列报位置的第一项,期末数应根据库存现金、银行存款和其他货币资金三个总账账户的期末余额的合计数填列。

■ ■ **思考题**

1.什么是货币资金？其内部控制制度的主要内容是什么？

2.库存现金的使用范围是什么？

3.什么是坐支？为什么企业不能坐支？

4.企业在银行可以开立哪些账户？每个账户的用途是什么？

5.银行转账结算有哪些方式？

6.什么是未达账项？企业对未达账项如何调整？

7.其他货币资金包括哪些内容？

8.信用证结算方式的适用范围是什么？

■ ■ **练习题**

1.宏伟公司 20×1 年 6 月 30 日银行存款日记账的余额为 53 000 元,银行转来的对账单上的余额为 36 000 元,经逐笔核对,发现有以下未达账项:

(1)6 月 28 日,公司委托银行代收款项 20 000 元,银行已经收妥入账,公司尚未接到银行的收款通知,尚未记账;

(2)6 月 29 日,公司开出转账支票 4 000 元,持票人尚未到银行办理转账,银行尚未登记入账;

(3)6 月 29 日,银行接受公司委托付款代付电费 1 000 元,公司尚未接到银行付款通知,尚未记账;

(4)6 月 30 日,公司收到客户购买产品的转账支票 40 000 元已入账,银行尚未记入公司存款户。

要求:根据上述资料编制宏伟公司的"银行存款余额调节表"。

2.根据环宇公司的下列业务编制会计分录:

(1)汇出 450 000 元到天津的开户银行开立采购专户。

(2)收到采购员寄来的发票及有关凭证,材料价款 400 000 元,增值税 52 000 元,材料尚未验收入库。

(3)外埠采购结束,公司将外埠账户清户,收到银行收账通知,余款已收妥入账。

(4)将银行存款 50 000 元存入由赵经理持有的单位信用卡。

(5)赵经理用信用卡支付业务招待费 4 600 元。

(6)将银行存款 300 000 元划入某证券公司资金账户准备进行短期投资。

(7)进行不定期现金清查时发现短款 3 000 元,原因待查。

(8)申请开出信用证 360 000 元,用于进口货物。

第三章

应收及预付款项

■■◻ **学习目标**

1. 掌握：应收票据贴现的计算及会计核算；应收账款现金折扣的会计核算；坏账核算的备抵法；其他应收款的核算内容。

2. 理解：应收票据的含义及分类；带息应收票据计息的会计处理；应收账款入账价值的确定；商业折扣与现金折扣的区别。

3. 了解：应收票据转让的会计核算；预付账款和其他应收款的核算；坏账的确认；坏账核算的直接转销法。

■■◻ **案例引入**

中联重科：应收账款上升现金流下降

2013年10月31日，中联重科公布最新的三季报，公司前三季度业绩同比降幅稍有收窄，但环比来看，三季度营业收入和净利润下滑明显。其中，中联重科在三季度实现营业收入87.33亿元，实现净利润8.9亿元，同比下降33.57%，创下自2011年以来的三季度新低。此前，2011年和2012年中联重科在三季度分别盈利13.34亿元和13.38亿元。环比来看，与二季度实现营业收入142亿元、净利23.54亿元，一季度业绩降幅大幅收窄的态势相比，三季度中联重科营业收入和净利润方面的降幅均加大了。

在中联公布的财报中，前三季度公司的应收账款达到256亿元，与年初189亿元的水平相比，上涨35.59%，占总资产28.8%，已超过2012年全年应收账款占比24%的水平。此外，中联重科前三季度的经营性现金流仅为8350元，与年初近1.8亿元的现金流相比，下降95.3%。对此，中联重科方面称是2013年初以来公司销售规模下降，货款回收减少所致。有外界分析称，在上半年净利大幅下滑的情况下，中联重科应收账款激增，同时经营性现金流大幅下降，显示目前机械工程行业困难，企业从客户手里回笼资金的压力较大，公司财务质量存在一定风险。

应收款项是企业非常重要的流动资产，其产生的主要原因是商业信用，现阶段企业最常用的信用政策是商业折扣和现金折扣。加强对应收款项的管理与控制，减少坏账损失，降低财务风险是财务部门的一项重要工作。

第一节　应收票据

一、应收票据的含义及分类

(一)应收票据的含义

应收票据是指企业因销售商品、提供劳务等而收到的商业汇票。商业汇票是一种由出票人签发的,委托付款人在指定日期无条件支付确定金额给收款人或者持票人的票据。商业汇票的付款期限,最长不得超过 6 个月。符合条件的商业汇票的持票人,可以持未到期的商业汇票连同贴现凭证向银行申请贴现。

小贴士 3.1:应收票据仅指商业汇票

(二)应收票据的分类

商业汇票可以按不同的标准进行分类。按票据本身是否附有利息,商业汇票可以分为带息票据和不带息票据。带息票据是指票据上载明规定的利率,在汇票到期日收取票款与利息的票据,即:票据到期值＝票据面值＋票据利息;不带息票据是指汇票到期日只收取票款而不计收利息的票据,即:票据到期值＝票据面值。

按承兑人不同,商业汇票可以分为银行承兑汇票和商业承兑汇票两种(相关内容已在第二章介绍)。

商业汇票按照是否带有追索权,可以分为带追索权的商业汇票和不带追索权的商业汇票两种。追索权是指企业在转让应收款项时,接受应收款项转让方在应收款项遭受拒付或逾期未付时向该应收款项转让方索取应收金额的权利。在我国,商业票据可背书转让,持票人可以对背书人、出票人和票据的其他债务人行使追索权。

一般来说,不确定性负债称为或有负债。转让应收款项而产生的具有不确定性的被追索权利也属于一种或有负债。在我国会计实务中,就应收票据贴现而言,银行承兑汇票的贴现一般不会使企业被追索,而商业承兑汇票的贴现则有被追索的可能,在这种情况下,企业也就会因汇票贴现而产生或有负债。

二、应收票据到期日的确定和到期值的计算

(一)应收票据到期日的确定

商业汇票自承兑日起生效,其到期日是由票据有效期限的长短决定的。期限是指出票日至到期日的时间间隔。在会计实务中,票据的期限一般有按月表示和按日表示两种。其中,按月表示的商业汇票付款期限自出票日起按月计算,按日表示的商业汇票付款期限自出票日起按日计算。在会计实务中,为了计算方便,常把 1 年定为 360 天。

票据期限按月表示时,不考虑各月份实际天数多少,统一按月对日计算,即应以到期月份中与出票日相同的那一天为到期日。当签发承兑票据的日期为某月月末时,统一以到期月份的最后一日为到期日。例如,1 月 31 日签发承兑的期限为 1 个月、2 个月、3 个月和 6 个

月的商业汇票,其到期日分别为 2 月 28 日(闰年时为 2 月 29 日)、3 月 31 日、4 月 30 日和 7 月 31 日。

票据期限按日表示时,不考虑月数,统一按票据的实际经历天数计算。通常出票日和到期日,只能计算其中的一天,即"算头不算尾"或"算尾不算头"。例如,1 月 31 日(当年 2 月份为 28 天)签发承兑的期限为 30 天、60 天和 90 天的商业汇票,其到期日分别为 3 月 2 日、4 月 1 日和 5 月 1 日。

(二)应收票据到期值的计算

商业汇票到期值是指票据到期应收的票款额。对于不带息票据来说,到期值就是票据面值;对于带息票据来说,其到期值是票据面值与票据到期利息的合计金额。计算应收票据到期利息的公式如下:

$$应收票据利息 = 应收票据面值 \times 利率 \times 期限$$

式中,应收票据面值是指商业汇票票面记载的金额,即票面金额;期限是指票据的有效期限;利率是指票据所规定的利率,一般以年利率表示。

当商业汇票的期限按月数表示时,计算利息使用的利率要换算成月利率(年利率÷12)。应收票据到期利息的计算公式如下:

$$应收票据利息 = 应收票据面值 \times 利率 \times \frac{期限(月数)}{12}$$

当商业汇票的期限按天数表示时,计算利息使用的利率要换算成日利率(年利率÷360)。应收票据到期利息的计算公式如下:

$$应收票据利息 = 应收票据面值 \times 利率 \times \frac{期限(天数)}{360}$$

【例 3-1】 天目公司持有一张面值为 117 000 元的商业汇票,年利率为 9.6%,票据的出票日(承兑生效日)为 3 月 31 日,票据期限为 4 个月,到期日为 7 月 31 日,则该商业汇票的到期值为多少?

$$到期值 = 117\,000 + 117\,000 \times 9.6\% \times 4/12 = 120\,744(元)$$

【例 3-2】 天目公司持有一张面值为 40 000 元的商业汇票,年利率为 4.2%,票据的出票日(承兑生效日)为 1 月 31 日,票据期限为 90 天,到期日为 5 月 1 日,则该商业汇票的到期值为多少?

$$到期值 = 40\,000 + 40\,000 \times 4.2\% \times 90/360 = 40\,420(元)$$

三、应收票据的会计处理

(一)应收票据的取得

应收票据取得的原因不同,其账务处理也有所区别。因企业销售商品、提供劳务等而收到开出、承兑的商业汇票,借记"应收票据"科目,贷记"主营业务收入""应交税费——应交增值税(销项税额)"等科目;因债务人抵偿前欠货款而取得的应收票据,借记"应收票据"科目,贷记"应收账款"科目。

企业取得商业汇票时,应按票据的面值入账。

【例 3-3】 天目公司为增值税一般纳税人。根据发生的有关应收票据业务,相关账务处理如下。

(1)20×1年3月10日向乙公司销售一批产品,货已发出,发票上注明的价款为60 000元,增值税税额为7 800元,收到由乙公司承兑的不带息商业承兑汇票一张,金额共计67 800元,期限为6个月。天目公司应编制如下会计分录:

借:应收票据 67 800

　贷:主营业务收入 60 000

　　　应交税费——应交增值税(销项税额) 7 800

(2)3月15日,原向丙公司销售产品应收货款共计56 500元(其中,产品价款50 000元,增值税6 500元),经双方协商,采用商业汇票方式结算,并收到由丙公司承兑的不带息银行承兑汇票一张,期限为3个月。天目公司应编制如下会计分录:

借:应收票据 56 500

　贷:应收账款 56 500

(二)应收票据持有期间的利息

有些商业汇票在票面上规定有利率,这类商业汇票是带息票据,票据到期时,除收回票面款外,还同时收取一定的利息。

带息商业汇票到期之前,尽管利息尚未实际收到,但企业已经取得收取票据利息的权利。在会计核算上,应按权责发生制原则于会计期末反映这部分利息收入,将应收而未实际收到的利息作为应收债权记录,借记"应收票据"科目,贷记"财务费用"科目。至于企业于月末、季末还是年末对企业持有的应收票据计提票据利息,则根据企业采取的会计政策而定。

一般来说,如果应收票据的利息金额较大,对企业财务成果有较大影响,应按月计提利息;如果应收票据的利息金额不大,对企业财务成果的影响较小,可以于季末或年末计提应收票据的利息。但企业至少应于会计年末计提持有商业汇票的利息,以便正确计算企业的财务成果,除非应计利息金额极小。

【例3-4】 天目公司20×1年10月1日销售一批产品给乙公司,货已发出,发票上注明的价款为100 000元,增值税税额为13 000元,收到由乙公司承兑的商业承兑汇票一张,期限为6个月,到期日为20×2年4月1日,票面利率为10%。按企业会计政策规定,企业于年末计提应收票据的利息。

天目公司的有关账务处理如下。

(1)收到票据时。

借:应收票据 113 000

　贷:主营业务收入 100 000

　　　应交税费——应交增值税(销项税额) 13 000

(2)年度终了(20×1年12月31日),计提票据利息。

应计提的票据利息=113 000×10%÷12×3=2 825(元)

借:应收票据 2 825

　贷:财务费用 2 825

(三)应收票据到期

应收票据到期收回时,应分别以下情况进行账务处理:不带息的应收票据到期收回时,按收到的票面金额(即票据的面值),借记"银行存款"科目,贷记"应收票据"科目;带息的应收票据到期收回时,应按收到的本息(即票据的面值加上应收的利息)借记"银行存款"科目,按票据的账面价值(即票据的面值加上已计提的利息)贷记"应收票据"科目,按收到的尚未计提的利息贷记"财务费用"科目;商业承兑汇票到期,承兑人违约拒付或无力偿还票款,收款企业应将到期票据的账面价值转入"应收账款"科目,并将应收票据到期值中尚未计提的利息在实际收到时计入当期损益。即到期时,按票据的账面价值(即票据的面值加上已计提的利息)借记"应收账款"科目,贷记"应收票据"科目。

【例 3-5】 沿用【例 3-4】的资料,票据到期时票款全部收妥入账,天目公司的账务处理如下。

$$收款金额 = 113\,000 \times (1 + 10\% \div 12 \times 6) = 118\,650(元)$$
$$尚未计提的票据利息 = 113\,000 \times 10\% \div 12 \times 3 = 2\,825(元)$$

借:银行存款 118 650
　　贷:应收票据 115 825
　　　　财务费用 2 825

【例 3-6】 沿用【例 3-4】的资料,若票据到期时乙公司无力付款,则天目公司的账务处理如下。

借:应收账款 115 825
　　贷:应收票据 115 825

(四)应收票据的转让

应收票据背书转让给其他企业,以换取所需的物资材料时,对于不附追索权的票据,按应计入取得物资成本的价值,借记"材料采购"或"原材料""库存商品"等科目;按增值税专用发票上注明的可以抵扣增值税进项税额,借记"应交税费——应交增值税(进项税额)"科目;按应收票据的账面价值,贷记"应收票据"科目;按至转让日止尚未计提的票据利息,贷记"财务费用"科目;按收到或补付的差价款,借记或贷记"银行存款"科目。

【例 3-7】 天目公司根据发生的有关应收票据背书转让业务,编制如下会计分录。

(1)天目公司采购一批材料,货款总计 11 300 元(其中,材料价款 10 000 元,增值税 1 300 元),将票据金额为 12 000 元的不带息商业承兑汇票背书转让,以支付该批材料的货款,同时收到差额款 700 元存入银行。

借:原材料 10 000
　　应交税费——应交增值税(进项税额) 1 300
　　银行存款 700
　　贷:应收票据 12 000

(2)天目公司采购一批材料,货款总计 226 000 元(其中,材料价款 200 00 元,增值税 26 000 元),将金额为 220 000 元的带息应收票据背书转让,至转让日该应收票据应计利息总额为 300 元(其中,上月末已经计提的利息为 280 元,尚未入账的应计利息为 20 元),同时以银行存款支付差额款 5 700 元。

借:应收票据 20
　　贷:财务费用 20
借:原材料 200 000

应交税费——应交增值税（进项税额）	26 000
贷:应收票据	220 300
银行存款	5 700

或:

借:原材料	200 000
应交税费——应交增值税（进项税额）	26 000
贷:应收票据	220 280
财务费用	20
银行存款	5 700

当应收票据的背书转让企业承担因付款方不能到期支付票款的连带责任时,应收票据不符合金融资产终止确认条件。此时,转让应收票据实际上具有抵押性质,应收票据不能终止确认。因转让应收票据而购入的材料视为负债处理,并通过"应付账款"科目核算。

(五)应收票据的贴现

应收票据贴现是指企业将未到期的票据在背书后送交银行,银行受理后从票据到期值中扣除按银行贴现率计算确定的贴现利息,然后将余额付给企业。可见,票据贴现实质上是企业融通资金的一种形式。

企业可以持未到期的商业汇票向银行申请贴现。将商业汇票贴现后,企业可以从银行取得贴现款。票据贴现时可按以下有关公式计算:

票据到期值＝票据面值×(1＋票据的年利率×票据到期天数÷360)

或　　　　　＝票据面值×(1＋票据的年利率×票据到期月数÷12)

对于无息票据来说,票据的到期值就是其面值。

贴现息＝票据到期值×贴现率×贴现天数÷360

贴现天数＝贴现日至票据到期日实际天数－1

贴现所得金额＝票据到期值－贴现息

贴现天数是指自贴现日起至票据到期前一日止的实际天数。如果2月10日将1月31日(当年2月份为28天)签发承兑的期限为30天、60天和90天(到期日分别为3月2日、4月1日、5月1日)的商业汇票贴现,则其贴现天数分别为20天、50天和80天。

在会计上,企业应根据贴现的商业汇票是否带有追索权分别采用不同的方法进行处理。

(1)不带追索权的应收票据贴现。将不带追索权的应收票据贴现,企业在转让票据所有权的同时也将票据到期不能收回票款的风险一并转给了贴现银行,企业对票据到期无法收回的票款不承担连带责任,即符合金融资产终止确认的条件。因此,将不带追索权的商业汇票贴现时,企业应按实际收到的贴现款,借记"银行存款"科目;按贴现票据的账面价值,贷记"应收票据"科目;实际收到的贴现款与贴现的商业汇票的账面价值的差额,借记(贴现款小于应收票据账面价值)或贷记(贴现款大于应收票据账面价值)"财务费用"科目。

在我国,企业将银行承兑汇票贴现基本上不存在到期不能收回票款的风险,企业应将银行承兑汇票贴现视为不带追索权的商业汇票贴现业务,按金融资产终止确认的原则处理。

【例3-8】　天目公司于2月10日(当年2月份为28天)持签发承兑日为1月31日、期限为90天、面值为500 000元、利率为4.8％、到期日为5月1日的银行承兑汇票到银行申请贴现,银行规定的月贴现率为 4.2‰,假定票据到期确认利息收入。

票据到期利息总额＝500 000×4.8％×90÷360＝6 000(元)

票据到期值＝500 000＋6 000＝506 000(元)

贴现天数＝80(天)

贴现息＝506 000×4.2‰×80÷30＝5 667.2(元)

贴现款＝506 000－5 667.2＝500 332.8(元)

借:银行存款   500 332.80

  贷:应收票据   500 000

    财务费用   332.80

(2)带追索权的应收票据贴现。将带追索权的应收票据贴现,企业并未转嫁票据到期不能收回票据款的风险,贴现企业因背书而在法律上负有连带偿还责任。企业所承担的这种连带偿还责任是企业的一种或有负债,该债务直至贴现银行收到票据款后方可解除。因此,将带追索权的商业汇票贴现后,不符合金融资产终止确认的条件,不应冲销应收票据账户余额。

在我国,企业将商业汇票贴现,是一种典型的带追索权的票据贴现业务。企业将带追索权的票据贴现,不符合金融资产终止确认的条件,会计上不应冲销"应收票据"账户。此时,一般根据实际收到的贴现款借记"银行存款"科目,贷记"短期借款"科目。

【例 3-9】 沿用【例 3-8】的资料,假设贴现的汇票为商业承兑汇票,则该企业应编制如下会计分录。

借:银行存款   500 332.80

  贷:短期借款   500 332.80

票据到期日,无论票据付款人是否足额向贴现银行支付票款,贴现的票据均满足金融资产终止确认的条件,会计上应终止确认应收票据。

票据的付款人于汇票到期日将票款足额付给贴现银行,企业未收到有关追索债务的通知,则企业因票据贴现而产生的负债责任解除。这时应作为偿还短期借款对待,按照短期借款的账面价值,借记"短期借款"科目;按照应收票据的账面价值,贷记"应收票据"科目;按照两者的差额,借记或贷记"财务费用"科目。

如果票据的付款人于汇票到期日未能向贴现银行足额支付票款,企业则成为实际的债务人。贴现票据的企业能够向贴现银行支付票款的,收到银行有关偿债通知后,按照票据的到期值,借记"应收账款"科目;按照票据的账面价值,贷记"应收票据"科目;差额借记或贷记"财务费用"科目。同时,按照短期借款的账面价值,借记"短期借款"科目;按照票据的到期值,贷记"银行存款"科目;按照两者的差额,借记"财务费用"科目。贴现票据的企业若无力偿还票款,贴现银行将对无法偿还的票款作逾期贷款处理。

【例 3-10】 沿用【例 3-9】的资料,票据到期时,票据付款人已足额向贴现银行支付票款,则到期日应编制如下会计分录。

借:短期借款   500 332.80

  贷:应收票据   500 000

    财务费用   332.80

若票据到期时,票据付款人无法向贴现银行支付票款,而该企业能够偿还票据款,则应

编制如下会计分录:

借:应收账款 506 000

贷:应收票据 500 000

财务费用 6 000

借:短期借款 500 332.80

财务费用 5 667.20

贷:银行存款 506 000

若票据到期时,票据付款人无法向贴现银行支付票款,而该企业也无力偿还票据款,则应编制如下会计分录:

借:应收账款 506 000

贷:应收票据 500 000

财务费用 6 000

借:短期借款 500 332.80

财务费用 5 667.20

贷:短期借款——逾期贷款 506 000

第二节 应收账款

一、应收账款的含义及其构成范围

(一)应收账款的含义

应收账款是指企业因对外销售商品或产品、提供劳务等经营活动而应向客户收取的款项。应收账款一般属于应在一年内收回的短期债权。在资产负债表上,应收账款应列为流动资产项目。

(二)应收账款的构成

在会计实务中,企业的应收账款主要包括因销售商品或产品、提供劳务等而应向客户收取的商品价款、应收取的增值税销项税额及为客户代垫的运杂费等,不包括各种非经营活动发生的应收款项。存出的保证金和押金、购货的预付定金、对职工或股东的预付款、预付分公司款、应收认股款、与企业的经营活动无关的应收款项、超过一年的应收分期销货款以及采用商业汇票结算方式销售商品的债权等,均不属于会计上的应收账款。

二、应收账款的入账价值

一般来说,应收账款应按买卖双方成交时的实际发生额入账。但企业为了促进货物销售或及时回笼货款,在销售时往往实行商业折扣或现金折扣政策,其对应收账款入账价值的影响不同,会计处理也不同。

(一)商业折扣

商业折扣是指对商品价目单所列的价格给予一定的折扣,实际上是对商品报价进行的折扣。商业折扣一般用百分比来表示,如 5%、10%、20% 等,也可用金额表示,如 100 元、200 元等。商品报价并不是企业对某一具体客户的应收款项,在会计上,应收客户款应以业务发生时的成交价入账。也就是说,企业发生销货、提供劳务等主要经营业务行为时,应收账款一般应按商品报价扣除商业折扣以后的实际成交价格入账。由此可见,商业折扣对会计核算不产生任何影响。

【例 3-11】 某企业销售 A 商品,商品价目单中所列示的价格(不含增值税)为 100 元/件,现销售 20 件,并给予购货方 5% 的商业折扣,则该企业销售 A 商品的实际销售单价为 95 元/件[100 ×(1−5%)],销售 20 件的价款共计 1 900 元(95×20),应收取的销项税额为 247 元,共计 2 147 元。则该企业应编制如下会计分录。

借:应收账款　　　　　　　　　　　　　　　　　　　　　　2 147
　　贷:主营业务收入　　　　　　　　　　　　　　　　　　　　1 900
　　　　应交税费——应交增值税(销项税额)　　　　　　　　　　247

实际收到货款时:

借:银行存款　　　　　　　　　　　　　　　　　　　　　　2 147
　　贷:应收账款　　　　　　　　　　　　　　　　　　　　　　2 147

(二)现金折扣

延伸思考 3.1:新旧准则下现金折扣是怎样进行会计处理的?

延伸思考 3.2:买方取得的现金折扣应如何进行会计处理?

现金折扣是指销货企业为了鼓励客户在一定期间内早日偿还货款,对应收货款总额所给予的一定比率的扣减。现金折扣条件一般用"折扣/付款期限"表示,如用"2/10,1/20,n/30"表示,其含义是信用期为 30 天,买方在 10 天内付款可给予 2% 的折扣;20 天内付款给予 1% 的折扣;30 天内付款,则没有折扣。现金折扣使得企业应收账款的实收数额在规定的付款期限内,随着客户付款时间的推延而增加,因而会对会计核算产生影响。

现金折扣实质上是企业为了尽早收到销货款而采取的一种激励手段,并随时间的推延而变化,属于交易价格中的可变对价,在会计上一般作为对销售收入的调整。具体方法是:附有现金折扣条件的商品赊销时,将应收账款总额扣除估计的极有可能发生的现金折扣后的余额记入"应收账款"科目,将不含增值税的交易总价格扣除估计的现金折扣后的余额记入"主营业务收入"科目,按照不扣除现金折扣的不含增值税的交易总价格和适用的增值税税率确定的增值税额记入"应交税费——应交增值税(销项税额)"科目。资产负债表日,重新估计可能收到的对价金额,如果实际收款时间晚于估计的收款时间,客户因此丧失的现金折扣额作为可变对价,调增应收账款和主营业务收入;如果实际收款时间早于估计的收款时间,客户享受了现金折扣,则按实际享受的现金折扣大于估计的现金折扣的金额减少应收账款和主营业务收入。

【例 3-12】 天目公司根据发生的有关应收账款的经济业务编制相关的会计分录。

天目公司赊销 A 产品,合同规定的客户付款期为企业交付货物后 30 天内,付款条件为"2/20,n/30",按含增值税的价款计算现金折扣。当日开出增值税专用发票,发票上注明的不含税价款为 50 000 元,增值税额为 6 500 元,价税合计为 56 500 元。公司依客户以往付款情况的经验及客户现实经营状况,估计客户很可能在 20 天内结清全部款项,并很有可能获得 1 130 元(56 500×2%)的现金折扣。

> 借：应收账款　　　　　　　　　　　　　　　　　　　55 370
> 　　贷：主营业务收入　　　　　　　　　　　　　　　　　48 870
> 　　　　应交税费——应交增值税（销项税额）　　　　　 6 500

如果客户于 20 天内付款，则获得 1 130 元的现金折扣，实际收到货款 55 370 元存入银行。

> 借：银行存款　　　　　　　　　　　　　　　　　　　55 370
> 　　贷：应收账款　　　　　　　　　　　　　　　　　　55 370

如果商品销售后 20 天内客户未能付款，则客户无法获得现金折扣。

> 借：应收账款　　　　　　　　　　　　　　　　　　　 1 130
> 　　贷：主营业务收入　　　　　　　　　　　　　　　　 1 130

客户于 30 天内付款。

> 借：银行存款　　　　　　　　　　　　　　　　　　　56 500
> 　　贷：应收账款　　　　　　　　　　　　　　　　　　56 500

（4）如果客户 30 天内仍未付款，则应将应收账款 56 500 元做逾期处理，并按公司会计政策及本章关于坏账的会计处理方法估计可能的坏账。

第三节　预付账款与其他应收款

一、预付账款

预付账款是指企业按照购货合同规定，预先支付给供应单位的款项。预付账款是企业暂时被供货单位占用的资金。企业预付货款后，有权要求对方按照购货合同规定发货。预付账款必须以购销双方签订的购货合同为条件，按照规定的程序和方法进行核算。

对于预付账款业务，企业一般设置"预付账款"科目进行核算，并按供应单位设置明细科目进行明细核算。

企业根据购货合同的规定向供应单位预付款项时，借记"预付账款"科目，贷记"银行存款"科目；收到所购货物时，根据有关发票账单金额，借记"原材料""应交税费——应交增值税（进项税额）"等科目，贷记"预付账款"科目；当预付货款小于采购货物所需支付的款项时，应补付不足部分，借记"预付账款"科目，贷记"银行存款"科目；当预付货款大于采购货物所需支付的款项时，对收回的多余款应借记"银行存款"科目，贷记"预付账款"科目。

【例 3-13】　天目公司向 F 公司采购材料 1 000 千克，单价 50 元，所需支付的款项总额为 50 000 元。20×1 年 4 月 15 日，按照合同规定向 F 公司预付货款的 40%。4 月 20 日，收到 F 公司发来的 1 000 千克材料，经验收无误，有关发票记载的货款为 50 000 元，增值税税额为 6 500 元。据此以银行存款补付不足款项 36 500 元。天目公司的账务处理如下。

（1）预付 40％的货款时。

借：预付账款　　　　　　　　　　　　　　　　　　　　　　　20 000
　　贷：银行存款　　　　　　　　　　　　　　　　　　　　　　　　 20 000

（2）收到材料时。

借：原材料　　　　　　　　　　　　　　　　　　　　　　　　　 50 000
　　应交税费——应交增值税（进项税额）　　　　　　　　　　　　 6 500
　　贷：预付账款　　　　　　　　　　　　　　　　　　　　　　　　 56 500

（3）补付余款时。

借：预付账款　　　　　　　　　　　　　　　　　　　　　　　　 36 500
　　贷：银行存款　　　　　　　　　　　　　　　　　　　　　　　　 36 500

在会计实务中，预付账款业务不多时，可以通过"应付账款"科目预付账款业务；企业的应付账款业务不多时，也可以通过"预付账款"科目核算应付账款业务。需要指出的是，为了便于反映企业对客户的债权债务关系，对同一客户发生购货往来业务，只通过"应付账款"或只通过"预付账款"科目核算。会计期末，"应付账款"科目和"预付账款"科目所属的明细科目中，有的可能是借方余额，有的可能是贷方余额。其中，借方余额合计列示于资产负债表流动资产项下的"预付款项"项目，贷方余额合计列示于资产负债表流动负债项下的"应付账款"项目。

二、其他应收款

其他应收款是指企业除应收票据、应收账款、预付账款以外的其他各种应收及暂付款项。其主要内容包括：

（1）应收的各种赔款、罚款，如因企业财产等遭受意外损失而应向有关保险公司收取的赔款等；

（2）应收的出租包装物租金；

（3）应向职工收取的各种垫付款项，如为职工垫付的水电费、应由职工负担的医药费、房租费等；

（4）存出保证金，如租入包装物支付的押金；

（5）备用金，如向企业各有关部门拨出的备用资金；

（6）其他各种应收、暂付款项。

企业应设置"其他应收款"科目对其他应收款的收付业务进行核算，并按其他应收款的项目以及债务人进行明细核算。

企业发生各种其他应收款时，应借记"其他应收款"科目，贷记"库存现金""银行存款""营业外收入"等科目；收回其他各种应收款时，借记"库存现金""银行存款""应付职工薪酬"等科目，贷记"其他应收款"科目。

【例 3-14】 天目公司为职工张明垫付应由其个人负担的住院医药费 780 元，拟从其工资中扣回。天目公司的账务处理如下。

（1）垫支时。

借：其他应收款　　　　　　　　　　　　　　　　　　　　　　　　　780
　　贷：银行存款　　　　　　　　　　　　　　　　　　　　　　　　　　 780

（2）扣款时。

借：应付职工薪酬　　　　　　　　　　　　　　　　　　　　780

　　贷：其他应收款　　　　　　　　　　　　　　　　　　　　　780

【例 3-15】　天目公司租入包装物一批，以银行存款向出租方支付押金 3 000 元。天目公司的账务处理如下。

（1）支付时。

借：其他应收款　　　　　　　　　　　　　　　　　　　　3 000

　　贷：银行存款　　　　　　　　　　　　　　　　　　　　　3 000

（2）收到出租方退还的押金时。

借：银行存款　　　　　　　　　　　　　　　　　　　　　3 000

　　贷：其他应收款　　　　　　　　　　　　　　　　　　　　3 000

【例 3-16】　20×1 年 5 月 15 日，天目公司职工李顺预借差旅费 1300 元，以现金支付。5 月 20 日，李顺出差归来，报销差旅费 1 180 元，余款交回。目公司的账务处理如下。

（1）预借差旅费时。

借：其他应收款　　　　　　　　　　　　　　　　　　　　1 300

　　贷：库存现金　　　　　　　　　　　　　　　　　　　　　1 300

（2）报销差旅费时。

借：管理费用　　　　　　　　　　　　　　　　　　　　　1 180

　　库存现金　　　　　　　　　　　　　　　　　　　　　　120

　　贷：其他应收款　　　　　　　　　　　　　　　　　　　　1 300

第四节　坏账

小贴士 3.2：备用金

一、坏账的含义及确认

企业的各项应收款项，可能会因债务人拒付、破产、死亡等信用缺失原因而使部分或全部无法收回。坏账是指企业无法收回的应收款项。企业因坏账而发生的损失称为坏账损失。

一般符合下列条件之一，即可认为发生了坏账：

（1）债务人被依法宣告破产、撤销，其剩余财产确实不足清偿的应收款项；

（2）债务人死亡或依法被宣告死亡、失踪，其财产或遗产确实不足清偿的应收款项；

（3）债务人遭受重大自然灾害或意外事故，损失巨大，以其财产（包括保险赔偿）确实无法清偿的应收款项；

（4）债务人逾期未履行偿债义务，经法院裁决，确实无法清偿的应收款项；

（5）超过法定年限（一般为 3 年）仍未收回的应收款项；

（6）法定机构批准可核销的应收款项。

二、核算坏账的方法

坏账有两种核算方法:一是直接转销法;二是备抵法。我国企业会计准则规定,坏账的核算应采用备抵法,不得采用直接转销法。

(一)直接转销法

直接转销法是在实际发生坏账时直接冲销有关的应收款项,并确认坏账损失,借记"信用减值损失"科目,贷记"应收账款"科目。

在直接转销法下,若已经确认的坏账因债务人经济状况好转或其他原因又全部或部分收回,为了通过应收账款等账簿记录反映债务人的偿债信誉,应首先按收回的金额冲销原确认坏账的会计分录,然后再反映应收款项的收回。即借记"应收账款"科目,贷记"信用减值损失"科目;同时,借记"银行存款"科目,贷记"应收账款"科目。

【例3-17】 天目公司根据发生的有关坏账的经济业务编制相关的会计分录。

(1)应收E公司的账款共计33 900元,已确认无法收回。

借:信用减值损失 33 900
    贷:应收账款 33 900

(2)已经确认为坏账的应收E公司账款中,又收回10 000元。

借:应收账款 10 000
    贷:信用减值损失 10 000

同时,

借:银行存款 10 000
    贷:应收账款 10 000

采用直接转销法对坏账进行核算,只有在实际发生坏账时才作为损失计入当期损益,并冲减应收款项,其核算手续比较简单。但采用这种方法,由于在实际发生坏账时才确认坏账损失,从而导致日常核算的应收款项价值虚增、利润虚列,既不符合权责发生制和收入与费用的配比原则,又不符合谨慎性原则。在资产负债表上,只能提供应收账款的账面余额,无法提供关于应收账款可收回金额的会计信息,歪曲了企业期末的财务状况。因此,我国企业会计准则规定,企业不得采用直接转销法核算坏账损失。

(二)备抵法

备抵法是根据应收款项可收回金额按期估计坏账损失计入当期损益,并形成坏账准备,在实际发生坏账损失时,冲销已计提的坏账准备和相应的应收款项。

采用备抵法核算坏账,每期估计的坏账损失直接计入当期损益,体现了谨慎性原则的要求。在资产负债表上能如实反映应收款项的净额,使报表使用者能够了解企业应收款项预期可收回的金额。同时,在利润表上也避免了因应收款项价值虚列而造成的利润虚增,避免了企业明盈实亏。我国企业会计准则规定企业应采用备抵法核算各应收款项的坏账。

按照《企业会计准则第22号——金融工具确认和计量》(2017)的相关要求,企业对于《企业会计准则第14号——收入》(2017)规范的交易形成且不含重大融资成分的应收款项,始终按照相当于整个存续期内预期信用损失的金额计量其损失准备。

在备抵法下,企业设置"信用减值损失"科目核算其按照《企业会计准则第22号——金融工具确认和计量》(2017)的要求计提的各项金融工具减值准备所形成的预期信用损失,该科目可按应收款项减值损失的项目进行明细核算;设置"坏账准备"科目核算其各种应收款项的坏账准备,该科目可按应收款项的类别进行明细核算。"坏账准备"科目的贷方登记当期计提的坏账准备、收回已转销的应收账款而恢复的坏账准备,借方登记实际发生的坏账损失金额和冲减的坏账准备金额,期末贷方余额反映企业已计提但尚未转销的坏账准备。

企业按期估计坏账损失,计提坏账准备时,借记"信用减值损失"科目,贷记"坏账准备"科目。冲减多计提的坏账准备时,借记"坏账准备"科目,贷记"信用减值损失"科目。

企业确实无法收回的应收款项按管理权限报经批准后作为坏账转销时,应当冲减已计提的坏账准备。企业实际发生坏账损失时,按实际发生的坏账金额,借记"坏账准备"科目,贷记"应收账款""其他应收款"等科目。

已确认并转销的应收款项以后又收回的,根据收回数额,借记"应收账款""其他应收款"等科目,贷记"坏账准备"科目;同时,借记"银行存款"科目,贷记"应收账款""其他应收款"等科目。

其中,按期估计坏账损失,计提坏账准备时,可按以下公式计算:

当期应计提的坏账准备＝当期按应收款项计算的坏账准备金额－(或＋)"坏账准备"科目的贷方(或借方)余额

采用备抵法核算各应收款项的坏账,应采用一定的方法合理估计各会计期间的坏账损失。按期估计坏账损失的方法主要有两种,即应收款项余额百分比法和账龄分析法。

1. 应收款项余额百分比法

应收款项余额百分比法,是按应收款项余额的一定比例估计该应收款项的坏账损失。每期估计的坏账损失,应根据坏账损失占应收款项余额的经验比例和该应收款项的余额确定。

下面以应收账款为例说明按应收款项余额百分比法估计坏账损失、计提坏账准备的会计处理方法。

【例 3-18】　天目公司按应收账款余额的 5% 计提坏账准备,根据发生的有关经济业务,进行相应的账务处理。

20×1 年 12 月 31 日,首次计提坏账准备时,应收账款的年末余额为 200 000 元。

估计坏账损失＝200 000×5%＝10 000(元)

借:信用减值损失　　　　　　　　　　　　　　　　　　10 000
　　贷:坏账准备　　　　　　　　　　　　　　　　　　　　　10 000

20×1 年 12 月 31 日,应收账款净额为 190 000 元(200 000－10 000)。

20×2 年 3 月份实际发生坏账 6 000 元。

借:坏账准备　　　　　　　　　　　　　　　　　　　6 000
　　贷:应收账款　　　　　　　　　　　　　　　　　　　　6 000

20×2 年 3 月份确认的坏账 6000 元,到了 7 月份收回了其中的 4000 元。

借:应收账款　　　　　　　　　　　　　　　　　　　4 000
　　贷:坏账准备　　　　　　　　　　　　　　　　　　　　4 000
借:银行存款　　　　　　　　　　　　　　　　　　　4 000
　　贷:应收账款　　　　　　　　　　　　　　　　　　　　4 000

20×2 年 12 月 31 日,应收账款余额为 60 000 元,估计的坏账准备为 3 000 元(60 000×5%),应冲销多余的坏账准备 5 000 元(8 000－3 000),应收账款净额为 57 000 元(60 000－3000)。

借:坏账准备   5 000
     贷:信用减值损失   5 000

【例 3-19】 沿用【例 3-18】的资料,如果 20×2 年实际发生坏账 12 000 元,后又收回其中 4 000 元,则收回已经确认为坏账的 4 000 元应收账款后,"坏账准备"贷方余额为 2 000 元(10 000－12 000＋4 000),20×2 年 12 月 31 日应补提坏账准备 1 000 元(3 000－2 000)。

借:信用减值损失   1 000
     贷:坏账准备   1 000

【例 3-20】 沿用【例 3-18】的资料,如果 20×2 年实际发生坏账 15 000 元,后又收回其中 1 000 元,则"坏账准备"为借方余额 4 000 元(10 000－15 000＋1 000),20×2 年 12 月 31 日应补提坏账准备 7 000 元(3 000＋4 000)。

借:信用减值损失   7 000
     贷:坏账准备   7 000

2. 账龄分析法

账龄分析法,是指按各应收款项账龄长短,根据以往经验确定坏账准备百分比,并据以估计坏账准备。这里所指的账龄是指客户所欠账款的时间。虽然应收款项能否收回及其收回的程度与应收款项过期长短并无直接联系,但一般来说,账龄越长,账款不能收回的可能性就越大,因此企业可以按应收款项的账龄估计坏账准备。

以应收账款为例,账龄分析法下的应收账款账龄分析及坏账准备的计算见表 3-1 和表 3-2。

表 3-1 账龄分析表

20×2 年 12 月 31 日   单位:元

项目账龄	20×2 年 12 月 31 日		20×1 年 12 月 31 日	
	应收账款金额	百分比/%	应收账款金额	百分比/%
未到期	25 000	29.41	30 000	37.50
过期 1 个月	20 000	23.53	22 000	27.50
过期 2 个月	15 000	17.65	10 000	12.50
过期 3 个月	10 000	11.76	8 000	10.00
过期 4 个月	8 000	9.41	6 000	7.50
过期 5 个月	5 000	5.88	3 000	3.75
破产或追述中	2 000	2.36	1 000	1.25
合计	85 000	100.00	80 000	100.00

表 3-2　坏账准备计算表

20×2 年 12 月 31 日　　　　　　　　　　　　　　　　　　　　单位:元

账龄	应收账款金额	估计损失百分比/%	估计损失金额
未到期	25 000	1	250
过期 1 个月	20 000	3	600
过期 2 个月	15 000	5	750
过期 3 个月	10 000	7	700
过期 4 个月	8 000	20	1 600
过期 5 个月	5 000	50	2 500
破产或追述中	2 000	80	1 600
合计	85 000		8 000

采用账龄分析法,各期估计的坏账准备应与账面上原有的坏账准备进行比较,并调整"坏账准备"科目余额,调整后的"坏账准备"科目余额应与估计的坏账准备数额一致,其核算原理与余额百分比法下的调整方法相同。下面以应收账款为例说明期末对"坏账准备"科目的调整方法。

【例 3-21】　某企业采用账龄分析法估计坏账准备,根据发生的有关经济业务编制相关会计分录。

20×1 年末"坏账准备"科目的贷方余额为 7 000 元,20×2 年实际发生坏账损失 4 000 元。

借:坏账准备　　　　　　　　　　　　　　　　　　　　　　　　　4 000

　　贷:应收账款　　　　　　　　　　　　　　　　　　　　　　　　　4 000

20×2 年末采用账龄分析法估计的坏账准备为 8 000 元,应补提坏账准备 5 000 元。

借:信用减值损失　　　　　　　　　　　　　　　　　　　　　　　　5 000

　　贷:坏账准备　　　　　　　　　　　　　　　　　　　　　　　　　5 000

从以上分析可以看出,应收款项余额百分比法和账龄分析法实际上都是百分比法,只是估计坏账准备的基础不同而已,两者各有利弊。采用余额百分比法计提坏账准备不考虑账龄结构,实际上是对不同账龄的应收款项按一个综合比率计提坏账准备;采用账龄分析法按不同账龄分别以不同的比率计提坏账准备,但没有考虑同一账龄的应收账款存在风险的差异。

不同企业所处具体环境各不相同,世界上大多数国家一般既不规定企业计提坏账准备的方法,也不具体规定计提比例,但都要求企业根据以往经验、债务单位实际财务状况和现金流量情况,以及其他有关信息合理估计。因而会计实务中,企业可能对不同的应收款项采用不同的计提方法、使用不同的比率计提坏账准备。

根据我国企业会计准则的有关规定,企业应对各项应收款项进行减值测试。一般企业应根据本单位的实际情况,对单项金额重大和单项金额非重大的应收款项分别采用不同的方法估计坏账准备。对于单项金额重大的应收款项,应当单独进行减值测试,当有客观证据表明其发生了减值,应当根据其未来现金流量现值低于其账面价值的差额,确认减值损失,计提坏账准备。其他部分仍按余额百分比法或账龄分析法进行处理。

在会计实务中,企业应按规定列出目录,具体注明计提坏账准备的范围、提取方法、账龄的划分及提取比例等事项,按照管理权限,经股东大会或董事会,或经理(厂长)会议或类似机构批准,并且按照法律、行政法规的规定报有关各方备案,并备置于公司所在地,以供投资者查阅。坏账准备提取方法一经确定,不得随意变更。如需变更,仍应按上述程序,经批准后报送有关各方备案,并在财务报表附注中予以说明。

三、应收及预付款项的列报

应收票据、应收账款、预付账款和其他应收款等分项列示于资产负债表的流动资产部分,并按账面价值(扣除已计提坏账准备后的金额)进行列报。应收账款和预付账款在日常核算中兼具债权债务双重性质,应收账款和预付账款需要结合预收账款和应付账款账户所属明细账进行分析计算列报。应收账款的期末数应根据应收账款和预收账款所属明细账借方余额的合计数减去已计提的坏账准备后的净额列报于"应收账款"项目;预付账款的期末数应根据预付账款和应付账款所属明细账借方余额的合计数减去已计提的坏账准备后的净额列报。

■■■ 思考题

1.什么是应收票据?对于持有的带息应收票据,如何进行应收票据计息的会计处理?

2.什么是贴现?如何计算贴现所得金额及进行会计处理?

3.什么是应收账款?应收账款的入账价值如何确定?

4.什么是商业折扣和现金折扣?两者有何区别?

5.现金折扣应如何进行会计处理?

6.预付账款应如何核算?

7.简述其他应收款的核算内容。

8.什么是坏账?什么是备抵法,其有何优点?

■■■ 练习题

1.20×1年5月2日,某企业持其所收取的签发承兑日为3月23日、期限为6个月、面值为110 000元的不带息银行承兑汇票一张到银行申请贴现,银行规定的年贴现率为12%。

要求:计算贴现所得金额并编制相关会计分录。

2.20×2年5月3日,甲企业销售一批商品给乙企业,商品价目表中所列示的价格(不含增值税)为每件120元,共销售500件,并给予乙企业5%的商业折扣,增值税税率为13%,规定付款条件为"2/10,1/20,n/30"。根据以往经验,甲企业估计客户取得现金折扣的可能性几乎为零。乙企业于20×2年5月18日付款。

要求:根据上述经济业务编制甲企业5月3日、5月18日的会计分录。

3.某企业自20×1年起采用备抵法核算应收账款坏账损失,并按账龄分析法计提坏账准备。20×1年末按应收账款账龄估计的坏账为10 000元;20×2年发生坏账4 000元,20×2年末估计的坏账为14 000元;20×3年发生坏账20 000元,20×2年确认的坏账4 000元中有3 000元收回,20×3年末估计的坏账为9 000元。

要求:根据上述经济业务编制该企业20×1年、20×2年及20×3年与坏账有关的会计分录。

第四章

存货

■■■ 学习目标

1. 掌握:存货的初始计量和发出计量、原材料按实际成本计量的核算、存货可变现净值的确定方法、存货跌价准备的计提和会计处理。

2. 理解:存货的定义、认定范围、原材料按计划成本计量的核算、存货清查的会计处理。

3. 了解:存货的确认条件、周转材料的会计处理、存货发生减值的迹象。

■■■ 案例引入

獐子岛的存货疑云

獐子岛集团股份有限公司是一家综合型海洋食品企业,成立于 1992 年 9 月,2006 年在深交所上市(股票代码:002069,股票简称:獐子岛),主营水产养殖、水产加工、水产贸易、冷链物流等业务,主要产品包括虾夷扇贝、海参、鲍鱼、海螺、海胆等。

在最初上市的 8 年间,獐子岛年报业绩基本均以亿元计数,曾先后被誉为"黄海深处的一面红旗""海底银行""海上蓝筹"。

2014 年 10 月,獐子岛突发公告,声称因北黄海遭遇几十年一遇异常的冷水团,公司在 2011 年和部分 2012 年播撒的 100 多万亩①即将进入收获期的虾夷扇贝绝收,对存货进行核销处理及计提存货跌价准备,因"扇贝跑路"导致 2014 年度巨亏 8.12 亿元。獐子岛 2014 年年报披露的净利润为－11.89 亿元。

2015 年 6 月,獐子岛发布公告称,根据抽测调查结果,公司底播虾夷扇贝生长正常,尚不存在减值的风险。獐子岛 2015 年度披露的净利润为－2.43 亿元。按照深交所规定,连续两年净利润为负将被警示,连续三年净利润为负,将被暂停上市,连续四年净利润为负,将被终止上市。獐子岛 2016 年报披露的净利润为 7 571 万元,獐子岛通过"账面盈利"成功"摘帽"(后经查证,2016 年度獐子岛以虚减营业成本、虚减营业外支出的方式,虚增利润 1.3 亿元,即獐子岛 2016 年度真实的净利润应为－5 543.31 万元)。

2018 年 1 月,獐子岛又发布公告称,2017 年降水减少,导致饵料短缺,再加上海水温度异常,大量扇贝饿死,公司拟对 107.16 万亩海域成本约 5.78 亿元的底播虾夷扇贝存货进行核销处理,对 24.3 万亩海域成本约 1.26 亿元的虾夷扇贝存货计提跌价准备 5 110 万元,上述两项合计约影响净利润 6.29 亿元,将全部计入 2017 年度损益。这是獐子岛第二次公布因"扇贝跑路"导致公司亏损。2017 年报披露的净利润为－7.23 亿元。

獐子岛 2018 年报披露的净利润为 3 211 万元。因 2018 年的净利润为正数,獐子岛又躲过了净利润连续三年为负将被暂停上市的规则。

2019 年 11 月 14 日,獐子岛发布公告,根据已完成的近半数 2019 年秋季底播虾夷扇贝

---

① 注:1 亩≈0.067 公顷。

存量抽测结果,部分海域死亡贝壳比例约占80%以上,预计核销存货成本及计提存货跌价准备合计金额为 27 768.22 万元,约占截止到 2019 年 10 月末上述底播虾夷扇贝账面价值 30 690.86 万元的90%,对公司 2019 年经营业绩构成重大影响。这是獐子岛第三次公布因"扇贝跑路"导致公司亏损。2019 年报披露的净利润为—3.92 亿元。

对于獐子岛事件,证监会在调查过程中利用了北斗卫星导航系统,对獐子岛的 27 条采捕船只,数百余万条海上航行定位数据进行分析,委托两家第三方专业机构运用计算机技术还原了采捕船只的真实航行轨迹,复原了公司最近两年真实的采捕海域,进而确定实际采捕面积,并据此认定獐子岛公司成本、营业外支出、利润等存在虚假。其中,2016 年虚增利润1.31 亿元,2017 年虚减利润 2.79 亿元。

2020 年 6 月,由于涉嫌财务造假、内部控制存在重大缺陷和涉嫌未及时披露信息等情况,证监会拟对獐子岛处以顶格 60 万元罚款,对董事长吴厚刚及梁峻、孙福君、勾荣等相关直接人员给予警告,并分别处以 30 万元罚款;对吴厚刚采取终身市场禁入措施,对其他 3 人采取 5～10 年市场禁入措施。对于成家等 20 名管理人员给予警告,并处以 3 万～20 万元罚款。

从 2014 年的扇贝集体"跑路"到 2017 年的扇贝"饿死"再到 2019 年的扇贝"跑路",獐子岛的扇贝为何屡次上演"跑路"? 獐子岛违法情节较为严重,不仅扰乱了证券市场秩序,破坏了市场信心,同时也损害了投资者利益。剧情跌宕起伏的獐子岛财务造假谜团在证监会两年的全力调查后终于原形毕露,迎来最终调查结论和顶格罚单。上市公司的财务造假行为严重扰乱了证券市场的秩序,使广大中小投资者遭受了严重的损失。只有外部约束和内部监督同时发力,对公司财务舞弊行为的监管才能发挥最大作用,进而推动证券市场的有序发展。

案例来源:獐子岛财务造假案例分析[EB/OL]. (2020-12-29)[2024-03-28]. https://www.fx361.com/page/2020/1229/7410583.shtml.

第一节　存货概述

一、存货的定义及确认条件

(一)存货的定义

存货是指企业在日常活动中持有的以备出售的产品或商品、处在生产过程中的在产品、在生产过程或提供劳务过程中储备的材料或物料等,包括企业为产品生产和商品销售而持有的原材料、燃料、在产品、半成品、产成品、商品、周转材料等。存货通常在一年或超过一年的一个营业周期内被消耗或经出售转换为现金、银行存款或应收账款等,具有明显的流动性,属于流动资产。大多数制造业的存货在流动资产中占有很大比重,是流动资产的重要组成部分。

企业持有存货的最终目的是销售,包括可供直接销售的产成品、商品和需要经过进一步加工后销售的原材料、在产品等,以及在生产经营管理过程中使用的周转材料等。存货是流动资产中流动性较慢的一项重要资产,具有品种繁多,品质各异,存放方式和地点多样,时效性强,占用资金高,管理难度大、要求高等特点;存货质量高低、周转快慢直接影响甚至决定着企业的盈利能力、偿债能力和资金周转效率乃至企业经营的成败,加强企业存货的核算和监督管理具有十分重要的意义。

(二)存货的确认条件

存货在符合定义的前提条件下并同时满足下列两个条件的,才能予以确认。

1.与存货有关的经济利益很可能流入企业

企业在确认存货时,需要判断与该项存货相关的经济利益是否很可能流入企业。在会计实务中,主要通过判断该项存货的所有权是否转移到了企业来确定。通常情况下,取得存货的所有权是与存货相关的经济利益很可能流入本企业的一个重要标志。例如,根据销售合同已经售出的存货,其所有权已经转移,与其相关的经济利益已不能再流入本企业,此时,即使该项存货尚未运离本企业,也不能再确认为本企业的存货。又如,已交付受托方的委托代销商品,由于其所有权并未转移至受托方,因而委托代销的商品仍应当确认为委托企业存货的一部分。总之,企业在判断与存货相关的经济利益能否流入企业时,应结合该项存货所有权的归属情况进行分析确定。

2.存货的成本能够可靠地计量

存货的成本能够可靠地计量必须以取得确凿、可靠的证据为依据,并且具有可验证性。如果存货成本不能可靠地计量,则不能确认为一项存货。

二、存货的范围

企业应以所有权的归属而不以物品的存放地点为依据来界定企业的存货范围。即在盘存日,法定所有权归属企业的一切存货,无论其存放于何处,都应作为企业的存货。

企业的存货通常包括:①库存待售的存货;②库存待消耗的存货;③生产经营过程中使用以及处在加工过程中的存货;④购入的正在运输途中和货已运到但尚未办理入库手续的存货;⑤委托其他单位加工、代销的存货。

企业的存货不包括:①库存的依照合同开出发票账单,但客户尚未提出的存货;②库存的受其他单位委托代销、代加工的存货;③约定未来购入的存货。

列示于资产负债表的存货,都应是为了进行正常生产经营而储存的流动资产。不是为了此种目的而储存的资产,都不能列为企业的存货。例如,特种储备的资产以及按国家有关部门的指令专项储备的资产,应列为其他资产;为购置和建造固定资产而储备的专用物资,应列为有关的长期资产。

三、存货的分类

不同性质的企业,对存货的分类是不相同的。服务性企业,如会计师事务所、律师事务所等,既不制造产品,也不销售产品,这些企业一般只有各种办公用品、用具等存货供开展业务时使用,商业企业的经济活动是将商品购进再售出,因此,其存货主要是购进待售的商品。制造业企业的经济活动包含了供、产、销全过程,其拥有的存货种类最多,核算也最为复杂。

(一)存货按照经济用途分类

企业存货按照经济用途的不同一般可分为原材料、在产品、半成品、产成品、商品和周转材料。

(1)原材料,是指企业在生产过程中经加工改变其形态或性质并构成产品主要实体的各种原料及主要材料、辅助材料、外购半成品(外购件)、修理用备件(备品、备件)、包装材料、燃料等。

(2)在产品,是指企业正在制造尚未完工的产品,包括正在各个生产工序加工的产品和已加工完毕但尚未检验或已检验但尚未办理入库手续的产品。

(3)半成品,是指经过一定生产过程并已检验合格交付半成品仓库保管,但尚未制造完工成为产成品,仍需进一步加工的中间产品。

(4)产成品,是指工业企业已经完成全部生产过程并验收入库,可以按照合同规定的条件送交订货单位或者可以作为商品对外销售的产品。企业接受外来原材料加工制造的代制品和为外单位加工修理的代修品,制造和修理完成验收入库后,应视同企业的产成品。

(5)商品,是指商品流通企业外购或委托加工完成验收入库用于销售的各种商品。

(6)周转材料,是指企业能够多次使用、但不符合固定资产定义的材料,包括包装物、低值易耗品以及建造承包商的钢模板、木模板、脚手架等。其中,包装物是指为了包装本企业的商品而储备的各种包装容器,如桶、箱、瓶、坛、袋等。其主要作用是盛装、装潢产品或商品。但一次性包装材料不作为周转材料,而是作为原材料对待;低值易耗品是指不能作为固定资产核算的各种用具物品,如各种工具、管理用具、玻璃器皿、劳动保护用品以及在经营过程中周转使用的容器等。其特点是在使用过程中保持其原有实物形态基本不变,但单位价值较低、使用期限相对较短,或在使用过程中容易损坏。

(二)存货按照取得方式分类

存货按照取得方式的不同,可以分为外购存货、自制存货、委托加工存货、投资者投入的存货、接受捐赠取得的存货、通过债务重组取得的存货、非货币性资产交换取得的存货、盘盈的存货等。

四、存货的初始计量

存货的初始计量是指企业在取得存货时,对存货入账价值的确定。存货应当按照成本进行初始计量。存货成本包括采购成本、加工成本和使存货达到目前场所和状态所发生的其他成本。由于存货的取得方式多种多样的,在不同的取得方式下,存货成本的具体构成并不完全相同。因此,存货的实际取得成本应结合存货的具体取得方式分别确定,并作为存货入账的依据。这里主要介绍企业通过外购和自制取得的存货的初始计量。

(一)外购存货的初始计量

企业的外购存货主要包括原材料和商品。外购存货的成本,即存货的采购成本。存货的采购成本,是指存货从采购到入库前所发生的全部必要支出,一般包括购买价款、相关税费、运输费、装卸费、保险费以及其他可归属于存货采购成本的费用。

(1)存货的购买价款是指企业购入的材料或商品的发票账单上列明的价款,但不包括按规定可以抵扣的增值税进项税额。

（2）存货的相关税费是指企业购买存货发生的进口关税、消费税、资源税和不能抵扣的增值税进项税额等应计入存货采购成本的税费。

（3）其他可归属于存货采购成本的费用是指采购成本中除上述各项以外的可归属于存货采购成本的费用，如在存货采购过程中发生的仓储费、包装费、运输途中的合理损耗、入库前的挑选整理费用（包括挑选整理过程中发生的工、费支出和挑选整理过程中发生的数量损耗，并扣除回收的下脚废料价值）等。运输途中的合理损耗，是指存货在运输过程中，因存货性质、自然条件及技术设备等因素，所发生的自然的或不可避免的损耗。例如，汽车在运输煤炭、化肥等过程中的自然散落以及易挥发产品在运输过程中的自然挥发等。这些费用能分清负担对象的，应直接计入存货的采购成本；不能分清负担对象的，应选择合理的分配方法，分配计入有关存货的采购成本，通常按所购存货的重量或采购价格的比例进行分配。

小贴士4.1：增值税是否进成本？

延伸思考4.1：存货采购中发生的损毁、短缺的会计处理

（二）自制存货的初始计量

企业自制存货的成本由采购成本、加工成本和其他成本构成。

自制存货的成本中，采购成本由所使用或消耗的原材料采购成本转移而来。加工成本，由直接人工和制造费用构成。其中，直接人工，是指企业在生产产品过程中直接从事产品生产的工人的薪酬；制造费用是指企业为生产产品和提供劳务而发生的各项间接费用。其他成本，是指除采购成本、加工成本以外，使存货达到目前场所和状态所发生的其他支出。例如，为特定客户设计产品所发生的可直接确定的设计费用。

企业在存货制造过程中发生的下列支出，应当于发生时直接确认为当期损益，不计入存货成本。

（1）非正常消耗的直接材料、直接人工和制造费用。例如，企业因自然灾害而发生的直接材料、直接人工和制造费用损失，由于这些费用的发生无助于使该存货达到目前场所和状态，不应计入存货成本，而应确认为当期损益。

（2）仓储费用。这里所说的仓储费用，仅指企业在存货采购入库后发生的储存费用。但是，在生产过程中为达到下一个生产阶段所必需的仓储费用应计入存货成本。例如，某种酒类产品生产企业为使生产的酒达到规定的产品质量标准而必须发生的仓储费用，应计入酒的成本，而不应计入当期损益。

（3）不能归属于使存货达到目前场所和状态的其他支出。

五、发出存货的计价方法

企业的经营活动是连续不断的，存货也处于不停的周转之中。企业应当根据各类存货的实物流转方式、存货的性质、企业管理的要求等实际情况，合理地选择发出存货成本的计算方法，以合理确定当期发出存货的成本。企业发出存货的计价方法直接影响发出存货成本、结存存货成本和经营成果的计算结果，选择并采用合理科学的计价方法是合理准确计算成本和经营成果的基础。

对于性质和用途相同的存货，应当采用相同的成本计价方法确定发出存货的成本。实

小贴士 4.2：企业会计准则中为什么取消"后进后出法"？

务中，企业发出的存货可以按实际成本核算，也可以按计划成本核算。如采用计划成本核算，会计期末应调整为实际成本。在实际成本核算方式下，企业可以采用的发出存货成本的计价方法有个别计价法、先进先出法、月末一次加权平均法和移动加权平均法四种方法。企业不得采用后进先出法确定发出存货的成本。发出存货的计价方法一经选用，不得随意变更，如确需变更，应作为会计政策变更处理，并在财务报表附注中予以披露。

(一)个别计价法

个别计价法，亦称个别认定法、具体辨认法，其特征是注重所收发存货具体项目的实物流转与成本流转之间的联系，按照各种存货逐一辨认各批发出存货和期末存货所属的购进批别或生产批别，分别按其购入或生产时所确定的单位成本计算各批发出存货和期末存货成本的方法。在这种方法下，把每一种存货的实际成本作为计算发出存货成本和期末存货成本的基础。

【例 4-1】 天目公司有关 M 材料的资料如表 4-1 所示。

表 4-1 天目公司 M 材料的资料

日期	经济业务	数量/千克	单位成本/元	金额/元
9 月 1 日	期初余额	500	10	5 000
9 月 5 日	购入	800	9	7 200
9 月 10 日	发出	700		
9 月 15 日	购入	700	11	7 700
9 月 20 日	发出	400		

经具体辨认，9 月 10 日发出的 700 千克 M 材料中，有 400 千克属于期初结存的 M 材料，有 300 千克属于 9 月 5 日第一批购进的 M 材料；9 月 20 日发出的 400 千克 M 材料中，有 100 千克属于期初结存的 M 材料，有 100 千克属于 9 月 5 日第一批购进的 M 材料，其余 200 千克属于 9 月 15 日第二批购进的 M 材料。

该公司采用个别计价法计算的 M 材料本月发出和月末结存成本如下：

9 月 10 日发出的 M 材料成本＝400×10＋300×9＝6 700(元)

9 月 20 日发出的 M 材料成本＝100×10＋100×9＋200×11＝4 100(元)

月末 M 材料的结存成本＝400×10＋500×11＝9 100(元)

个别计价法的特点是成本流转与实物流转完全一致，成本计算准确，符合实际情况，其最能真实反映存货的成本。但在存货品种数量繁多、收发频繁的情况下，其发出成本分辨的工作量较大。因此，这种方法通常适用于一般不能替代使用的存货，为特定项目专门购入或制造的存货以及品种数量不多、单位价值较高或体积较大、容易辨认的存货计价，如珠宝、名画等贵重物品。

(二)先进先出法

先进先出法是指以先购入的存货应先发出(销售或耗用)这样一种存货实物流动假设为前提，对发出存货进行计价的一种方法。采用这种方法，先购入的存货成本在后购入的存货成本之前转出,据此确定发出存货和期末存货的成本。具体方法是:收入存货时,逐笔登记收入存货的数量、单价和金额;发出存货时,按照先进先出的原则逐笔登记存货的发出成本和结存金额。

【例 4-2】 沿用【例 4-1】的资料,采用先进先出法计算 M 材料的本月发出和月末结存成本如下:

9 月 10 日发出 M 材料成本 $= 500 \times 10 + 200 \times 9 = 6\,800$(元)

9 月 20 日发出 M 材料成本 $= 400 \times 9 = 3\,600$(元)

月末 M 材料的结存成本 $= 200 \times 9 + 700 \times 11 = 9\,500$(元)

原材料明细分类账如表 4-2 所示。

表 4-2 原材料明细分类账(先进先出法)

金额单位:元

原材料名称规格:M 材料

计量单位:千克

年		凭证编号	摘要	收入			发出			结存		
月	日			数量	单价	金额	数量	单价	金额	数量	单价	金额
9	1		期初余额							500	10	5 000
	5		购　　入	800	9	7 200				500 800	10 9	5 000 7 200
	10		发　　出				500 200	10 9	5 000 1 800	600	9	5 400
	15		购　　入	700	11	7 700				600 700	9 11	5 400 7 700
	20		发　　出				400	9	3 600	200 700	9 11	1 800 7 700
	30		本月发生额 及余额	1500		14 900	1 100		10 400	200 700	9 11	1 800 7 700

采用先进先出法进行发出存货的计价,可以随时确定发出存货的成本,从而保证了产品生产成本和销售成本计算的及时性,并且期末存货成本是按最近购货成本确定的,比较接近现行的市场价格。但采用该方法计价,如果存在存货收发业务较多,存货单价不稳定的情况,则计算较烦琐,工作量较大。在物价上涨期间,发出成本偏低,会高估企业当期利润和期末存货价值;反之,则会低估企业当期利润和期末存货价值。

(三)月末一次加权平均法

月末一次加权平均法,是指以本月全部进货数量加上月初存货数量作为权数,去除本月全部进货成本加上月初存货成本,计算出存货的加权平均单位成本,以此为基础计算本月发出存货的成本和期末结存存货的成本的一种方法。计算公式如下:

加权平均单位成本

$=$(月初结存存货成本$+$本月入库存货成本)$\div$(月初结存存货数量$+$本月入库存货数量)

$=$[月初结存存货成本$+\sum$(本月各批进货的实际单位成本$\times$本月各批进货的数量)]

÷（月初结存存货数量＋本月各批进货数量之和）

本月发出存货的成本＝本月发出存货的数量×加权平均单位成本

本月月末结存存货成本＝月末结存存货的数量×加权平均单位成本

由于计算加权平均单位成本时可能除不尽，为了保证月末结存存货的数量、单位成本与总成本的一致性，实务中，应当先按加权平均单位成本计算月末结存存货成本，然后倒挤出本月发出存货成本，将计算尾差计入发出存货成本，即。

月末结存存货成本＝月末结存存货的数量×加权平均单位成本

本月发出存货的成本＝（月初结存存货成本＋本月收入存货成本）－月末结存存货成本

【例4-3】 沿用【例4-1】的资料，计算 M 材料的加权平均单位成本。

加权平均单位成本＝（5 000＋7 200＋7 700）÷（500＋800＋700）＝9.95（元/千克）

月末结存 M 材料成本＝（500＋800＋700－700－400）×9.95＝8 955（元）

本月发出 M 材料成本＝5 000＋7 200＋7 700－8 955＝10 945（元）

M 材料的明细分类账如表4-3所示。

表 4-3 原材料明细分类账（月末一次加权平均法）

金额单位：元

原材料名称规格：M 材料

计量单位：千克

年		凭证编号	摘要	收入			发出			结存		
月	日			数量	单价	金额	数量	单价	金额	数量	单价	金额
9	1		期初余额							500	10	5 000
	5		购 入	800	9	7 200				1 300		
	10		发 出				700			600		
	15		购 入	700	11	7 700				1 300		
	20		发 出				400			900		
	30		本月发生额及余额	1 500		14 900	1 100	9.95	10 945	900	9.95	8 955

采用月末一次加权平均法只在月末一次计算加权平均单价，平时存货的发出只记数量，不记金额，月末结账时一次登记存货的发出成本和结存成本，这可以简化成本的计算工作，适用于存货收发比较频繁的企业。但这种方法平时不能及时提供存货的发出成本和结存金额，不便于存货成本的日常管理与控制。

（四）移动加权平均法

移动加权平均法，是指以每次进货的成本加上原有库存存货的成本的合计额，除以每次进货数量加上原有库存存货的数量的合计数，据以计算加权平均单位成本，作为在下次进货前计算各次发出存货成本依据的一种方法。计算公式如下：

移动加权平均单位成本＝（原有库存存货成本＋本次进货的成本）÷（原有库存存货数量＋本次进货数量）

本次发出存货成本＝本次发出存货数量×本次发货前的存货单位成本

本月月末结存存货成本＝月末结存存货的数量×本月月末存货单位成本

与月末一次加权平均法类似,移动加权平均法下也应采用倒挤的方法,将计算尾差挤入发出存货成本,即先按移动加权平均单位成本计算结存存货成本,然后倒挤出发出存货成本,以保证各批发出存货后以及期末时结存存货的数量、单位成本与总成本的一致性。

【例 4-4】 沿用【例 4-1】的资料,计算 M 材料的加权平均单位成本。

4 月 5 日购入后移动加权平均单位成本＝(5 000＋7 200)÷(500＋800)≈ 9.38(元/千克)

4 月 10 日结存 M 材料成本＝600×9.38＝5 628(元)

4 月 10 日发出 M 材料成本＝5 000＋7 200－5 628＝6 572(元)

4 月 15 日购入后移动加权平均单位成本＝(5 628＋7 700)÷(600＋700)≈ 10.25(元/千克)

4 月 20 日结存 M 材料成本＝900×10.25＝9 225(元)

4 月 20 日发出 M 材料成本＝5 628＋7 700－9 225＝4 103(元)

M 材料的明细分类账如表 4-4 所示。

表 4-4 原材料明细分类账(移动加权平均法)

金额单位:元

原材料名称规格:M 材料

计量单位:千克

年		凭证编号	摘要	收入			发出			结存		
月	日			数量	单价	金额	数量	单价	金额	数量	单价	金额
9	1		期初余额							500	10	5 000
	5		购 入	800	9	7 200				1 300	9.38	12 200
	10		发 出				700	9.38	6 572	600	9.38	5 628
	15		购 入	700	11	7 700				1 300	10.25	13 328
	20		发 出				400	10.25	4 103	900	10.25	9 225
	30		本月发生额及余额	1 500		14 900	1 100		10 675	900	10.25	9 225

采用移动加权平均法能够使企业管理层及时了解存货的结存情况,计算的平均单位成本以及发出和结存的存货成本比较客观。但由于每次收货都要计算一次平均单位成本,计算工作量较大,对收发货较频繁的企业不太适用。

第二节 存货的取得和发出

存货包括的内容很多,本节重点介绍原材料、周转材料、委托加工物资和库存商品取得和发出的会计处理。

一、原材料

原材料的日常收入、发出及结存可以采用实际成本核算,也可以采用计划成本核算。采用实际成本核算,对于材料的收入、发出及结存,无论总分类核算还是明细分类核算,均按照实际成本计价,不存在成本差异的计算与结转等问题,具有方法简单、核算程序简便易行等优点。但是采用实际成本核算,日常不能直接反映材料成本的节约或超支情况,不便于对材料等及时实施监督管理,不便于反映和考核材料物资采购、储存及其耗用等业务对经营成果的影响。因此,这种方法通常适用于材料收发业务较少、监督管理要求不高的企业。在会计实务工作中,对于材料收发业务较多,监督管理复杂且要求较高,计划成本资料较为健全、准确的企业,一般可以采用计划成本进行材料收入、发出的核算。

(一)采用实际成本核算

原材料采用实际成本核算,主要应设置的会计科目有"原材料""在途物资""应付账款"等科目。

"原材料"科目核算企业库存各种材料的收入、发出与结存情况,借方登记入库材料的实际成本,贷方登记发出材料的实际成本,期末余额在借方,反映企业库存材料的实际成本。"原材料"科目应按照材料的保管地点(仓库)、材料的类别、品种和规格等设置明细账进行明细核算。

"在途物资"科目核算企业采用实际成本(进价)进行材料、商品等物资的日常核算、价款已付尚未验收入库的各种物资(即在途物资)的采购成本,借方登记企业购入的在途物资的实际成本,贷方登记验收入库的在途物资的实际成本,期末余额在借方,反映企业在途物资的采购成本。"在途物资"科目应按照供应单位和物资品种设置明细账进行明细核算。

"应付账款"科目核算企业因购买材料、商品或接受劳务等经营活动应支付的款项,贷方登记企业因购入材料、商品或接受劳务等尚未支付的款项,借方登记支付的应付账款,期末余额一般在贷方,反映企业尚未支付的应付账款。"应付账款"科目应按照债权人设置明细科目进行明细核算。

1.外购原材料

企业外购原材料时,因距离采购地点远近不同、货款结算方式不同等原因,可能造成材料验收入库和货款结算并不一定同步完成,有三种可能:①结算凭证到达的同时,材料验收入库;②结算凭证先到,材料后入库;③材料先验收入库,结算凭证后到。同时,外购材料还可能采用预付货款方式、赊购方式等。

(1)结算凭证到达的同时,材料验收入库。此时应根据发票账单等结算凭证确定材料采购成本,借记"原材料"科目,根据准予抵扣的增值税税额,借记"应交税费——应交增值税(进项税额)"科目,根据实际支付的款项,贷记"银行存款""其他货币资金"等科目,或根据已承兑的商业汇票,贷记"应付票据"等科目。

【例4-5】 天目公司为增值税一般纳税人,8月20日从上海某企业购入钢材一批,货款计90 400元(其中,价款为80 000元,准予扣除的增值税为10 400元),运费为4 360元(其中,价款为4 000元,准予扣除的增值税为360元),保险费为1 060元(其中,价款为1 000元,准予扣除的增值税为60元)。发票等结算单证已收到,货款、运费、保险费及相应税款均已通过银行付讫,材料已到达并如数验收入库。

材料成本=80 000+4 000+1 000=85 000(元)

进项税额=10 400+360+60=10 820(元)

根据上述资料,天目公司应编制如下会计分录。

借:原材料   85 000

应交税费——应交增值税（进项税额）	10 820
贷：银行存款	95 820

（2）结算凭证先到，材料后入库。此时应根据发票账单等结算凭证确定材料采购成本，借记"在途物资"科目，根据准予抵扣的增值税税额，借记"应交税费——应交增值税（进项税额）"科目，根据实际支付的款项，贷记"银行存款""其他货币资金"等科目，或根据已承兑的商业汇票，贷记"应付票据"等科目。收到材料并验收入库时，借记"原材料"科目，贷记"在途物资"科目。

【例4-6】　天目公司为增值税一般纳税人，8月20日从上海某企业购入钢材一批，货款计90 400元（其中，价款为80 000元，准予扣除的增值税为10 400元），运费为4 360元（其中，价款为4 000元，准予扣除的增值税为360元），保险费为1 060元（其中，价款为1 000元，准予扣除的增值税为60元）。发票等结算单证已收到，货款、运费、保险费及相应税款均已通过银行付讫，材料尚在运输途中。8月25日，收到购入的钢材并如数验收入库。

根据上述资料，天目公司应作如下账务处理。

①8月20日支付款项时（材料尚在途中）。

借：在途物资	85 000
应交税费——应交增值税（进项税额）	10 820
贷：银行存款	95 820

②8月25日收到材料，验收入库时。

借：原材料	85 000
贷：在途物资	85 000

（3）材料先验收入库，结算凭证后到。在这种情况下，因发票账单等结算凭证未收到，难以确定入库材料的实际成本，因此，在收到材料并验收入库时，可以暂不作账务处理，等到月内收到发票账单等结算凭证时，作正常账务处理，即按结算凭证到达同时材料也验收入库的情况处理。但如果到月末仍未收到发票账单，为了反映企业资产及负债的情况，应于月末按照材料的暂估价值入账，在下月月初，用红字冲销原暂估入账金额，待收到发票账单后再按照实际金额记账。即对于材料已到达并已验收入库，但发票账单等结算凭证未到，货款尚未支付的采购业务，应于期末按材料的暂估价值，借记"原材料"科目，贷记"应付账款——暂估应付账款"科目。下月月初，用红字冲销原暂估入账金额，以便下月付款或开出、承兑商业汇票后，按正常程序，借记"原材料""应交税费——应交增值税（进项税额）"科目，贷记"银行存款""其他货币资金""应付票据"等科目。

【例4-7】　天目公司为增值税一般纳税人，8月20日从上海某企业购入钢材一批，材料已运达并已验收入库，但发票账单等结算凭证尚未到达。8月25日发票账单等结算凭证到达，货款计90 400元（其中，价款为80 000元，准予扣除的增值税为10 400元），运费为4 360元（其中，价款为4 000元，准予扣除的增值税为360元），保险费为1 060元（其中，价款为1 000元，准予扣除的增值税为60元）。全部货款、运费、保险费及相应税款通过银行转账支付。

根据上述资料，天目公司应作如下账务处理。

①8月20日材料已运达并验收入库时，暂不作账务处理。

②8月25日收到发票账单等结算凭证并支付款项时，作如下会计分录。

借：原材料	85 000

应交税费——应交增值税(进项税额)	10 820
贷:银行存款	95 820

【例4-8】 天目公司为增值税一般纳税人,8月20日从上海某企业购入钢材一批,材料已运达并已验收入库,但发票账单等结算凭证尚未到达。月末时,该材料的结算凭证仍未到达,天目公司对该批材料估价100 000元入账。9月7日,结算凭证到达企业,货款计90 400元(其中,价款为80 000元,准予扣除的增值税为10 400元),运费为4 360元(其中,价款为4 000元,准予扣除的增值税为360元),保险费为1 060元(其中,价款为1 000元,准予扣除的增值税为60元)。全部货款、运费、保险费及相应税款通过银行转账支付。

根据上述资料,天目公司应作如下账务处理。

①8月20日材料已运达并验收入库时,暂不作账务处理。

②8月31日,结算凭证仍未到达,按暂估价值入账。

借:原材料	100 000
贷:应付账款——暂估应付账款	100 000

③9月1日,用红字冲销暂估价值时。

借:原材料	100 000
贷:应付账款——暂估应付账款	100 000

④9月7日,收到结算凭证并支付款项时,作如下会计分录。

借:原材料	85 000
应交税费——应交增值税(进项税额)	10 820
贷:银行存款	95 820

(4)采用预付货款方式购入材料。在这种情况下,企业应在预付货款时,按照实际预付的金额,借记"预付账款"科目,贷记"银行存款"科目。购入的材料验收入库时,按发票账单等结算凭证确定的材料成本,借记"原材料"科目;按增值税专用发票上注明的增值税税额,借记"应交税费——应交增值税(进项税额)"科目;按材料成本与增值税进项税额之和,贷记"预付账款"科目。预付的货款不足,需补付货款时,按补付的金额,借记"预付账款"科目,贷记"银行存款"科目;供货方退回多付的货款时,借记"银行存款"科目,贷记"预付账款"科目。

【例4-9】 天目公司为增值税一般纳税人,8月16日向乙公司预付货款100 000元采购一批原材料。乙公司于9月12日交付所购材料,并开来增值税专用发票,材料价款为120 000元,增值税税额为15 600元。9月13日,天目公司将应补付的货款35 600元通过银行转账支付。

根据上述资料,天目公司应作如下账务处理。

①8月16日,预付货款时。

借:预付账款——乙公司	100 000
贷:银行存款	100 000

②9月12日,购入材料并验收入库时。

借:原材料	120 000
应交税费——应交增值税(进项税额)	15 600

　　贷:预付账款——乙公司　　　　　　　　　　　　　　　　　　　135 600

　　③9 月 13 日,补付货款时。

　　借:预付账款——乙公司　　　　　　　　　　　　　　　　　　　35 600

　　　　贷:银行存款　　　　　　　　　　　　　　　　　　　　　　　35 600

　　(5)采用赊购方式购入材料。在这种情况下,企业应于材料验收入库后,按发票账单等结算凭证确定的材料成本,借记"原材料"科目;按增值税专用发票上注明的增值税税额,借记"应交税费——应交增值税(进项税额)"科目;按应付未付的款项,贷记"应付账款"科目。待支付款项或开出、承兑商业汇票后,再根据实际支付的款项或应付票据面值,借记"应付账款"科目,贷记"银行存款""应付票据"等科目。

　　【例 4-10】　天目公司为增值税一般纳税人,8 月 10 日从乙公司赊购一批原材料,取得的增值税专用发票上注明的原材料价款为 100 000 元,增值税税额为 13 000 元,材料已验收入库。根据购货合同约定,天目公司应于 9 月 20 日之前支付货款。9 月 20 日,天目公司支付了全部款项。

　　根据上述资料,天目公司应作如下账务处理。

　　①8 月 10 日,赊购原材料时。

　　借:原材料　　　　　　　　　　　　　　　　　　　　　　　　　100 000

　　　　应交税费——应交增值税(进项税额)　　　　　　　　　　　　13 000

　　　　贷:应付账款——乙公司　　　　　　　　　　　　　　　　　113 000

　　②9 月 20 日,支付货款时。

　　借:应付账款——乙公司　　　　　　　　　　　　　　　　　　　113 000

　　　　贷:银行存款　　　　　　　　　　　　　　　　　　　　　　113 000

　　(6)外购材料发生短缺。企业外购材料由于各种原因会使实收数量与应收数量不符。企业在材料采购过程中,如果发生了材料短缺、毁损等情况,应及时查明原因,区别情况进行会计处理。

　　①属于运输途中的合理损耗,应作为其他可归属于存货采购成本的费用,计入材料的采购成本。

　　②属于供货单位或外部运输单位的责任造成的材料短缺,应从供货单位或外部运输单位等收回的材料或其他赔款,应单独计入其他应收款等,不计入材料的采购成本。

　　③属于自然灾害或意外事故等非常原因造成的材料毁损,不得增加材料的采购成本,应将扣除保险公司和过失人赔款和可收回残值后的净损失,计入营业外支出。

　　④属于尚待查明原因的材料短缺,先暂作为待处理财产损溢进行核算,待查明原因后,再作处理。

　　⑤上列材料短缺涉及增值税的,还应进行相应处理。

　　【例 4-11】　天目公司为增值税一般纳税人。外购材料一批,价款为 100 000 元,增值税税额为 13 000 元,货款已支付,材料尚在运输途中。材料运到,验收入库时,发现短缺 10 000 元的材料。后查明原因,其中 20% 属于合理损耗,40% 应由运输单位赔偿,另外 40% 属于非常损失,非常损失中保险公司理赔 3 000 元。

　　根据上述资料,天目公司应作如下账务处理。

①购买材料时,应作如下会计分录。

借:在途物资　　　　　　　　　　　　　　　　　　　　　　　100 000
　　应交税费——应交增值税(进项税额)　　　　　　　　　　　13 000
　　贷:银行存款　　　　　　　　　　　　　　　　　　　　　　113 000

②材料入库时,应作如下会计分录。

借:原材料　　　　　　　　　　　　　　　　　　　　　　　　90 000
　　待处理财产损溢——待处理流动资产损溢　　　　　　　　　10 000
　　贷:在途物资　　　　　　　　　　　　　　　　　　　　　100 000

③查明原因处理短缺材料时,应作如下会计分录。

借:原材料　　　　　　　　　　　　　　　　　　　　　　　　2 000
　　其他应收款——运输公司　　　　　　　　　　　　　　　　4 000
　　　　　　　——保险公司　　　　　　　　　　　　　　　　3 000
　　营业外支出　　　　　　　　　　　　　　　　　　　　　　1 000
　　贷:待处理财产损溢——待处理流动资产损溢　　　　　　　10 000

④收到相关赔款时,应作如下会计分录。

借:银行存款　　　　　　　　　　　　　　　　　　　　　　　7 000
　　贷:其他应收款——运输公司　　　　　　　　　　　　　　4 000
　　　　　　　　——保险公司　　　　　　　　　　　　　　　3 000

2.发出原材料

原材料采用实际成本核算的情况下,发出原材料的实际成本应按一定的存货计价方法计算确定。在会计核算上,发出原材料时,应按其具体用途反映原材料的实际耗费情况,借记有关科目,贷记"原材料"科目。其中,直接用于产品生产的,借记"生产成本"科目;用于车间一般耗用的,借记"制造费用"科目;用于企业管理方面的,借记"管理费用"科目;为销售产品而消耗的,借记"销售费用"科目;出售材料的,借记"其他业务成本"科目;发出委托外单位加工的材料,借记"委托加工物资"科目;等等。

【例4-12】　天目公司根据当月发料凭证,按领用部门和材料用途编制发料凭证汇总表,详见表4-5。

表4-5　发料凭证汇总表　　　　　　　　　　　　　　单位:元

应借科目	应贷科目:原材料		
	原料及主要材料	辅助材料	合计
生产成本	50 000	2 400	52 400
制造费用	1 000	1 100	2 100
管理费用	3 000	800	3 800
销售费用		7 000	7 000
委托加工物资	10 000	6 000	16 000
合计	64 000	17 300	81 300

根据发料凭证汇总表,天目公司编制会计分录如下:

借:生产成本　　　　　　　　　　　　　　　　　　　　　　　52 400

制造费用	2 100
管理费用	3 800
销售费用	7 000
委托加工物资	16 000
贷:原材料	81 300

(二)采用计划成本核算

采用计划成本核算原材料,材料的收入、发出及结存,无论是总分类核算还是明细分类核算,均按照计划成本计价。企业应设置的会计科目主要有"原材料""材料采购""材料成本差异"等。材料实际成本与计划成本的差异,通过"材料成本差异"科目核算。月末,计算本月发出材料应负担的成本差异并进行分摊,根据领用材料的用途计入相关资产的成本或者当期损益,从而将发出材料的计划成本调整为实际成本。

采用计划成本核算材料,"原材料"科目的借方登记入库材料的计划成本;贷方登记发出材料的计划成本;期末余额在借方,反映企业库存材料的计划成本。

"材料采购"科目借方登记采购材料的实际成本,贷方登记入库材料的计划成本。借方金额大于贷方金额表示超支,从"材料采购"科目的贷方转入"材料成本差异"科目的借方;贷方金额大于借方金额表示节约,从"材料采购"科目的借方转入"材料成本差异"科目的贷方;期末为借方余额,反映企业在途材料的实际采购成本。

"材料成本差异"科目反映企业已入库各种材料的实际成本与计划成本的差异,借方登记超支差异及发出材料应负担的节约差异,贷方登记节约差异及发出材料应负担的超支差异。期末如为借方余额,反映企业库存材料的实际成本大于计划成本的差异(即超支差异);如为贷方余额,反映企业库存材料的实际成本小于计划成本的差异(即节约差异)。

原材料按计划成本核算,设置的主要会计科目及对应关系如图4-1所示。

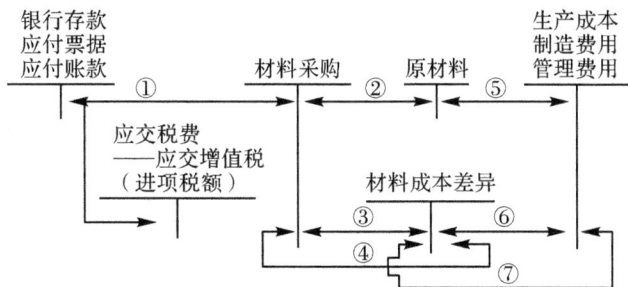

图 4-1 原材料按计划成本核算

注:①采购材料结算货款和增值税税额;②原材料验收入库按计划成本入账;③超支差异由"材料采购"科目的贷方结转记入"材料成本差异"科目的借方;④节约差异由"材料采购"科目的借方结转记入"材料成本差异"科目的贷方;⑤发出原材料;⑥结转发出原材料的超支差异,将生产成本等调整为实际成本;⑦结转发出原材料的节约差异,将生产成本等调整为实际成本。

1.外购原材料

在计划成本法下,购入的材料无论是否验收入库,都要先通过"材料采购"科目进行核算,以反映企业所购材料的实际成本,从而与"原材料"科目相比较,计算确定材料成本差异。购进材料时,按确定的实际采购成本,借记"材料采购"科目,按增值税专用发票上注明的增值税税额,借记"应交税费——应交增值税(进项税额)"科目,按已支付或应支付的金额,贷记"银行存款""应付票据""应付账款"等科目。已购进的材料验收入库时,按计划成本,借记"原材料"科目,贷记"材料采购"科目。按入库材料的实际成本大于计划成本的超支差异,借记"材料成本差异"科目,贷记"材料采购"科目;按入库材料的实际成本小于计划成本的节约差异,借记"材料采购"科目,贷记"材料成本差异"科目。月末,对已验收入库但尚未收到发票账单等结算凭证的材料,按计划成本暂估入账,借记"原材料"科目,贷记"应付账款——暂估应付账款"科目,下月初再用红字作相同的会计分录予以冲回,下月收到发票账单等结算凭证时,按正常的程序进行会计处理。

【例 4-13】 天目公司为增值税一般纳税人,材料采用计划成本法核算。20×1 年 6 月份,发生材料采购业务及相关的账务处理如下。

(1)6 月 5 日,购入一批原材料,增值税专用发票上注明的价款为 200 000 元,增值税税额为 26 000 元。货款已通过银行转账支付,材料也已验收入库。该批原材料的计划成本为210 000 元。

借:材料采购	200 000
应交税费——应交增值税(进项税额)	26 000
贷:银行存款	226 000
借:原材料	210 000
贷:材料采购	210 000
借:材料采购	10 000
贷:材料成本差异	10 000

(2)6 月 10 日,购入一批原材料,增值税专用发票上注明的价款为 180 000 元,增值税税额为 23 400 元。货款已通过银行转账支付,材料尚在运输途中。

借:材料采购	180 000
应交税费——应交增值税(进项税额)	23 400
贷:银行存款	203 400

(3)6 月 16 日,购入一批原材料,材料已经运达企业并已验收入库,但发票等结算凭证尚未收到,货款尚未支付。

暂不作账务处理。

(4)6 月 18 日,收到 6 月 10 日购进的原材料并验收入库。该批原材料的计划成本为170 000 元。

借:原材料	170 000
贷:材料采购	170 000
借:材料成本差异	10 000
贷:材料采购	10 000

(5)6 月 22 日,收到 6 月 16 日已入库原材料的发票等结算凭证,增值税专用发票上注明的价款为 250 000 元,增值税税额为 32 500 元,开出一张商业汇票抵付。该批原材料的计划成本为 243 000 元。

借:材料采购	250 000
应交税费——应交增值税(进项税额)	32 500

贷:银行存款		282 500
借:原材料	243 000	
贷:材料采购		243 000
借:材料成本差异	7 000	
贷:材料采购		7 000

（6）6 月 25 日,购入一批原材料,增值税专用发票上注明的价款为 200 000 元,增值税税额为 26 000 元。货款已通过银行转账支付,材料尚在运输途中。

借:材料采购	200 000	
应交税费——应交增值税(进项税额)	26 000	
贷:银行存款		226 000

（7）6 月 27 日,购入一批原材料,材料已经运达企业并已验收入库,但发票等结算凭证尚未收到,货款尚未支付。6 月 30 日,该批材料的结算凭证仍未到达,企业按该批材料的计划成本 80 000 元估价入账。

6 月 27 日,暂不作账务处理。

6 月 30 日,结算凭证仍未到达,按暂估价值入账。

借:原材料	80 000	
贷:应付账款——暂估应付账款		80 000

7 月 1 日,用红字冲销暂估价值。

借:原材料	80 000	
贷:应付账款——暂估应付账款		80 000

待下月收到发票等有关结算凭证并支付款项时,按正常程序记账。

需要说明的是,在会计实务中,"材料成本差异"科目既可以逐笔结转,也可以月末一次结转。

【例 4-14】　沿用【例 4-13】的资料,如果天目公司采用月末一次结转材料成本差异的方法,有关账务处理如下:

原材料实际成本＝200 000＋180 000＋250 000＝630 000(元)

原材料计划成本＝210 000＋170 000＋243 000＝623 000(元)

原材料成本差异＝630 000－623 000＝7 000(元)

借:材料成本差异	7 000	
贷:材料采购		7 000

2. 发出原材料

采用计划成本法对材料进行日常核算,发出材料时先按计划成本计量。根据领用的部门和具体用途,按发出原材料的计划成本,借记"生产成本""制造费用""管理费用""销售费用""其他业务成本""委托加工物资"等有关成本费用科目,贷记"原材料"科目。月份终了,再将期初结存材料的成本差异和本月取得材料形成的成本差异,在本月发出材料和期末结存材料之间进行分摊,将本月发出材料和期末结存材料的计划成本调整为实际成本。企业在分摊发出材料应负担的成本差异时,按计算的各成本费用项目应负担的差异金额,实际成本大于计划成本的超支差异,借记"生产成本""制造费用""管理费用""销售费用""其他业务成本""委托加工物资"等有关成本费用科目,贷记"材料成本差异"科目。实际成本小于计划成本的节约差异,作相反的账务处理。

为了便于材料成本差异的分摊,企业应当计算材料成本差异率,作为分摊材料成本差异的依据。材料成本差异率包括本月材料成本差异率和月初材料成本差异率两种,其计算公式如下:

$$本月材料成本差异率 = \frac{月初结存材料的成本差异 + 本月收入材料的成本差异}{月初结存材料的计划成本 + 本月收入材料的计划成本} \times 100\%$$

$$月初材料成本差异率 = \frac{月初结存材料的成本差异}{月初结存材料的计划成本} \times 100\%$$

发出材料应负担的成本差异应当按期(月)分摊,不得在季末或年末一次计算,以便及时将发生的材料差异结转到相应的成本费用中。年度终了,企业应对材料成本差异率进行核实调整。在计算发出材料应负担的成本差异时,除委托外部加工发出材料可按月初材料成本差异率计算外,应使用本月材料成本差异率;月初成本差异率与本月成本差异率相差不大的,也可按月初成本差异率计算。分摊差异使用的差异率计算方法一经确定,不得随意变更。如确需变更,应在财务报表附注中予以说明。

本月发出材料应负担的成本差异及实际成本和月末结存材料应负担的成本差异及实际成本,可按如下公式计算:

本月发出材料应负担的成本差异=发出材料的计划成本×材料成本差异率

本月发出材料的实际成本=发出材料的计划成本+发出材料应负担的超支差异

或:

本月发出材料的实际成本=发出材料的计划成本-发出材料应负担的节约差异

月末结存材料应负担的成本差异=结存材料的计划成本×材料成本差异率

月末结存材料的实际成本=结存材料的计划成本+结存材料应负担的超支差异

或:

月末结存材料的实际成本=结存材料的计划成本-结存材料应负担的节约差异

本月发出存货应负担的成本差异从"材料成本差异"科目转出之后,该科目的余额为月末结存存货应负担的成本差异。在编制资产负债表时,月末结存存货应负担的成本差异应作为存货的调整项目,将结存存货的计划成本调整为实际成本列示。

【例 4-15】 20×1 年 6 月 1 日,天目公司结存原材料的计划成本为 52 000 元,"材料成本差异"科目的贷方余额为 1 000 元。6 月份的材料采购业务见【例 4-13】的资料。经汇总,6 月份已经付款和已开出、承兑商业汇票并已验收入库的原材料计划成本为 623 000 元,实际成本为 630 000 元,材料成本差异为超支 7 000 元。6 月份领用原材料的计划成本为 504 000 元,其中,生产产品领用为 460 000 元,车间一般耗用为 16 000 元,管理部门领用为 8 000 元,出售为 20 000 元。有关账务处理如下。

(1)按计划成本发出原材料时。

借:生产成本   460 000

  制造费用   16 000

  管理费用   8 000

		20 000
其他业务成本		
贷:原材料		504 000

（2）计算本月材料成本差异率。

$$本月材料成本差异率 = \frac{-1\,000 + 7\,000}{52\,000 + 623\,000} \times 100\% = 0.8889\%$$

在计算本月材料成本差异率时，本月收入材料的计划成本金额包括已经付款和已开出、承兑商业汇票并已验收入库的原材料计划成本，不包括已验收入库但发票等结算凭证月末尚未到达而按计划成本估价入账的原材料金额。

（3）分摊材料成本差异。

生产成本＝460 000×0.888 9%＝4 089(元)

制造费用＝16 000×0.888 9%＝144（元）

管理费用＝8 000×0.888 9%＝70(元)

其他业务成本＝20 000×0.8889%＝177(元)

借：生产成本		4 089
制造费用		144
管理费用		70
其他业务成本		177
贷:材料成本差异		4 480

（4）月末，有关该原材料的科目余额如表 4-6 所示。

表 4-6　科目月末余额

科目名称	余额方向	金额/元
材料采购	借方	200 000
原材料	借方	251 000（52 000＋623 000＋80 000－504 000）
材料成本差异	借方	1 520（－1 000＋7 000－4 480）

计算结存原材料实际成本，据以编制资产负债表。

结存原材料实际成本＝251 000＋1 520＝252 520(元)

假设不考虑材料跌价准备及其他因素，月末资产负债表中的"存货"项目应为 452 520 元(252 520＋200 000)。

二、周转材料

周转材料，是指企业能够多次使用，不符合固定资产定义，逐渐转移其价值但仍保持原有形态的材料物品。企业的周转材料包括包装物和低值易耗品，以及建造承包商的钢模板、木模板、脚手架等。

(一)包装物

1.包装物的内容

包装物，是指为了包装商品而储备的各种包装容器，如桶、箱、瓶、坛、袋等。具体包括：

(1)生产过程中用于包装产品作为产品组成部分的包装物。

（2）随同商品出售而不单独计价的包装物。

（3）随同商品出售单独计价的包装物。

（4）出租或出借给购买单位使用的包装物。

各种包装材料，如纸、绳、铁丝、铁皮等，应在"原材料"科目核算；用于储存和保管产品、材料而不对外出售的包装物，应按照价值大小和使用年限长短，分别在"固定资产"科目或"原材料"科目核算。

2.包装物的账务处理

为了反映和监督包装物的增减变动及其价值损耗、结存等情况，企业应当设置"周转材料——包装物"科目进行核算，借方登记包装物的增加，贷方登记包装物的减少，期末余额在借方，反映企业期末结存包装物的金额。

对于生产领用包装物，应根据领用包装物的实际成本或计划成本，借记"生产成本"科目，贷记"周转材料——包装物""材料成本差异"（采用计划成本核算时使用该科目）等科目。随同商品出售而不单独计价的包装物，应于包装物发出时，按其实际成本计入销售费用，借记"销售费用"科目，贷记"周转材料——包装物"等科目。随同商品出售而单独计价的包装物，一方面应反映其销售收入，记入"其他业务收入"科目的贷方；另一方面应反映其实际销售成本，记入"其他业务成本"科目的借方。多次使用的包装物应当根据预计使用次数分次进行摊销。

（1）生产领用包装物

生产领用包装物，应按照领用包装物的实际成本，借记"生产成本"科目，按照领用包装物的计划成本，贷记"周转材料——包装物"科目，按照其差额，借记或贷记"材料成本差异"科目。

【例4-16】 天目公司为增值税一般纳税人，对包装物采用计划成本核算，某月生产产品领用包装物的计划成本为100 000元，材料成本差异率为-3%。天目公司应编制如下会计分录。

领用包装物时。

借：生产成本 97 000
　　材料成本差异 3 000
　　贷：周转材料——包装物 100 000

（2）随同商品出售包装物

随同商品出售包装物具体包括两种情形，其账务处理不尽相同。

①随同商品出售不单独计价的包装物，应按其实际成本计入销售费用，借记"销售费用"科目，按其计划成本，贷记"周转材料——包装物"科目，按其差额，借记或贷记"材料成本差异"科目。

【例4-17】 天目公司为增值税一般纳税人，对包装物采用计划成本核算，某月销售商品领用不单独计价包装物的计划成本为50 000元，材料成本差异率为3%。天目公司应编制如下会计分录。

借：销售费用 51 500
　　贷：周转材料——包装物 50 000
　　　　材料成本差异 1 500

②随同商品出售单独计价的包装物，按照实际取得的金额，借记"银行存款"等科目，按

照其销售收入,贷记"其他业务收入"科目,按照增值税专用发票上注明的增值税销项税额,贷记"应交税费——应交增值税(销项税额)"科目;同时,结转所销售包装物的成本,应按其实际成本计入其他业务成本,借记"其他业务成本"科目,按其计划成本,贷记"周转材料——包装物"科目,按其差额,借记或贷记"材料成本差异"科目。

【例 4-18】 天目公司为增值税一般纳税人,对包装物采用计划成本核算,某月销售商品领用单独计价包装物的计划成本为 80 000 元,销售收入为 100 000 元,开具的增值税专用发票上注明的增值税税额为 13000 元,款项已存入银行。该包装物的材料成本差异率为 -3%。天目公司应编制如下会计分录。

出售单独计价包装物时。

借:银行存款 113 000
　贷:其他业务收入 100 000
　　应交税费——应交增值税(销项税额) 13 000

结转所售单独计价包装物的成本时。

借:其他业务成本 77 600
　材料成本差异 2 400
　贷:周转材料——包装物 80 000

(3)出租或出借包装物

有时企业因销售产品,将包装物以出租或出借的形式,租给或借给客户暂时使用,并与客户约定一定时间内收回包装物。

①出租或出借包装物的发出。

企业出租、出借包装物时,应根据包装物出库等凭证列明的金额,借记"周转材料——包装物——出租包装物(或出借包装物)"科目,贷记"周转材料——包装物——库存包装物"科目。包装物如按计划成本计价,还应同时结转材料成本差异。

②出租或出借包装物的押金和租金。

为了保证及时返还和承担妥善保管包装物的经管责任,企业出租或出借包装物时,一般应向客户收取一定数额的押金,即存入保证金,归还包装物时将押金退还给客户。收取包装物押金时,借记"库存现金""银行存款"等科目,贷记"其他应付款——存入保证金"科目;退还押金时,编制相反的会计分录。

出租包装物是企业(专门经营包装物租赁除外)的一项其他业务活动,为短期租赁和低价值租赁业务。出租期间,企业按约定收取的包装物租金,应计入其他业务收入,借记"库存现金""银行存款""其他应收款"等科目,贷记"其他业务收入"科目。

③出租或出借包装物发生的相关费用。

出租或出借包装物发生的相关费用包括两个方面:一是包装物的摊销费用;二是包装物的维修费用。

企业按照规定的摊销方法,对包装物进行摊销时,借记"其他业务成本"(出租包装物)、"销售费用"(出借包装物)科目,贷记"周转材料——包装物——包装物摊销"科目。

企业确认应由其负担的包装物修理费用等支出时,借记"其他业务成本"(出租包装物)、"销售费用"(出借包装物)科目,贷记"库存现金""银行存款""原材料""应付职工薪酬"等科目。

(二)低值易耗品

1.低值易耗品的内容

低值易耗品,一般划分为一般工具、专用工具、替换设备、管理用具、劳动保护用品和其他用具等。

2.低值易耗品的账务处理

为了反映和监督低值易耗品的增减变动及其结存情况,企业应当设置"周转材料——低值易耗品"科目,借方登记低值易耗品的增加,贷方登记低值易耗品的减少,期末余额在借方,通常反映企业期末结存低值易耗品的金额。

低值易耗品等企业的周转材料符合存货定义和条件的,按照使用次数分次计入成本费用。金额较小的,可在领用时一次计入成本费用,为加强实物管理,应当在备查簿中进行登记,以便于对使用中的低值易耗品进行监督管理。

采用分次摊销法摊销低值易耗品,低值易耗品在领用时摊销其账面价值的单次平均摊销额。分次摊销法适用于可供多次反复使用的低值易耗品。在采用分次摊销法的情况下,需要单独设置"周转材料——低值易耗品——在库""周转材料——低值易耗品——在用""周转材料——低值易耗品——摊销"明细科目。其中,"周转材料——低值易耗品——摊销"明细科目为"周转材料——低值易耗品——在用"明细科目的备抵科目,核算使用中低值易耗品的累计摊销额。设置"在库""在用""摊销"三级明细科目核算有利于明确低值易耗品的库存保管、领用和耗费等相关部门的经管责任,有利于保护低值易耗品的安全,提高会计核算的真实准确完整。

【例 4-19】 天目公司为增值税一般纳税人,对低值易耗品采用实际成本核算,某月基本生产车间领用专用工具一批,实际成本为 100 000 元,不符合固定资产定义,采用分次摊销法进行摊销。该专用工具的估计使用次数为 4 次。天目公司应编制如下会计分录。

(1)领用专用工具时。

借:周转材料——低值易耗品——在用　　　　　　　　　　　　100 000
　　贷:周转材料——低值易耗品——在库　　　　　　　　　　　　　100 000

(2)第一次摊销其价值的 1/4。

借:制造费用　　　　　　　　　　　　　　　　　　　　　　25 000
　　贷:周转材料——低值易耗品——摊销　　　　　　　　　　　　　25 000

(3)第二次、第三次分别摊销其价值的 1/4。

借:制造费用　　　　　　　　　　　　　　　　　　　　　　25 000
　　贷:周转材料——低值易耗品——摊销　　　　　　　　　　　　　25 000

(4)最后一次摊销时。

借:制造费用　　　　　　　　　　　　　　　　　　　　　　25 000
　　贷:周转材料——低值易耗品——摊销　　　　　　　　　　　　　25 000

同时核销在用低值易耗品,注销使用部门的经管责任。

借:周转材料——低值易耗品——摊销　　　　　　　　　　　　100 000
　　贷:周转材料——低值易耗品——在用　　　　　　　　　　　　　100 000

在本例中,由于采用实际成本核算,需要说明的,一是在领用低值易耗品时,应在"周转材料——低值易耗品"明细科目中进行明细结转,由"在库"转为"在用";二是在第四次摊销低值易耗品时,由于已经全部摊销完毕,因此,需要将"周转材料——低值易耗品"明细科目中的"摊销"明细科目的贷方余额与"在用"明细科目的借方余额进行相互抵销,从而结平"周转材料——低值易耗品"明细科目的余额。

【例 4-20】 沿用【例 4-19】的资料,假设天目公司对低值易耗品采用计划成本核算,某月基本生产车间领用专用工具一批,实际成本为 101 000 元,计划成本为 100 000 元,不符合固定资产定义,采用分次摊销法进行摊销。该专用工具的估计使用次数为 4 次,该专用工具的材料成本差异率为 1%。天目公司应编制如下会计分录。

(1)领用专用工具时。

借:周转材料——低值易耗品——在用   100 000
  贷:周转材料——低值易耗品——在库   100 000

(2)第一次摊销其价值的 1/4。

借:制造费用   25 000
  贷:周转材料——低值易耗品——摊销   25 000

同时,

借:制造费用   250
  贷:材料成本差异   250

(3)第二次、第三次分别摊销其价值的 1/4。

借:制造费用   25 000
  贷:周转材料——低值易耗品——摊销   25 000

同时,

借:制造费用   250
  贷:材料成本差异   250

(4)第四次摊销剩余价值并结转低值易耗品"摊销"和"在用"明细科目。

借:制造费用   25 000
  贷:周转材料——低值易耗品——摊销   25 000

结转材料成本差异。

借:制造费用   250
  贷:材料成本差异   250

结转低值易耗品"摊销"和"在用"明细科目。

借:周转材料——低值易耗品——摊销   100 000
  贷:周转材料——低值易耗品——在用   100 000

在本例中,一是在领用低值易耗品时,应在"周转材料——低值易耗品"明细科目中进行结转,由"在库"明细科目转入"在用"明细科目;二是在每次对低值易耗品按照计划成本摊销的同时,应结转相应的材料成本差异,将领用低值易耗品的计划成本调整为实际成本;三是在最后一次摊销时,"在用"低值易耗品已经全部摊销完毕,需要将"周转材料——低值易耗品"明细科目中的"摊销"明细科目的贷方余额与"在用"明细科目的借方余额进行相互抵销,从而结平"周转材料——低值易耗品"明细科目的余额。

三、委托加工物资

委托加工物资是指由企业提供原料及主要材料,通过支付加工费、由受托加工单位按合同要求加工成企业所需的各种材料、商品等物资。与材料或商品销售不同,委托加工材料发出后,其保管地点发生位移,但仍属企业存货范畴。经过加工,材料或商品实物形态、性能和使用价值将发生变化,加工过程中需要消耗其他材料,发生加工费、税费等加工成本。因此,加强委托加工物资的合同管理和准确完整核算加工成本,是企业委托加工物资会计核算与监督的主要任务。

企业委托外单位加工物资的成本包括加工中实际耗用材料的成本、支付的加工费用及应负担的运杂费、支付的税费等。委托加工物资核算内容主要包括拨付加工物资、支付加工费用和税金、收回加工物资和剩余物资等。

为了反映和监督委托加工物资增减变动及其结存情况,企业应当设置"委托加工物资"科目,借方登记委托加工物资的实际成本,贷方登记加工完成验收入库的物资的实际成本和剩余物资的实际成本,期末余额在借方,反映企业尚未完工的委托加工物资的实际成本等。本科目应按照加工合同、受托加工单位以及加工物资的品种等进行明细核算。

(一)发出原料

【例4-21】 天目公司对材料和委托加工物资采用计划成本核算,某月委托某加工厂加工一批材料,发出原料的计划成本为70 000元,材料成本差异率为4%。天目公司应编制如下会计分录。

借:委托加工物资 72 800
　贷:原材料 70 000
　　材料成本差异 2 800

(二)支付加工费、运费等

【例4-22】 沿用【例4-21】的资料,天目公司以银行存款支付加工物资的运费为1 000元,增值税专用发票上注明的增值税税额为90元。天目公司应编制如下会计分录。

借:委托加工物资 1 000
　应交税费——应交增值税(进项税额) 90
　贷:银行存款 1 090

【例4-23】 沿用【例4-21】和【例4-22】的资料,天目公司以银行存款支付上述材料的加工费用20 000元,增值税专用发票上注明的增值税税额为2 600元。天目公司应编制如下会计分录。

借:委托加工物资 20 000
　应交税费——应交增值税(进项税额) 2 600
　贷:银行存款 22 600

(三)加工完成验收入库

【例4-24】 沿用【例4-21】、【例4-22】和【例4-23】的资料,天目公司收回由某加工厂(为增值税一般纳税人)代加工后的材料,以银行存款支付运费3 000元,增值税专用发票上注明的增值税税额为270元。该材料已验收入库,其计划成本为98 000元。天目公司应编制如下会计分录。

(1)支付运费时。

借:委托加工物资   3 000

  应交税费——应交增值税(进项税额)   270

   贷:银行存款   3 270

(2)材料验收入库时。

借:原材料   98 000

   贷:委托加工物资   96 800

    材料成本差异   1 200

本例中,加工完成的委托加工物资的实际成本为 96 800 元[(72 800+1 000)+20 000+3 000],计划成本为 98 000 元,成本差异-1200 元(96 800-98 000)记入"材料成本差异"科目的贷方。

需要注意的是,需要缴纳消费税的委托加工物资,由受托方代收代缴的消费税,加工收回后用于直接销售的,按规定计税时不准予扣除,计入加工物资的成本,借记"委托加工物资"科目;收回后用于继续加工,按规定不属于直接出售的,在计税时准予扣除,借记"应交税费——应交消费税"科目。

四、库存商品

(一)库存商品的内容

库存商品是指企业完成全部生产过程并已验收入库、合乎标准规格和技术条件,可以按照合同规定的条件送交订货单位,或可以作为商品对外销售的产品以及外购或委托加工完成验收入库用于销售的各种商品。

库存商品具体包括库存产成品、外购商品、存放在门市部准备出售的商品、发出展览的商品、寄存在外的商品、接受来料加工制造的代制品和为外单位加工修理的代修品等。

为了反映和监督库存商品的增减变动及其结存情况,企业应当设置"库存商品"科目,借方登记验收入库的库存商品成本,贷方登记发出的库存商品成本,期末余额在借方,反映各种库存商品的实际成本。"库存商品"科目应按库存商品的种类、品种和规格设置明细科目进行核算。

(二)库存商品的账务处理

1.验收入库商品

对于库存商品采用实际成本核算的企业,当产品完成生产并验收入库时,应按实际成本,借记"库存商品"科目,贷记"生产成本"科目。

【例 4-25】 天目公司商品入库汇总表记载,某月已验收入库 A 产品 1 000 台,实际单位成本 5000 元,共计 5 000 000 元;B 产品 2 000 台,实际单位成本 1 000 元,共计 2 000 000 元。天目公司应编制如下会计分录。

借:库存商品——A 产品   5 000 000

     ——B 产品   2 000 000

   贷:生产成本——A 产品   5 000 000

      ——B 产品   2 000 000

2.发出商品

企业销售产成品按规定确认收入的同时,应计算、结转与收入相关的产成品成本。产成品销售成本的计算与结转,通常是在期(月)末进行。采用实际成本进行产成品日常核算的,应根据本期(月)销售产品数量及其相应的单位生产成本计算确定本期产品销售成本总额,借记"主营业务成本"科目,贷记"库存商品"科目。

【例4-26】 天目公司月末汇总的发出商品中,当月已实现销售的A产品500台,B产品1 500台。该月采用加权平均法计算的A产品实际单位成本5 000元,B产品实际单位成本1 000元。结转销售成本应编制如下会计分录。

借:主营业务成本 4 000 000
　贷:库存商品——A产品 2 500 000
　　　　　　——B产品 1 500 000

第三节 存货期末计量

存货期末计量是指会计期末对存货价值进行的重新计量。为了在资产负债表中更合理地反映期末存货的价值,使存货符合资产的定义,企业应当选择适当的计价方法对期末存货进行再计量。根据我国企业会计准则的有关规定,资产负债表日,存货应当采用"成本与可变现净值孰低法"进行计量。

一、成本与可变现净值孰低的含义

成本与可变现净值孰低法,是指按照存货的成本与可变现净值两者之中的较低者对期末存货进行计量的一种方法。采用这种方法,当期末存货的成本低于其可变现净值时,存货仍按成本计量;当期末存货的成本高于其可变现净值时,存货则按可变现净值计量,同时按照可变现净值低于成本的差额计提存货跌价准备,计入当期损益(资产减值损失)。

存货成本,是指期末存货的实际成本。即采用先进先出法、加权平均法等存货计价方法,对发出存货(或期末存货)进行计价所确定的期末存货账面成本。

延伸思考4.2:成本与可变现净值孰低法体现了什么会计信息质量要求?

可变现净值,是指在日常活动中,存货的估计售价减去至完工时估计将要发生的成本、估计的销售费用以及相关税费后的金额。企业预计的销售存货现金流量并不完全等于存货的可变现净值。可变现净值实质上是存货在正常生产经营环境下可获得的未来净现金流入。存货在日常销售过程中,不仅会取得销售收入,也会发生销售费用和相关税费;为使存货达到预定可销售状态,还可能发生进一步的加工成本。这些销售费用、相关税费和加工成本,均构成销售存货产生的现金流入的抵减项目,只有扣除了这些现金流出后,才能确定存货的可变现净值。因此,存货的可变现净值由存货的估计售价、至完工时将要发生的成本、估计的销售费用和估计的相关税费等内容构成,是指存货的预计未来净现金流入量,而不是指存货的估计售价(市价或合同价)。

二、可变现净值的确定

(一)判断存货发生减值的主要迹象

当存在下列情况之一时,通常表明存货发生减值,应当计提存货跌价准备,确认存货减值损失。

(1)该存货的市场价格持续下跌,并且在可预见的未来无回升的希望。

(2)企业使用该项原材料生产的产品成本大于产品的销售价格。

(3)企业因产品更新换代,原有库存原材料已不适应新产品的需要,而该原材料的市场价格又低于其账面成本。

(4)因企业所提供的商品或劳务过时或消费者偏好改变而使市场的需求发生变化,导致市场价格逐渐下跌。

(5)其他足以证明该项存货实质上已经发生减值的情形。

存货存在下列情形之一的,通常表明存货的可变现净值为零。

(1)已霉烂变质的存货。

(2)已过期且无转让价值的存货。

(3)生产中已不再需要,并且已无使用价值和转让价值的存货。

(4)其他足以证明已无使用价值和转让价值的存货。

(二)确定存货可变现净值应考虑的主要因素

企业确定存货的可变现净值,应当以取得的确凿证据为基础,并且考虑持有存货的目的、资产负债表日后事项的影响等因素。

1.确定存货的可变现净值应以确凿的证据为基础

确定存货可变现净值的确凿证据,是指对确定存货的可变现净值有直接影响的客观证明。如产成品或商品的市场销售价格、与产成品或商品相同或类似商品的市场销售价格、销售方提供的有关资料和生产成本资料等。

2.确定存货的可变现净值应考虑持有存货的目的

由于企业持有存货的目的不同,确定存货可变现净值的计算方法也不同。如用于出售的存货和用于继续加工的存货,其可变现净值的计算就不相同。因此,企业在确定存货的可变现净值时,应考虑持有存货的目的。一般来说,企业持有存货的目的:一是持有以备出售,如商品、产成品,其中又分为有合同约定的存货和没有合同约定的存货;二是将在生产过程或提供劳务过程中加工或耗用,如材料等。

(1)持有以备出售的存货。产成品、商品和准备处置的材料等直接用于出售的存货,在正常生产经营过程中,应当以该存货的估计售价减去估计的销售费用和相关税费的金额,确定其可变现净值。

直接对外出售存货的可变现净值=估计售价-估计的销售费用和相关税费

(2)需要经过加工的材料等存货,在正常生产经营过程中,应当以所生产的产成品的估计售价减去至完工时估计将要发生的成本、估计的销售费用和相关税费后的金额,确定其可变现净值。

需要经过加工的存货的可变现净值＝估计售价－至完工时估计将要发生的成本
－估计的销售费用和相关税费

3.确定存货的可变现净值应考虑资产负债表日后事项等的影响

在确定资产负债表日存货的可变现净值时,应当考虑:一是以资产负债表日取得最可靠的证据估计的售价为基础并考虑持有存货的目的;二是资产负债表日后发生的事项为资产负债表日存在状况提供进一步证据,以表明资产负债表日存在的存货价值发生变动的事项。

(三)存货估计售价的确定

在确定存货的可变现净值时,应合理确定估计售价、至完工时将要发生的成本、估计的销售费用和相关税费。其中,存货估计售价的确定对于计算存货可变现净值至关重要。企业应当根据存货是否有约定销售的合同,区别以下情况确定存货的估计售价。

(1)为执行销售合同而持有的存货,通常应当以产成品或商品的合同价格作为其可变现净值的计量基础。

如果企业与购买方签订了销售合同,并且合同订购的数量等于企业持有存货的数量,在确定与该项合同直接相关的存货可变现净值时,应当以合同价格作为其可变现净值的计量基础。具体来说,如果企业就其产成品或商品签订了销售合同,则该批产成品或商品的可变现净值应当以合同价格作为计量基础;如果销售合同所规定的标的物还没有生产出来,但持有专门用于生产该标的物的原材料,则该原材料的可变现净值也应当以合同价格作为计量基础。

(2)如果企业持有存货的数量多于销售合同订购数量,超出部分的存货可变现净值应当以产成品或商品的一般销售价格(即市场销售价格)作为计量基础。

【例4-27】 20×0年8月20日,天目公司与乙公司签订一份销售合同,双方约定,20×1年1月15日,天目公司按每台50 000元的价格向乙公司提供A机床20台。20×0年12月31日,天目公司实际结存A机床30台,单位成本为47 000元,账面总成本为1 410 000元。20×0年12月31日,该机床的市场销售价格为48 000元/台。估计发生的销售费用和税金为2 000元/台。

根据上述资料,天目公司对该项存货的可变现净值计算如下:

合同约定的20台机床的可变现净值＝50 000×20－2 000×20＝960 000(元)

没有合同约定的10台机床的可变现净值＝48 000×10－2 000×20＝460 000(元)

(3)如果企业持有存货的数量小于销售合同的订购数量,以实际持有的与该合同相关的存货应当以合同所规定的价格作为可变现净值的计量基础。

(4)没有销售合同约定的存货(不包括用于出售的原材料、半成品等存货),其可变现净值应当以产成品或商品的一般销售价格作为计量基础。

(5)用于出售的原材料、半成品等存货,通常以该原材料或半成品的市场价格作为其可变现净值的计量基础。如果用于出售的原材料或半成品存在销售合同约定的,应以合同价格作为其可变现净值的计量基础。

【例4-28】 天目公司根据市场需求的变化,决定从20×1年1月1日起,全面停止A产品的生产,并决定将库存原材料中专门用于生产A产品的外购M材料予以出售。20×0年12月31日,M材料的账面成本为300万元,市场销售价格为280万元,销售B材料估计会发生销售费用及相关税费共计 7 万元。

由于天目公司已经决定从 20×1 年 1 月 1 日起全面停止 A 产品的生产,因此,专门用于生产 A 产品的外购 M 材料的可变现净值不能再以 A 产品的销售价格作为计量基础,而应按 M 材料本身的市场销售价格作为计量基础。

M 材料的可变现净值＝280－7＝273(万元)。

(四)生产用材料存货的期末计量

企业持有的材料存货(包括原材料、在产品、委托加工物资等)主要用于继续生产产品。这些为生产而持有的材料以及为继续加工而拥有的在产品、委托加工物资等,是否计提跌价准备,不能只考虑其自身的可变现净值与其成本的关系,而应以其完成生产过程后的产成品的可变现净值与产成品的生产成本的关系为判断基础。即如果用其生产的产成品的可变现净值不低于产成品的成本,无论其市场价格是否下降,这些材料、在产品仍以成本计量;如果用其生产的产成品的可变现净值低于产成品的成本,且其价格有明显下降时,这些材料、在产品应按可变现净值计量,并按其差额计提存货跌价准备。

【例 4-29】 天目公司持有的用于生产 A 产品的 M 材料的账面成本为 500 000 元,市场购买价格已跌至 460 000 元。由于 M 材料市场价格下降,用 M 材料生产的 A 产品的售价也发生了相应的下降,由原来的 1 050 000 元降为 980 000 元。将 M 材料加工成 A 产品,估计尚需投入人工及制造费用 400 000 元,估计销售费用及税金为 60 000 元。

根据上述资料可知,M 材料所生产的 A 产品的可变现净值为 920 000 元(980 000－60 000),生产成本为 900 000 元(500 000＋400 000),可变现净值高于生产成本。虽然 M 材料的市场价格低于账面成本,但由于用其生产的 A 产品的可变现净值高于生产成本,表明用 M 材料生产的最终产品此时并没有发生价值减损。在这种情况下,M 材料仍应按其成本 500 000 元列示在期末资产负债表的存货项目之中,不计提存货跌价准备。

【例 4-30】 天目公司持有的用于生产 B 产品的 N 材料的账面成本为 250 000 元,市场购买价格已跌至 220 000 元;由于 N 材料市场价格下降,用 N 材料生产的 B 产品的售价也发生了相应的下降,由原来的 650 000 元降为 590 000 元。将 N 材料加工成 B 产品,估计尚需投入人工及制造费用 350 000 元,估计销售费用及税金为 30 000 元。

根据上述资料可知,N 材料所生产的 B 产品的可变现净值为 560 000 元(590 000－30 000),生产成本为 600 000 元(250 000＋350 000),可变现净值低于生产成本。表明用 N 材料生产的最终产品发生了价值减损。在这种情况下,N 材料应按其可变现净值计量,N 材料可变现净值＝590 000－350 000－30 000＝210 000(元)。

天目公司应按 N 材料可变现净值低于账面成本的差额 40 000 元(250 000－210 000)计提存货跌价准备,在资产负债表的存货项目中,应按 N 材料的可变现净值 210 000 元列示。

三、存货跌价损失的会计处理

(一)存货跌价准备计提的方法

存货按成本与可变现净值孰低法计价时,可以采用不同的方法对成本与可变现净值进行比较。比较的方法主要有三种:按存货项目比较、按存货类别比较和按全部存货比较。这三种方法的区别可以通过表 4-7 的数据予以解释。

表 4-7　成本与可变现净值比较　　　　　　　　单位:元

项目	成本	可变现净值	成本与可变现净值孰低的选择金额		
			按存货项目	按存货类别	按全部存货
家用电器类					
A					
有合同约定	1 000	1 500	1 000		
无合同约定	0	0	0		
B					
有合同约定	0	0	0		
无合同约定	4 000	3 000	3 000		
小计	5 000	4 500	—	4 500	
百货类					
C					
有合同约定	0	0	0		
无合同约定	3 500	3 000	3 000		
D					
有合同约定	1 000	1 400	1 000		
无合同约定	1 000	1 400	1 000		
小计	5 500	5 800	—	5 500	
合计	10 500	10 300	9 000	10 000	10 300

1.按存货项目比较

按存货项目比较时,只要某存货项目的可变现净值低于其成本,就将该存货项目按可变现净值计价,不考虑其他存货的可变现净值是否低于成本,不受其他存货可变现净值大小的影响。当某存货项目的成本高于该项目的可变现净值时,就应按其差额对该存货项目计提存货跌价准备。

在表 4-7 中,企业如果采用按存货项目比较的方法,应对家用电器类中有合同约定的存货项目 B 计提存货跌价准备 1 000 元(4 000－3 000),对百货类中无合同约定的存货项目 C 计提存货跌价准备 500 元(3 500－3 000),共应计提存货跌价准备 1 500 元。

2.按存货类别比较

按存货类别比较时,只要某类存货的可变现净值低于其成本,就将该类存货按可变现净值计价,不考虑其他类存货的可变现净值是否低于成本,不受其他类别存货市价的影响。但采用这种方法时,有些存货的可变现净值可能高于、低于或等于其成本,按该类存货可变现净值总额计价就会将不同存货项目可变现净值与成本的差异相互抵销,使得不同存货项目的可变现净值与成本的关系不能清晰地反映。

在表 4-7 中,如果企业采用按存货类别比较的方法,则应对家用电器类计提存货跌价准备 500 元(5 000－4 500),共应计提存货跌价准备 500 元。

3.按全部存货比较

按全部存货比较时,只有全部存货的可变现净值低于全部存货的成本时,才按可变现净值计价。这种情况下,不仅会将不同存货项目之间可变现净值与成本的差异相互抵销,而且会将不同存货类别之间可变现净值与成本之间的差异相互抵销,使得不同存货项目的可变现净值与成本的关系,以及不同类别存货可变现净值与成本的关系无法清晰地反映。

在表 4-7 中,如果企业采用按全部存货比较的方法,则应对全部存货共计提 200 元
(10 500－10 300)的存货跌价准备。

根据我国企业会计准则的规定,企业通常应当按照单个存货项目计提存货跌价准备。
存货项目不多,或虽然存货项目很多但属于重要的存货项目(如原材料中的主要材料、产品
中的主要产品等),应采用单项比较法计提存货跌价准备。资产负债表日同一项存货中一部
分有合同约定价格,另一部分不存在合同约定价格的,应分别确定其可变现净值,并与相应
的存货成本进行比较,分别确定存货跌价准备,不得合并计量存货跌价准备,由此计提的存
货跌价准备不得相互抵销。

如果企业的存货项目过多,也可以按存货类别进行成本与可变现净值的比较。与在同
一地区生产和销售的产品系列相关、具有相同或类似最终用途或目的且难以与其他项目分
开计量的存货,也可以合并计提存货跌价准备。但不论企业根据具体情况使用哪一种方法,
原则上应保持各期方法的一致性。

(二)存货跌价准备计提和转回的会计处理

资产负债表日,存货的可变现净值低于成本的,企业应当计提存货跌价准备。计提存货
跌价准备时,首先应确定本期存货的减值金额,即本期存货可变现净值低于成本的差额,然
后再将本期存货的减值金额与"存货跌价准备"科目原有的余额进行比较,按下列公式计算
确定本期应计提的存货跌价准备金额:

某期应计提的存货跌价准备＝当期存货可变现净值低于成本的差额－"存货跌价准备"
科目原有余额

根据上列公式,具体账务处理如下。

(1)如果计提存货跌价准备前,"存货跌价准备"科目无余额,则应按本期存货可变现净
值低于成本的差额计提存货跌价准备,借记"资产减值损失"科目,贷记"存货跌价准备"
科目。

(2)如果本期存货可变现净值低于成本的差额大于"存货跌价准备"科目原有贷方余额,
则应按两者之差补提存货跌价准备,借记"资产减值损失"科目,贷记"存货跌价准备"科目。

(3)如果本期存货可变现净值低于成本的差额与"存货跌价准备"科目原有贷方余额相
等,则不需要计提存货跌价准备。

(4)如果本期存货可变现净值低于成本的差额小于"存货跌价准备"科目原有贷方余额,
且因以前引起存货减值的影响因素已经部分消失,存货的价值又得以部分恢复,企业应当相
应地恢复存货的账面价值,即按两者之差冲减已计提的存货跌价准备,借记"存货跌价准备"
科目,贷记"资产减值损失"科目;如果本期存货可变现净值高于成本,且因以前引起存货减
值的影响因素已经完全消失,存货的价值全部得以恢复,企业应将存货的账面价值恢复至账
面成本,即将已计提的存货跌价准备全部转回,借记"存货跌价准备"科目,贷记"资产减值损
失"科目。

当以前减记存货价值的影响因素已经消失,减记的金额应当予以恢复,并在原已计提的
存货跌价准备金额内转回,转回的金额计入当期损益。在核算存货跌价准备的转回时,转回
的存货跌价准备与计提该准备的存货项目或类别应当存在直接对应关系。在原已计提的存
货跌价准备金额内转回,意味着转回的金额以将存货跌价准备的余额冲减至零为限。

【例 4-31】 天目公司期末存货按成本与可变现净值孰低法计量。20×1 年至 20×4 年,有关 A 存货期末计量的资料及相应的账务处理如下。

(1)20×1 年 12 月 31 日,A 存货的账面成本为 90 000 元,可变现净值为 80 000 元。"存货跌价准备"科目余额为 0。

可变现净值低于成本的差额＝90 000－80 000＝10 000(元)

借:资产减值损失　　　　　　　　　　　　　　　　　　　　　10 000
　　贷:存货跌价准备　　　　　　　　　　　　　　　　　　　　　　10 000

在 20×1 年 12 月 31 日的资产负债表中,A 存货应按可变现净值 80 000 元列示其价值。

(2)20×2 年度,在转出 A 存货时,相应地结转存货跌价准备 6 000 元。20×2 年 12 月 31 日,A 存货账面成本为 106 000 元,可变现价值为 95 000 元;计提存货跌价准备之前,"存货跌价准备"科目贷方余额为 4 000 元。

可变现净值低于成本的差额＝106 000－95 000＝11 000(元)

本年应计提的存货跌价准备＝11 000－4 000＝7 000(元)

借:资产减值损失　　　　　　　　　　　　　　　　　　　　　7 000
　　贷:存货跌价准备　　　　　　　　　　　　　　　　　　　　　　7 000

本年计提存货跌价准备之后,"存货跌价准备"科目贷方余额为 11 000 元;在 20×2 年 12 月 31 日的资产负债表中,A 存货应按可变现净值 95 000 元列示其价值。

(3)20×3 年度,在转出 A 存货时,相应地结转存货跌价准备 6 000 元。20×3 年 12 月 31 日,A 存货账面成本为 62 000 元,可变现净值为 58 000 元;计提存货跌价准备之前,"存货跌价准备"科目贷方余额为 5 000 元。

可变现净值低于成本的差额＝62 000－58 000＝4 000(元)

本年应转回的存货跌价准备＝5 000－4 000＝1 000(元)

借:存货跌价准备　　　　　　　　　　　　　　　　　　　　　1 000
　　贷:资产减值损失　　　　　　　　　　　　　　　　　　　　　　1 000

本年转回存货跌价准备之后,"存货跌价准备"科目贷方余额为 4 000 元;在 20×3 年 12 月 31 日的资产负债表中,A 存货应按可变现净值 58 000 元列示其价值。

(4)20×4 年度,在转出 A 存货时,相应地结转存货跌价准备 1 000 元。20×4 年 12 月 31 日,A 存货账面成本为 80 000 元,可变现净值为 82 000 元;计提存货跌价准备之前,"存货跌价准备"科目贷方余额为 3 000 元。

由于可变现净值高于账面成本,因此,应将存货的账面价值恢复至账面成本,即将已计提的存货跌价准备全部转回。

借:存货跌价准备　　　　　　　　　　　　　　　　　　　　　3 000
　　贷:资产减值损失　　　　　　　　　　　　　　　　　　　　　　3 000

20×4 年 12 月 31 日的资产负债表中,A 存货应按账面成本 80 000 元列示其价值。

(三)存货跌价准备结转的会计处理

已经计提了存货跌价准备的存货,在销售、生产经营领用或其他原因转出时,转出存货部分所计提的跌价准备也应一并转出,即转出存货以账面价值计量。例如,销售的存货,在结转销售成本的同时,应结转相应的存货跌价准备。这种情况下,一般按转出存货成本占该存货成本(单项计提存货跌价准备的为该存货项目的成本,按存货类别计提存货跌价准备的为该类存货的成本)的比例,对计提的存货跌价准备分摊,以确定转出存货应承担的存货跌价准备。

【例4-32】 天目公司将A产品按80 000元的价格售出,增值税销项税额为10 400元。A产品账面余额为90 000元,已计提存货跌价准备12 000元。有关的账务处理如下。

借:银行存款 90 400
　　贷:主营业务收入 80 000
　　　　应交税费——应交增值税(销项税额) 10 400
借:主营业务成本 78 000
　　存货跌价准备——A产品 12 000
　　贷:库存商品——A产品 90 000

四、存货的列报

资产负债表上一般只列示"存货"项目,其期末数需要根据"在途物资""原材料""生产成本""库存商品""委托加工物资""周转材料""发出商品""材料采购""材料成本差异"等总账账户期末余额的分析计算合计数,再减去"存货跌价准备"账户余额后的金额列报。

第四节 存货清查

存货清查是指通过对存货的实地盘点,确定存货的实有数量,并与账面结存数核对,从而确定存货实存数与账面结存数是否相符的一种专门方法。

由于存货种类繁多、收发频繁,在日常收发过程中可能发生计量错误、计算错误、自然损耗,还可能发生损坏变质等情况,造成账实不符,形成存货的盘盈、盘亏。为了保护企业存货的安全完整,做到账实相符,企业应对存货进行定期的清查。

为了反映和监督企业在财产清查中查明的各种存货的盘盈、盘亏和毁损情况,企业应当设置"待处理财产损溢"科目,借方登记存货的盘亏、毁损金额及盘盈的转销金额,贷方登记存货的盘盈金额及盘亏的转销金额。企业清查中发现的各种存货损溢,应在期末结账前处理完毕,期末处理后,"待处理财产损溢"科目应无余额。

一、存货盘盈

存货的盘盈,是指存货的实存数量超过账面结存数量的差额。企业发生存货盘盈时,应按其重置成本作为入账价值,及时登记入账,调整存货账面记录,以使账实相符,即借记"原材料""库存商品"等科目,贷记"待处理财产损溢"科目;存货盘盈一般是由于收发计量或核算上的差错所造成的,待查明原因,按管理权限报经批准后,冲减当期管理费用,即借记"待处理财产损溢"科目,贷记"管理费用"科目。

【例4-33】 天目公司在存货清查中发现盘盈一批M材料,按重置成本计算其成本为900元。查明原因,盘盈的原材料系收发时的计量误差所致。天目公司有关的账务处理如下。

(1)发现盘盈时。

借:原材料   900

    贷:待处理财产损溢——待处理流动资产损溢   900

(2)报经批准处理后。

借:待处理财产损溢——待处理流动资产损溢   900

    贷:管理费用   900

二、存货盘亏和毁损

存货的盈亏和毁损,是指存货的实存数量少于账面结存数量的差额。存货发生盈亏和毁损,应将其账面成本及时转销,借记"待处理财产损溢"科目,贷记"原材料""库存商品"等科目;盘亏和毁损涉及增值税的,还应进行相应处理。待查明原因,报经批准处理后,根据造成盘亏和毁损的原因,分以下情况进行账务处理。

(1)属于定额内自然损耗造成的短缺,计入管理费用。

(2)属于收发计量差错和管理不善等原因造成的短缺或毁损,将扣除可收回的保险公司和过失人赔款以及残料价值后的净损失,计入管理费用。

(3)属于自然灾害或意外事故等非常原因造成的毁损,将扣除可收回的保险公司和过失人赔款以及残料价值后的净损失,计入营业外支出。

【例 4-34】 天目公司在存货清查中发现短缺一批 N 材料 300 千克,实际成本为 30 000元,相关增值税专用发票上注明的增值税税额为 3 900 元。经查,属于因仓库保管员管理不善造成的材料被盗,按规定由其个人赔偿 20 000 元。天目公司应作如下账务处理。

(1)发生盘亏时。

借:待处理财产损溢——待处理流动资产损溢   33 900

    贷:原材料   30 000

        应交税费——应交增值税(进项税额转出)   3 900

(2)报经批准处理后。

借:其他应收款   20 000

    管理费用   13 900

    贷:待处理财产损溢——待处理流动资产损溢   33 900

【例 4-35】 天目公司因台风造成一批库存材料毁损,实际成本为 70 000 元,相关增值税专用发票上注明的增值税税额为 9 100 元。根据保险合同约定,应由保险公司赔偿 50 000元。天目公司应作如下账务处理。

(1)批准处理前。

借:待处理财产损溢——待处理流动资产损溢   70 000

    贷:原材料   70 000

(2)批准处理后。

延伸思考 4.3:
进项税额转出
的会计处理

借:其他应收款   50 000

    营业外支出   20 000

    贷:待处理财产损溢——待处理流动资产损溢   70 000

■■ **思考题**

1. 存货包括的具体内容有哪些？持有这些存货的目的是什么？

2. 不同来源取得的存货，其初始在构成上各有什么特点？

3. 比较各种存货发出计价方法的优缺点及适用性。分析不同存货发出计价方法对企业资产、利润、税收和决策会产生怎样的影响。

4. 原材料按实际成本核算与按计划成本核算相比较各有什么特点？

5. 何为存货的可变现净值？应如何确定？

6. 企业为什么要计提存货跌价准备？如何计提？

■■ **练习题**

1. 某企业为增值税一般纳税人，原材料采用实际成本核算，20×1 年 9 月发生下列经济业务。

(1)购买甲材料，货款总额(含增值税)为 11 300 元，其中，价款为 10 000 元，增值税为 1 300 元，购进货物支付保险费、包装费共 300 元(保险费和包装费未取得专用发票，无准予抵扣的增值税)，货款及保险费、包装费以银行存款支付。

(2)购进的甲材料全部验收入库。

(3)同时购进乙和丙两种材料，乙材料 300 吨，货款总额为 33 900 元(含增值税)，丙材料 200 吨，货款总额为 22 600 元(含增值税)，乙、丙两种材料的运费共 1 090 元(按重量付费且准予抵扣的增值税进项税额为 90 元)、保险费 1 590 元(按货物价格支付保险费且准予抵扣的增值税进项税额为 90 元)。材料款及运杂费以银行存款支付。

(4)乙、丙两种材料均如数运达入库，计算并结转乙、丙材料的实际成本。

(5)购入甲材料，货款总额 22 600 元(含增值税)，货款已支付，但材料未到。

(6)上月已付款的乙材料本月运达，材料全部入库，实际成本为 9 000 元。

(7)本月运达的丁材料，月末尚未收到结算清单，未办理结算手续，估价金额为 30 000 元。

要求：根据以上经济业务编制会计分录。

2. 某企业有甲材料、乙产品两种存货因市场价格下跌可能存在减值。其中：

甲材料账面价值为 300 万元。甲材料用于加工制成 A 产品，在现有环境下，再投入加工费及其他生产必要消耗 200 万元，即可完成 A 产品的生产。生产的 A 产品不含税正常售价为 510 万元，估计销售 A 产品的销售费用及相关税费为 9 万元。

乙产品账面价值为 4 000 万元，共有 4 000 件。其中，1 000 件已签订销售合同，合同售价(不含增值税)为每件 1.3 万元，按合同价出售的部分估计将发生销售费用及相关税费(不含增值税)230 万元；另 3 000 件无销售合同，按市场一般销售价格计算售价总额(不含增值税)为 3 000 万元，估计销售费用及相关税费(不含增值税)为 70 万元。

要求：根据以上资料确定该企业甲、乙两种存货应确认的减值，并编制会计分录。

3. 某股份有限公司对存货的期末计价采用成本与可变现净值孰低法。该公司存货的有关资料如下。

(1)20×1 年末首次计提存货跌价准备，库存商品的账面成本为 50 000 元，可变现净值为 45 000 元。

(2)20×2年将年初存货的一半对外出售,结转销售成本。

(3)20×2年末,库存商品的账面成本为75 000元,可变现净值为67 000元。

要求:根据上述资料编制存货期末计提跌价准备业务的会计分录。

第五章

金融资产

■■ **学习目标**

　　1.掌握:各类金融资产的初始计量、后续计量及会计处理。

　　2.理解:金融资产的定义与分类;摊余成本的构成;其他债权投资、其他权益工具投资的特征。

　　3.了解:金融资产减值的核算;金融资产重分类的核算。

■■ **案例引入**

对外投资成为上市公司的新热点

　　沪深两市已发布超过 200 家上市公司 2016 年年报业绩,其中投资收益仍为年报中的亮点之一。据统计,在已公布年报的公司中,投资净收益为 2016 年净利润贡献了 13.65%,除了顺鑫农业和芭田股份两家公司投资收益"挂零"外,其余公司的投资收益表现则是"酸、甜、苦、辣"各不同。

　　统计数据显示,在 201 家发生投资收益的公司中,有 160 家公司实现正收益,占比约为 75%;41 家公司投资收益发生亏损。而未发生投资收益的公司只有两家,分别是顺鑫农业和芭田股份。也就是说,在已公布年报的公司中,九成以上的企业都进行了对外投资。其中,投资收益贡献净利润居前后名的是 ST 长信、亚星化学、上海梅林、ST 汇能通、渝三峡 A。

　　"在主业发展空间遇到瓶颈时,公司为了追求利益最大化,选择其他方面的投资是一种正常现象。原因主要在于公司寻求突破的成本存在较大风险,当投资收益产生的风险比主业获利空间更大时,多数公司选择以投资方式去获利。但需要注意的是,很多风险投资都是一种短视行为,更多的是对主业未来看不清时的一个选择。其中的优势则是短期可追求股东利益最大化,而弊端就是把用于发展的资金用于其他投资,可能会失去主业发展的时机。"爱建证券分析师朱志勇接受记者采访时表示。

　　一般情况下,当上市公司的现金流非常充裕时,将闲置的现金拿去做投资是必然的选择。这里面有利的是闲置资金利用起来了;弊端就是投资收益都是有波动的,一旦发生亏损,就会影响企业形象,进而影响企业估值。

　　由上述案例可以看出,对外投资是一柄"双刃剑",它能够给企业锦上添花,但也可能会给企业雪上加霜。

第一节　金融资产的定义和分类

一、金融资产的定义

经济学上的金融工具一般是指融通资金的工具,泛指各种证明债权债务关系或所有权关系的具有法律效力的凭证。会计上的金融工具一般是指形成一个企业的金融资产,并形成另一个企业的金融负债或权益工具的合同。

按照《企业会计准则第 22 号——金融工具确认和计量》(2017)限定的金融资产的范围,金融资产是指企业持有的货币资金、持有其他企业的权益工具,以及符合下列任一条件的资产。

(1)从其他方收取现金或其他金融资产的权利。

(2)在潜在有利条件下,与其他方交换金融资产或金融负债的合同权利。

(3)将来须用或可用企业自身权益工具进行结算的非衍生工具合同,且企业根据该合同将收到可变数量的自身权益工具。

(4)将来须用或可用企业自身权益工具进行结算的衍生工具合同(不包括以固定数量的自身权益工具交换固定金额的现金或其他金融资产的衍生工具合同)。

二、金融资产的分类

金融资产包括的内容很多,可以从不同角度进行分类。

(一)按照经济内容分类

金融资产按照经济内容,主要可分为货币资金、应收票据、应收账款、其他应收款、股权投资、债权投资等。

金融资产按照经济内容分类是最基本的分类,有助于财务报告使用者了解企业的经济业务内容。

(二)按照计量方法分类

金融资产按照计量方法分类,主要分为按成本计量的金融资产和按公允价值计量的金融资产。其中,成本包括历史成本和摊余成本。历史成本是初始确认金融资产时的入账成本或入账价值;摊余成本是金融资产的后续计量成本,是在初始计量成本基础上,扣除已偿还的本金,加上或减去采用实际利率将该初始确认金额与到期日金额之间的差额进行摊销后形成的累计剩余摊销额,再扣除已发生的减值损失后得到的计量结果。

金融资产按照计量方法分类,有助于财务报告使用者理解资产负债表日金融资产的价值信息。

(三)按照企业会计准则的分类

《企业会计准则第 22 号——金融工具确认和计量》(2017)规定,企业应根据其管理金融资产的业务模式和金融资产的合同现金流量特征,基于后续计量视角将金融资产分为以摊余成本计量的金融资产、以公允价值计量且其变动计入其他综合收益的金融资产和以公允价值计量且其变动计入当期损益的金融资产三类。

企业管理金融资产的业务模式,是指企业管理其金融资产以产生现金流量的方式。业务模式决定了企业所管理金融资产的现金流量的来源是收取合同现金流量、出售金融资产还是两者兼有。企业管理金融资产的业务模式,是以企业关键管理人员决定的对金融资产进行管理的特定业务目标为基础的。在判断企业管理金融资产的业务模式时,应当以客观事实为依据,不能以按照合理预期不会发生的情形为基础确定。

金融资产的合同现金流量特征,是指金融工具合同约定的、反映相关金融资产经济特征的现金流量属性。以摊余成本计量的金融资产和以公允价值计量且其变动计入其他综合收益的金融资产在特定日期产生的合同现金流量仅为对本金和以未偿付本金金额为基础的利息的支付。

金融资产的后续计量是金融资产会计的难点和关键。我国企业会计准则对金融资产进行三分类，正是着眼于对金融资产后续计量难题进行规范所采用的分类方法，突出强调金融资产后续确认和计量的重要性。这种分类有利于规范金融资产会计信息的生成和列报。但企业持有的非交易性权益工具投资（如企业持有的限售股等）难以按照上述标准归类，企业会计准则规定，可以将其指定为以公允价值且其变动计入其他综合收益的金融资产。可见，企业会计准则对金融资产分类的方法为：按一般标准进行基本分类，对特殊事项指定归类。

企业会计准则基于后续计量视角将金融资产分为三类。

（1）以摊余成本计量的金融资产。该类金融资产应同时符合两个条件：一是企业管理该金融资产的业务模式以收取合同现金流量为目标；二是该金融资产的合同条款规定，在特定日期产生的现金流量，仅为对本金和以未偿付本金金额为基础的利息的支付。符合条件的金融资产主要包括应收账款、应收票据、其他应收款、债权投资等。

（2）以公允价值计量且其变动计入其他综合收益的金融资产。该类金融资产应同时符合两个条件：一是企业管理金融资产的业务模式既以收取合同现金流量为目标又以出售该金融资产为目标；二是该金融资产的合同条款规定，在特定日期产生的现金流量，仅为对本金和以未偿付本金金额为基础的利息的支付。符合条件的金融资产主要包括其他债权投资和其他权益工具投资等。

另外，企业会计准则允许企业将持有的非交易性权益工具投资指定为以公允价值计量且其变动计入其他综合收益的金融资产。其公允价值的后续变动计入其他综合收益，不需计提减值准备。除了获得的股利收入（明确作为投资成本部分收回的股利收入除外）计入当期损益外，其他相关的利得和损失（包括汇兑损益）均计入当期其他综合收益，且后续不得转入损益。当该金融资产终止确认时，之前计入其他综合收益的累计利得或损失应当从其他综合收益中转出，计入留存收益。指定一经做出，不得撤销。

（3）以公允价值计量且其变动计入当期损益的金融资产。企业会计准则规定，不属于以摊余成本计量，也不属于以公允价值计量且其变动计入其他综合收益的金融资产应归类为以公允价值计量且其变动计入当期损益的金融资产。主要包括股票投资、基金投资及可转换债券投资等。

应予注意的是，企业在非同一控制下的企业合并中确认的或有对价构成金融资产的，该金融资产应当分类为以公允价值计量且其变动计入当期损益的金融资产，不得指定为以公允价值计量且其变动计入其他综合收益的金融资产。

本章讲述的金融资产为《企业会计准则第 22 号——金融工具确认和计量》(2017)所规范的金融资产范围，不包括货币资金、长期股权投资等。另外，由于应收账款、应收票据、其他应收款已在第三章讲述，本章不再重述。

小贴士 5.1：新准则下金融资产的分类有哪些主要变化？

第二节　交易性金融资产

一、交易性金融资产的概念

交易性金融资产是以公允价值计量且其变动计入当期损益的金融资产。它是企业为了近期内出售而持有的金融资产,如企业以赚取差价为目的从二级市场购入的股票、债券、基金等;或者在初始确认时属于集中管理的可辨认金融工具组合的一部分,且有客观证据表明近期实际存在短期获利模式的金融资产等,如企业管理的以公允价值进行业绩考核的某项投资组合。

交易性金融资产预期能在短期内变现以满足日常经营的需要,因此,在资产负债表中作为流动资产列示。为了反映和监督交易性金融资产的取得、收取现金股利或利息、出售等情况,企业应当设置"交易性金融资产""公允价值变动损益""投资收益"等科目进行核算。其中,"交易性金融资产"下设"成本""公允价值变动"明细科目进行核算。"成本"明细科目用来核算交易性金融资产的初始确认金额;"公允价值变动"明细科目用来核算交易性金融资产在持有期间的公允价值变动金额。

二、交易性金融资产的取得

企业会计准则要求,企业初始确认金融资产,应当按照公允价值计量。公允价值通常为相关金融资产或金融负债的交易价格。对于以公允价值计量且变动计入当期损益的金融资产的相关交易费用应当直接计入当期损益;对于其他类别的金融资产,相关交易费用应当计入初始确认金额。交易费用主要是指可直接归属于购买或处置该资产的增量费用。增量费用是指企业没有发生购买或处置该资产就不会发生的费用,主要包括支付给代理机构、咨询公司、券商、证券交易所、政府有关部门等的手续费、佣金以及其他必要支出,不包括债券溢价、折价、融资费用、内部管理成本和持有成本等与交易不直接相关的费用。

在会计实务中,购入以公允价值计量且其变动计入当期损益的金融资产,其公允价值一般是指交易价格。但如果企业取得交易性金融资产时所支付价款中包含了已宣告但尚未发放的现金股利或已到付息期但尚未领取的债券利息,应当单独确认为应收项目(如应收股利、应收利息等)。

支付的不含增值税的交易费用,在发生时计入当期损益,冲减投资收益。发生交易费用取得增值税专用发票的,进项税额经认证后可从当月销项税额中扣除。购买交易性金融资产的交易费用主要包括:支付给代理机构、咨询公司、券商、证券交易所、政府有关部门等的手续费、佣金以及其他必要支出。

企业取得交易性金融资产,应当按照该金融资产取得时的公允价值,借记"交易性金融资产——成本"科目;按照发生的交易费用,借记"投资收益"科目;发生交易费用取得增值税专用发票的,按其注明的增值税进项税额,借记"应交税费——应交增值税(进项税额)"科目;如果所支付价款中包含了已宣告但尚未发放的现金股利或已到付息期但尚未领取的债券利息,借记"应收股利"或"应收利息"科目;按照实际支付的金额,贷记"其他货币资金"等科目。

【例 5-1】 天目公司为增值税一般纳税人。假定 20×1 年 6 月 1 日,天目公司从上海证券交易所购入 A 上市公司股票 1 000 000 股,支付价款 10 000 000 元(其中包含已宣告但尚未发放的现金股利 600 000 元),另支付相关交易费用 25 000 元,取得的增值税专用发票上注明的增值税税额为 1500 元。天目公司将其划分为交易性金融资产进行管理和核算。天目公司应编制如下会计分录。

20×1 年 6 月 1 日,购买 A 上市公司股票时。

借:交易性金融资产——成本	9 400 000
应收股利	600 000
投资收益	25 000
应交税费——应交增值税(进项税额)	1 500
贷:其他货币资金——存出投资款	10 026 500

三、交易性金融资产持有期间的股利或利息收益

企业持有交易性金融资产期间对于被投资单位宣告发放的现金股利或已到付息期但尚未领取的债券利息,应当确认为应收项目,并计入投资收益,借记"应收股利"或"应收利息"科目,贷记"投资收益"科目;实际收到款项时作为冲减应收项目处理,借记"其他货币资金"等科目,贷记"应收股利"或"应收利息"科目。

需要强调的是,企业只有在同时满足三个条件时,才能确认交易性金融资产所取得的股利或利息收入并计入当期损益:一是企业收取股利或利息的权利已经确立(例如被投资单位已宣告发放);二是与股利或利息相关的经济利益很可能流入企业;三是股利或利息的金额能够可靠计量。

另外需要说明的是,如果企业持有期间获得了股票股利,不需作账务处理。但应于除权日注明所增加的股数,以反映股份变动及实际拥有股份的情况。

【例 5-2】 沿用【例 5-1】的资料,假定 20×1 年 6 月 19 日,天目公司收到 A 上市公司向其发放的现金股利 600 000 元,存入银行。假定不考虑相关税费。天目公司应编制如下会计分录。

借:其他货币资金——存出投资款	600 000
贷:应收股利	600 000

【例 5-3】 沿用【例 5-1】的资料,假定 20×2 年 3 月 20 日,A 上市公司宣告发放 20×1 年现金股利,天目公司按其持有该上市公司股份计算确定的应分得的现金股利为 800 000 元。假定不考虑相关税费。天目公司应编制如下会计分录。

借:应收股利	800 000
贷:投资收益	800 000

四、交易性金融资产的期末计价

交易性金融资产能够反映其预计给企业带来的经济利益以及预计获得价差的能力。在资产负债表日,交易性金融资产应当按照公允价值计量,即应按当日各项交易性金融资产的

公允价值对其账面价值进行调整,公允价值与账面余额之间的差额计入当期损益。

企业应当在资产负债表日按照交易性金融资产公允价值高于其账面余额的差额,借记"交易性金融资产——公允价值变动"科目,贷记"公允价值变动损益"科目;公允价值低于其账面余额的差额作相反的会计分录,借记"公允价值变动损益"科目,贷记"交易性金融资产——公允价值变动"科目。

【例5-4】 沿用【例5-1】和【例5-2】的资料,假定20×1年6月30日,天目公司持有A上市公司股票的公允价值为8 600 000元;20×1年12月31日,天目公司持有A上市公司股票的公允价值为12 400 000元。不考虑相关税费和其他因素。天目公司应编制如下会计分录。

(1)20×1年6月30日,确认A上市公司股票的公允价值变动损益时。

借:公允价值变动损益   800 000
    贷:交易性金融资产——公允价值变动   800 000

(2)20×1年12月31日,确认A上市公司股票的公允价值变动损益时。

借:交易性金融资产——公允价值变动   3 800 000
    贷:公允价值变动损益   3 800 000

五、交易性金融资产的出售

企业出售交易性金融资产时,应当将出售时交易性金融资产的公允价值与其账面余额之间的差额作为投资损益进行会计处理。

企业出售交易性金融资产,应当按照实际收到的金额,借记"其他货币资金"等科目,按照该金融资产的账面余额的成本部分,贷记"交易性金融资产——成本"科目,按照该金融资产的账面余额的公允价值变动部分,贷记或借记"交易性金融资产——公允价值变动"科目,按照其差额,贷记或借记"投资收益"科目。

【例5-5】 沿用【例5-1】、【例5-2】、【例5-3】和【例5-4】的资料,假定20×2年5月31日,天目公司出售所持有的全部A上市公司股票,价款为12 100 000元。不考虑相关税费和其他因素。天目公司应编制如下会计分录。

借:其他货币资金——存出投资款   12 100 000
    投资收益   300 000
    贷:交易性金融资产——成本   9 400 000
              ——公允价值变动   3 000 000

延伸思考5.1:交易性金融资产处置后原确认的公允价值变动损益是否应当结转为投资收益?

第三节 债权投资

一、债权投资的概念

债权投资是指业务管理模式为以特定日期收取合同现金流量为目的的金融资产,具体来说是指企业购入的到期日固定、回收金额固定或可确定,且企业有明确意图和能力持有至到期的国债和企业债券等各种债券投资。按付息情况可以分为分期付息债券与到期一次付息债券。

债权投资从企业管理金融资产的业务模式看,由于管理者的意图是持有到期,不准备随时出售,因而主要是收取合同现金流量。债权投资的合同现金流量特征是在到期日收取的合同现金流量仅为本金和以未偿付本金金额为基础的利息。根据债权投资的业务模式和合同现金流量特征判断,应划分为以摊余成本计量的金融资产。

本金是指金融资产在初始确认时的公允价值,本金金额可能因提前还款等原因在金融资产的存续期内发生变动;利息包括对货币时间价值、与特定时期未偿付本金金额相关的信用风险、其他基本借贷风险、成本和利润的对价。

债权投资带来的主要会计问题包括:债权投资入账价值的确定和投资取得时的账务处理、企业取得债权投资之后投资收益的确定与账务处理、债权投资到期兑现的账务处理以及债权投资的期末计价和相关账务处理等。

二、债权投资的取得

(一)债券溢折价的原因及其差额的含义

企业购入的准备持有至到期的债券,有些是按债券面值的价格购入的;有些是按高于债券面值的价格购入的,即溢价购入;有些是按低于债券面值的价格购入的,即折价购入。债券的溢价、折价主要是由于金融市场利率与债券票面利率不一致造成的。当债券票面利率高于金融市场利率时,债券发行者按债券票面利率会多付利息,在这种情况下,可能会导致债券溢价。这部分溢价差额属于债券购买者由于日后多获利息而给予债券发行者的利息返还。反之,当债券票面利率低于金融市场利率时,债券发行者按债券票面利率会少付利息,在这种情况下,可能会导致债券折价。这部分折价差额属于债券发行者由于日后少付利息而给予债券购买者的利息补偿。

(二)投资入账价值的确定

债权投资的初始计量就是要确定债权投资的入账金额。长期以来,债权投资都是以其取得成本作为入账金额的,但其取得成本应采用什么口径则存在分歧。分歧的焦点是,与债权投资相关的初始直接费用是计入当期损益,还是计入债券投资的取得成本。

将初始直接费用计入当期损益的好处是,取得的成本中只包括债券的购买价格,便于分析债券投资与债券市场的关系,特别是便于与债券发行方或出售方联系起来进行分析,如从溢价、折价的角度进行分析,可以简化会计处理。但这种处理方法也存在问题,那就是从取得债券投资的企业的角度来看,其取得的成本不完整。从本质上看,初始直接费用是债券投资成本的一部分,将其包括在取得的成本之内,可以反映完整的取得成本,有利于分析与评价投资的效果。但这种处理模糊、淡化了债券投资与债券市场之间的关联,不便于从债券溢价和折价的角度分析。

我国现行企业会计准则规定,债权投资的初始直接费用应当包括在取得的成本之内。债权投资应按购入时实际支付的价款作为初始入账价值,实际支付的价款包括支付的债券实际买价以及手续费、佣金等初始直接费用(可以抵扣的增值税进项税额除外)。但是,实际支付的价款中如果含有发行日或付息日至购买日之间分期付息的利息,按照重要性原则,应作为一项短期债权处理,不计入债券的初始入账价值。

下面的分析与举例都采用现行会计准则规定的方法,即初始直接费用计入投资成本。

(三)投资取得的账务处理

为了反映和监督企业以摊余成本计量的债权投资业务,企业应当设置"债权投资"科目,下设"债券面值""利息调整""应计利息"三个明细科目。其中,"债券面值"明细科目核算取得的债券投资的面值;"利息调整"明细科目核算其面值与实际支付的购买价款和相关税费之间的差额,以及实际利率法下后续计量的折价或者溢价摊销额;"应计利息"明细科目核算一次还本付息债券投资按票面利率计算确定的应收未收的利息。企业取得的分期付息债券的利息不通过"应计利息"明细科目核算,而应另设"应收利息"科目进行核算,"应收利息"科目核算分期付息、一次还本债券投资的应按票面利率计算确定的应收未收的利息。

企业在发行日或付息日购入债券时,实际支付的价款中不含有利息。应按照购入债券的面值,借记"债权投资——债券面值"科目;按照可以抵扣的增值税进项税额,借记"应交税费——应交增值税(进项税额)"科目;按照实际支付的全部价款扣除面值以后的差额,借记或贷记"债权投资——利息调整"科目;按照实际支付的全部价款,贷记"银行存款"等科目。

企业在发行日后或两个付息日之间购入债券时,实际支付的价款中含有自发行日或付息日至购入日之间的利息。这部分利息应分别按照不同的情况进行处理。其中,到期一次付息债券的利息由于不能在一年以内收回,应计入投资成本,借记"债权投资——应计利息"科目;分期付息债券的利息一般在一年以内能够收回,从性质上看属于企业获得的一项短期债权,应借记"应收利息"科目,不计入投资成本。

【例5-6】 天目公司于20×1年1月1日以754 302元的价格购买了乙公司于当日发行的总面值为800 000元、票面利率为5%、5年期的债券,确认为债权投资。债券利息在每年年末支付。天目公司还以银行存款支付了购买该债券发生的交易费用12 720元(其中包括准予抵扣的增值税进项税额720元)。

天目公司有关账务处理如下。

债权投资的入账价值＝754 302＋12 720－720＝766 302(元)

应确认的利息调整贷差＝800 000－766 302＝33 698(元)

借:债权投资——债券面值　　　　　　　　　　　　　　　800 000
　　应交税费——应交增值税(进项税额)　　　　　　　　　　720
　　贷:债权投资——利息调整　　　　　　　　　　　　　　33 698
　　　　银行存款　　　　　　　　　　　　　　　　　　　767 022

【例5-7】 天目公司于20×1年1月1日以825 617元的价格购买了乙公司于当日发行的总面值为800 000元、票面利率为5%、5年期的债券,确认为债权投资。债券利息在每年年末支付。天目公司还以银行存款支付了购买该债券发生的交易费用10 600元(其中包括准予抵扣的增值税进项税额600元)。

天目公司有关账务处理如下。

债权投资的入账价值＝825 617＋10 600－600＝835 617(元)

应确认的利息调整借差＝835 617－800 000＝35 617(元)

借:债权投资——债券面值	800 000
——利息调整	35 617
应交税费——应交增值税(进项税额)	600
贷:银行存款	836 217

【例 5-8】 天目公司于 20×1 年 1 月 1 日以 737 260 元的价格购买了乙公司于当日发行的总面值为 800 000 元、票面利率为 5％、5 年期的到期一次付息债券,确认为债权投资。债券利息按单利计算,于债券到期时一次支付。天目公司还以银行存款支付了购买该债券发生的交易费用 10 600 元(其中包括准予抵扣的增值税进项税额 600 元)。

天目公司有关账务处理如下。

债权投资的入账价值＝737 260＋10 600－600＝747 260(元)

应确认的利息调整贷差＝800 000－747 260＝52 740(元)

借:债权投资——债券面值	800 000
应交税费——应交增值税(进项税额)	600
贷:债权投资——利息调整	52 740
银行存款	747 860

三、债权投资的摊余成本与投资收益的确定

按照企业会计准则的规定,债权投资应按摊余成本进行期末计价。确认投资的摊余成本,首先要确认投资的账面余额,在此基础上再考虑投资是否发生了减值。如果投资未发生减值,则投资的账面余额即为摊余成本。由于债权投资摊余成本的确定伴随着投资收益的确定,我们将这两个相关的问题放在一起讲述。

债权投资账面余额的确定有两种方法,也就是利息调整的摊销方法,即直线法与实际利率法。我国现行企业会计准则要求采用实际利率法确定摊余成本。

直线法的特点是各期的摊销额和投资收益固定不变,但随着利息调整借差或贷差的摊销,债券投资成本在不断变化,因而各期的投资收益率也在变化。采用直线法能够简化计算工作,但在一项投资业务中各期投资收益率不同,不能正确反映各期的经营业绩。

实际利率法的特点是各期的投资收益率保持不变,但由于债券投资额在不断变化,各期的投资收益也在不断变化。实际利率法下,债券利息调整借差或贷差摊销额是票面利息与投资收益(即实际利息)的差额,在票面利息不变而投资收益变化的情况下,摊销额也是不断变化的。采用实际利率法能够使一项投资业务中各期的投资收益率相同,正确反映各期经营业绩,但计算较为复杂。

采用实际利率法时,期末债权投资就是按照未来现金流量和实际利率计算的现值计量的。实际利率,是指将债权投资在预计存续期的估计未来现金流量折现为该债权投资摊余成本所使用的利率。

(一)按直线法确定摊余成本

按直线法确定摊余成本,就是将债权投资的初始利息调整总额在债券的存续期内平均分摊到各个会计期间。

【例 5-9】 沿用【例 5-6】的资料,假定天目公司购买债券后采用直线法确定债权投资的

摊余成本。

$$每年摊销利息调整贷差 = \frac{33\ 698}{5} = 6\ 739.60(元)$$

每年12月31日的账务处理如下。

借：应收利息　　　　　　　　　　　　　　　　　　　　　40 000
　　债权投资——利息调整　　　　　　　　　　　　　　　6 739.60
　　贷：投资收益　　　　　　　　　　　　　　　　　　　　　　46 739.60

在直线法下，天目公司每年确认的债权投资的投资收益为：
$$40\ 000 + 6\ 739.60 = 46\ 739.60(元)$$

【例5-10】　沿用【例5-7】的资料，假定天目公司购买债券后采用直线法确定债权投资的摊余成本。

$$每年摊销利息调整借差 = \frac{35\ 617}{5} = 7\ 123.40(元)$$

每年12月31日的账务处理如下。

借：应收利息　　　　　　　　　　　　　　　　　　　　　40 000
　　贷：债权投资——利息调整　　　　　　　　　　　　　　　7 123.40
　　　　投资收益　　　　　　　　　　　　　　　　　　　　　32 876.60

在直线法下，天目公司每年确认的债权投资的投资收益为：
$$40\ 000 - 7\ 123.40 = 32\ 876.60(元)$$

【例5-11】　沿用【例5-8】的资料，假定天目公司购买债券后采用直线法确定债权投资的摊余成本。

$$每年摊销利息调整贷差 = \frac{52\ 740}{5} = 10\ 548(元)$$

每年12月31日的账务处理如下。

借：债权投资——应计利息　　　　　　　　　　　　　　　40 000
　　　　　　　——利息调整　　　　　　　　　　　　　　　10 548
　　贷：投资收益　　　　　　　　　　　　　　　　　　　　　50 548

在直线法下，天目公司每年确认的债权投资的投资收益为：
$$40\ 000 + 10\ 548 = 50\ 548(元)$$

采用直线法确定摊余成本，操作比较简单。但这种方法无论从债权投资的期末计价还是从投资收益的确定来看，都存在理论上的缺陷。从债权投资的期末计价来看，按这种方法确定的债权投资的期末余额无法从统一的计量属性的角度进行解释；从投资收益的确定来看，由于各期期末债权投资的账面价值会随着利息调整的摊销而发生变化，因此，在利率相同的情况下，各期确认的投资收益应该不同，但按直线法所确定的各期投资收益是完全相同的。

（二）按实际利率法确定摊余成本

摊余成本，是指该金融资产的初始确认金额经下列调整后的结果：①扣除已偿还的本金；②加上或减去采用实际利率法将该初始确认金额与到期日金额之间的差额进行摊销形成的累计摊销额；③扣除已发生的减值损失。

采用实际利率法确定债权投资的摊余成本,可以克服直线法的上述不足。可以从两个不同的角度来理解实际利率法的优点:一是从债权投资的期末计价来看,实际利率法要求期末债权投资按未来现金流量的现值计量,计算现值要以确定的债券投资实际利率作为折现率;二是从投资收益的确认来看,实际利率法要求以期初债券的账面价值乘以确定的债券投资实际利率,确认当期的投资收益,再将其与当期的票面利息相比较,以两者的差额作为当期应摊销的利息调整金额。采用这种方法可以保证各期按相同的投资收益率确认债权投资的投资收益,这个相同的投资收益率就是该债券的实际利率。

在债券分期付息的情况下,债券面值在到期时一次收回,其现值应根据债券面值乘以复利现值系数计算;债券票面利息分期等额收回,其现值应根据各期债券票面利息乘以年金现值系数计算。其计算公式为:

$$债券初始入账价值＝债券面值 \times (P/F,i,n)＋债券票面利息 \times (P/A,i,n)$$

采用插值法即可计算出债券实际利率 i。

依据【例5-6】的资料,设实际利率为 i,则有

$$766\,302＝800\,000 \times (P/F,i,5)＋800\,000 \times 5\% \times (P/A,i,5)$$

式中,$(P/F,i,5)$ 是利率为 i、期限为5的复利现值系数;$(P/A,i,5)$ 是利率为 i、期限为5的年金现值系数。采用插值法确定债券的实际利率 i 为6%。

同理,依据【例5-7】的资料,设实际利率为 i,则有

$$835\,617＝800\,000 \times (P/F,i,5)＋800\,000 \times 5\% \times (P/A,i,5)$$

采用插值法确定债券的实际利率 i 为4%。

在债券到期一次还本付息的情况下,不论是面值购入还是溢价或折价购入,不论是否含有初始直接费用,其计算公式为:

由于

$$债券初始入账价值 \times (1＋i)^n＝债券到期价值$$

因此

$$实际利率\ i＝\sqrt[n]{\dfrac{债券到期价值}{债券初始入账价值}}－1$$

式中,n 为债券到期价值折现的期数。例如,企业取得5年期债券,如按年确认投资收益,则折现期为5期,利率 i 为年利率;如按半年确认投资收益,则折现期为10期,实际利率 i 为半年利率;如按季度确认投资收益,则折现期为20期,实际利率 i 为季度利率。

依据【例5-8】的资料,设实际利率为 i,则有

$$实际利率\ i＝\left(\sqrt[5]{\dfrac{(800\,000＋800\,000 \times 5\% \times 5)}{747\,260}}\right)－1＝6\%$$

确定债券的实际利率 i 为6%。

债权投资如为分期付息、一次还本债券投资,应将于资产负债表日按票面利率计算确定的应收未收利息,借记"应收利息"科目;按债权投资摊余成本和实际利率计算确定的利息收入,贷记"投资收益"科目;按其差额,借记或贷记"债权投资——利息调整"科目。收到分期付息、一次还本债权投资持有期间支付的利息,借记"银行存款"科目,贷记"应收利息"科目。

债权投资如为一次还本付息债券投资,应将于资产负债表日按票面利率计算确定的

应收未收利息,借记"债权投资——应计利息"科目;按债权投资摊余成本和实际利率计算确定的利息收入,贷记"投资收益"科目;按其差额,借记或贷记"债权投资——利息调整"科目。

【例 5-12】 沿用【例 5-6】的资料,假定天目公司购买债券后采用实际利率法确定债权投资的摊余成本。根据前面的计算结果可知,实际利率为 6%。为了方便各期的账务处理,可以编制债权投资利息调整贷差摊销表,详见表 5-1。

表 5-1　利息调整贷差摊销表(分期付息)　　　　　　　　　　　　单位:元

日期	实收利息	投资收益	利息调整贷差摊销	利息调整贷差余额	摊余成本
	(1)=面值×5%	(2)=期初(5)×6%	(3)=(2)-(1)	(4)=期初(4)-(3)	(5)=期初(5)+(3)
20×1.01.01				33 698.00	766 302.00
20×1.12.31	40 000	45 978.12	5 978.12	27 719.88	772 280.12
20×2.12.31	40 000	46 336.81	6 336.81	21 383.07	778 616.93
20×3.12.31	40 000	46 717.02	6 717.02	14 666.05	785 333.95
20×4.12.31	40 000	47 120.04	7 120.04	7 546.01	792 453.99
20×5.12.31	40 000	47 546.01*	7 546.01	0	800 000.00

注:* 含尾数调整。

天目公司 20×1 年 12 月 31 日的账务处理如下。

(1)计提利息时。

借:应收利息　　　　　　　　　　　　　　　　　　　　　　　40 000

　　债权投资——利息调整　　　　　　　　　　　　　　　　5 978.12

　　贷:投资收益　　　　　　　　　　　　　　　　　　　　　　　　45 978.12

(2)收到利息时。

借:银行存款　　　　　　　　　　　　　　　　　　　　　　　40 000

　　贷:应收利息　　　　　　　　　　　　　　　　　　　　　　　　40 000

其他各期的账务处理可依此类推。如天目公司 20×5 年 12 月 31 日的账务处理如下。

(1)计提利息时。

借:应收利息　　　　　　　　　　　　　　　　　　　　　　　40 000

　　债权投资——利息调整　　　　　　　　　　　　　　　　7 546 01

　　贷:投资收益　　　　　　　　　　　　　　　　　　　　　　　　47 546.01

(2)收到利息时。

借:银行存款　　　　　　　　　　　　　　　　　　　　　　　40 000

　　贷:应收利息　　　　　　　　　　　　　　　　　　　　　　　　40 000

【例 5-13】 沿用【例 5-7】的资料,假定天目公司购买债券后采用实际利率法确定债权投资的摊余成本。根据前面的计算结果可知,实际利率为 4%。为了方便各期的账务处理,可以编制债权投资利息调整借差摊销表,详见表 5-2。

表 5-2　利息调整借差摊销表（分期付息）　　　　　　单位：元

日期	实收利息	投资收益	利息调整借差摊销	利息调整借差余额	摊余成本
	(1)=面值×5%	(2)=期初(5)×4%	(3)=(2)-(1)	(4)=期初(4)-(3)	(5)=期初(5)-(3)
20×1.01.01				35 617.00	835 617.00
20×1.12.31	40 000	33 424.68	6 575.32	29 041.68	829 041.68
20×2.12.31	40 000	33 161.67	6 838.33	22 203.35	822 203.35
20×3.12.31	40 000	32 888.13	7 111.87	15 091.48	815 091.48
20×4.12.31	40 000	32 603.66	7 396.34	7 695.14	807 695.14
20×5.12.31	40 000	32 304.86*	7 695.14	0	800 000.00

注：* 含尾数调整。

天目公司 20×1 年 12 月 31 日的账务处理如下。

(1)计提利息时。

借:应收利息　　　　　　　　　　　　　　　　　　　　　40 000

　　贷:投资收益　　　　　　　　　　　　　　　　　　　　　33 424.68

　　　　债权投资——利息调整　　　　　　　　　　　　　　　6 575.32

(2)收到利息时。

借:银行存款　　　　　　　　　　　　　　　　　　　　　40 000

　　贷:应收利息　　　　　　　　　　　　　　　　　　　　　40 000

其他各期的账务处理可依此类推。如天目公司 20×5 年 12 月 31 日的账务处理如下。

(1)计提利息时。

借:应收利息　　　　　　　　　　　　　　　　　　　　　40 000

　　贷:投资收益　　　　　　　　　　　　　　　　　　　　　32 304.86

　　　　债权投资——利息调整　　　　　　　　　　　　　　　7 695.14

(2)收到利息时。

借:银行存款　　　　　　　　　　　　　　　　　　　　　40 000

　　贷:应收利息　　　　　　　　　　　　　　　　　　　　　40 000

【例 5-14】　沿用【例 5-8】的资料,假定天目公司购买债券后采用实际利率法确定债权投资的摊余成本。根据前面的计算结果可知,实际利率为 6%。为了方便各期的账务处理,可以编制债权投资利息调整贷差摊销表,详见表 5-3。

天目公司 20×1 年 12 月 31 日的账务处理如下。

借:债权投资——应计利息　　　　　　　　　　　　　　　40 000

　　　　　　——利息调整　　　　　　　　　　　　　　　4 835.60

　　贷:投资收益　　　　　　　　　　　　　　　　　　　　　44 835.60

其他各期的账务处理可依此类推。如天目公司 20×5 年 12 月 31 日的账务处理如下。

借:债权投资——应计利息　　　　　　　　　　　　　　　40 000

　　　　　　——利息调整　　　　　　　　　　　　　　　16 601.46

　　贷:投资收益　　　　　　　　　　　　　　　　　　　　　56 601.46

表 5-3　利息调整贷差摊销表（到期一次付息）　　　　　　单位：元

日期	应计利息	投资收益	利息调整贷差摊销	利息调整贷差余额	摊余成本
	(4)＝面值×5%	(5)＝期初(5)×6%	(6)＝(2)－(1)	(4)＝期初(4)－(3)	(5)＝期初(5)＋(1)＋(3)
20×1.01.01				52 740.00	747 260.00
20×1.12.31	40 000	44 835.60	4 835.60	47 904.40	792 095.60
20×2.12.31	40 000	47 525.74	7 525.74	40 378.66	839 621.34
20×3.12.31	40 000	50 377.28	10 377.28	30 001.38	889 998.62
20×4.12.31	40 000	53 399.92	13 399.92	16 601.46	943 398.54
20×5.12.31	40 000	56 601.46*	16 601.46	0	1 000 000.00

注：* 含尾数调整。

四、债权投资的到期兑现

债权投资的到期兑现，是指债权投资的期限届满时按面值收回投资及应收未收的利息。如果是一次付息的债券，到期时企业可以收回债券面值和利息；如果是分期付息的债券，到期时企业可以收回债券面值。收回债券面值及利息时，应借记"银行存款"科目，贷记"债权投资"科目。

【例 5-15】　沿用【例 5-6】和【例 5-12】的资料，天目公司于 20×6 年 1 月 1 日按面值收回投资时，编制会计分录如下。

借：银行存款　　　　　　　　　　　　　　　　　　　　800 000
　　贷：债权投资——债券面值　　　　　　　　　　　　　　800 000

【例 5-16】　沿用【例 5-7】和【例 5-13】的资料，天目公司于 20×6 年 1 月 1 日按面值收回投资时，编制会计分录如下。

借：银行存款　　　　　　　　　　　　　　　　　　　　800 000
　　贷：债权投资——债券面值　　　　　　　　　　　　　　800 000

【例 5-17】　沿用【例 5-8】和【例 5-14】的资料，天目公司于 20×6 年 1 月 1 日收回债券面值和利息时，编制会计分录如下。

借：银行存款　　　　　　　　　　　　　　　　　　　10 000 000
　　贷：债权投资——债券面值　　　　　　　　　　　　　　800 000
　　　　　　　　——应计利息　　　　　　　　　　　　　　200 000

五、债权投资的减值

(一)债权投资减值的确定

债权投资减值是指以预期信用损失为基础确认的价值减损。预期信用损失是指以发生违约的风险为权重的债权投资信用损失的加权平均值。

信用损失是指企业按照实际利率折现的、根据合同应收的所有合同现金流量与预期收取的所有现金流量之间的差额，即全部现金短缺的现值。对于债权投资，应按照其经信用调整的实际利率折现。由于预期信用损失考虑付款的金额和时间分布，因此，即使企业预计可以全额收款但收款时间晚于合同规定的到期期限,也会产生信用损失。

企业应当在资产负债表日对债权投资的账面价值进行检查,有客观证据表明该金融资产信用风险已经显著增加,应当计提减值准备。当对债权投资预期未来现金流量具有不利影响的一项或多项事件发生时,该债权投资成为已发生信用减值的金融资产。金融资产已发生信用减值的证据包括下列可观察信息:

(1)发行方或债务人发生重大财务困难;

(2)债务人违反合同,如偿付利息或本金违约或逾期等;

(3)债权人出于与债务人财务困难有关的经济或合同考虑,给予债务人在任何情况下都不会做出的让步;

(4)债务人很可能破产或进行其他财务重组;

(5)发行方或债务人财务困难导致该金融资产的活跃市场消失;

(6)以大幅折扣购买一项金融资产,该折扣反映了发生信用损失的事实。

金融资产发生信用减值,有可能是多个事件的共同作用所致,未必是可单独识别的事件所致。

预计未来现金流量现值,一般按照该债权投资经信用调整的实际利率折现计算。

企业通常能够可靠估计债权投资的现金流量和预计存续期。在极少数情况下,债权投资的未来现金流量或预计存续期无法可靠估计的,企业在计算确定其实际利率时,应当基于该债权投资在整个合同期内的合同现金流量。

对于购买的已发生信用减值的债权投资,企业应当在资产负债表日仅将自初始确认后整个存续期内预期信用损失的累计变动确认为减值准备。在每个资产负债表日,企业应当将整个存续期内预期信用损失的变动金额作为减值损失或利得计入当期损益。

债权投资发生减值时,应当将该债权投资的账面价值减记至预计未来现金流量的现值,减记的金额确认为信用减值损失,计入当期损益,借记"信用减值损失"科目,贷记"债权投资减值准备"科目。

(二)债权投资减值的转回

债权投资确认减值损失后,如有客观证据表明该资产的价值得以恢复,且客观上与确认该损失后发生的事项有关,原确认的减值损失应当予以转回,计入当期损益。但是,该转回后的账面价值不应超过假定不计提减值准备情况下该债权投资在转回日的摊余成本。

企业在前一会计期间已经按照相当于债权投资整个存续期内预期信用损失的金额计提了损失准备,但在当期资产负债表日,该债权投资已不再属于自初始确认后信用风险增加的情形的,企业应当在当期资产负债表日按照相当于未来12个月内预期信用损失的金额计量该债权投资的损失准备,由此形成的损失准备的转回金额应当作为减值利得计入当期损益。

总之,债权投资的减值包括两个方面的内容:首先要确定其账面余额;其次要进行减值测试,如果发生减值,则需计提减值准备。这就意味着,资产负债表表"债权投资"项目在投资没有发生减值的情况下是按其账面余额计量的,在投资发生减值的情况下是按其可收回金额计量的。

【例5-18】 沿用【例5-14】的资料,假定天目公司于20×3年发生严重亏损,至20×3年12月31日,预计到期时仅能够收回债券面值800 000元,而无法收回债券利息。20×4年乙公司的经营状况有所好转,上年发生的亏损得到一定程度的弥补,到20×4年12月31日,预计到期时除了能够收回债券面值800 000元外,还能够收回部分债券利息80 000元。20×6年1月1日,收回债券面值和利息共计880 000元。假定该债权投资经信用调整的实际利率与初始利率相同。根据以上资料,天目公司进行如下账务处理。

(1)20×3年12月31日,确认信用减值损失。

估计未来现金流量现值=800 000÷(1+6%)²=711 997.15(元)

信用减值损失=889 998.62−711 997.15=178 001.47(元)

借:信用减值损失 178 001.47

　　贷:债权投资减值准备 178 001.47

20×3年12月31日,该项债权投资转回减值准备前的账面价值为889 998.62元,未来收回金额按照初始确定的实际利率6%计算的现值为711 997.15元,确认信用减值损失178 001.47元。20×3年12月31日,该项债权投资账面价值的构成如下。

面值=800 000(元)

应计利息=120 000(元)

利息调整贷差=30 001.38(元)

减值准备=178 001.47(元)

账面价值=800 000+120 000−30 001.38−178 001.47=711 997.15(元)

(2)20×4年12月31日,确认当年投资收益。

票面利息=800 000×5%=40 000(元)

投资收益=711 997.15×6%=42 719.83(元)

利息调整贷差摊销=42 719.83−40 000=2 719.83(元)

借:债权投资——应计利息 40 000

　　　　　　——利息调整 2 719.83

　　贷:投资收益 42 719.83

20×4年12月31日,该项债权投资减值损失恢复前账面价值的构成如下。

面值=800 000(元)

应计利息=120 000+40 000=160 000(元)

利息调整贷差=30 001.38−2 719.83=27 281.55(元)

减值准备=178 001.47(元)

账面价值=800 000+160 000−27 281.55−178 001.47=754 716.98(元)

(3)20×4年12月31日,确认信用减值损失转回。

估计未来现金流量现值=880 000÷(1+6%)=830 188.68(元)

信用减值损失恢复=830 188.68−754 716.98=75 471.70(元)

借:债权投资减值准备 75 471.70

　　贷:信用减值损失 75 471.70

20×4年12月31日,该项债权投资转回减值准备前的账面价值为754 716.98元,未来收回金额按照初始确定的实际利率6%计算的现值为830 188.68元,确认信用减值损失转回75 471.70元。20×4年12月31日,该项债权投资账面价值的构成如下。

面值=800 000(元)

应计利息＝160 000(元)

利息调整贷差＝27 281.55(元)

减值准备＝178 001.47－75 471.70＝102 529.77(元)

账面价值＝800 000＋160 000－27 281.55－102 529.77＝830 188.68(元)

(4)20×5年12月31日,确认当年投资收益。

票面利息＝800 000 × 5％＝40 000(元)

投资收益＝830 188.68 × 6％＝49 811.32(元)

利息调整贷差摊销＝49 811.32 － 40 000 ＝9 811.32(元)

借:债权投资——应计利息	40 000	
——利息调整	9 811.32	
贷:投资收益		49 811.32

20×5年12月31日,该项债权投资账面价值的构成如下。

面值＝800 000(元)

应计利息＝160 000＋40 000＝200 000(元)

利息调整贷差＝27 281.55－9 811.32＝17 470.23(元)

减值准备＝102 529.77(元)

账面价值＝800 000＋200 000－17 470.23－102 529.77＝880 000(元)

(5)20×6年1月1日,收回债权投资的面值和利息。

借:银行存款	880 000	
债权投资——利息调整	17 470.23	
债权投资减值准备	102 529.77	
贷:债权投资——债券面值		880 000
——应计利息		200 000

第四节　其他债权投资和其他权益工具投资

一、其他债权投资

(一)其他债权投资概述

其他债权投资是指同时符合下列条件的金融资产。

(1)企业管理该金融资产的业务模式既以收取合同现金流量为目标又以出售该金融资产为目标。

(2)该金融资产的合同条款规定,在特定日期产生的现金流量,仅为对本金和以未偿付本金金额为基础的利息的支付。

具体来说,其他债权投资是指既可能持有至到期收取合同现金流量,也可能在到期之前出售的债券投资。企业取得其他债权投资,应将其划分为以公允价值计量且其变动计入其他综合收益的金融资产。在初始确认时,除符合上述条件的金融资产外,企业还可以将非交易性权益工具投资(如企业持有的限售股等)指定为以公允价值计量且其变动计入其他综合收益的金融资产,并确认股利收入。该指定一经做出,不得撤销。

其他债权投资采用实际利率法计算的利息应当计入当期损益,计入各期损益的金额应当与债权投资按摊余成本计量而计入各期损益的金额相等;该金融资产由于公允价值变动产生的所有利得或损失,应当计入其他综合收益;该金融资产发生的减值损失或利得,应计入当期损益;该金融资产终止确认时,之前计入其他综合收益的累计利得或损失,应当从其他综合收益中转出,计入当期损益。

为了反映其他债权投资的取得、处置、公允价值变动等情况,企业应当设置"其他债权投资"科目,并设置"债券面值""利息调整""应计利息""公允价值变动"明细科目。

(二)其他债权投资的取得

企业取得的债券如划分为其他债权投资,应按该债券的公允价值和相关交易费用(不含可以抵扣的增值税进项税额)之和作为该金融资产的入账价值,分别借记"其他债权投资——债券面值""其他债权投资——应计利息""应收利息""应交税费——应交增值税(进项税额)"科目,借记或贷记"其他债权投资——利息调整"科目;根据实际支付的价款,贷记"银行存款"等科目。

【例 5-19】 20×3 年 1 月 1 日,天目公司购入乙公司当天发行的三年期分期付息债券,面值为 80 000 元,票面利率为 5%,每年年末支付利息,实际支付价款 77 961.69 元(其中包含准予抵扣的增值税进项税额 100 元);天目公司既可能将其持有至到期,也可能提前出售,将其确认为其他债权投资;计算确定的实际利率为 6%。编制会计分录如下。

借:其他债权投资——债券面值   80 000
　　应交税费——应交增值税(进项税额)   100
　　贷:其他债权投资——利息调整   2 138.31
　　　　银行存款   77 961.69

(三)其他债权投资的收益

企业将债权投资划分为其他债权投资,应按照债券的摊余成本和初始确认的实际利率确定投资收益,根据应收的票面利息,借记"其他债权投资——应计利息"或"应收利息"等科目;根据以实际利率计算的实际利息收入,贷记"投资收益"科目;根据两者的差额,借记或贷记"其他债权投资——利息调整"科目。

【例 5-20】 沿用【例 5-19】的资料,天目公司各年年末确认该其他债权投资的投资收益,实际利率为 6%。为了简化举例,编制投资收益及利息调整贷差摊销表进行各期的会计处理,详见表 5-4。

天目公司 20×3 年 12 月 31 日的会计分录如下。

(1)计提利息时。

借:应收利息   4 000
　　其他债权投资——利息调整   671.70
　　贷:投资收益   4 671.70

(2)收到利息时。

借:银行存款   4 000

贷:应收利息   4 000

其他年份以此类推。

表 5-4 投资收益及利息调整贷差摊销表（分期付息） 单位:元

日期	实收利息	投资收益	利息调整贷差摊销	利息调整贷差余额	摊余成本
	(1)=面值×5%	(2)=期初(5)×6%	(3)=(2)-(1)	(4)=期初(4)-(3)	(5)=期初(5)+(3)
20×3.01.01				2 138.31	77 861.69
20×3.12.31	4 000	4 671.70	671.70	1 466.61	78 533.39
20×4.12.31	4 000	4 712.00	712.00	754.61	79 245.39
20×5.12.31	4 000	4 754.61*	754.61	0	80 000.00

注:* 含尾数调整。

(四)其他债权投资的期末计价

资产负债表日,其他债权投资应当按照公允价值计量。按照我国企业会计准则的规定,其他债权投资公允价值与账面价值的差额,即公允价值的变动,不得计入当期损益,而应作为所有者权益变动,计入其他综合收益,借记或贷记"其他债权投资——公允价值变动"科目,贷记或借记"其他综合收益——金融资产公允价值变动"科目。

【例 5-21】 沿用【例 5-20】的资料,天目公司各年年末持有的债券的公允价值见表5-5。

表 5-5 公允价值变动计算表 单位:元

日期	摊余成本	公允价值	累计公允价值变动	本期公允价值变动
	(1)	(2)	(3)=(2)-(1)	(4)=(3)-期初(3)
20×3.12.31	78 533.39	78 604.00	70.61	70.61
20×4.12.31	79 245.39	79 271.00	25.61	-45.00
20×5.12.31	80 000.00	80 000.00	0	-25.61

天目公司 20×3 年 12 月 31 日的会计分录如下。

借:其他债权投资——公允价值变动   70.61

贷:其他综合收益——金融资产公允价值变动   70.61

其他年份依此类推。

(五)其他债权投资的出售

企业出售其他债权投资,应终止确认该金融资产,将实际收到的金额与其账面价值的差额确认为投资收益,同时,将原累计计入其他综合收益的公允价值变动转为投资收益。企业应根据实际收到的出售价款,借记"银行存款"等科目;根据其账面价值,贷记"其他债权投资"科目;根据其差额,贷记或借记"投资收益"科目。同时,根据累计公允价值变动原计入其他综合收益的金额,借记或贷记"其他综合收益——金融资产公允价值变动"科目,贷记或借记"投资收益"科目。

【例 5-22】 沿用【例 5-21】的资料,假定 20×5 年 1 月 3 日,天目公司出售该债券,实际收到的价款为 79 280 元;该债券的账面价值为 79 271 元,其中,面值为 80 000 元,利息调整贷差为 754.61 元,公允价值变动为 25.61 元。天目公司编制会计分录如下。

  借:银行存款   79 280

    其他债权投资——利息调整   754.61

     贷:其他债权投资——债券面值   80 000

          ——公允价值变动   25.61

      投资收益   9

  借:其他综合收益——金融资产公允价值变动   25.61

    贷:投资收益   25.61

(六)其他债权投资的减值

  如果其他债权投资的公允价值预期发生信用损失,应当确认为减值损失,计提减值准备。

  对于其他债权投资,企业应当在其他综合收益中确认其减值准备,并将减值损失或利得计入当期损益,而不应减少该金融资产在资产负债表中列示的账面价值。

  为了反映该金融资产减值准备的计提和核销等情况,应在"其他综合收益"科目下设置"金融资产减值准备"明细科目,该明细科目贷方登记计提的其他债权投资减值准备,借方登记转回以及处置其他债权投资核销的减值准备,期末贷方余额表示尚未核销的其他债权投资减值准备。

  企业确认的其他债权投资信用减值损失,应根据减值的金额,借记"信用减值损失"科目,贷记"其他综合收益——金融资产减值准备"科目。不调整该金融资产的账面价值。如果该金融资产的减值恢复,应编制相反的会计分录。

  【例 5-23】 天目公司 20×1 年至 20×2 年根据发生的其他债权投资减值相关业务进行相应的账务处理。

  (1)20×1 年 1 月 1 日,以银行存款 808 927 元购买了乙公司于当日发行的总面值为 800 000 元、票面利率为 5%、5 年期的到期一次付息债券,确认为其他债权投资;另外以银行存款支付了购买该债券发生的交易费用 13 780 元(其中包含准予抵扣的增值税进项税额 780 元);计算确定的实际利率为 4%。

  入账价值=808 927+13 780-780=821 927(元)

  利息调整借差=821 927-800 000=21 927(元)

  借:其他债权投资——债券面值   800 000

         ——利息调整   21 927

    应交税费——应交增值税(进项税额)   780

     贷:银行存款   822 707

  (2)20×1 年 12 月 31 日,采用实际利率法确认投资收益;当日该债券的公允价值为 850 000 元,天目公司预计到期时该债券的现金流量现值为 830 000 元,且逆转的可能性较小,确认资产减值。

  ①确认投资收益及利息调整摊销。

  票面利息=800 000×5%=40 000(元)

  投资收益=821 927×4%=32 877(元)

利息调整借差摊销＝40 000－32 877＝7 123(元)

借:其他债权投资——应计利息　　　　　　　　　　　　　　　　40 000

　　贷:其他债权投资——利息调整　　　　　　　　　　　　　　　　　　7 123

　　　　投资收益　　　　　　　　　　　　　　　　　　　　　　　　32 877

该债券摊余成本＝821 927＋40 000－7 123＝854 804(元)

②确认公允价值变动。

公允价值变动＝850 000－854 804＝－4 804(元)

借:其他综合收益——金融资产公允价值变动　　　　　　　　　　　4 804

　　贷:其他债权投资——公允价值变动　　　　　　　　　　　　　　　　4 804

③确认减值损失。

减值损失＝850 000－830 000＝20 000(元)

借:信用减值损失　　　　　　　　　　　　　　　　　　　　　　20 000

　　贷:其他综合收益——金融资产减值准备　　　　　　　　　　　　　　20 000

20×1年12月31日,在资产负债表上,该金融资产以其账面价值(即公允价值)850 000元列示,资产减值不影响其列示金额。

(3)20×2年12月31日,采用实际利率法确认投资收益;当日该债券的公允价值为885 000元,天目公司预计到期时该债券的现金流量现值为870 000元。

①确认投资收益及利息调整摊销。

票面利息＝800 000×5％＝40 000(元)

投资收益＝854 808×4％＝34 192(元)

利息调整借差摊销＝40 000－34 192＝5 808(元)

借:其他债权投资——应计利息　　　　　　　　　　　　　　　　40 000

　　贷:其他债权投资——利息调整　　　　　　　　　　　　　　　　　　5 808

　　　　投资收益　　　　　　　　　　　　　　　　　　　　　　　　34 192

该债券摊余成本＝854 804＋40 000－5 808＝888 996(元)

②确认公允价值变动。

公允价值变动＝885 000－888 996－(－4 804)＝808(元)

借:其他债权投资——公允价值变动　　　　　　　　　　　　　　　808

　　贷:其他综合收益——金融资产公允价值变动　　　　　　　　　　　　808

③确认减值损失。

减值损失＝885 000－870 000－20 000＝－5 000(元)

借:其他综合收益——金融资产减值准备　　　　　　　　　　　　5 000

　　贷:信用减值损失　　　　　　　　　　　　　　　　　　　　　　　5 000

20×2年12月31日,在资产负债表上,该金融资产以其账面价值(即公允价值)885 000元列示,资产减值不影响其列示金额。

二、其他权益工具投资

(一)其他权益工具投资概述

其他权益工具投资主要是指非交易性股票以及不具有控制、共同控制和重大影响的且没有公允价值的股权等。企业取得其他权益工具投资,一般应指定为以公允价值计量且其变动计入其他综合收益的金融资产。例如,企业持有的上市公司限售股尽管在活跃市场上有报价,但由于出售受到限制,不能随时出售,可指定为以公允价值计量且其变动计入其他综合收益的金融资产。其他权益工具投资的公允价值变动应计入其他综合收益;终止确认时,之前计入其他综合收益的累计利得或损失应当从其他综合收益中转出,计入留存收益。其他权益工具投资不需要计提减值准备。

其他权益工具投资一般应当以公允价值计量。但在用以确定公允价值的近期信息不足或者公允价值的可能估计金额分布范围很广的情况下,如果成本能够在该分布范围内反映对公允价值的最佳估计,则该成本可代表其在该分布范围内对公允价值的最佳估计。例如,持有的在活跃市场没有报价且对被投资企业不存在控制、共同控制和重大影响的股权投资,无法随时出售,也应确认为其他权益工具投资。

为了反映其他权益工具投资的取得、处置、公允价值变动等情况,企业应当设置"其他权益工具投资"科目,并设置"成本"和"公允价值变动"明细科目。

(二)其他权益工具投资的取得

企业取得的股权如果划分为其他权益工具投资,应按该股权的公允价值和相关交易费用(不含可以抵扣的增值税进项税额)之和作为初始投资成本,借记"其他权益工具投资——成本"科目;按照可以抵扣的增值税进项税额,借记"应交税费——应交增值税(进项税额)"科目;按照实际支付的全部价款,贷记"银行存款"科目。如果支付的价款中包含了已宣告但尚未发放的现金股利,应确认为应收项目,借记"应收股利"科目。

【例 5-24】 天目公司 20×1 年 4 月 1 日购入乙公司股票 10 000 股,每股市价为 20 元,实际支付价款 200 000 元,另支付交易费用 1 060 元(其中准予抵扣的增值税进项税额为 60 元),该股票在一年内不得出售,天目公司将其确认为其他权益工具投资。天目公司编制会计分录如下。

借:其他权益工具投资——成本　　　　　　　　　　　　　201 000
　　应交税费——应交增值税(进项税额)　　　　　　　　　　60
　　贷:银行存款　　　　　　　　　　　　　　　　　　　　201 060

(三)其他权益工具投资的收益

企业将股权投资划分为其他权益工具投资,对于收到的属于取得该股权支付价款中包含的已宣告发放的现金股利,应视为该债权的收回,借记"银行存款"等科目,贷记"应收股利"科目;在该股权持有期间被投资单位宣告发放的现金股利,应将其确认为投资收益,宣告日,应借记"应收股利"科目,贷记"投资收益"科目;收到现金股利时,应借记"银行存款"等科目,贷记"应收股利"科目。

【例 5-25】 沿用【例 5-24】的资料,20×1 年 5 月 10 日,乙公司宣告分派现金股利 0.20元/股,5 月 30 日乙公司实际发放现金股利。天目公司编制会计分录如下。

(1)乙公司 5 月 10 日宣告发放现金股利。

天目公司应收现金股利＝0.20×10 000＝2 000(元)

借:应收股利　　　　　　　　　　　　　　　　　　　　　2 000
　　贷:投资收益　　　　　　　　　　　　　　　　　　　　2 000

（2）5 月 30 日，天目公司收到现金股利。

借：银行存款 2 000

　　贷：应收股利 2 000

（四）其他权益工具投资的期末计价

资产负债表日，其他权益工具投资应当按照公允价值计量。按照我国企业会计准则的规定，其他权益工具投资的公允价值与账面价值的差额，即公允价值的变动，不得计入当期损益，而应作为所有者权益变动，计入其他综合收益，借记或贷记"其他权益工具投资——公允价值变动"科目，贷记或借记"其他综合收益——金融资产公允价值变动"科目。

【例 5-26】 沿用【例 5-24】的资料，20×1 年 12 月 31 日，天目公司持有的乙公司股票的账面价值为 201 000 元，公允价值为 190 000 元，公允价值下跌 11 000 元。编制会计分录如下。

借：其他综合收益——金融资产公允价值变动 11 000

　　贷：其他权益工具投资——公允价值变动 11 000

（五）其他权益工具投资的出售

企业出售其他权益工具投资，应将实际收到的价款与其账面价值的差额，计入其他综合收益；同时将累计确认的其他综合收益转为留存收益，不计入当期损益。企业应根据实际收到的出售价款，借记"银行存款"等科目；根据其账面价值，贷记"其他权益工具投资"科目；根据其差额，贷记或借记"其他综合收益——金融资产公允价值变动"科目。同时，根据累计公允价值变动原计入其他综合收益的金额，借记或贷记"其他综合收益——金融资产公允价值变动"科目，贷记或借记"利润分配——未分配利润"科目。

【例 5-27】 沿用【例 5-26】的资料，20×2 年 3 月 5 日，天目公司将持有的乙公司股票全部出售，收取价款 188 000 元；乙公司股票的账面价值为 190 000 元，其中，初始投资成本为 201 000 元，公允价值变动为 −11 000 元。天目公司编制会计分录如下。

（1）出售乙公司股票。

借：银行存款 188 000

　　其他权益工具投资——公允价值变动 11 000

　　其他综合收益——金融资产公允价值变动 2 000

　　贷：其他权益工具投资——成本 201 000

（2）结转累计计入其他综合收益的公允价值变动。

累计计入其他综合收益变动 = −11 000 − 2 000 = −13 000（元）

借：利润分配——未分配利润 13 000

　　贷：其他综合收益——金融资产公允价值变动 13 000

延伸思考 5.2：三种金融资产的会计处理比较

第五节　金融资产的重分类

企业购入的债券根据业务管理模式可以分别确认为交易性金融资产、债权投资、其他债权投资。金融资产的重分类，是指企业购入债券的重分类。当企业外部或内部经营条件发生变动,改变其管理金融资产的业务模式时,应当对所有受影响的相关金融资产进行重分类。

企业对金融资产重分类,应当自重分类日起采用未来适用法进行相关会计处理,不得对以前已经确认的利得、损失(包括减值损失或利得)或利息进行追溯调整。重分类日,是指导致企业对金融资产进行重分类的业务模式发生变更后的首个报告期间的第一天。

一、债权投资重分类为交易性金融资产

企业将一项债权投资重分类为交易性金融资产时,应当按照该资产在重分类日的公允价值进行计量。原账面价值与公允价值之间的差额计入当期损益。

例如,企业筹划进行并购,近期需要货币资金,原确认的债权投资可能随时变现,不再适合划分为债权投资,因此应将其重分类为交易性金融资产。

重分类日,企业应根据该金融资产的摊余成本,借记"交易性金融资产——成本"科目,贷记"债权投资"科目。同时,应调整公允价值变动,根据该金融资产公允价值与摊余成本的差额,借记或贷记"交易性金融资产——公允价值变动"科目,贷记或借记"公允价值变动损益"科目。

【例5-28】 天目公司20×3年12月31日持有一项债权投资,账面价值为120 000元,其中,债券面值为100 000元,利息调整借差为2 000元,应计利息为18 000元;该债券到期日为20×5年12月31日。当日,该债券的公允价值为116 000元。由于业务需要,天目公司将该项债权投资重分类为交易性金融资产。天目公司编制会计分录如下。

(1)结转该债券账面价值。

借:交易性金融资产——成本　　　　　　　　　　　　　　120 000
　　贷:债权投资——债券面值　　　　　　　　　　　　　　　100 000
　　　　　　　　——利息调整　　　　　　　　　　　　　　　2 000
　　　　　　　　——应计利息　　　　　　　　　　　　　　18 000

(2)调整公允价值。

借:公允价值变动损益　　　　　　　　　　　　　　　　　4 000
　　贷:交易性金融资产——公允价值变动　　　　　　　　　　4 000

20×3年12月31日,该交易性金融资产的账面价值为116 000元(120 000－4000)。

二、债权投资重分类为其他债权投资

企业将一项债权投资重分类为其他债权投资,应当按照该资产在重分类日的公允价值进行计量。原账面价值与公允价值之间的差额计入其他综合收益。该金融资产重分类不影响其实际利率和预期信用损失的计量。

例如,企业筹划进行并购,该并购如果成功,则需要货币资金;如果不成功,则仍将该债券投资持有至到期。由于该债券投资既可能持有至到期,也可能随时出售,因此应将其重分类为其他债权投资。

重分类日,企业应根据该金融资产的摊余成本,借记"其他债权投资"科目,贷记"债权投资"科目。同时,应调整公允价值变动,根据该金融资产公允价值与摊余成本的差额,借记或贷记"其他债权投资——公允价值变动"科目,贷记或借记"其他综合收益——金融资产公允价值变动"科目。

【例 5-29】　天目公司 20×3 年 12 月 31 日持有一项债权投资,账面价值为 120 000 元,其中,债券面值为 100 000 元,利息调整借差为 2 000 元,应计利息为 18 000 元;该债券到期日为 20×5 年 12 月 31 日。当日,该债券的公允价值为 116 000 元。由于业务需要,天目公司将该项债权投资重分类为其他债权投资。天目公司编制会计分录如下。

（3）结转该债券账面价值。

借:其他债权投资——债券面值　　　　　　　　　　　　　　　　　　100 000
　　　　　　　　——利息调整　　　　　　　　　　　　　　　　　　　　2 000
　　　　　　　　——应计利息　　　　　　　　　　　　　　　　　　　18 000
　　贷:债权投资——债券面值　　　　　　　　　　　　　　　　　　　　100 000
　　　　　　　　——利息调整　　　　　　　　　　　　　　　　　　　　2 000
　　　　　　　　——应计利息　　　　　　　　　　　　　　　　　　　18 000

（4）调整公允价值。

借:其他综合收益——金融资产公允价值变动　　　　　　　　　　　　　　4 000
　　贷:其他债权投资——公允价值变动　　　　　　　　　　　　　　　　　4 000

20×3 年 12 月 31 日,该其他债权投资的账面价值为 116 000 元(100 000＋2 000＋18 000－4000)。

三、其他债权投资重分类为债权投资

企业将一项其他债权投资重分类为债权投资时,应当将之前计入其他综合收益的累计利得或损失转出,调整该金融资产在重分类日的公允价值,并以调整后的金额作为新的账面价值,即视同该金融资产一直以摊余成本计量。该金融资产重分类不影响其实际利率和预期信用损失的计量。

重分类日,企业应根据该金融资产的摊余成本,借记"债权投资"科目,贷记"其他债权投资"科目。由于其减值准备是以公允价值为基础计算的,因此其公允价值变动属于减值准备的组成部分,应根据其公允价值变动,借记或贷记"其他债权投资——公允价值变动"科目,贷记或借记"债权投资减值准备"科目;同时借记或贷记"其他综合收益——金融资产公允价值变动"科目,贷记或借记"信用减值损失"科目;根据累计确认的资产减值准备,借记"其他综合收益——金融资产减值准备"科目,贷记"债权投资减值准备"科目。

【例 5-30】　沿用【例 5-23】的资料,假定天目公司于 20×3 年 1 月 1 日决定,将持有的确认为其他债权投资的乙公司债券重分类为债权投资。当日该债券的账面价值为 885 000 元,其中,债券面值为 800 000 元,利息调整借差为 8 996 元,应计利息为 80 000 元,公允价值变动为－3 996 元;累计计提的金融资产减值准备为 15 000 元。

（1）结转摊余成本。

借:债权投资——债券面值　　　　　　　　　　　　　　　　　　　　800 000
　　　　　　——利息调整　　　　　　　　　　　　　　　　　　　　　8 996
　　　　　　——应计利息　　　　　　　　　　　　　　　　　　　　80 000
　　贷:其他债权投资——债券面值　　　　　　　　　　　　　　　　　　800 000
　　　　　　　　——利息调整　　　　　　　　　　　　　　　　　　　8 996
　　　　　　　　——应计利息　　　　　　　　　　　　　　　　　　80 000

（2）结转公允价值变动。

借:其他债权投资——公允价值变动	3 996	
贷:债权投资减值准备		3 996
借:信用减值损失	3 996	
贷:其他综合收益——金融资产公允价值变动		3 996

（3）结转金融资产减值准备。

借:其他综合收益——金融资产减值准备	15 000	
贷:债权投资减值准备		15 000

重分类后,该债权投资的账面价值为 870 000 元,即视同该债权投资一直采用摊余成本计量。

四、其他债权投资重分类为交易性金融资产

企业将一项其他债权投资重分类为交易性金融资产时,应当继续以公允价值计量该金融资产。同时,企业应当将之前计入其他综合收益的累计利得或损失从其他综合收益转入当期损益。

重分类日,企业应根据该金融资产的公允价值,借记"交易性金融资产"科目,贷记"其他债权投资"科目;根据将原计入其他综合收益的公允价值变动,借记或贷记"其他综合收益"科目,贷记或借记"公允价值变动损益"科目;根据其减值准备,借记"其他综合收益——金融资产减值准备"科目,贷记"信用减值损失"科目。

【例 5-31】 沿用【例 5-23】的资料,假定天目公司于 20×3 年 1 月 1 日决定,将持有的确认为其他债权投资的乙公司债券重分类为交易性金融资产。当日该债券的账面价值(即公允价值)为 885 000 元,其中,债券面值为 800 000 元,利息调整借差为 8 996 元,应计利息为 80 000 元,公允价值变动为 −3 996 元;累计计提的金融资产减值准备为 15 000 元。

（1）结转摊余成本和公允价值。

借:交易性金融资产——成本	885 000	
其他债权投资——公允价值变动	3 996	
贷:其他债权投资——债券面值		800 000
——利息调整		8 996
——应计利息		80 000

（2）结转金融资产减值准备。

借:其他综合收益——金融资产减值准备	15 000	
贷:信用减值损失		15 000

（3）结转金融资产公允价值变动。

借:公允价值变动损益	3 996	
贷:其他综合收益——金融资产公允价值变动		3 996

五、交易性金融资产重分类为债权投资

企业将一项交易性金融资产重分类为债权投资时,应当以其在重分类日的公允价值作

为新的账面余额,以该金融资产在重分类日的公允价值确定其实际利率。其后,按照债权投资的相关规定进行后续计量。

企业将原准备随时出售的债券改为持有至到期,重分类日应根据该债券的公允价值,借记"债权投资"科目,贷记"交易性金融资产"科目。原计入公允价值变动损益的部分转出至"投资收益"科目。

【例5-32】 天目公司于20×3年12月31日决定将原准备随时出售的乙公司债券调整为持有至到期,将该交易性金融资产重分类为债权投资。当日该债券的公允价值为1 105 000元,其中,成本为1 080 000元,公允价值变动为25 000元;该债券系乙公司于20×1年1月1日发行,面值为1 000 000元,票面利率为4%、5年期,到期一次还本付息。假定天目公司于每年年末确认投资收益。

(1)结转该债券账面价值。

债券面值=1 000 000(元)

应计利息=1 000 000×4%×3=120 000(元)

利息调整=1 105 000−1 000 000−120 000=−15 000(元)

借:债权投资——债券面值   1 000 000

     ——应计利息   120 000

 贷:债权投资——利息调整   15 000

   交易性金融资产——成本   1 080 000

        ——公允价值变动   25 000

重新计算实际利率,经计算求得债券的实际利率为4.21%。

(2)结转公允价值变动。

借:公允价值变动损益   25 000

 贷:投资收益   25 000

六、交易性金融资产重分类为其他债权投资

企业将一项交易性金融资产重分类为其他债权投资时,应当继续以公允价值计量该金融资产,并根据该金融资产在重分类日的公允价值确定其实际利率。其后,按照其他债权投资的相关规定进行后续计量,并将重分类日视为初始确认日。

重分类日,企业应根据该金融资产的公允价值,借记"其他债权投资"科目,贷记"交易性金融资产"科目。原计入公允价值变动损益的部分转出至"投资收益"科目。

【例5-33】 沿用【例5-32】的资料,假定天目公司于20×3年12月31日决定将交易性金融资产重分类为其他债权投资。

(1)结转该债券账面价值。

债券面值=1 000 000(元)

应计利息=1 000 000×4%×3=120 000(元)

利息调整=1 105 000−1 000 000−120 000=−15 000(元)

借:其他债权投资——债券面值   1 000 000

       ——应计利息   120 000

贷：其他债权投资——利息调整　15 000
　　交易性金融资产——成本　1 080 000
　　　　　　　　——公允价值变动　25 000
该债券的实际利率为4.21%。
（2）结转公允价值变动。
借：公允价值变动损益　25 000
　贷：投资收益　25 000

思考题

1.企业取得金融资产时如何加以分类？
2.如何确定各类金融资产的初始投资成本？
3.债权投资的利息调整包括哪些内容？
4.如何采用实际利率法确认投资收益和利息调整摊销？
5.以公允价值计量且其变动计入当期损益的金融资产与以公允价值计量且其变动计入其他综合收益的金融资产的会计处理有何不同？
6.如何确认和计量金融资产减值损失？如何进行金融资产减值的会计处理？
7.如何进行金融资产重分类的会计处理？

练习题

1.某企业发生下列交易性金融资产业务：
（1）20×1年12月2日以存入证券公司的投资款购入M公司股票4 000股，作为交易性金融资产，每股购买价格5元，共计20 000元，另付交易手续费106元（其中包含准予抵扣的增值税进项税额6元）。
（2）20×1年12月31日该股票每股收盘价6元，调整交易性金融资产账面价值。
（3）20×2年3月24日收到M公司按10∶3的送股共1 200股。
（4）20×2年3月29日将股票出售一半，收到款项16 000元存入证券公司投资款账户内。
（5）20×2年6月30日，该股票以每股收盘价8元调整交易性金融资产账面价值。
要求：根据以上经济业务编制会计分录。
2.甲公司20×1年1月1日购入乙公司发行的债券，确认为债权投资，债券面值为100 000元，票面利率为6%、5年期，实际支付银行存款91 989元（其中包含准予抵扣的增值税进项税额100元）。该债券每半年付息一次，付息日为6月30日和12月31日，到期还本，利息调整摊销采用实际利率法，购入债券的实际利率为8%。
要求：根据以上经济业务，编制甲公司关于投资的有关会计分录。
3.某企业发生下列其他权益工具投资业务：
（1）20×1年5月12日购入S公司股票40 000股，指定为其他权益工具投资，购买价每股8元，另支付交易手续费2 120元（其中包含准予抵扣的增值税进项税额120元）。款项以银行存款支付。

(2)20×1年12月31日,S公司股票每股收盘价7.5元,确认其他权益工具投资公允价值变动。

(3)20×2年3月18日,出售持有的S公司股票10 000股,收到款项73 000元存入银行。

(4)20×2年12月31日,S公司股票每股收盘价6元。

要求:根据以上经济业务,编制某企业关于投资的会计分录。

第六章

长期股权投资

■■■ 学习目标

1. 掌握：长期股权投资取得的核算，长期股权投资核算的成本法、权益法，以及成本法与权益法的转换。

2. 理解：取得长期股权投资的企业与被投资企业的关系，长期股权投资减值的核算。

3. 了解：长期股权投资的概念。

■■■ 案例引入

宝能集团收购万科集团股份

宝能系是指以宝能集团为中心的资本集团。公开资料显示，深圳市宝能投资集团有限公司（简称"宝能集团"）是宝能系的核心。宝能集团成立于2000年，注册资本3亿元，姚振华是唯一的股东。宝能集团旗下包括综合物业开发、金融、现代物流、文化旅游、民生产业五大板块，下辖宝能地产、前海人寿、钜盛华、广东云信资信评估、粤商小额贷款、深业物流、创邦集团、深圳建业、深圳宝时惠电子商务、深圳民鲜农产品等多家子公司。

万科企业股份有限公司（简称"万科A"，股票代码：000002），成立于1984年，总部位于深圳。经过30多年的发展，据2014年报，当期企业总资产5 084亿元，营业收入1 463亿元，净利润157亿元，稳居中国房地产市场第一，是中国房地产行业的旗舰企业。

宝能集团自2015年7月到2015年12月底，经过四次举牌（每增加5％需要公告披露一次），整个宝能系合计持有万科24.26％的股份。据统计，截至2016年7月15日，万科一共进行了7次资本市场融资，仅涉及股权融资且不考虑股权质押。2007年之前，在融资时点买入万科股票，股票差价带来的回报都为盈利且跑赢银行5年期定期存款利率的复合增长率，其中最大的盈利达到155倍。2007年开始，不考虑分红、融资时间点，买入万科股份获得的回报是亏损的。近几年，万科现金分红可观。据统计，尽管2013年之前万科的股息率跑不赢1年期银行定期存款，但是近3年股息率都超过了3％，且趋势向上。另外，近年来，1年期银行定期存款利率逐年走低，现仅为1.5％，远远低于万科现在的分红股息率，加上万科股价变化带来的盈利已不明显，所以分红逐渐成为万科回报投资者的主要方式。

在长期的持股过程中，可能有意外的收获，即市场出现大牛市，所有上市公司股价"水涨船高"。此时，宝能集团持有的万科股票获利丰厚，也容易出售。另有市场人士表示，很难判断投资者是否具有"获得或者巩固"上市公司控制权的意图，而且，从投资者购买上市公司部分股份到形成对上市公司的相对控制，进而形成直接控制，是一个逐渐发展的过程。通过本章学习，能够了解长期股权投资的目的，掌握长期股权投资初始成本的确定方法，以及成本法与权益法的核算原理；培养利用长期股权投资知识处理实际问题的能力。

案例来源：宝能收购万科事件来龙去脉 宝能收购万科的结局[EB/OL].（2022-06-07）[2024-03-28]. http://market.gqsoso.com/market/20220607/221763.html.

第一节 长期股权投资概述

一、长期股权投资的概念

长期股权投资是指企业能够对被投资企业实施控制、共同控制或施加重大影响的权益性投资。在确定长期股权投资的日常会计处理和报表列报方法时,应重点考虑投资企业与被投资企业的关系。

二、投资企业与被投资企业的关系

按照投资企业对被投资企业的影响程度,投资企业与被投资企业的关系可以分为以下几种类型。

(一)控制

控制,是指企业拥有通过参与被投资企业的相关活动而享有可变回报的权力,并且有能力运用该权力影响其回报金额。

企业参与被投资企业的相关活动是指对被投资企业的回报产生重大影响的活动,通常包括商品或劳务的销售和购买、金融资产的管理、资产的购买和处置、研究与开发活动以及融资活动等。企业如果有能力主导被投资企业的相关活动,则不论其是否实际行使该权力,均视为拥有控制被投资企业的权力。

企业在判断是否拥有控制被投资企业的权力时,应当仅考虑与被投资企业相关的实质性权利,包括自身所享有的实质性权利以及以其他投资方所享有的实质性权利。一般来说,企业拥有下列实质性权利,可以视为能够对被投资企业实施控制。

(1)持有被投资企业半数以上表决权。

(2)持有被投资企业半数或以下表决权,但通过与其他表决权持有人之间的协议能够控制半数以上表决权。

(3)持有被投资企业半数或以下表决权,且未与其他表决权持有人签订协议、不能够控制半数以上表决权,但综合考虑下列事实和情况后,如果认为企业持有的表决权足以使其有能力主导被投资企业相关活动的,视为对被投资企业拥有控制的权力:

①持有的表决权相对于其他投资方持有的表决权份额较大,且其他投资方持有的表决权比较分散;

②持有被投资企业的潜在表决权,如可转换公司债券、可执行认股权证等;

③其他合同安排产生的权利;

④被投资企业以往的表决权行使情况等其他相关事实和情况。

(4)在难以判断其享有的实质性权利是否足以使其拥有控制被投资企业的权力时,如果存在其具有实际能力以单方面主导被投资企业相关活动的证据,视为拥有控制被投资企业的权力。这些证据包括但不限于下列事项:

①能够任命或批准被投资企业的关键管理人员;

②能够出于其自身利益决定或否决被投资企业的重大交易;

③能够掌控被投资企业董事会等类似权力机构成员的任命程序;

④与被投资企业的关键管理人员或董事会等类似权力机构中的多数成员存在关联方关系。

需要说明的是,在某些情况下,其他投资方享有的实质性权利有可能会阻止企业对被投资企业的控制。在这种情况下,企业尽管存在前述对被投资企业的权力,也不能视为能够对被投资企业实施控制。例如,A公司持有B公司60%的表决权股份,但B公司章程规定,任何投资方均有对B公司重大相关活动的一票否决权,则A公司对B公司不存在控制权。

拥有控制权的投资企业一般称为母公司,被母公司控制的企业一般称为子公司。

(二)共同控制

共同控制是指按照相关约定对被投资企业所共有的控制,并且该被投资企业的相关活动必须经过分享控制权的各投资方一致同意后才能决策。被各投资方共同控制的企业,一般称为投资企业的合营企业。

需要说明的是,共同控制的特点是实施共同控制的任何一个投资方都不能够单独控制被投资企业,对被投资企业具有共同控制的任何一个投资方均能够阻止其他投资方单独控制被投资企业。此外,共同控制不要求所有投资方都对被投资企业实施共同控制。

(三)重大影响

重大影响是指企业对被投资企业的财务和经营政策有参与决策的权力,但并不能够控制或者与其他投资方一起共同控制这些政策的制定。一般来说,如果投资企业在被投资企业的董事会中派有董事,或能够参与被投资企业的财务和经营决策的制定,但不构成控制或共同控制,则可以认为对被投资企业形成重大影响。在确定能否对被投资企业施加重大影响时,应当考虑投资企业和其他投资方持有的被投资企业当期可转换公司债券、当期可执行认股权证等潜在表决权因素。

投资企业能够对被投资企业施加重大影响,则被投资企业称为投资企业的联营企业。

第二节 长期股权投资的取得

企业的长期股权投资可以分为两大类:一类是形成控股合并的长期股权投资,另一类是未形成控股合并的长期股权投资。控股合并是指一家公司通过股权投资取得对另一家公司控制权的行为。形成控股合并的长期股权投资,又分为同一控制下控股合并和非同一控制下控股合并的长期股权投资。未形成控股合并的长期股权投资,包括对合营企业和联营企业的长期股权投资。

长期股权投资的取得方式主要有企业合并形成的长期股权投资、以支付现金取得的长期股权投资、以发行权益性证券方式取得的长期股权投资以及投资者投入的长期股权投资等。

不同方式取得的长期股权投资,会计处理方法有所不同。

一、企业合并形成的长期股权投资

企业合并形成的长期股权投资,即企业取得的对子公司的长期股权投资,其初始计量,由于企业合并的类型不同而不同。

企业合并,是指将两个或两个以上单独的企业合并形成一个报告主体的交易事项。我国企业合并准则将企业合并划分为两大基本类型:同一控制下的企业合并和非同一控制下的企业合并。

(一)同一控制下的企业合并形成的长期股权投资

同一控制下的企业合并,是指参与合并的企业在合并前后均受同一方或相同的多方最终控制,且该控制并非暂时性的。如 A 公司为 B 公司和 C 公司的母公司,A 公司将其持有 C 公司 60%的股权转让给 B 公司。转让股权后,B 公司持有 C 公司 60%的股权,但 B 公司和 C 公司仍由 A 公司所控制。

同一控制下的企业,在合并日取得对其他参与合并企业控制权的一方为合并方,参与合并的其他企业为被合并方。合并日,是指合并方实际取得对被合并方控制权的日期。同一控制下的企业合并,合并双方的合并行为不完全是自愿进行和完成的,这种控股合并不属于交易行为,而是参与合并各方资产和负债的重新组合,因此,合并方应以被合并方所有者权益的账面价值为基础,对长期股权投资进行初始计量。被合并方在合并日的净资产账面价值为负数的,长期股权投资成本按零确定,同时在备查账中予以登记。

合并方以支付货币资金、转让非现金资产或承担债务等方式取得被合并方的股权,应在合并日按照享有被合并方所有者权益账面价值的份额作为长期股权投资的初始投资成本,借记“长期股权投资——投资成本”科目;按照支付的货币资金或转让的非现金资产、承担债务的账面价值,贷记“银行存款”以及相应的资产或负债科目。长期股权投资初始投资成本大于支付的现金、转让的非现金资产以及所承担债务账面价值的差额,调增资本公积,即贷记“资本公积——资本溢价或股本溢价”科目;长期股权投资初始投资成本小于支付的现金、转让的非现金资产以及所承担债务账面价值的差额,调减资本公积,资本公积不足冲减的,冲减留存收益,即依次借记“资本公积——资本溢价或股本溢价”“盈余公积”“利润分配——未分配利润”科目。投资企业支付的价款中如果含有已宣告发放但尚未支取的现金股利,应作为债权处理,不计入长期股权投资成本。

合并方以发行股票等方式取得被合并方的股权,应在合并日按照取得被合并方所有者权益账面价值的份额作为长期股权投资的初始投资成本,借记“长期股权投资——投资成本”科目;按照发行股份的面值总额作为股本,贷记“股本”科目。长期股权投资初始投资成本大于所发行股份面值总额的差额,贷记“资本公积——资本溢价或股本溢价”科目。

延伸思考 6.1: 同一控制下的企业合并,初始投资成本与享有份额的差额该如何处理?

合并方为进行企业合并发生的各项直接相关费用,包括支付的审计费用、评估费用、法律服务费用等,应当于发生时计入当期损益,借记“管理费用”科目,根据可以抵扣的增值税借记“应交税费——应交增值税(进项税额)”等科目,根据支付的全部款项贷记“银行存款”等科目。

企业合并中,合并方发行债券或承担其他债务支付的手续费、佣金等,应当计入所发行

债券及其他债务的初始成本。

企业合并中,发行权益性证券发生的手续费、佣金等费用,应当抵减权益性证券溢价收入,溢价收入不足冲减的,冲减留存收益。

【例 6-1】 甲公司为乙公司和丙公司的母公司。20×1 年 1 月 1 日,甲公司将其持有丙公司 60%的股权转让给乙公司,双方协商确定的价格为 8 000 000 元,以货币资金支付;此外,乙公司还以货币资金支付审计、评估费 10 600 元(其中可以抵扣的增值税为 600 元)。合并日,丙公司所有者权益的账面价值为 12 000 000 元;乙公司资本公积余额为 2 000 000 元。根据以上资料,编制乙公司取得长期股权投资的会计分录。

乙公司初始投资成本＝12 000 000×60%＝7 200 000(元)

借:长期股权投资——投资成本	7 200 000
资本公积——资本溢价	800 000
管理费用	10 000
应交税费——应交增值税(进项税额)	600
贷:银行存款	8 010 600

【例 6-2】 甲公司为乙公司和丙公司的母公司,持有乙公司 70%的股权,持有丙公司 60%的股权。20×1 年 1 月 1 日,乙公司以发行每股面值为 1 元的股票 2 000 000 股,换取甲公司持有的丙公司 60%的股权,并以银行存款支付发行股票手续费 212 000 元(其中可以抵扣的增值税为 12 000 元)。合并日,丙公司所有者权益的账面价值为 12 000 000 元。根据以上资料,编制乙公司取得长期股权投资的会计分录。

乙公司初始投资成本＝12 000 000×60%＝7 200 000(元)

借:长期股权投资——投资成本	7 200 000
应交税费——应交增值税(进项税额)	12 000
贷:股本	2 000 000
资本公积——股本溢价	5 000 000
银行存款	21 200

(二)非同一控制下的企业合并形成的长期股权投资

非同一控制下的企业合并,是指参与合并的各方在合并前后不受同一方或相同的多方最终控制。相对于同一控制下的控股合并而言,非同一控制下的控股合并是合并各方自愿进行的交易行为,作为一种公平的交易,应当以公允价值为基础进行计量。

非同一控制下的控股合并,在购买日取得对其他参与合并企业控制权的一方为购买方,参与合并的其他企业为被购买方。购买日,是指购买方实际取得对被购买方控制权的日期。购买方在购买日以支付货币资金的方式取得被购买方的股权,应以支付的货币资金作为初始投资成本,借记"长期股权投资——投资成本"科目,贷记"银行存款"科目。购买方支付的价款中如果含有已宣告发放但尚未支取的现金股利,应作为债权处理,不计入长期股权投资成本。

购买方在购买日以付出货币资金以外的其他资产的方式取得被购买方的股权,付出的资产应按资产处置的方式进行处理,应按照资产的公允价值作为初始投资成本,借记"长期股权投资—— 投资成本"科目,按照资产的价值,贷记"主营业务收入""其他业务收入""固定资产清理""应交税费——应交增值税（销项税额）"等科目;同时结转付出资产的成本,将其公允价值与账面价值的差额计入当期损益。

购买方以承担债务的方式取得被购买方的股权,应按照债务的公允价值作为初始投资成本,借记"长期股权投资——投资成本"科目,贷记有关负债科目。

购买方以发行股票等方式取得被购买方的股权,应在购买日按照发行股票等的公允价值作为长期股权投资的初始投资成本,借记"长期股权投资——投资成本"科目;按照发行股份的面值总额作为股本,贷记"股本"科目;按照长期股权投资初始投资成本与所发行股份面值总额之间的差额,贷记"资本公积——资本溢价或股本溢价"科目。

购买方为进行长期股权投资发生的审计、法律服务、评估咨询等中介费用以及其他相关费用,应于发生时计入当期损益,根据直接相关费用的价款,借记"管理费用"科目,根据可以抵扣的增值税,借记"应交税费——应交增值税（进项税额）"等科目,根据支付的全部款项,贷记"银行存款"等科目。

【例6-3】 20×1年1月1日,甲公司以货币资金10 000 000元以及一批库存商品、机器设备购入乙公司70%的股权。库存商品的账面价值为900 000元,未计提存货跌价准备,不含增值税的公允价值为1 000 000元,增值税销项税额为130 000元;机器设备的原始价值为8 000 000元,累计折旧为3 000 000元,不含增值税的公允价值为6 000 000元,增值税销项税额为780 000元。此外,甲公司还以货币资金支付审计、评估费212 000元（其中可以抵扣的增值税为12 000元）。购买日,甲公司所有者权益的账面价值为25 000 000元,甲公司与乙公司不属于关联方。根据以上资料,编制甲公司取得长期股权投资的会计分录。

甲公司初始投资成本=10 000 000+1 000 000+6 000 000+130 000+780 000
=17 910 000（元）

借:长期股权投资——投资成本   17 910 000
  管理费用   200 000
  应交税费——应交增值税（进项税额）   12 000
  贷:银行存款   10 212 000
    主营业务收入   1 000 000
    固定资产清理   6 000 000
    应交税费——应交增值税（销项税额）   910 000
借:主营业务成本   900 000
  贷:库存商品   900 000
借:固定资产清理   5 000 000
  累计折旧   3 000 000
  贷:固定资产   8 000 000
借:固定资产清理   1 000 000
  贷:资产处置损益   1 000 000

二、企业合并以外的其他方式形成的长期股权投资

企业合并以外的其他方式形成的长期股权投资,其初始投资成本的确定与形成非同一控制下企业合并的长期股权投资成本的确定方法基本相同。但发生的审计、法律服务、评估

咨询等中介费用以及其他相关费用应计入长期股权投资成本。

（1）以支付现金取得的长期股权投资,应当按照实际支付的购买价款作为初始投资成本,包括与取得长期股权投资直接相关的费用、税金及其他必要支出。

【例 6-4】 甲公司于 20×1 年 2 月 10 日自公开市场中买入乙公司 20% 的股份,实际支付价款 80 000 000 元。在购买过程中支付手续费等相关费用 1 000 000 元。甲公司取得该部分股权后能够对乙公司施加重大影响。假定甲公司取得该项投资时,乙公司已宣告但尚未发放现金股利,甲公司按其持股比例计算确定可分得 300 000 元。

根据以上资料,编制甲公司取得长期股权投资的会计分录。

甲公司初始投资成本＝80 000 000＋1 000 000－300 000＝80 700 000（元）

借:长期股权投资——投资成本   80 700 000

  应收股利   300 000

  贷:银行存款   81 000 000

（2）以发行权益性证券取得的长期股权投资,应当按照发行权益性证券的公允价值作为初始投资成本,但不包括被投资单位收取的已宣告但尚未发放的现金股利或利润。发行权益性证券支付的手续费、佣金等与发行直接相关的费用,不构成长期股权投资的初始投资成本。这部分费用应当自所发行证券的溢价发行收入中扣除,溢价收入不足冲减的,应依次冲减盈余公积和未分配利润。

【例 6-5】 20×1 年 3 月,甲公司以增发 30 000 000 股面值为 1 元/股的本企业普通股为对价,从非关联方处取得乙公司 20% 的股权,所增发股份的公允价值为 52 000 000 元。为增发该部分普通股,甲公司支付了 2 000 000 元的佣金和手续费。取得乙公司股权后,甲公司能够对乙公司施加重大影响,不考虑相关税费等其他因素影响。

根据以上资料,甲公司应当以所发行股份的公允价值作为取得长期股权投资的成本,应编制的会计分录如下。

借:长期股权投资——投资成本   52 000 000

  贷:股本   30 000 000

   资本公积——股本溢价   20 000 000

   银行存款   2 000 000

（3）以非货币性资产交换、债务重组等方式取得的长期股权投资,其初始投资成本的确定,应当分别按照《企业会计准则第 7 号——非货币性资产交换》《企业会计准则第 12 号——债务重组》的有关规定进行会计处理。

第三节 长期股权投资的后续计量

企业取得的长期股权投资,在持续持有期间,根据对被投资单位的影响程度等情况的不同,分别采用成本法和权益法进行核算。对子公司的长期股权投资应当按成本法核算,对合营企业、联营企业的长期股权投资应当按权益法核算。

一、成本法

投资方持有的对子公司的投资应当采用成本法核算。采用成本法核算的长期股权投资，应按照初始投资成本计价，一般不予变更，只有在追加或收回投资以及长期股权投资减值时，才调整长期股权投资的账面价值。

投资企业在被投资企业宣告发放现金股利时，应作为投资收益处理，借记"应收股利"等科目，贷记"投资收益"科目；收到现金股利时，借记"银行存款"等科目，贷记"应收股利"科目。如果收到的股利为股票股利，则只调整持股数量，降低每股成本，不作账务处理。

【例 6-6】 甲公司于 20×1 年 4 月 10 自非关联方处取得乙公司 60% 的股权，成本为 12 000 000 元，相关手续于当日完成，并能够对乙公司实施控制。20×2 年 2 月 6 日，乙公司宣告分派现金股利，甲公司按照持股比例可取得 100 000 元。乙公司于 20×2 年 2 月 12 日实际分派现金股利。不考虑相关税费等其他因素影响。

根据以上资料，甲公司应编制的会计分录如下。

(1)20×1 年 4 月 10 日。

借：长期股权投资——乙公司   12 000 000

  贷：银行存款   12 000 000

(2)20×2 年 2 月 6 日。

借：应收股利——乙公司   100 000

  贷：投资收益   100 000

(3)20×2 年 2 月 12 日。

借：银行存款   100 000

  贷：应收股利   100 000

二、权益法

对联营企业和合营企业的长期股权投资应当采用权益法核算。长期股权投资核算的权益法，是指长期股权投资的账面价值要随着被投资企业的所有者权益变动而相应变动，大体上反映在被投资企业所有者权益中占有的份额。

需要说明的是，投资企业对联营企业的权益性投资，其中一部分通过风险投资机构、共同基金、信托公司或包括投连险基金在内的类似主体间接持有的，无论以上主体是否对这部分投资具有重大影响，投资企业都可以将间接持有的该部分投资确认为交易性金融资产，并将其余部分确认为长期股权投资，采用权益法核算。

采用权益法核算的长期股权投资，一般的会计处理如下。

(1)初始投资或追加投资时，按照初始投资成本或追加投资的投资成本，增加长期股权投资的账面价值。

(2)比较初始投资成本与投资时应享有被投资单位可辨认净资产公允价值的份额，前者大于后者的，不调整长期股权投资账面价值；前者小于后者的，应当按照两者之间的差额调增长期股权投资的账面价值，同时计入取得投资当期损益(营业外收入)。

(3)持有投资期间，随着被投资单位所有者权益的变动相应调整增加或减少长期股权投资的账面价值，并分别按以下情况处理：对于因被投资单位实现净损益和其他综合收益而产生的所有者权益的变动,投资方应当按照应享有的份额,增加或减少长期股权投资的账面价值,同时确认投资损益和其他综合收益;对于被投资单位宣告分派的利润或现金股利计算应分得的部分,相应减少长期股权投资的账面价值;对于被投资单位除损益、其他综合收益以及利润分配以外的因素导致的其他所有者权益变动,相应调整长期股权投资的账面价值,同时确认资本公积(其他资本公积)。

值得注意的是,尽管在评估投资方对被投资单位是否具有重大影响时,应当考虑潜在表决权的影响,但在确定应享有的被投资单位实现的净损益、其他综合收益和其他所有者权益变动的份额时,潜在表决权所对应的权益份额不应予以考虑。

在持有投资期间,被投资单位编制合并财务报表的,应当以合并财务报表涉及的净利润、其他综合收益和其他所有者权益变动中归属于被投资单位的金额为基础进行会计处理。

此外,如果被投资单位发行了分类为权益的可累积优先股等类似的权益工具,无论被投资单位是否宣告分配优先股股利,投资方计算应享有被投资单位的净利润时,均应将归属于其他投资方的累积优先股股利予以扣除。

(一)初始投资成本的调整

投资方取得对联营企业或合营企业的投资以后,对于取得投资时初始投资成本与应享有被投资单位可辨认净资产公允价值份额之间的差额,应区别情况处理。

延伸思考 6.2:
可辨认净资产
公允价值如何
确定?

(1)初始投资成本大于取得投资时应享有被投资单位可辨认净资产公允价值份额的,该部分差额是投资方在取得投资过程中通过作价体现出的与所取得股权份额相对应的商誉价值,这种情况下不要求对长期股权投资的成本进行调整。

(2)初始投资成本小于取得投资时应享有被投资单位可辨认净资产公允价值份额的,两者之间的差额体现为双方在交易作价过程中转让方的让步,该部分经济利益流入应计入取得投资当期的营业外收入,同时调整增加长期股权投资的账面价值。

【例 6-7】 甲公司于 20×1 年 1 月 2 日取得乙公司 30% 的股权,支付价款 30 000 000 元。取得投资时被投资单位账面所有者权益的构成如下(假定该时点被投资单位各项可辨认资产、负债的公允价值与其账面价值相同)。

(1)实收资本:30 000 000 元。

(2)资本公积:24 000 000 元。

(3)盈余公积:6 000 000 元。

(4)未分配利润:15 000 000 元。

(5)所有者权益总额:75 000 000 元。

假定在乙公司的董事会中,所有股东均以其持股比例行使表决权。甲公司在取得对乙公司的股权后,派人参与了乙公司的财务和生产经营决策,能够对乙公司的生产经营决策施加重大影响,甲公司对该项投资采用权益法核算。取得投资时,甲公司应进行的账务处理如下。

借:长期股权投资——投资成本   30 000 000

  贷:银行存款   30 000 000

长期股权投资成本 30 000 000 元大于取得投资时享有的乙公司可辨认净资产公允价值的份额 2 2500 000 元(75 000 000×30%),则不对其初始投资成本进行调整。

假定上例中取得投资时乙公司可辨认净资产公允价值为 120 000 000 元,甲公司按持股比例 30%计算确定应享有 36 000 000 元,则初始投资成本与应享有乙公司可辨认净资产公允价值份额之间的差额 6 000 000 元计入取得投资当期的损益。

借:长期股权投资——投资成本　　　　　　　　　　　　　　　　　　　　36 000 000
　　贷:银行存款　　　　　　　　　　　　　　　　　　　　　　　　　　　30 000 000
　　　营业外收入　　　　　　　　　　　　　　　　　　　　　　　　　　　6 000 000

(二)投资损益的确认

采用权益法核算的长期股权投资,在确认应享有(或分担)被投资单位的净利润(或净亏损)时,在被投资单位账面净利润的基础上,应考虑以下因素的影响进行适当调整。

(1)被投资单位采用的会计政策和会计期间与投资方不一致的,应按投资方的会计政策和会计期间对被投资单位的财务报表进行调整,在此基础上确定被投资单位的损益。

(2)以取得投资时被投资单位固定资产、无形资产等的公允价值为基础计提的折旧额或摊销额,以及有关资产减值准备金额等对被投资单位净利润的影响。投资方取得投资时,被投资单位有关资产、负债的公允价值与其账面价值不同的,未来期间,在计算归属于投资方应享有的净利润或应承担的净亏损时,应考虑对被投资单位计提的折旧额、摊销额以及资产减值准备金额等进行调整。

投资方在对被投资单位的净利润进行调整时,应考虑重要性原则,不具有重要性的项目可不予调整。投资企业无法合理确定取得投资时被投资单位各项可辨认资产、负债等公允价值,或者投资时被投资单位可辨认资产、负债的公允价值与账面价值之间的差额不具有重要性,或是因其他原因导致无法取得对被投资单位的净利润进行调整所需的资料,可以被投资单位的账面净利润为基础,经调整未实现内部交易损益后,计算确认投资收益。

【例 6-8】　沿用【例 6-7】的资料,假定在甲公司长期股权投资的成本大于取得投资时乙公司可辨认净资产公允价值份额的情况下,20×1年乙公司实现净利润 8 000 000 元。甲公司、乙公司均以公历年度作为会计年度,采用相同的会计政策。由于投资时乙公司各项资产、负债的账面价值与其公允价值相同,不需要对乙公司的净利润进行调整,甲公司应确认的投资收益为 2 400 000 元(8 000 000×30%),一方面增加长期股权投资的账面价值,另一方面作为利润表中的投资收益确认。

甲公司的会计处理如下。

借:长期股权投资——损益调整　　　　　　　　　　　　　　　　　　　　2 400 000
　　贷:投资收益　　　　　　　　　　　　　　　　　　　　　　　　　　　2 400 000

【例 6-9】　甲公司于 20×1 年 1 月 2 日购入乙公司 30%的股份,购买价款为 20 000 000 元,取得股份之日起派人参与乙公司的生产经营策。取得投资日,乙公司可辨认净资产公允价值为 60 000 000 元,乙公司一项存货的账面原价为 5 000 000 元,公允价值为 7 000 000 元;一项固定资产的原价为 10 000 000 元,已提折旧 2 000 000 元,公允价值为 12 000 000 元,原预计使用年限 20 年,剩余使用年限 16 年;一项无形资产的原价为 6 000 000 元,已提摊销 1 200 000 元,公允价值为 8 000 000 元,原预计使用年限 10 年,剩余使用年限 8 年;其他资产、负债的公允价值与账面价值相同。

假定乙公司20×1年实现净利润6 000 000元,其中在甲公司取得投资时的账面存货5 000 000元中有80%对外出售。甲公司与乙公司的会计年度和采用的会计政策相同。固定资产、无形资产等均按直线法提取折旧或摊销,预计净残值均为。假定甲、乙公司间未发生其他任何内部交易。

甲公司在确定其应享有乙公司20×1年的投资收益时,应在乙公司实现净利润的基础上,根据取得投资时乙公司有关资产的账面价值与其公允价值差额的影响进行调整(假定不考虑相关税费等其他因素影响):

调整后的净利润=6 000 000-(7 000 000-5 000 000)×80%

$\qquad$-(12 000 000÷16-10 000 000÷20)-(8 000 000÷8-6 000 000÷10)

$\qquad$=3 750 000(元)

甲公司应享有份额=3 750 000×30%=1 125 000(元)

借:长期股权投资——乙公司——损益调整 $\qquad$ 1 125 000

$\qquad$贷:投资收益 $\qquad$ 1 125 000

(3)对于投资方或纳入投资方合并财务报表范围的子公司与其联营企业及合营企业之间发生的未实现内部交易损益应予抵销。即,投资方与联营企业及合营企业之间发生的未实现内部交易损益,按应享有的比例计算归属于投资方的部分,应当予以抵销,在此基础上确认投资收益,投资方与被投资单位发生的内部交易损失,按照资产减值准则等规定属于资产减值损失的,应当全额确认。

未实现内部交易损益的抵销,应当区分顺流交易和逆流交易进行会计处理。顺流交易是指投资方向其联营企业或合营企业投出或出售资产。逆流交易是指联营企业或合营企业向投资方投出或出售资产。未实现内部交易损益体现在投资方或其联营企业、合营企业持有的资产账面价值中,在计算确认投资损益时应予抵销。

①对于投资方向联营企业或合营企业投出或出售资产的顺流交易,在该交易存在未实现内部交易损益的情况下(即有关资产未对外部独立第三方出售或未被消耗),投资方在采用权益法计算确认应享有联营企业或合营企业的投资损益时,应抵销该未实现内部交易损益的影响,同时调整对联营企业或合营企业长期股权投资的账面价值。投资方因投出或出售资产给其联营企业或合营企业而产生的损益中,应仅限于确认归属于联营企业或合营企业其他投资方的部分。

【例6-10】 甲公司持有乙公司20%有表决权的股份,能够对乙公司施加重大影响。20×1年9月,甲公司将其账面价值为8 000 000元的商品以12 000 000元的价格出售给乙公司,乙公司将取得的商品作为管理用固定资产,预计使用寿命为10年,净残值为0。假定甲公司取得该项投资时,乙公司各项可辨认资产、负债的公允价值与其账面价值相同,两者在以前期间未发生过内部交易。乙公司20×1年实现净利润20 000 000元。不考虑相关税费等其他因素影响。

甲公司在该项交易中实现利润4 000 000元,其中的800 000元(4 000 000×20%)是针对本公司持有的对联营企业的权益份额,在采用权益法计算确认投资损益时应予抵销,同时应考虑相关固定资产折旧对损益的影响,即甲公司应当进行以下账务处理。

调整后的净利润=20 000 000-4 000 000+4 000 000÷10÷12×3=16 100 000(元)

甲公司应享有的份额＝16 100 000×20％＝3 220 000(元)

借：长期股权投资——损益调整　　　　　　　　　　　　　　　　　3 220 000

　　贷：投资收益　　　　　　　　　　　　　　　　　　　　　　　　　　　　　3 220 000

②对于联营企业或合营企业向投资方投出或出售资产的逆流交易,比照上述顺流交易处理。

【例6-11】　甲公司持有乙公司20％有表决权的股份,能够对乙公司施加重大影响。20×1年8月,乙公司将其成本为9 000 000元的某商品以15 000 000元的价格出售给甲公司,甲公司将取得的商品作为存货。至20×1年12月31日,甲公司仍未对外出售该存货。乙公司20×1年实现净利润48 000 000元。假定甲公司取得该项投资时,乙公司各项可辨认资产、负债的公允价值与其账面价值相同,两者在以前期间未发生过内部交易。假定不考虑相关税费等其他因素影响。

甲公司在按照权益法确认应享有乙公司20×1年净损益时,应进行以下账务处理。

"长期股权投资——损益调整"＝(48 000 000－6 000 000)×20％＝8 400 000(元)

借：长期股权投资——损益调整　　　　　　　　　　　　　　　　　8 400 000

　　贷：投资收益　　　　　　　　　　　　　　　　　　　　　　　　　　　　　8 400 000

假定20×2年,甲公司将该商品以18 000 000元的价格出售给外部独立第三方,该部分内部交易损益已经实现,甲公司在确认应享有乙公司20×2年净损益时,应考虑将原未确认的该部分内部交易损益计入投资损益,即应在考虑其他因素计算确定的投资损益基础上调整增加1 200 000元。假定乙公司20×2年实现的净利润为3 000 000元。甲公司的账务处理如下。

"长期股权投资——损益调整"＝(30 000 000＋6 000 000)×20％＝7 200 000(元)

借：长期股权投资——损益调整　　　　　　　　　　　　　　　　　7 200 000

　　贷：投资收益　　　　　　　　　　　　　　　　　　　　　　　　　　　　　7 200 000

应当说明的是,投资方与其联营企业及合营企业之间的顺流交易或逆流交易产生的未实现内部交易损失,其中属于所转让资产发生减值损失的,有关未实现内部交易损失不应予以抵销。

【例6-12】　甲公司持有乙公司20％有表决权的股份,能够对乙公司施加重大影响。20×1年,甲公司将其账面价值为2 000 000元的商品以1 600 000元的价格出售给乙公司。至20×1年12月31日,该批商品尚未对外部第三方出售。假定甲公司取得该项投资时,乙公司各项可辨认资产、负债的公允价值与其账面价值相同,两者在以前期间未发生过内部交易。乙公司20×1年实现净利润为15 000 000元。不考虑相关税费等其他因素影响。

甲公司在确认应享有乙公司20×1年净损益时,如果有证据表明该商品交易价格1 600 000元与其账面价值2 000 000元之间的差额为减值损失的,不应予以抵销。甲公司应当进行如下会计处理。

"长期股权投资——损益调整"＝15 000 000×20％＝3 000 000(元)

借：长期股权投资——损益调整　　　　　　　　　　　　　　　　　3 000 000

　　贷：投资收益　　　　　　　　　　　　　　　　　　　　　　　　　　　　　3 000 000

应当注意的是,投资方与联营、合营企业之间发生投出或出售资产的交易,该资产构成业务的,应当按照《企业会计准则第20号——企业合并》《企业会计准则第33号——合并财务报表》的有关规定进行会计处理。

(三)被投资单位其他综合收益变动的处理

被投资单位其他综合收益发生变动的,投资方应当按照归属于本企业的部分,相应调整长期股权投资的账面价值,同时增加或减少其他综合收益。

【例 6-13】 甲公司持有乙公司 30% 的股份,能够对乙公司施加重大影响。当期,乙公司因持有分类为以公允价值计量且其变动计入其他综合收益的金融资产(其他债权投资)公允价值的变动计入其他综合收益的金额为 20 000 000 元,除该事项外,乙公司当期实现的净利润为 80 000 000 元。假定甲公司与乙公司适用的会计政策、会计期间相同,两者在当期及以前期间未发生任何内部交易,投资时乙公司各项可辨认资产、负债的公允价值与其账面价值相同。不考虑相关税费等其他因素影响。

甲公司应进行以下账务处理。

借:长期股权投资——损益调整 24 000 000
　　　　　　　——其他综合收益 6 000 000
　　贷:投资收益 24 000 000
　　　　其他综合收益 6 000 000

(四)取得现金股利或利润的处理

按照权益法核算的长期股权投资,投资方自被投资单位取得的现金股利或利润,应抵减长期股权投资的账面价值。在被投资单位宣告分派现金股利或利润时,借记"应收股利"科目,贷记"长期股权投资——损益调整"科目。

【例 6-14】 甲公司持有乙公司 40% 有表决权的股份,能够对乙公司施加重大影响,采用权益法进行核算。乙公司 20×1 年 5 月 10 日宣告分派现金股利 1 000 000 元,5 月 25 日,实际发放现金股利 1 000 000 元。根据以上资料,甲公司应进行如下账务处理。

(1)5 月 10 日应收现金股利。

借:应收股利 400 000
　　贷:长期股权投资——损益调整 400 000

(2)5 月 25 日实际收到现金股利。

借:银行存款 400 000
　　贷:应收股利 400 000

(五)超额亏损的确认

权益法下,投资方确认的应分担被投资单位发生的损失,原则上以长期股权投资及其他实质上构成对被投资单位净投资的长期权益减记至零为限,投资方负有承担额外损失义务的除外。这里所讲的"其他实质上构成对被投资单位净投资的长期权益"通常是指长期应收项目等,例如,投资方对被投资单位的长期债权,该债权没有明确的清收计划且在可预见的未来期间不准备收回的,实质上构成对被投资单位的净投资。应予以说明的是,该类长期权益不包括投资方与被投资单位之间因销售商品、提供劳务等日常活动所产生的长期债权。

投资方在确认应分担被投资单位发生的损失时,按照以下顺序处理。

首先,减记长期股权投资的账面价值。

其次,在长期股权投资的账面价值减记至零的情况下,考虑是否有其他构成长期权益的项目,如果有,则以其他实质上构成对被投资单位长期权益的账面价值为限,继续确认投资损失,冲减长期应收项目等的账面价值。

最后,在其他实质上构成对被投资单位长期权益的价值也减记至零的情况下,如果按照投资合同或协议约定,投资方需要履行其他额外的损失赔偿义务,则需按预计将承担责任的金额确认预计负债,计入当期投资损失。

除按上述顺序已确认的损失以外仍有额外损失的,应在账外作备查登记,不再予以确认。

投资方按权益法确认应分担被投资单位的净亏损或被投资单位其他综合收益减少额,将有关长期股权投资冲减至零并产生了未确认投资净损失的,被投资单位在以后期实现净利润或其他综合收益增加净额时,投资方应当按照以前确认或登记有关投资损失时的相反顺序进行会计处理,即依次减记未确认投资净损失金额、恢复其他长期权益和恢复长期股权投资的账面价值,同时投资方还应当重新复核预计负债的账面价值。

【例 6-15】 甲公司持有乙公司 40% 的股权,能够对乙公司施加重大影响。20×0 年 12 月 31 日,该项长期股权投资的账面价值为 20 000 000 元,乙公司 20×1 年发生亏损 30 000 000 元。假定甲公司取得投资时,乙公司各项可辨认资产、负债的公允价值与其账面价值相同,两家公司采用的会计政策和会计期间也相同。甲公司 20×1 年应确认的投资损失为 12 000 000 元。确认上述投资损失后,长期股权投资的账面价值变为 8 000 000 元。

本例中,如果乙公司 20×1 年的亏损额为 60 000 000 元,则甲公司按其持股比例确认应分担的损失为 24 000 000 元,但期初长期股权投资的账面价值仅为 20 000 000 元,如果没有其他实质上构成对被投资单位净资产的长期权益项目,甲公司应确认的投资损失仅为 20 000 000 元,超额损失在账外进行备查登记;如果在确认了 20 000 000 元的投资损失后,甲公司账上仍有应收乙公司的长期应收款 8 000 000 元(实质上构成对乙公司的净投资),则在长期应收款的账面价值大于 400 000 元的情况下,应进一步确认投资损失 4 000 000 元。甲公司应进行的账务处理如下。

借:投资收益 24 000 000
  贷:长期股权投资——损益调整 20 000 000
    长期应收款——乙公司——超额亏损 4 000 000

(六)被投资单位除净损益、其他综合收益以及利润分配以外的所有者权益的其他变动

被投资单位除净损益、其他综合收益以及利润分配以外的所有者权益的其他变动的因素,主要包括被投资单位接受其他股东的资本性投入、被投资单位发行可分离交易的可转债中包含的权益成分、以权益结算的股份支付、其他股东对被投资单位增资导致投资方持股比例变动等。投资方应按所持股权比例计算应享有的份额,调整长期股权投资的账面价值,同时计入资本公积(其他资本公积),并在备查簿中予以登记,投资方在后续处置股权投资但对剩余股权仍采用权益法核算时,应按处置比例将这部分资本公积转入当期投资收益;对剩余股权终止权益法核算时,将这部分资本公积全部转入当期投资收益。

【例 6-16】 20×0 年 3 月 20 日,甲、乙、丙三家公司分别以现金 200 万元、400 万元和 400 万元出资设立丁公司,分别持有丁公司 20%、40%、40% 的股权。甲公司对丁公司具有重大影响,采用权益法对有关长期股权投资进行核算。丁公司自设立日起至 20×2 年 1 月 1

日实现净损益 1 000 万元,除此以外,无其他影响净资产的事项。20×2 年 1 月 1 日,经甲、乙、丙公司协商,乙公司对丁公司增资 800 万元,增资后丁公司净资产为 2 800 万元,甲、乙、丙公司分别持有丁公司 15%、50%、35%的股权。相关手续于当日完成。假定甲公司与丁公司适用的会计政策、会计期间相同,双方在当期及以前期未发生其他内部交易。不考虑相关税费等其他因素影响。

本例中,20×2 年 1 月 1 日,乙公司增资前,丁公司的净资产账面价值为 2 000 万元,甲公司应享有丁公司的权益份额为 400 万元(2 000×20%)。乙公司单方面增资后,丁公司的净资产增加 800 万元,甲公司应享有的丁公司权益份额为 420 万元(2 800×15%)。甲公司享有的权益变动 20 万元(420-400),属于丁公司除净损益、其他综合收益和利润分配以外所有者权益的其他变动。甲公司对丁公司的长期股权投资的账面价值应调增 20 万元,并相应调整"资本公积——其他资本公积"。

三、长期股权投资后续计量方法的转换

企业在投资期间,由于追加投资或处置部分投资,会使投资企业与被投资企业的关系发生变化,其长期股权投资的后续计量方法也应随之进行相应调整。

(一)处置部分长期股权投资后续计量方法的调整

1.处置部分长期股权投资后由控制转为共同控制或重大影响

投资企业因处置部分投资,对被投资企业不再具有控制权,但仍存在共同控制或重大影响的,应当将剩余投资改按权益法进行核算,并对该剩余股权视同自取得时即采用权益法核算进行调整。剩余长期股权投资账面价值大于原投资时,按照剩余持股比例计算的应享有被投资企业可辨认净资产公允价值份额的差额,视为商誉,不需要对剩余长期股权投资的初始成本进行调整;剩余长期股权投资账面价值小于原投资时按照剩余持股比例计算应享有的被投资企业可辨认净资产公允价值份额的差额,应在调整长期股权投资初始成本的同时调整期初留存收益。对于原投资日至处置日之间被投资企业实现的以公允价值为基础计量的净利润、分配现金股利和所有者权益的其他变动,投资企业应采用权益法进行追溯调整,在调整长期股权投资账面价值的同时,调整期初留存收益、当期投资收益和其他综合收益。

【例 6-17】 甲公司 20×1 年 1 月 1 日以银行存款 2 100 000 元购入乙公司 60%的股权,形成非同一控制下的企业合并。20×1 年 1 月 1 日,乙公司可辨认净资产公允价值为 3 000 000 元(假定可辨认净资产公允价值与账面价值相同),初始投资成本中包含的投资商誉为 300 000 元(2 100 000-3 000 000×60%)。20×3 年 12 月 31 日,甲公司将持有的乙公司 20%的股权出售给丙公司,收取价款 720 000 元。乙公司 20×1 年实现净利润 300 000 元,未分派现金股利;20×2 年实现净利润 400 000 元,分派现金股利 200 000 元,其他综合收益增加 150 000 元;20×3 年实现净利润 200 000 元,分派现金股利 300 000 元。20×3 年 12 月 31 日,B 公司可辨认净资产公允价值为 3 600 000 元,账面价值为 3 550 000 元(即按照原投资日可辨认净资产公允价值持续计量的公允价值)。根据以上资料,编制甲公司 20×3 年 12 月 31 日与处置长期股权投资相关的会计分录。

(1)处置投资。

借:银行存款   720 000

贷:长期股权投资——投资成本 　　　　　　　700 000 （2 100 000×20%÷60%）
　　投资收益 　　　　　　　　　　　　　　　　　　　　 20 000

处置投资后,剩余长期股权投资的初始成本为1 400 000元(2 100 000×40%÷60%),投资时按照剩余投资比例计算原投资日享有乙公司可辨认净资产公允价值的份额为1 200 000元(3 000 000×40%),剩余长期股权投资的初始成本大于享有乙公司可辨认净资产公允价值的份额200 000元,属于投资商誉,不需要对剩余长期股权投资初始成本进行调整。

(2)采用权益法对享有的乙公司20×1年1月1日至20×3年12月31日的净资产变动份额的调整。

调整年初未分配利润=(300 000+400 000−200 000)×40%=200 000(元)

调整当年投资收益=(200 000−300 000)×40%=−40 000(元)

调整其他综合收益=150 000×40%=60 000(元)

借:长期股权投资——损益调整 　　　　　　　　　　　160 000
　　　　　　　　　——其他综合收益调整 　　　　　　　60 000
　　投资收益 　　　　　　　　　　　　　　　　　　　 40 000
　　贷:利润分配——未分配利润 　　　　　　　　　　　　　200 000
　　　　其他综合收益 　　　　　　　　　　　　　　　　　 60 000

经上述调整后,甲公司长期股权投资账面价值为1 620 000元(2 100 000−700 000+160 000+60 000),其中,享有按照原投资日乙公司可辨认净资产公允价值持续计量的公允价值40%的份额为1 420 000元(3 550 000×40%),投资商誉为200 000元。原投资日至投资处置日乙公司可辨认净资产公允价值与账面价值的新增差额50 000元(3 600 000−3 550 000),A公司不需要进行调整。

2.处置部分长期股权投资后不存在控制、共同控制或重大影响

投资企业因处置部分长期股权投资丧失了对被投资企业的控制、重大影响或共同控制,处置后剩余的长期股权投资应当先视为处置,再根据管理意图确认为交易性金融资产或其他权益工具投资,应将其公允价值与账面价值之间的差额计入当期损益或其他综合收益。转换日,企业应当根据剩余股权的公允价值,借记"交易性金融资产"或"其他权益工具投资"科目;根据剩余股权的账面价值,贷记"长期股权投资"科目;根据其差额,贷记或借记"投资收益"或"其他综合收益"科目。

长期股权投资转换为交易性金融资产的,原股权投资因采用权益法核算而确认的其他综合收益,也应当计入当期损益,借记或贷记"其他综合收益"科目,贷记或借记"投资收益"科目。

【例6-18】 沿用【例6-17】的资料,20×3年12月31日甲公司持有乙公司40%的股份,账面价值为1 620 000元,另确认其他综合收益60 000元。甲公司于20×4年12月31日再次将持有的乙公司30%的股权出售给丙公司,收取价款1 500 000元,对乙公司不再具有重大影响,当日剩余股份的公允价值为500 000元,确认为交易性金融资产。乙公司20×4年实现净利润500 000元,未分派现金股利。

根据以上资料,编制甲公司20×4年12月31日与处置长期股权投资相关的会计分录。

(1)确认 20×4 年投资收益。

投资收益＝500 000×40％＝200 000(元)

借:长期股权投资——损益调整   200 000

   贷:投资收益   200 000

(2)处置投资。

处置投资的投资成本＝140 000×30％÷40％＝105 000(元)

处置投资的损益调整＝(160 000＋200 000)×30％÷40％＝270 000(元)

处置投资的其他综合收益调整＝60 000×30％÷40％＝45 000(元)

处置投资的账面价值＝(1 620 000＋200 000)×30％÷40％＝1 365 000(元)

借:银行存款   1 500 000

   贷:长期股权投资——投资成本   1 050 000

           ——损益调整 270 000

           ——其他综合收益调整 45 000

      投资收益 135 000

(3)将剩余投资账面价值确认为交易性金融资产。

剩余投资的投资成本＝1 400 000－1 050 000＝350 000(元)

剩余投资的损益调整＝360 000－270 000＝90 000(元)

剩余投资的其他综合收益调整＝60 000－45 000＝15 000(元)

剩余投资的账面价值＝350 000＋90 000＋15 000＝455 000(元)

借:交易性金融资产 500 000

   贷:长期股权投资——投资成本 350 000

          ——损益调整 90 000

          ——其他综合收益调整 15 000

      投资收益 45 000

(4)结转原确认的其他综合收益。

借:其他综合收益 60 000

   贷:投资收益 60 000

(二)追加股权投资后续计量方法的调整

1.追加股权投资后对被投资企业形成控制

投资企业因追加股权投资形成非同一控制下的控股合并,应当按照原持有的股权投资账面价值与新增投资成本之和,作为改按成本法核算的初始投资成本。调整原投资账面价值时,应按改按成本法核算的初始投资成本,借记"长期股权投资"科目;按照原权益法核算的长期股权投资账面价值,贷记"长期股权投资"科目;按照以货币资金追加投资的金额,贷记"银行存款"等科目;按照原交易性金融资产的账面价值,贷记"交易性金融资产"等科目。

原持有的股权投资确认为长期股权投资的,因采用权益法核算而确认的其他综合收益,应当在处置该项投资时确认为投资收益,借记或贷记"其他综合收益"科目,贷记或借记"投资收益"科目。

2.追加股权投资后对被投资企业形成共同控制或重大影响

投资企业因追加投资能够对被投资企业实施共同控制或重大影响但不构成控制的,应当按照原持有的股权投资的公允价值与新增投资成本之和,作为改按权益法核算的初始投资成本,借记"长期股权投资"科目,贷记"银行存款""交易性金融资产"等科目。

【例6-19】甲公司20×1年7月1日购入乙公司股票1 000 000股,占乙公司股本的2%,对乙公司不具有重大影响,确认为交易性金融资产,实际支付股票价款8 000 000元,另支付相关税费42 400元(其中可以抵扣的增值税为2 400元),20×1年12月31日,乙公司股票每股市价为9元;20×2年7月1日,甲公司又购入乙公司股票10 000 000股,每股价格为9.8元,实际支付股票价款98 000 000元,另支付相关税费530 000元(其中可以抵扣的增值税为30 000元),能够对乙公司施加重大影响,确认为长期股权投资。

根据以上资料,编制甲公司购入乙公司股票相关的会计分录。

(1)20×1年7月1日购入股票。

借:交易性金融资产——成本   8 000 000

    投资收益   40 000

    应交税费——应交增值税(进项税额)   2 400

    贷:银行存款   8 042 400

(2)20×1年12月31日确认公允价值变动。

乙公司股票公允价值变动=9×1 000 000−8 000 000=1 000 000(元)

借:交易性金融资产——公允价值变动   1 000 000

    贷:公允价值变动损益   1 000 000

(3)20×2年7月1日再次购入股票。

借:长期股权投资——投资成本   98 500 000

    应交税费——应交增值税(进项税额)   30 000

    贷:银行存款   98 530 000

(4)20×2年7月1日将交易性金融资产转为长期股权投资。

交易性金融资产公允价值=9.8×1 000 000=9 800 000(元)

借:长期股权投资——投资成本   9 800 000

    贷:交易性金融资产——成本   8 000 000

         ——公允价值变动   1 000 000

      投资收益   800 000

(5)20×2年7月1日将原确认的公允价值变动损益转为投资收益。

借:公允价值变动损益   1 000 000

    贷:投资收益   1 000 000

20×2年7月1日,甲公司对乙公司长期股权投资的初始投资成本为108 300 000元(98 500 000+9 800 000),后续采用权益法进行核算。

第四节　长期股权投资的减值及处置

一、长期股权投资的减值

投资方应当关注长期股权投资的账面价值是否大于享有被投资单位所有者权益账面价值的份额等类似情况。出现类似情况时，投资方应当按照《企业会计准则第8号——资产减值》对长期股权投资进行减值测试，确定其可收回金额，可收回金额低于长期股权投资账面价值的，应当计提减值准备。长期股权投资的减值准备在提取以后，不允许转回。

二、长期股权投资的处置

延伸思考6.3：长期股权投资权益法确认的其他综合收益在处置时，是否需要转为留存收益？

处置长期股权投资时，应相应结转与所售股权相对应的长期股权投资的账面价值。一般情况下，出售所得价款与处置长期股权投资账面价值之间的差额，应确认为处置损益。

投资方全部处置权益法核算的长期股权投资时，原权益法核算的相关其他综合收益应当在终止采用权益法核算时采用与被投资单位直接处置相关资产或负债相同的基础进行会计处理，因被投资方除净损益、其他综合收益和利润分配以外的其他所有者权益变动而确认的所有者权益，应当在终止采用权益法核算时全部转入当期投资收益。投资方部分处置权益法核算的长期股权投资，剩余股权仍采用权益法核算的，原权益法核算的相关其他综合收益应当采用与被投资单位直接处置相关资产或负债相同的基础处理并按比例结转，因被投资方除净损益、其他综合收益和利润分配以外的其他所有者权益变动而确认的所有者权益，应当按比例结转入当期投资收益。

【例6-20】　甲公司持有乙公司40%的股权并采用权益法核算。20×1年7月1日，甲公司将乙公司20%的股权出售给非关联的第三方，对剩余20%的股权仍采用权益法核算，甲公司取得乙公司股权至20×1年7月1日期间，确认的相关其他综合收益为8 000 000元（为按比例享有的乙公司其他债权投资的公允价值变动），享有乙公司除净损益、其他综合收益和利润分配以外的其他所有者权益变动2 000 000元。不考虑相关税费等其他因素影响。

由于甲公司处置后的剩余股权仍采用权益法核算，因此，相关的其他综合收益和其他所有者权益应按比例结转。甲公司有关账务处理如下。

借：其他综合收益　　　　　　　　　　　　　　　　　　4 000 000
　资本公积——其他资本公积　　　　　　　　　　　　1 000 000
　　贷：投资收益　　　　　　　　　　　　　　　　　　5 000 000

假设甲公司20×1年7月1日将乙公司35%的股权出售给非关联的第三方，剩余5%的股权作为以公允价值计量且其变动计入当期损益的金融资产核算。由于甲公司处置后的剩余股权按照本书金融资产的相关内容进行会计处理，因此，相关的其他综合收益和其他所有者权益应全部结转。甲公司有关账务处理如下。

借:其他综合收益	8 000 000
资本公积——其他资本公积	2 000 000
贷:投资收益	10 000 000

企业通过多次交易分步处置对子公司股权投资直至丧失控制权,如果上述交易属于"一揽子"交易的,应当将各项交易作为一项处置子公司股权投资并丧失控制权的交易进行会计处理。但是,在丧失控制权之前每一次处置价款与所处置的股权对应的长期股权投资账面价值之间的差额,在个别财务报表中,应当先确认为其他综合收益,到丧失控制权时再一并转入丧失控制权的当期损益。

■■■ **思考题**

1.在不同情况下如何确认长期股权投资的初始投资成本?

2.长期股权投资核算的成本法包括哪些内容?

3.长期股权投资核算的权益法包括哪些内容?

4.如何进行长期股权投资后续计量方法转换的核算?

■■■ **练习题**

1.20×1年1月1日,甲公司以银行存款50 000元购入乙公司80%的股份作为长期股权投资,采用成本法核算。发生的有关业务如下:

(1)20×1年5月18日,乙公司宣告发放现金股利100 000元。

(2)20×2年5月15日,乙公司宣告发放现金股利350 000元。

要求:编制甲公司有关长期股权投资的会计分录。

2.20×1年1月1日,甲公司以银行存款5 000 000元购入乙公司30%的股份作为长期股权投资,采用权益法核算。乙公司20×1年1月1日可辨认净资产账面价值为14 000 000元,公允价值为15 000 000元,差额全部为固定资产的价值差额(假定固定资产采用直线法计提折旧,剩余平均折旧年限为20年,不考虑净残值)。发生的有关业务如下:

(1)20×1年5月,乙公司宣告分派现金股利1 000 000元。

(2)20×1年,乙公司实现净利润2 000 000元。

(3)20×1年,乙公司其他综合收益增加300 000元。

要求:编制甲公司相关的会计分录。

3.甲公司发生下列长期股权投资业务:

(1)20×1年1月5日,购入乙公司20%股份,确认为长期股权投资,对乙公司有重大影响,以银行存款支付全部价款220 000元,当日乙公司可辨认净资产公允价值为1 000 000元(与账面价值相同)。

(2)20×1年,乙公司发生亏损300 000元,其他综合收益增加100 000元。

(3)20×1年12月31日,确认长期股权投资减值损失40 000元。

(4)20×2年,乙公司发生严重亏损800 000元。

(5)20×3年,乙公司扭亏为盈,实现净利润50 000元。

(6)20×4年,乙公司实现净利润250 000元。

要求:编制甲公司长期股权投资相关的会计分录(长期股权投资列示明细科目),并计算20×4年末长期股权投资的账面价值(列出相关明细科目及总账科目余额)。

第七章

固定资产

■■■■ **学习目标**

1. 掌握：固定资产的购置，自行建造的核算，固定资产折旧的核算，固定资产改扩建的核算，固定资产清理的核算。

2. 理解：固定资产修理的核算，固定资产的期末计价。

3. 了解：固定资产的性质、分类、计价，取得附有弃置义务固定资产的核算。

■■■■ **案例引入**

在 2001 年整个石油石化行业不景气的背景下，某石化公司主营业务收入比 2000 年减少了 4.7%，经营活动现金流量同比也减少 1 亿多元。但该公司却通过延长折旧年限，直接减少了 2001 年管理费用 8362.29 万元，利润总额相应增长了 8362.29 万元，净利润增长了 5602.74 万元，占 2001 年净利润的 50.28%。该公司的净利润从 2000 年的一1064 万元增加到 2001 年的 1.11 亿元。固定资产的核算为什么会对利润产生如此重大的影响？

第一节　固定资产概述

一、固定资产的性质

固定资产是企业生产经营过程中的重要劳动资料。它能够在若干个生产经营周期中发挥作用，并保持其原有的实物形态，但其价值则由于损耗而逐渐减少。这部分减少的价值以折旧的形式分期转移到产品成本或费用中去，并在销售收入中得到补偿。

企业在生产经营过程中，并不是将所有的劳动资料全部列为固定资产。一般来说，生产经营用的劳动资料，使用年限在一年以上，单位价值较高，就应列为固定资产；否则，应列为低值易耗品。

拓展资源 7.1：什么是单位固定资产和单项固定资产？

固定资产的各组成部分如果具有不同使用寿命或者以不同方式为企业提供经济利益，并以不同的折旧率或折旧方法计提折旧，则应当分别将各组成部分确认为单项固定资产。如电梯、房屋的装修费等，应与房屋主体分别确认为单项固定资产。

二、固定资产的分类

企业固定资产的种类繁多，为了正确进行固定资产核算，应按不同标准对固定资产进行分类。

（一）按经济用途分类

固定资产按经济用途分类，可以分为房屋及建筑物、机器设备、运输设备、动力传导设备、工具器具和管理用具等。

固定资产按经济用途进行分类,可以提供不同用途固定资产的价值信息。企业管理者可以根据这些信息分析企业生产能力与市场需求,决定增加或处置某类固定资产,以满足生产经营的需要。

(二)按使用情况分类

固定资产按使用情况分类,可以分为使用中固定资产和暂时闲置固定资产。使用中固定资产是指正在使用的各种固定资产;暂时闲置固定资产是指尚未投入使用或暂停使用的各种固定资产。

固定资产按使用情况进行分类,可以提供固定资产使用状况的信息。企业管理者可以根据这些信息了解固定资产的使用效率,加强暂时闲置固定资产的管理,及时处置持有待售固定资产,提高固定资产的使用效率。

延伸思考 7.1:新准则下"未使用固定资产"的范围有什么变化?

(三)按所有权分类

固定资产按所有权分类,可以分为自有固定资产和租入固定资产。自有固定资产是指企业拥有所有权的各种固定资产;租入固定资产是指企业在租赁期间不拥有所有权但拥有实质控制权的各种固定资产。

固定资产按所有权进行分类,可以提供固定资产所有权的归属信息。企业管理者可以根据这些信息了解固定资产的筹资状况,加强固定资产筹资管理。

三、固定资产的确认

(一)固定资产的确认条件

一项资产如要作为固定资产加以确认,首先需要符合固定资产的定义,其次还要符合固定资产的确认条件,即与该固定资产有关的经济利益很可能流入企业,同时,该固定资产的成本能够可靠地计量。

1.与该固定资产有关的经济利益很可能流入企业

企业在确认固定资产时,需要判断与该项固定资产有关的经济利益是否很可能流入企业。实务中,主要是通过判断与该固定资产所有权相关的风险和报酬是否转移到了企业来确定。

2.该固定资产的成本能够可靠地计量

成本能够可靠地计量是资产确认的一项基本条件。要确认固定资产,企业取得该固定资产所发生的支出必须能够可靠地计量。企业在确定固定资产成本时,有时需要根据所获得的最新资料,对固定资产的成本进行合理的估计。如果企业能够合理地估计出固定资产的成本,则视同固定资产的成本能够可靠地计量。

(二)固定资产确认条件的具体运用

企业由于安全或环保的要求购入设备等,虽然不能直接给企业带来未来经济利益,但有助于企业从其他相关资产的使用中获得未来经济利益或者获得更多的未来经济利益,也应确认为固定资产。如为净化环境或者满足国家有关排污标准的需要购置的环保设备,这些设备的使用虽然不会为企业带来直接的经济利益,但有助于企业提高对废水、废气、废渣的处理能力,有利于净化环境,企业为此将减少未来由于污染环境而需支付的环境治理费或者罚款,应将这些设备确认为固定资产。

固定资产的各组成部分,如果具有不同使用寿命或者以不同方式为企业提供经济利益,表明这些组成部分实际上是以独立的方式为企业提供经济利益,企业应当将各组成部分确认为单项固定资产。如飞机的引擎,如果其与飞机机身具有不同的使用寿命,则企业应当将其单独确认为一项固定资产。

对于工业企业所持有的工具、用具、备品备件、维修设备等资产,施工企业所持有的模板、挡板、架料等周转材料,以及地质勘探企业所持有的管材等资产,尽管该类资产具有固定资产的某些特征,如使用期限超过一年,也能够带来经济利益,但由于数量多、单价低,考虑成本效益原则,在实务中通常确认为存货。但符合固定资产定义和确认条件的,应当确认为固定资产,如企业(民用航空运输)的高价周转件等。

四、固定资产核算的科目设置

为了反映固定资产的增减变动,应设置"固定资产""累计折旧""工程物资""在建工程"等科目。

1."固定资产"科目

"固定资产"总账科目总括反映固定资产原值的增减变动和结存情况。该科目借方登记增加固定资产的原值,贷方登记减少固定资产的原值,借方余额表示实有固定资产的原值。

2."累计折旧"科目

"累计折旧"科目属于"固定资产"科目的抵减科目。该科目贷方登记计提的固定资产折旧,借方登记减少的固定资产的已提折旧,贷方余额表示全部固定资产已提折旧的累计数。

3."工程物资"科目

"工程物资"科目反映各项工程物资实际成本的增减变动和结存情况,借方登记验收入库的工程物资的实际成本,贷方登记出库的工程物资的实际成本,借方余额表示库存的工程物资的实际成本。"工程物资"科目应按工程物资的品种设置明细账。

4."在建工程"科目

"在建工程"科目反映各项工程的实际成本,借方登记各项工程发生的实际成本,贷方登记已完工工程的实际成本,借方余额表示未完工工程的实际成本。"在建工程"科目应按工程项目设置明细账。

第二节 固定资产的取得

企业拥有的固定资产规模的大小和质量高低,直接影响其生产能力和盈利能力。固定资产所占用的资金在企业总资金中占的比例较大,且周转期长,合理有效地控制固定资产占用的资金对整个企业资金的周转、使用具有重要意义。

固定资产应当按照成本进行初始计量。固定资产的成本,是指企业购建某项固定资产达到预定可使用状态前所发生的一切合理、必要的支出。这些支出包括直接发生的价款相关税费(不包括允许抵扣的增值税进项税额)、运杂费、包装费和安装成本等,也包括间接发生的支出,如应承担的借款利息、外币借款折算差额以及应分摊的其他间接费用。

企业取得固定资产的方式一般包括购买、自行建造等。取得方式不同,初始计量的方法也各不相同。

一、外购固定资产

企业外购固定资产的成本,包括购买价款,相关税费,使固定资产达到预定可使用状态前所发生的可归属于该项资产的运输费、装卸费、安装费和专业人员服务费等。

外购固定资产是否达到预定可使用状态,需要根据具体情况进行分析判断。如果购入不需安装的固定资产,购入后即可发挥作用,则购入后即达到预定可使用状态。如果购入需安装的固定资产,在安装调试后达到设计要求或合同规定的标准,才能达到预定可使用状态。

【例 7-1】 天目公司 20×2 年 12 月 15 日购入一台不需安装的红外线测距设备,用银行存款支付买价 20 000 元,增值税 2 600 元,运输费 200 元,运输费增值税 18 元,合计 22 818 元,设备投入使用[①]。根据以上资料,编制会计分录如下。

固定资产原始价值＝20 000＋200＝20 200(元)

增值税进项税额＝2 600＋18＝2 618(元)

借:固定资产——红外线测距设备 20 200

应交税费——应交增值税（进项税额） 2 618

贷:银行存款 22 818

【例 7-2】 20×2 年 3 月 10 日,天目公司购入需安装的生产设备一台,取得的增值税专用发票上注明的设备价款为 300 000 元,增值税税额为 39 000 元。当日,设备运抵天目公司并开始安装。为安装设备,领用本公司原材料一批,价值 50 000 元,该批材料购进时支付的增值税进项税额为 6 500 元;以银行存款支付安装费,取得的增值税专用发票上注明的安装费为 40 000 元,增值税税额为 3 600 元。20×2 年 3 月 28 日,该设备经调试达到预定可使用状态。天目公司的账务处理如下。

(1)3 月 10 日,购入设备。

借:在建工程——××设备 300 000

应交税费——应交增值税(进项税额) 39 000

贷:银行存款 339 000

(2)领用本公司原材料,支付安装费等。

借:在建工程——××设备 90 000

应交税费——应交增值税(进项税额) 3 600

贷:原材料 50 000

银行存款 43 600

(3)3 月 28 日,该设备经调试达到预定可使用状态。

---

① 如无特殊说明,本章例题中的公司均为增值税一般纳税人,其发生在购建生产用固定资产上的增值进项税额均符合规定,已经税务机关认证,除非特别指明,均可以从当期抵扣。

借:固定资产   390 000

  贷:在建工程——××设备   390 000

在实际工作中,企业可能以一笔款项购入多项没有单独标价的固定资产。此时,应当按照各项固定资产的公允价值比例对总成本进行分配,分别确定各项固定资产的成本。

【例7-3】 20×2年4月21日,天目公司向乙公司一次购入3套不同型号且具有不同生产能力的设备A、B、C,取得的增值税专用发票上注明的设备总价款为5 000 000元,增值税税额为650 000元;支付装卸费取得的增值税专用发票上注明的装卸费为20 000元,增值税税额为1 200元,全部以银行转账支付。假定A、B、C设备分别满足固定资产确认条件,其公允价值分别为1 560 000元、2 340 000元、1 300 000元。不考虑其他相关税费,天目公司的账务处理如下。

(1)确定应计入固定资产成本的金额,包括购买价款和装卸费。

5 000 000+20 000=5 020 000(元)

(2)确定A、B、C设备的价值分配比例。

A设备应分配的固定资产价值比例为:

1 560 000÷(1 560 000+2 340 000+1 300 000)×100%=30%

B设备应分配的固定资产价值比例为:

2 340 000÷(1 560 000+2 340 000+1 300 000)×100%=45%

C设备应分配的固定资产价值比例为:

1 300 000÷(1 560 000+2 340 000+1 300 000)×100%=25%

(3)确定A、B、C设备各自的成本。

A设备的成本=5 020 000×30%=1 506 000(元)

B设备的成本=5 020 000×45%=2 259 000(元)

C设备的成本=5 020 000×25%=1 255 000(元)

(4)会计分录。

借:固定资产——A设备   1 506 000

      ——B设备   2 259 000

      ——C设备   1 255 000

  应交税费——应交增值税(进项税额)   651 200

  贷:银行存款   5 671 200

二、自行建造的固定资产

自行建造的固定资产,其成本由建造该项资产达到预定可使用状态前所发生的必要支出构成,包括工程用物资成本、人工成本、缴纳的相关税费、应予资本化的借款费用以及应分摊的间接费用等。企业为建造固定资产通过出让方式取得土地使用权而支付的土地出让金不计入在建工程成本,应确认为无形资产(土地使用权)。企业自行建造固定资产包括自营方式建造和出包方式建造两种方式。

(一)自营方式建造固定资产

企业以自营方式建造固定资产,是指企业自行组织工程物资采购、自行组织施工人员从事工程施工完成固定资产建造,其成本应当按照实际发生的材料、人工、机械施工费等计量。

企业为建造固定资产准备的各种物资,包括工程用材料、尚未安装的设备以及为生产准备的工器具等,通过"工程物资"科目进行核算。工程物资应当按照实际支付的买价、运输费、保险费等相关税费作为实际成本,并按照各种专项物资的种类进行明细核算。

建造固定资产领用工程物资、原材料或库存商品,应按其实际成本转入所建工程成本。自营方式建造固定资产应负担的职工薪酬,辅助生产部门为之提供的水、电、修理、运输等劳务,以及其他必要支出等也应计入所建工程项目的成本。工程完工后,剩余的工程物资转为本企业存货的,按其实际成本或计划成本进行结转。盘盈、盘亏、报废、毁损的工程物资,减去残料价值以及保险公司、过失人等赔款后的差额,计入当期损益。

建造的固定资产已达到预定可使用状态,但尚未办理竣工结算的,应当自达到预定可使用状态之日起,根据工程预算、造价或者工程实际成本等,按暂估价值转入固定资产,并按有关计提固定资产折旧的规定,计提固定资产折旧。待办理竣工决算手续后再调整原来的暂估价值,但不需要调整原已计提的折旧额。

【例7-4】 天目公司根据自营方式建造生产流水线发生的经济业务编制如下会计分录。

(1)购入工程用材料一批,价款200 000元,增值税26 000元,共计226 000元,用银行存款支付,材料入库。

借:工程物资	200 000
应交税费——应交增值税(进项税额)	26 000
贷:银行存款	226 000

(2)自营工程领用材料200 000元。

借:在建工程	200 000
贷:工程物资	200 000

(3)自营工程应负担职工薪酬11 400元。

借:在建工程	11 400
贷:应付职工薪酬	11 400

(4)用银行存款支付自营工程应负担的其他支出30 000元。

借:在建工程	30 000
贷:银行存款	30 000

(5)自营工程某一部件报废,残料计价200元作为生产废料入库,应收有关责任者赔款1 000元。

借:原材料	200
其他应收款	1 000
贷:在建工程	1 200

(6)该项工程完工交付使用,按实际工程成本240 200元(200 000＋11 400＋30 000－1 200)结转该项固定资产原值。

借:固定资产	240 200
贷:在建工程	240 200

(二)出包方式建造固定资产

采用出包方式建造固定资产,企业要与建造承包商签订建造合同。企业的新建、改建、扩建等建设项目,通常均采用出包方式。

企业以出包方式建造固定资产,其成本由建造该项固定资产达到预定可使用状态前所发生的必要支出构成,包括发生的建筑工程支出、安装工程支出,以及需分摊计入的待摊支出。待摊支出,是指在建设期间发生的、不能直接计入某项固定资产价值,而应由所建造固定资产共同负担的相关费用,包括为建造工程发生的管理费,可行性研究费,临时设施费,公证费,监理费,应负担的税金,符合资本化条件的借款费用、建设期间发生的工程物资盘亏、报废及毁损净损失,以及负荷联合试车费等。

以出包方式建造固定资产的具体支出,由建造承包商核算,"在建工程"科目实际成为企业与建造承包商的结算科目,企业将与建造承包商结算的工程价款作为工程成本,统一通过"在建工程"科目进行核算。

企业采用出包方式建造固定资产发生的支出,需分摊计入固定资产价值的待摊支出,应按下列公式进行分摊:

待摊支出分摊率 = 累计发生的待摊支出 ÷ (建筑工程支出 + 安装工程支出) × 100%

×× 工程应分摊的待摊支出 = (工程的建筑工程支出 + ×× 工程的安装工程支出) × 待摊支出分摊率

【例 7-5】 甲公司是一家化工企业,20×0 年 5 月经批准启动硅酸钠项目建设工程,整个工程包括建造新厂房、冷却循环系统以及安装生产设备 3 个单项工程。20×0 年 6 月 1 日,甲公司与乙公司签订合同,将该项目出包给乙公司承建。根据双方签订的合同,建造新厂房的价款为 6 000 000 元,建造冷却循环系统的价款为 4 000 000 元,安装生产设备需支付的安装费用为 500 000 元,上述价款中均不含增值税。建造期间发生的有关经济业务如下。

(1)20×0 年 6 月 10 日,甲公司按合同约定向乙公司预付 10% 备料款 1 000 000 元,其中厂房为 600 000 元,冷却循环系统为 400 000 元。

(2)20×0 年 11 月 2 日,建造厂房和冷却循环系统的工程进度达到 50%,甲公司与乙公司办理工程价款结算 5 000 000 元,其中厂房为 3 000 000 元,冷却循环系统为 2 000 000 元。乙公司开具的增值税专用发票上注明的价款为 5 000 000 元,增值税税额为 450 000 元。甲公司抵扣了预付备料款后,将余款通过银行转账付讫。

(3)20×0 年 12 月 8 日,甲公司购入需安装的设备,取得的增值税专用发票上注明的价款为 4 500 000 元,增值税税额为 585 000 元,已通过银行转账支付。

(4)2×1 年 3 月 10 日,建筑工程主体已完工,甲公司与乙公司办理工程价款结算 5 000 000 元,其中,厂房为 3 000 000 元,冷却循环系统为 2 000 000 元。乙公司开具的增值税专用发票上注明的价款为 5 000 000 元,增值税税额为 450 000 元。甲公司通过银行转账支付了上述款项。

(5)20×1 年 4 月 1 日,甲公司将生产设备运抵现场,交乙公司安装。

(6)20×1 年 5 月 10 日,生产设备安装到位,甲公司与乙公司办理设备安装价款结算。乙公司开具的增值税专用发票上注明的价款为 500 000 元,增值税税额为 45 000 元。甲公司通过银行转账支付上述款项。

(7)整个工程项目发生管理费、可行性研究费、监理费共计 300 000 元,未取得增值税专用发票,款项已通过银行转账支付。

(8)20×1 年 6 月 1 日,完成验收,各项指标达到设计要求。

假定不考虑其他相关税费和其他因素,甲公司的账务处理如下。

①20×0 年 6 月 10 日,预付备料款。

借:预付账款——乙公司	1 000 000
贷:银行存款	1 000 000

②20×0 年 11 月 2 日,办理工程价款结算。

借:在建工程——乙公司——建筑工程——厂房　　　　　3 000 000
　　　　　　　　　　　　　　　　　——冷却循环系统　　2 000 000
　　应交税费——应交增值税(进项税额)　　　　　　　　450 000
　　贷:银行存款　　　　　　　　　　　　　　　　　　　　4 450 000
　　　　预付账款——乙公司　　　　　　　　　　　　　　　1 000 000

③20×0 年 12 月 8 日,购入设备。

借:工程物资——×设备　　　　　　　　　　　　　　　　4 500 000
　　应交税费——应交增值税(进项税额)　　　　　　　　585 000
　　贷:银行存款　　　　　　　　　　　　　　　　　　　　5 085 000

④20×1 年 3 月 10 日,办理建筑工程价款结算。

借:在建工程——乙公司——建筑工程——厂房　　　　　3 000 000
　　　　　　　　　　　　　　　　　——冷却循环系统　　2 000 000
　　应交税费——应交增值税(进项税额)　　　　　　　　450 000
　　贷:银行存款　　　　　　　　　　　　　　　　　　　　5 450 000

⑤20×1 年 4 月 1 日,将设备交乙公司安装。

借:在建工程——乙公司——安装工程——××设备　　　4 500 000
　　贷:工程物资——××设备　　　　　　　　　　　　　　4 500 000

⑥20×1 年 5 月 10 日,办理安装工程价款结算。

借:在建工程——乙公司——安装工程——××设备　　　500 000
　　应交税费——应交增值税(进项税额)　　　　　　　　45 000
　　贷:银行存款　　　　　　　　　　　　　　　　　　　　545 000

⑦支付工程发生的管理费、可行性研究费、监理费。

借:在建工程——乙公司——待摊支出　　　　　　　　　300 000
　　贷:银行存款　　　　　　　　　　　　　　　　　　　　300 000

⑧结转固定资产。

待摊支出分摊率 = 300 000 ÷ (6 000 000 + 4 000 000 + 4 500 000 + 500 000) × 100%
　　　　　　　= 2%

计算分摊待摊支出:

厂房应分摊的待摊支出 = 6 000 000 × 2% = 120 000(元)

冷却循环系统应分摊的待摊支出 = 4 000 000 × 2% = 80 000(元)

安装工程应分摊的待摊支出 = (4 500 000 + 500 000) × 2% = 100 000(元)

借:在建工程——乙公司——建筑工程——厂房　　　　　120 000
　　　　　　　　　　　　　　　　　——冷却循环系统　　80 000
　　　　　　　　　　　　　——安装工程——××设备　　100 000

贷：在建工程——乙公司——待摊支出   300 000

计算完工固定资产的成本：

厂房的成本＝6 000 000＋120 000＝6 120 000（元）

冷却循环系统的成本＝4 000 000＋80 000＝4 080 000（元）

生产设备的成本＝（4 500 000＋500 000）＋100 000＝5 100 000（元）

借：固定资产——厂房   6 120 000

    ——冷却循环系统   4 080 000

    ——××设备   5 100 000

 贷：在建工程——乙公司——建筑工程——厂房 6 120 000

          ——冷却循环系统 4 080 000

      ——安装工程——××设备 5 100 000

三、其他方式取得的固定资产

接受固定资产投资的企业，在办理了固定资产移交手续之后，应按投资合同或协议约定的价值加上应支付的相关税费作为固定资产的入账价值，但合同或协议约定价值不公允的除外。

非货币性资产交换、债务重组等方式取得的固定资产的成本，应当按照《企业会计准则第7号——非货币性资产交换》《企业会计准则第12号——债务重组》的有关规定进行会计处理。

四、存在弃置费用的固定资产

特殊行业的特定固定资产，对其进行初始计量时，还应当考虑弃置费用。弃置费用通常是指根据国家法律和行政法规、国际公约等规定，企业承担的环境保护和生态恢复等义务所确定的支出，如油气资产、核电站核设施等的弃置和恢复环境义务。对此，企业应当将弃置费用的现值计入相关固定资产的成本，同时确认相应的预计负债。在固定资产的使用寿命内，按照预计负债的摊余成本和实际利率计算确定的利息费用，应当在发生时计入财务费用。由于技术进步、法律要求或市场环境变化等原因，特定固定资产的履行弃置义务可能会发生支出金额、预计弃置时点、折现率等的变动，从而引起原确认的预计负债的变动。此时，应按照以下原则调整该固定资产的成本。

（1）对于预计负债的减少，以该固定资产账面价值为限扣减固定资产成本。如果预计负债的减少额超过该固定资产账面价值，超出部分确认为当期损益。

（2）对于预计负债的增加，增加该固定资产的成本。

按照上述原则调整的固定资产，在资产剩余使用年限内计提折旧。一旦该固定资产的使用寿命结束，预计负债的所有后续变动应在发生时确认为损益。

一般工商企业的固定资产发生的报废清理费用不属于弃置费用，应当在发生时作为固定资产处置费用处理。

第三节　固定资产折旧

固定资产折旧是指固定资产由于损耗而减少的价值。固定资产损耗分为有形损耗和无形损耗两种。有形损耗是指固定资产在使用过程中由于使用和自然力的影响在使用价值和价值上的损耗;无形损耗是指由于技术进步而引起的固定资产价值上的损耗。固定资产与存货不同,它的价值不是一次转移计入产品成本或费用,而是在长期使用过程中,随着损耗程度,以折旧费项目分期计入产品成本或费用,并通过取得相应的收入而得到补偿。

具体地说,固定资产折旧是指在固定资产使用寿命内,按照确定的方法对应计折旧额进行系统分摊。其中,应计折旧额是指应当计提折旧的固定资产的原价扣除其预计净残值后的金额;已计提减值准备的固定资产,还应当扣除已计提的固定资产减值准备累计金额。预计净残值是指假定固定资产预计使用寿命已满并处于使用寿命终了时的预期状态,企业目前从该项资产处置中获得的扣除预计处置费用后的金额。预计净残值预期能够在固定资产使用寿命终了后收回,计算折旧时应将其扣除。

企业应当根据固定资产的性质和使用情况,合理确定固定资产的使用寿命和预计净残值。固定资产的使用寿命、预计净残值一经确定,不得随意变更。

一、固定资产折旧范围

《企业会计准则第4号——固定资产》规定,企业应对所有的固定资产计提折旧。但是,已提足折旧仍继续使用的固定资产和单独计价入账的土地除外。

提足折旧,是指已经提足该项固定资产的应计折旧额。固定资产提足折旧后,不论能否继续使用,均不再计提折旧。提前报废的固定资产也不再补提折旧,其未提足折旧的净损失应计入营业外支出。已达到预定可使用状态但尚未办理竣工决算的固定资产,应当按照估计价值确定其成本,并计提折旧;待办理竣工决算后再按实际成本调整原来的暂估价值,但不需要调整原已计提的折旧额。

延伸思考7.2:为什么要规定固定资产折旧当月增加的当月不提,当月减少的当月照提?这个规定合理吗?

处于更新改造过程停止使用的固定资产,应将其账面价值转入在建工程,不再计提折旧。更新改造项目达到预定可使用状态转为固定资产后,再按照重新确定的使用寿命预计净残值和折旧方法计提折旧。

企业应当按月计提固定资产折旧,当月增加的固定资产,当月不计提折旧,从下月起计提折旧;当月减少的固定资产,当月仍计提折旧,从下月起不计提折旧。

二、固定资产折旧方法

企业应当根据与固定资产有关的经济利益的预期消耗方式,合理选择折旧方法。固定资产折旧方法包括年限平均法、工作量法、双倍余额递减法和年数总和法等。需要注意的是,企业不能以包括使用固定资产在内的经济活动所产生的收入为基础进行折旧。因为收入可能受到投入、生产过程、销售等因素的影响,这些因素与固定资产有关经济利益的预期消耗方式无关。企业选用不同的固定资产折旧方法,将影响固定资产使用寿命期间内不同时期的折旧费用,固定资产的折旧方法一经确定,不得随意变更。

(一)年限平均法

年限平均法,又称直线法,是指将固定资产的应计折旧额均衡地分摊到固定资产预计使用寿命内的一种方法。采用这种方法,假定固定资产的服务潜力随着时间的推移而逐渐递减,其效能与固定资产的新旧程度无关,其累计折旧额为使用时间的线性函数。因此,固定资产的应计提折旧总额可以均匀摊配于预计使用年限内的各个会计期间。计算公式如下:

$$年折旧率=(1-预计净残值率)÷预计使用寿命(年)×100\%$$
$$月折旧率=年折旧率÷12$$
$$月折旧额=固定资产原价×月折旧率$$

【例 7-6】 天目公司某项固定资产原值为 700 000 元,预计净残值率为 4%,预计使用年限为 10 年,采用年限平均法计提折旧。

其折旧率和月折旧额计算如下:

该项固定资产年折旧率$=(1-4\%)÷10×100\%=9.6\%$

该项固定资产月折旧率$=9.6\%÷12=0.8\%$

该项固定资产月折旧额$=700\,000×0.8\%=5\,600(元)$

采用直线法计提折旧,固定资产的转移价值平均摊配于其使用的各个会计期间或完成的工作量上,优点是使用方便,易于理解。但是,这种方法没有考虑固定资产使用过程中相关支出摊配于各个会计期间或完成工作量的均衡性。因为随着固定资产使用时间的推移,其磨损程度也会逐渐增加,使用后期的维修费支出将会高于使用前期的维修费支出,即使各个会计期间或单位工作量负担的折旧费相同,但各个会计期间或单位工作量负担的固定资产使用成本(折旧费与维修费之和)将会不同。

(二)工作量法

工作量法是指按照固定资产预计完成的工作总量平均计提折旧的方法,这种方法假定固定资产的服务潜力随着完成工作量的增加而逐渐递减,其效能与固定资产的新旧程度无关。因此,固定资产的应计提折旧总额可以均匀摊配于预计的每一单位工作量。采用工作量法计提折旧,也应首先确定固定资产应计提折旧总额;然后根据固定资产应计提折旧总额和预计完成的工作总量,确定单位工作量折旧额;最后根据单位工作量折旧额和某月实际完成的工作量,就可以计算出该月折旧额。计算公式如下:

$$单位工作量折旧额=固定资产原价×(1-预计净残值率)÷预计总工作量$$
$$某项固定资产月折旧额=该项固定资产当月工作量×单位工作量折旧额$$

不同的固定资产,其工作量有不同的表现形式。对于运输设备来说,其工作量表现为运输里程;对于机器设备来说,其工作量表现为机器工时和机器台班。

【例 7-7】 天目公司运输汽车一辆,原值为 300 000 元,预计净残值率为 4%,预计行驶总里程为 800 000 千米。该汽车采用工作量法计提折旧。某月该汽车行驶 6 000 千米,该汽车的单位工作量折旧额和该月折旧额计算如下:

单位工作量折旧额$=300\,000×(1-4\%)÷800\,000=0.36(元/千米)$

该月折旧额＝0.36×6 000＝2 160(元)

工作量法一般适用于价值较高的大型精密机床以及运输设备等固定资产的折旧计算。这些固定资产的价值较高,各月的工作量一般不是很均衡,采用年限平均法计提折旧,会使各月成本费用的负担不够合理。

(三)双倍余额递减法

双倍余额递减法,是指在不考虑固定资产预计净残值的情况下,根据每期期初固定资产净值和双倍的直线折旧率计算固定资产折旧额的一种方法。其计算公式如下:

$$年折旧率＝2÷预计使用年限×100\%$$
$$月折旧率＝年折旧率÷12$$
$$年折旧额＝(固定资产原值－累计折旧)×年折旧率$$
$$月折旧额＝年折旧额÷12$$

采用双倍余额递减法计提折旧,一般不考虑固定资产预计净残值。但是,必须注意的是:应用这种方法计算折旧额时,由于每年年初固定资产净值没有扣除预计净残值,在计算固定资产折旧额时,应在其折旧年限到期前两年内,将固定资产净值扣除预计净残值后的余额平均摊销。

【例 7-8】 天目公司有一台机器设备原价为 600 000 元,预计使用寿命为 5 年,预计净残值率为 4%。按双倍余额递减法计算折旧,每年折旧额计算如表 7-1 所示。

表 7-1 折旧计算表(双倍余额递减法) 单位:元

年份	期初净值	年折旧率	年折旧额	累计折旧额	期末净值额
1	600 000	40%	240 000	240 000	360 000
2	360 000	40%	144 000	384 000	216 000
3	216 000	40%	86 400	470 400	129 600
4	129 600	—	52 800	523 200	76 800
5	76 800	—	52 800	576 000	24 000

从表 7-1 中可以看出,该项固定资产第 4 年如果仍按双倍余额递减法计折旧,年折旧额应为 51 840 元(129 600×40%);如果改按年限平均法计提折旧,年折旧额应为 52 800 元[(129 600－600 000×4%)÷2]。由于该项固定资产第 4 年按双倍余额递减法计提的折旧额小于按年限平均法计提的折旧额,因此从第 4 年开始,该项固定资产改按年限平均法计提折旧。

我国企业会计准则规定,采用双倍余额递减法计提折旧,应在预计使用年限的最后两年改按年限平均法计提折旧。

需要说明的是,前述固定资产折旧的年份为固定资产的使用年份,而不是日历年份。上例中,假定该项固定资产于 20×1 年 8 月开始计提折旧,则 20×1 年 8 月至 20×2 年 7 月,各月的折旧额为 20 000 元(240 000÷12);20×2 年 8 月至 20×3 年 7 月,各月的折旧额为 12 000 元(144 000÷12),以此类推;该项固定资产 20×2 年的折旧额为 200 000 元(20 000×7＋12 000×5)。

(四)年数总和法

年数总和法是指按固定资产应计提折旧总额和某年尚可使用年数占各年尚可使用年数总和的比重(即年折旧率)计提折旧的方法。各年尚可使用年数总和(简称年数总和)是一个以预计使用年限 n 为初项和项数、级差为－1的等差数列。其年折旧率和年折旧额的计算公式如下：

年折旧率＝该年尚可使用年数÷各年尚可使用年数总和
月折旧率＝年折旧率÷12
年折旧额＝应计提折旧总额×年折旧率

【例7-9】 天目公司某项固定资产原值为60 000元,预计净残值为3 000元,预计使用年限为5年。该项固定资产按年数总和法计提折旧。该项固定资产的年数总和为：

年数总和＝5＋4＋3＋2＋1＝15

各年折旧率和折旧额计算见表7-2。

表7-2 折旧计算表(年数总和法)　　　　　　　　　　单位:元

年份	应计提折旧总额	年折旧率	年折旧额	累计折旧
1	60 000－3 000＝57 000	5/15	19 000	19 000
2	57 000	4/15	15 200	34 200
3	57 000	3/15	11 400	45 600
4	57 000	2/15	7 600	53 200
5	57 000	1/15	3 800	57 000

双倍余额递减法计和年数总和法都是前期多提折旧,后期少提折旧,因此称为加速折旧法。采用加速折旧法计提折旧,克服了直线法的不足。因为这种方法前期计提的折旧费较多而维修费较少,后期计提的折旧费较少而维修费较多,从而保持了各个会计期间负担的固定资产使用成本的均衡性。此外,由于这种方法前期计提的折旧费较多,能够使固定资产投资在前期较多地收回,在税法允许将各种方法计提的折旧费作为税前费用扣除的前提下,还能够减少前期的所得税额,符合谨慎性原则。但是,在固定资产各期工作量不均衡的情况下,这种方法可能导致单位工作量负担的固定资产使用成本不够均衡。

企业计提的固定资产折旧,应当根据用途计入相关资产的成本或者当期损益。基本生产车间使用的固定资产,其计提的折旧应计入制造费用;管理部门使用的固定资产,其计提的折旧应计入管理费用;销售部门使用的固定资产,其计提的折旧应计入销售费用;未使用固定资产,其计提的折旧应计入管理费用;等等。

三、固定资产使用寿命、预计净残值和折旧方法的复核

《企业会计准则第4号——固定资产》规定,企业至少应当于每年年度终了,对固定资产的使用寿命、预计净残值和折旧方法进行复核。

在固定资产使用过程中,其所处的经济环境、技术环境以及其他环境有可能对固定资产使用寿命和预计净残值产生较大影响。如固定资产使用强度比正常情况大大加强,致使固定资产使用寿命大大缩短;替代该项固定资产的新产品的出现致使其实际使用寿命缩短,预

计净残值减少等。此时，如果不对固定资产使用寿命和预计净残值进行调整，必然不能准确反映其实际情况，也不能真实反映其为企业提供经济利益的期间及每期实际的资产消耗。

企业至少应当于每年年度终了，对固定资产使用寿命和预计净残值进行复核。如有确凿证据表明固定资产使用寿命预计数与原先估计数有差异的，应当调整固定资产使用寿命；固定资产预计净残值预计数与原先估计数有差异的，应当调整预计净残值。

在固定资产使用过程中，与其有关的经济利益预期消耗方式也可能发生重大变化。在这种情况下，企业也应相应改变固定资产折旧方法。

固定资产使用寿命、预计净残值和折旧方法的改变按照会计估计变更的有关规定进行处理。需要特别注意的是，企业应当根据与固定资产有关的经济利益的预期消耗方式等实际情况合理确定固定资产折旧方法、预计净残值和使用寿命，除非有确凿证据表明经济利益的预期消耗方式发生了重大变化，或者取得了新的信息、积累了更多的经验，能够更准确地反映企业的财务状况和经营成果，否则不得随意变更。

第四节　固定资产的后续支出

固定资产的后续支出，是指固定资产使用过程中发生的更新改造支出、修理费用等。企业的固定资产在投入使用后，为了适应新技术发展的需要，或者为维护或提高固定资产的使用效能，往往需要对现有固定资产进行维护、改建、扩建或者改良。

后续支出的处理原则：符合固定资产确认条件的，应当计入固定资产成本，同时将被替换部分的账面价值扣除；不符合固定资产确认条件的，应当计入当期损益。

一、资本化的后续支出

固定资产发生可资本化的后续支出时，企业一般应将该固定资产的原价、已计提的累计折旧和减值准备转销，将其账面价值转入在建工程，并停止计提折旧。发生的可资本化的后续支出，通过"在建工程"科目核算。在固定资产发生的后续支出完工并达到预定可使用状态时，再从在建工程转为固定资产，并按重新确定的使用寿命、预计净残值和折旧方法计提折旧。

【例7-10】 甲公司是一家饮料生产企业，有关业务资料如下：

(1)20×0年12月，该公司自行建成了一条饮料生产线并投入使用，建造成本为600 000元；采用年限平均法计提折旧；预计净残值率为固定资产原价的3%，预计使用年限为6年。

(2)20×2年12月31日，由于生产的产品适销对路，现有这条饮料生产线的生产能力已难以满足公司生产发展的需要，但若新建生产线则成本过高，周期过长，于是公司决定对现有生产线进行改扩建，以提高其生产能力。假定该生产线未发生过减值。

(3)至20×3年4月30日，完成了对这条生产线的改扩建工程，达到预定可使用状态。改扩建过程中发生以下支出：用银行存款购买工程物资一批，增值税专用发票上注明的价款为210 000元，增值税税额为27 300元，已全部用于改扩建工程；发生有关人员薪酬84 000元。

(4)该生产线改扩建工程达到预定可使用状态后,大大提高了生产能力,预计尚可使用年限为 7 年。假定改扩建后的生产线的预计净残值率为改扩建后其账面价值的 4%;折旧方法仍为年限平均法。

假定甲公司按年度计提固定资产折旧,为简化计算过程,整个过程不考虑其他相关税费,甲公司的账务处理如下:

①本例中,饮料生产线改扩建后生产能力大大提高,能够为企业带来更多的经济利益,改扩建的支出金额也能可靠计量,因此该后续支出符合固定资产的确认条件,应计入固定资产的成本。

固定资产后续支出发生前,该条饮料生产线的应计折旧额＝600 000×(1－3%)
＝582 000(元)

年折旧额＝582 000÷6＝97 000(元)

20×1 年 1 月 1 日至 20×2 年 12 月 31 日两年间,各年计提固定资产折旧如下。

借:制造费用 97 000
 贷:累计折旧 97 000

②20×2 年 12 月 31 日、将该生产线的账面价值 406 000 元[600 000－(97 000×2)]转入在建工程。

借:在建工程——饮料生产线 406 000
 累计折旧 194 000
 贷:固定资产——饮料生产线 600 000

③发生改扩建工程支出。

借:工程物资 210 000
 应交税费——应交增值税(进项税额) 27 300
 贷:银行存款 237 300
借:在建工程——饮料生产线 294 000
 贷:工程物资 210 000
  应付职工薪酬 84 000

④20×3 年 4 月 30 日,生产线改扩建工程达到预定可使用状态,转为固定资产。

借:固定资产——饮料生产线 700 000
 贷:在建工程——饮料生产线 700 000

⑤20×3 年 4 月 30 日,转为固定资产后,按重新确定的使用寿命、预计净残值和折旧方法计提折旧。

应计折旧额＝700 000×(1－4%)＝672 000(元)

月折旧额＝672 000÷(7×12)＝8 000(元)

20×3 年应计提的折旧额为 64 000 元(8 000×8),编制会计分录为如下。

借:制造费用 64 000
 贷:累计折旧 64 000

20×4 年至 20×9 年每年应计提的折旧额为 96 000 元(8 000×12),编制会计分录为如下。

借:制造费用 96 000
 贷:累计折旧 96 000

最后一年应计提的折旧额为 32 000 元(8 000×4),编制会计分录为如下。

借:制造费用　　　　　　　　　　　　　　　　　　　　　　　　　　　　　32 000

　　贷:累计折旧　　　　　　　　　　　　　　　　　　　　　　　　　　　　　　32 000

企业发生的一些固定资产后续支出可能涉及替换原固定资产的某组成部分。如对某项机器设备进行检修时,发现其中的电机(未单独确认为一项固定资产)出现难以修复的故障,将其拆除后重新安装一个新电机。在这种情况下,当发生的后续支出符合固定资产确认条件时,应将其计入固定资产成本,同时将被替换部分的账面价值扣除,以避免将替换部分的成本和被替换部分的成本同时计入固定资产成本,导致固定资产成本重复计算。

【例 7-11】　20×4 年 6 月 30 日,甲公司一台生产用升降机械出现故障,经检修发现其中的电动机磨损严重,需要更换。该升降机械购买于 20×0 年 6 月 30 日,甲公司已将其整体作为一项定资产进行了确认,原价 400 000 元(其中的电动机在 20×0 年 6 月 30 日的市场价格为 85 000 元),预计净残值为 0,预计使用年限为 10 年,采用年限平均法计提折旧。为继续使用该升降机械并提高工作效率,甲公司决定对其进行改造,为此购买了一台更大功率的电动机替代原电动机。新购置电动机的价款为 82 000 元,增值税税额为 10 660 元,款项已通过银行转账支付;改造过程中,辅助生产车间发生了劳务支出 15 000 元。

假定原电动机磨损严重,没有任何价值。不考虑其他相关税费,甲公司的账务处理如下。

(1)固定资产转入在建工程。

本例中的更新改造支出符合固定资产的确认条件,应予资本化;同时应终止确认原电动机价值。20×4 年 6 月 30 日,原电动机的价值为:85 000-(85 000÷10)×4=51 000(元)。

借:营业外支出——处置非流动资产损失　　　　　　　　　　　　　　　　51 000

　　在建工程——升降机械　　　　　　　　　　　　　　　　　　　　　189 000

　　累计折旧——升降机械　　　　　　　　　　　　　　　　　　　　　160 000

　　贷:固定资产—升降机械　　　　　　　　　　　　　　　　　　　　　400 000

(2)更新改造支出。

借:工程物资——新电动机　　　　　　　　　　　　　　　　　　　　　82 000

　　应交税费—应交增值税(进项税额)　　　　　　　　　　　　　　　　10 660

　　贷:银行存款　　　　　　　　　　　　　　　　　　　　　　　　　　92 660

借:在建工程—升降机械　　　　　　　　　　　　　　　　　　　　　　97 000

　　贷:工程物资——新电动机　　　　　　　　　　　　　　　　　　　　82 000

　　　生产成本—辅助生产成本　　　　　　　　　　　　　　　　　　　15 000

(3)在建工程转回固定资产。

借:固定资产——升降机械　　　　　　　　　　　　　　　　　　　　286 000

　　贷:在建工程——升降机械　　　　　　　　　　　　　　　　　　　286 000

企业对固定资产进行定期检查发生的大修理费用,有确凿证据表明符合固定资产确认条件的,应予资本化,计入固定资产成本,不符合固定资产确认条件的,应当费用化,计入当期损益。

二、费用化的后续支出

延伸思考 7.3:
修理费用是计
入管理费用,
还是按用途分
配更合理?

　　一般情况下,固定资产投入使用后,由于固定资产磨损、各组成部分耐用程度不同,可能导致固定资产的局部损坏,为了维护固定资产的正常运转和使用,充分发挥其使用效能,企业会对固定资产进行必要的维护。

　　固定资产的日常维护支出通常不满足固定资产的确认条件,应当在发生时直接计入当期损益。企业行政管理部门等发生的固定资产修理费用等后续支出计入管理费用;企业专设销售机构的,其发生的与专设销售机构相关的固定资产修理费用等后续支出,计入销售费用。固定资产更新改造支出不满足固定资产确认条件的,也应在发生时直接计入当期损益。

第五节　固定资产的减值及清理

一、固定资产的减值

(一)固定资产的减值迹象

　　每年年末,企业应对固定资产的账面价值进行检查。如果出现下列情况之一,表明该固定资产已出现减值迹象,应对固定资产的可收回金额进行估计。

　　(1)固定资产的市价当期大幅度下跌,其跌幅明显高于因时间的推移或者正常使用而预计的下跌。

　　(2)企业经营所处的经济、技术或者法律等环境以及固定资产所处的市场在当期或者将在近期发生重大变化,从而对企业产生不利影响。

　　(3)市场利率或者其他市场投资报酬率在当期已经提高,从而影响企业计算固定资产预计未来现金流量现值的折现率,导致固定资产可收回金额大幅度降低。

　　(4)有证据表明固定资产已经陈旧过时。

　　(5)固定资产已经或者将被闲置、终止使用或者计划提前处置。

　　(6)企业内部报告的证据表明固定资产的经济绩效已经低于或者将低于预期,如固定资产所创造的净现金流量或者实现的营业利润(或者亏损)远远低于(或者高于)预计金额等。

　　(7)其他表明固定资产可能已经发生减值的迹象。

(二)固定资产可收回金额的计量

　　固定资产可收回金额应当根据固定资产的公允价值减去处置费用后的净额与固定资产预计未来现金流量的现值两者之间较高者确定。

　　固定资产的公允价值,应当根据公平交易中销售协议价格确定。不存在销售协议但存在资产活跃市场的,应当按照该固定资产的市场价格确定。固定资产的市场价格通常应当根据资产的买方出价确定。在不存在销售协议和固定资产活跃市场的情况下,应当以可获取的最佳信息为基础,估计固定资产的公允价值。

　　企业按照上述规定仍然无法可靠估计固定资产的公允价值减去处置费用后的净额的,

应当以该固定资产预计未来现金流量的现值作为其可收回金额。

(三)固定资产减值损失的确定

固定资产可收回金额的计量结果表明,固定资产可收回金额低于其账面价值的,应当将固定资产的账面价值减记至可收回金额,借记"资产减值损失"科目,贷记"固定资产减值准备"科目。固定资产减值损失确认后,减值固定资产的折旧费用应当在未来期间作相应调整,以使该固定资产在剩余使用寿命内,系统地分摊调整后的固定资产账面价值。固定资产减值损失一经确认,在以后会计期间不得转回。

【例 7-12】 天目公司 20×1 年 1 月 31 日购入一台机器设备,原值为 200 000 元,预计净残值为 8 000 元,预计使用年限为 5 年,采用年限平均法计提折旧。20×2 年 12 月 31 日,该机器设备发生减值,公允价值减去处置费用后的金额为 100 000 元,未来现金流量的现值为 110 000 元。计提减值准备后,该机器设备的剩余使用年限预计为 2 年,预计净残值为 2 000 元。

(1)计算该机器设备至 20×2 年 12 月的累计折旧。

月折旧额=(200 000−8 000)÷(5×12)=3 200(元)

累计折旧=3 200×(11+12)=73 600(元)

(2)计算该机器设备 20×2 年 12 月 31 日的净值。

固定资产净值=200 000−73 600=126 400(元)

(3)计提减值准备,可收回金额为公允价值减去处置费用后的金额与未来现金流量的现值两者中较高者,即 110 000 元。

应计提减值准备=126 400−110 000=16 400(元)

借:资产减值损失　　　　　　　　　　　　　　　　　　　　　　　16 400

　　贷:固定资产减值准备　　　　　　　　　　　　　　　　　　　　　16 400

(4)20×3 年 1 月起的月折旧额。

月折旧额=(110 000−2000)÷(12×2)=4 500(元)

二、固定资产的清理

固定资产的清理是指在固定资产出售或不能继续使用而报废时对固定资产进行的处置。

为了反映转入清理过程的固定资产账面价值、清理费支出、变价收入和其他收入的取得以及清理净损益的情况,应设置"固定资产清理"科目。该科目借方登记清理过程中发生的各项费用,包括转入清理过程的固定资产账面价值以及清理过程中发生的清理费用;贷方登记清理过程中发生的各项收入,包括转让收入、残料收入以及应向保险公司或有关责任者收取的赔款等。该科目贷方发生额大于借方发生额的差额,为清理过程中发生的净收益,应作为资产处置收益或营业外收入从该科目借方转出;反之,则为清理过程中发生的净损失,应作为资产处置损失或营业外支出从该科目的贷方转出。经过上述结转后,该科目应无余额。

(一)固定资产出售

1.出售固定资产账面价值的计算与结转

企业的固定资产出售时,首先应计算其账面价值。固定资产账面价值应根据固定资产原值减去累计折旧和固定资产减值准备计算。由于累计折旧可以不进行明细核算,因而固定资产明细账中可能不能提供累计折旧及账面价值资料。为此,计算固定资产账面价值,主要是计算其累计折旧。固定资产累计折旧应根据采用的不同折旧方法和已计提折旧年限计算。

【例7-13】 天目公司某项固定资产的原值为10 000元,预计净残值为400元,预计使用年限为10年,采用年限平均法计提折旧。该项固定资产20×1年1月31日投入使用,20×4年8月31日停止使用并出售。根据以上资料,计算该项固定资产出售时的累计折旧及净值。

月折旧额=(10000-400)÷(10×12)=80(元)

已提折旧月数=11+12+12+8=43(月)

累计折旧=80×43=3 440(元)

净值=10 000-3 440=6 560(元)

企业出售固定资产后,其原值和累计折旧应予以注销(如果已计提固定资产减值准备,则计提的减值准备也应一并注销),账面价值转入"固定资产清理"科目。结转出售固定资产账面价值、累计折旧和固定资产减值准备时,应按其账面价值,借记"固定资产清理"科目,按其累计折旧,借记"累计折旧"科目,按其已提固定资产减值准备,借记"固定资产减值准备"科目,按其原值,贷记"固定资产"科目。

2.出售固定资产的清理费用

企业出售的固定资产,有些不发生清理费用,有些则需要拆除,会发生清理费用。在固定资产清理过程中,应根据实际发生的清理费用,借记"固定资产清理"科目;根据可以抵扣的增值税额,借记"应交税费——应交增值税(进项税额)"科目;根据支付的全部价款,贷记"银行存款"等科目。

3.出售固定资产的收入

企业出售固定资产实际收取的价款和增值税额,应借记"银行存款"等科目,贷记"固定资产清理""应交税费——应交增值税(销项税额)"科目。

4.结转出售固定资产的净损益

企业出售固定资产的收入大于固定资产净值、清理费用之和的差额,为清理净收益,应作为资产处置收益,借记"固定资产清理"科目,贷记"资产处置损益"科目;出售固定资产的收入小于固定资产净值、清理费用之和的差额,为清理净损失,作为资产处置损失,借记"资产处置损益"科目,贷记"固定资产清理"科目。经过上述结转后,"固定资产清理"科目没有余额。

需要说明的是,资产处置损益属于营业利润的组成部分。企业出售固定资产,视为日常经营活动,因此其净损益计入资产处置损益。

【例7-14】 天目公司20×1年12月20日出售自动数控设备,原值为50 000元,累计折旧为30 000元,未计提固定资产减值准备,清理过程中用现金支付清理费用150元,取得出售价款22 000元,增值税税额2 860元,存入银行。

根据以上资料,编制会计分录如下。

(1)注销机器设备原值和累计折旧。

借:固定资产清理   20 000

  累计折旧   30 000

贷:固定资产   50 000

(2)支付清理费用,未取得增值税专用发票。

借:固定资产清理   150

    贷:库存现金   150

(3)收取价款和增值税。

借:银行存款   24 860

    贷:固定资产清理   22 000

        应交税费——应交增值税(销项税额)   2 860

(4)结转机器设备清理净损益。

机器设备清理净收益＝22 000－20 000－150＝1 850(元)

借:固定资产清理   1 850

    贷:资产处置损益   1 850

(二)固定资产报废

固定资产报废的原因一般有两类:一类是由于使用期限已满不再继续使用而形成的正常报废;另一类是由于对折旧年限估计不准确或非正常原因造成的提前报废,如确定预计使用年限时未考虑无形损耗而在技术进步时必须淘汰的固定资产,以及由于管理不善或自然灾害造成的固定资产毁损等。

正常报废的固定资产已提足折旧,其账面价值应为预计净残值。但由于实际净残值与预计净残值可能有所不同,因而在清理过程中也可能发生净损益。

提前报废的固定资产未提足折旧,为了简化核算工作,未提足的折旧也不再补提,而是在计算清理净损益时一并考虑。此外,毁损的固定资产根据其毁损原因,有可能收回一部分赔偿款,如自然灾害造成的毁损有可能取得保险公司的赔款,管理不善造成的毁损有可能取得有关责任者的赔款。企业取得的赔款也视为清理过程中的一项收入,借记"其他应收款"等科目,贷记"固定资产清理""应交税费——应交增值税(销项税额)"等科目,在计算清理净损益时也应一并考虑。

固定资产报废的核算方法与出售的核算方法基本相同,均需要通过"固定资产清理"科目进行核算。不同之处是,固定资产报废不属于日常经营活动,因此其净损益应计入营业外收入或营业外支出。

【例7-15】 天目公司某项固定资产的原值为80 000元,预计净残值为2 500元,预计使用年限为10年,现已使用11年(超龄使用1年),因不能继续使用而准备报废。报废时残料计价2 600元入库,用银行存款支付清理费用300元。根据以上资料,编制会计分录如下。

(1)注销固定资产原值和累计折旧。

由于超龄使用不再计提折旧,因而累计折旧为77 500元(80 000－2 500)。

借:固定资产清理   2 500

  累计折旧   77 500

    贷:固定资产   80 000

(2)支付清理费用。

借:固定资产清理   300

```
        贷:银行存款                                                300
   (3)残料计价入库。
   借:原材料                                                  2 600
        贷:固定资产清理                                          2 600
   (4)结转固定资产清理净损益。
   固定资产清理净损失＝2 500＋300－2 600＝200(元)
   借:营业外支出                                                200
        贷:固定资产清理                                            200
```

【例 7-16】 天目公司某项固定资产的原值为 30 000 元,累计折旧为 13 000 元,因自然灾害造成毁损。清理过程中残料出售,收取价款 1 500 元,增值税 195 元;用银行存款支付清理费用 500 元,增值税 30 元;应收保险公司赔偿款 14 000 元。根据以上资料,编制会计分录如下。

```
   (1)注销固定资产原值和累计折旧。
   借:固定资产清理                                           17 000
       累计折旧                                             13 000
        贷:固定资产                                             30 000
   (2)支付清理费用。
   借:固定资产清理                                              500
       应交税费——应交增值税(进项税额)                             30
        贷:银行存款                                                530
   (3)收取残料价款。
   借:银行存款                                                1 695
        贷:固定资产清理                                          1 500
            应交税费——应交增值税(销项税额)                          195
   (4)结转应收保险公司赔偿款。
   借:其他应收款                                             14 000
        贷:固定资产清理                                         14 000
   (5)结转固定资产清理净损益。
   固定资产清理净损失＝(17 000＋500)－(1 500＋14 000)＝2 000(元)
   借:营业外支出                                              2 000
        贷:固定资产清理                                          2 000
```

三、报表列示

(一)"固定资产"项目

在资产负债表中,"固定资产"项目反映资产负债表日企业固定资产的期末账面价值和企业尚未清理完毕的固定资产清理净损益。该项目应根据"固定资产"科目的期末余额,减去"累计折旧"和"固定资产减值准备"科目的期末余额后的金额,以及"固定资产清理"科目的期末余额填列。

(二)"在建工程"项目

在资产负债表中,"在建工程"项目反映资产负债表日企业尚未达到预定可使用状态的在建工程的期末账面价值和企业为在建工程准备的各种物资的期末账面价值。该项目应根据"在建工程"科目的期末余额,减去"在建工程减值准备"科目的期末余额后的金额,以及"工程物资"科目的期末余额,减去"工程物资减值准备"科目的期末余额后的金额填列。

■■ 思考题

1. 如何确定自行建造固定资产的成本?
2. 什么是固定资产的有形损耗和无形损耗?
3. 固定资产折旧的直线法和加速折旧法各有什么特点?
4. 固定资产修理的特点有哪些?
5. 如何进行固定资产改扩建的核算?
6. 如何进行固定资产处置的核算?

■■ 练习题

1. 甲企业 20×1 年 7 月 31 日购入一台不需要安装的机器设备,以银行存款支付买价 2 000 万元,增值税 260 万元,采用双倍余额递减法计提折旧,预计使用年限为 8 年,预计净残值为 100 万元。20×8 年 9 月 30 日将该机器设备出售,收取价款 300 万元,增值税 39 万元,以银行存款支付清理费用 20 万元。

要求:

(1)计算各年应计提的折旧额。

(2)编制该机器设备购入及清理的会计分录。

2. 乙公司于 20×1 年 6 月 1 日对一条生产线进行改扩建,改扩建前该条生产线的原价为 12 000 000 元,已提折旧 2 000 000 元,已提减值准备 500 000 元。改扩建过程中实际领用工程物资 2 000 000 元,领用企业生产用的原材料一批,实际成本为 300 000 元,分配工程人员工资 800 000 元,企业辅助生产车间为工程提供有关劳务支出 500 000 元,该条生产线于 20×1 年 10 月 31 日达到预计可使用状态。该公司对改扩建后的固定资产采用年数总和法计提折旧,预计尚可使用年限为 5 年,预计净残值为 500 000 元。

要求:

(1)编制上述与固定资产改扩建业务有关的会计分录。

(2)计算改扩建后的固定资产 20×2 年应计提的折旧额。

第八章

无形资产和投资性房地产

■■ 学习目标

1.掌握:购入、自行研究开发无形资产的核算,无形资产摊销的核算,无形资产出租的核算,无形资产处置的核算;投资性房地产出租收入的核算,投资性房地产后续计量的核算,投资性房地产转换的核算。

2.理解:无形资产减值的核算。

3.了解:无形资产的性质、分类;投资性房地产的性质。

■■ 案例引入

"狗不理"易主

2005年2月28日上午,在天津市产权交易中心历经2个多小时的公开竞价后,天津同仁堂最终以1.06亿元竞得全国老字号企业——天津"狗不理"。这一结果引起了外界的广泛关注。狗不理集团财务总监张文忠曾表示,"狗不理"净资产约有3 700万元,其无形资产评估为1 051万元。另据天津市经贸委副主任盛益利介绍,"狗不理"品牌总资产评估有1亿多元。天津市国资委副主任彭三表示,作为受让方,除了算有形的经济账外,还要算品牌无形资产的经济账,"狗不理"150年的品牌无形价值是以其有形的产品做积淀而成的,今后该品牌继续增值的潜在影响力仍不可低估,这个价格是市场认可的价格,这次进入产权市场的交易,真正体现了老字号的无形资产的价值。

为什么"狗不理"净资产的价值与实际拍卖价会有如此大的差异?老字号的无形资产价值究竟该如何确认、计量、记录,并在会计报表中披露?本章将重点介绍无形资产会计核算的特殊性和一般处理惯例。

案例来源:"狗不理"易主 天津同仁堂以1亿零600万元夺魁[EB/OL]. (2005-02-28)[2024-03-28]. http://www.chinanews.com.cn/news/2005/2005-02-28/26/544521.shtml.

第一节　无形资产

一、无形资产的性质

无形资产是指企业拥有或者控制的没有实物形态的可辨认的经济资源,其能为企业带来多少经济利益具有较大的不确定性。一般来说,只有同时具有以下特征的经济资源才能确认为无形资产。

(一)无实体性

无形资产没有实物形态。这一特征,主要是相对于固定资产等具有实物形态的资产而言的。但需要指出的是，没有实物形态并不是无形资产独有的特性，还有许多资产也不具有实物形态，如应收账款、对外投资等。

(二)长期性

无形资产应能在较长时期内供企业使用，一般来说，使用年限应在一年以上。这一特征，主要是相对于应收账款等没有实物形态的流动资产而言的。但需要指出的是，能在较长时期内供企业使用也不是无形资产的独有特征，还有一些无实物形态的资产也能在较长时期内供企业使用，如债权投资、长期股权投资等。

(三)不确定性

无形资产能为企业带来多少未来的经济利益具有较大的不确定性。当代科学技术的迅猛发展，使得许多无形资产的经济寿命难以准确地预计，因而也使得无形资产能为企业带来多少未来的经济利益难以准确地预计。这一特征，主要是相对于债权投资等既没有实物形态又能在较长时期内供企业使用的资产而言的。

(四)可辨认性

无形资产能够从企业中分离或者划分出来，并能单独或者与相关合同、资产或负债一起，用于出售、转移、授予许可、租赁或者交换。这一特征，主要是相对于商誉等不可辨认的经济资源而言的。

二、无形资产的分类

无形资产按照不同的标准，可以分为不同的类别。

(一)按经济内容分类

无形资产按其反映的经济内容，可以分为专利权、非专利技术、商标权、著作权、土地使用权和特许权等。

(1)专利权。专利权是指经国家专利管理机关审定并授予发明者在一定年限内对其成果的制造、使用和出售的专门权利。专利权一般包括发明专利权、实用新型专利权和外观设计专利权等。专利权受法律保护。在某项专利权的有效期间内，该项专利权的非持有者如需使用与之相同的原理、结构和技术用于生产经营，应向该专利权的持有者支付专利使用费，否则就视为侵犯了专利权。

(2)非专利技术。非专利技术是指发明者未申请专利或不够申请专利的条件而未经公开的先进技术，包括先进的生产经验、技术设计资料与原料配方等。非专利技术不需要到有关管理机关注册登记，只靠少数技术持有者采用保密方式维持其独占性。只要非专利技术不泄露于外界，就可以由其持有者长期享用，因而非专利技术没有固定的有效期。

(3)商标权。商标是指企业拥有的在某类指定的商品上使用特定名称或图案的权利。商标经管理机关核准后，成为注册商标，受法律保护。

(4)著作权。著作权也称为版权，是指著作者或文艺作品创作者以及出版商依法享有的在一定年限内发表、制作、出版和发行其作品的专有权利。著作权受法律保护，未经著作权所有者许可或转让，他人不得占有和行使。

(5)土地使用权。土地使用权是指企业经国家土地管理机关批准享有的在一定期间内对国有土地开发、利用和经营的权利。在我国,土地归国家所有,任何单位或个人只能拥有土地使用权,没有土地所有权。

(6)特许权。特许权是指企业经批准在一定区域内,以一定的形式生产经营某种特定商品的权利。特许权可以是政府授予的,也可以是某单位或个人授予的。

(二)按来源途径分类

无形资产按其来源途径,可以分为外来无形资产和自创无形资产。

(1)外来无形资产。外来无形资产是指企业通过从国内外科研单位及其他企业购进、接受投资等方式从企业外部取得的无形资产。

(2)自创无形资产。自创无形资产是指企业自行开发、研制的无形资产。

(三)按经济寿命期限分类

无形资产按是否具备确定的经济寿命期限,可以分为期限确定的无形资产和期限不确定的无形资产。

(1)期限确定的无形资产。期限确定的无形资产是指在有关法律中规定有最长有效期限的无形资产,如专利权、商标权、著作权、土地使用权和特许权等。这些无形资产在法律规定的有效期限内受法律保护;有效期满时,如果企业未继续办理有关手续,将不再受法律保护。

(2)期限不确定的无形资产。期限不确定的无形资产是指没有相应法律规定其有效期限,其经济寿命难以预先准确估计的无形资产,如非专利技术。这些无形资产的经济寿命取决于技术进步的快慢以及技术保密工作的好坏等因素。当新的可替代技术成果出现时,旧的非专利技术自然贬值;当技术不再是秘密时,也就无价值可言。

三、无形资产的取得

企业取得的无形资产,只有在其产生的经济利益很可能流入企业且其成本能够可靠地计量的情况下,才能加以确认。企业的无形资产,按其取得方式主要分为购入的无形资产和自行研究开发的无形资产。

(一)购入的无形资产

企业购入无形资产的实际成本,包括购买价款、相关税费以及直接归属于使该项资产达到预定用途所发生的如律师费、咨询费、公证费、鉴定费、注册登记费等其他支出。企业应根据购入无形资产的实际成本,借记"无形资产"科目;根据支付的增值税额,借记"应交税费——应交增值税(进项税额)"科目;根据支付的全部价款,贷记"银行存款"等科目。

企业购入的土地使用权,应根据不同情况分别进行确认。

(1)企业购入的用于非房屋建筑物的土地使用权,应单独确认为无形资产,在使用期限内分期摊销。

(2)企业购入的用于房屋建筑物的土地使用权,由于土地使用权和房屋建筑物的使用年限不同,应单独确认为无形资产,不计入房屋建筑物成本;土地使用权和房屋建筑物成本在使用期限内应分别摊销和计提折旧。

(3)企业购入房屋建筑物实际支付价款中包含的土地使用权价值,应采用合理的方法将其从支付的全部价款中分离出来,单独确认为无形资产;如果无法将其进行合理的分离,则应计入房屋建筑物成本。

（4）房地产开发企业购入用于建造对外出售房屋建筑物的土地使用权，应计入房屋建筑物等存货成本，不确认为无形资产。

如果企业购买无形资产的价款超过正常信用条件延期支付，实质上具有融资性质，无形资产的成本应以购买价款的现值为基础确定。实际支付的价款与购买价款的现值之间的差额，除按照企业会计准则规定应予资本化的以外，应当在信用期间内计入当期财务费用。

拓展资源 8.1：企业取得的土地使用权应当确认为什么资产？

【例 8-1】　天目公司 20×1 年 12 月 15 日购入信息存储专利权，双方协商确认不含增值税的价值为 600 000 元，增值税为 36 000 元，以银行存款支付。根据以上资料，编制会计分录如下。

```
借：无形资产——专利权                           600 000
    应交税费——应交增值税(进项税额)              36 000
    贷：银行存款                                            636 000
```

（二）自行研究开发的无形资产

1. 研究与开发阶段的区分

对于企业自行进行的研究开发项目，应当区分研究阶段与开发阶段分别进行核算。在实际工作中，关于研究与开发阶段的具体划分，企业应当根据自身实际情况以及相关信息加以判断。

（1）研究阶段

研究，是指为获取并理解新的科学或技术知识等进行的有计划的调查。研究活动的例子包括：意在获取知识而进行的活动；研究成果或其他知识的应用研究、评价和最终选择；材料、设备、产品、工序、系统或服务替代品的研究；新的或经改进的材料、设备、产品、工序、系统或服务的可能替代品的配制、设计、评价和最终选择等。

研究阶段基本上是探索性的，是为进一步的开发活动进行资料及相关方面的准备，已经进行的研究活动将来是否会转入开发、开发后是否会形成无形资产等均具有较大的不确定性。在这一阶段一般不会形成阶段性成果。

（2）开发阶段

开发，是指在进行商业性生产或使用前，将研究成果或其他知识应用于某项计划或设计，以生产出新的或具有实质性改进的材料、装置、产品等。开发活动的例子包括：生产前或使用前的原型和模型的设计、建造和测试；含新技术的工具、夹具、模具和冲模的设计；不具有商业性生产经济规模的试生产设施的设计、建造和运营；新的或经改造的材料、设备、产品、工序、系统或服务所选定的替代品的设计、建造和测试等。

相对于研究阶段而言，开发阶段应当是已完成研究阶段的工作，在很大程度上具备了形成一项新产品或新技术的基本条件。

2. 研究与开发阶段支出的确认

（1）研究阶段支出

考虑研究阶段的探索性及其成果的不确定性，企业无法证明其能够带来未来经济利益的无形资产的存在，因此，对于企业内部研究开发项目，研究阶段的支出应当在发生时全部费用化，计入当期损益（管理费用）。

（2）开发阶段支出

考虑进入开发阶段的研发项目形成成果的可能性往往较大,如果企业能够证明开发阶段的支出符合无形资产的定义及相关确认条件,则可将其确认为无形资产。具体来讲,对于企业内部的研究开发项目,开发阶段的支出同时满足下列条件的才能资本化,计入无形资产成本,否则应当计入当期损益(管理费用)。

①完成该无形资产以使其能够使用或出售具有技术上的可行性。企业在判断无形资产的开发在技术上是否具有可行性时应当以目前阶段的成果为基础,并提供相关证据和材料,证明企业进行开发所必需的技术条件等已经具备,不存在技术上的障碍或其他不确定性。如企业已经完成了全部计划,设计和测试活动,这些活动是使资产能够达到设计规划书中的功能、特征和技术所必需的活动,或经过专家鉴定等。

②具有完成该无形资产并使用或出售的意图。企业研发项目形成成果以后,是对外出售还是供自己使用并从使用中获得经济利益,应当由企业管理层的意图而定。企业管理层应当能够说明其开发无形资产的目的,并具有完成该项无形资产开发并使其能够使用或出售的可能性。

③无形资产产生经济利益的方式,包括能够证明运用该无形资产生产的产品存在市场或无形资产自身存在市场;无形资产将在内部使用的,应当证明其有用性。如果相关无形资产在形成以后,主要是用于生产新产品或新工艺的,企业应当对运用该无形资产生产的产品的市场情况进行可靠估计,应当能够证明所生产的产品存在市场,并能够带来经济利益的流入;如果相关无形资产开发以后主要是用于对外出售的,则企业应当能够证明市场上存在对该类无形资产的需求,开发以后存在外部的市场可以出售并能够带来经济利益的流入;如果无形资产开发以后,不是用于生产产品,也不是用于对外出售,而是在企业内部使用的,则企业应能够证明其对企业的有用性。

④有足够的技术、财务资源和其他资源支持完成该无形资产的开发,并有能力使用或出售该无形资产。这一条件主要包括:一是完成该项无形资产的开发具有技术上的可靠性。开发无形资产并使其成果在技术上具有可靠性,是继续开发活动的关键。因此,必须有确凿证据证明企业有足够的技术支持和技术能力继续开发该项无形资产。二是财务资源和其他资源的支持。财务资源和其他资源的支持是能够完成该项无形资产开发的经济基础,因此,企业必须能够说明为完成该项无形资产开发所需的财务资源和其他资源,并且要说明是否能够足以支持完成该项无形资产的开发。三是能够证明企业可以取得无形资产开发所必需的技术、财务资源和其他资源,以及获得这些资源的相关计划等。如企业自有资金不足以提供支持,应当能够证明存在外部其他方面的资金支持。如银行等金融机构声明愿意为该无形资产的开发提供所需资金等。四是有能力使用或出售该项无形资产以取得收益。

⑤归属于该无形资产开发阶段的支出能够可靠地计量。企业对于开发活动所发生的支出应单独核算,如直接发生的开发人员薪酬、材料费以及相关设备折旧费等。在企业同时从事多项开发活动的情况下,所发生的支出同时用于支持多项开发活动的,应按照合理的标准在各项开发活动之间进行分配;无法合理分配的,应予以费用化计入当期损益,不计入开发活动的成本。

3.无法区分研究阶段和开发阶段的支出

无法区分研究阶段和开发阶段的支出,应当在发生时费用化,计入当期损益(管理费用)。

(三)内部开发的无形资产的计量

内部开发活动形成的无形资产,其成本由可直接归属于该无形资产的创造、生产并使该无形资产能够以管理层预定的方式运作的所有必要支出组成。可直接归属成本包括开发该无形资产时耗费的材料、劳务成本、注册费,在开发该无形资产过程中使用的其他专利权和特许权的摊销,按照借款费用的处理原则可以资本化的利息支出等。在开发无形资产过程中发生的、除上述可直接归属于无形资产开发活动之外的其他销售费用、管理费用等间接费用,无形资产达到预定用途前发生的可辨认的无效和初始运作损失、为运行该无形资产发生的培训支出等,不构成无形资产的开发成本。

值得强调的是,内部开发无形资产的成本仅包括在满足资本化条件的时点至无形资产达到预定用途前发生的支出总和,对于同一项无形资产在开发过程中达到资本化条件之前已经费用化计入当期损益的支出不再进行调整。

(四)内部研究开发支出的会计处理

企业自行开发无形资产发生的研发支出,不满足资本化条件的,借记"研发支出——费用化支出"科目,满足资本化条件的,借记"研发支出——资本化支出"科目,贷记"原材料""银行存款""应付职工薪酬"等科目。研究开发项目达到预定用途形成无形资产的,应按"研发支出——资本化支出"科目的余额,借记"无形资产"目,贷记"研发支出——资本化支出"科目。期末,应将不符合资本化条件的研发支出转入当期管理费用,借记"管理费用"科目,贷记"研发支出——费用化支出"科目;将符合资本化条件但尚未完成的开发费用继续保留在"研发支出"科目中,待开发项目达到预定用途形成无形资产时,再将其转入无形资产。

外购或以其他方式取得的、正在研发过程中应予资本化的项目,应按确定的金额借记"研发支出——资本化支出"科目,贷记"银行存款"等科目。以后发生的研发支出,应当比照上述原则进行会计处理。

【例8-2】 20×0年1月1日,天目公司的董事会批准研发某项新型技术,该公司董事会认为,研发该项目具有可靠的技术和财务等资源的支持,并且一旦研发成功将降低该公司的生产成本。20×1年1月29日,该项新型技术研发成功并已经达到预定用途。研发过程中所发生的直接相关的必要支出情况如下。

(1)20×0年度发生材料费用9 000 000元,人工费用4 500 000元,计提专用设备折旧750 000元,以银行存款支付其他费用3 000 000元,总计17 250 000元,其中符合资本化条件的支出为7 500 000元。

(2)20×1年1月29日前发生材料费用80 000元,人工费用50 000元,计提专用设备折旧50 000元,其他费用20 000元,总计1 370 000元。

本例中,天目公司经事会批准研发某项新技术,并认为完成该项新型技术无论从技术上还是财务等方面都能够得到可靠的资源支持。一旦研发成功将降低公司的生产成本,并且有确凿证据予以支持。因此,符合条件的开发费用可以资本化。

此外,天目公司在开发该项新型技术时,累计发生了18 620 000元的研究与开发支出,其中符合资本化条件的开发支出为8 870 000元,符合"归属于该无形资产开发阶段的支出能够可靠地计量"的条件。

天目公司的账务处理如下。

(1)20×0 年度发生研发支出。

借:研发支出——××技术——费用化支出   9 750 000

    ——××技术——资本化支出   7 500 000

 贷:原材料   9 000 000

  应付职工薪酬   4 500 000

  累计折旧   750 000

  银行存款   3 000 000

(2)20×0 年 12 月 31 日,将不符合资本化条件的研发支出转入当期管理费用。

借:管理费用——研究费用   9 750 000

 贷:研发支出——××技术——费用化支出   9 750 000

(3)20×1 年 1 月发生研发支出。

借:研发支出——××技术——资本化支出   1 370 000

  贷:原材料   800 000

  应付职工薪酬   500 000

  累计折旧   50 000

  银行存款   20 000

(4)20×1 年 1 月 29 日,该项新型技术已经达到预定用途。

借:无形资产——××技术   8 870 000

 贷:研发支出——××技术——资本化支出   8 870 000

四、无形资产的摊销

(一)无形资产使用寿命的确定

无形资产的后续计量以其使用寿命为基础。企业应当于取得无形资产时分析判断其使用寿命。无形资产的使用寿命是有限的、应当估计该使用寿命的年限或者构成使用寿命的产量等类似计量单位数量;无法预见无形资产为企业带来未来经济利益期限的,应当视为使用寿命不确定的无形资产。

1.估计无形资产使用寿命应考虑的因素

估计无形资产使用寿命应考虑的主要因素包括如下方面。

(1)运用该无形资产生产的产品通常的寿命周期、可获得的类似资产使用寿命的信息。

(2)技术、工艺等方面的现阶段情况及对未来发展趋势的估计。

(3)以该无形资产生产的产品或提供的服务的市场需求情况。

(4)现在或潜在的竞争者预期将采取的行动。

(5)为维持该无形资产产生未来经济利益能力的预期维护支出,以及企业预计支付有关支出的能力。

(6)对该无形资产的控制期限,以及对该资产使用的相关法律规定或类似限制,如特许使用期、租赁期等。

(7)与企业持有的其他资产使用寿命的关联性等。

2.确定无形资产使用寿命的主要原则

(1)源自合同性权利或其他法定权利取得的无形资产,其使用寿命通常不应超过合同性权利或其他法定权利的期限。如企业以支付土地出让金方式取得一块土地50年的使用权,如果企业准备持续持有且在50年期间内没有计划出售,则该项土地使用权预期为企业带来未来经济利益的期间为50年。但如果企业使用资产的预期期限短于合同性权利或其他法定权利规定的期限的,则应当按照企业预期使用的期限来确定其使用寿命。如企业取得的某项实用新型专利权,法律规定的保护期限为10年,企业预计运用该项实用新型专利权所生产的产品在未来6年内会为企业带来经济利益,则该项专利权的预计使用寿命为6年。

如果合同性权利或其他法定权利能够在到期时因续约等延续,当有证据表明企业续约不需要付出重大成本时,续约期才能够包括在使用寿命的估计中。下列情况下,一般说明企业无须付出重大成本即可延续合同性权利或其他法定权利:有证据表明合同性权利或法定权利将被重新延续,如果在延续之前需要第三方同意,则还需有第三方将会同意的证据;有证据表明为获得重新延续所必需的所有条件将被满足,以及企业为延续持有无形资产所付出的成本相对于预期从重新延续中流入企业的未来经济利益相比不具有重要性。如果企业为延续无形资产持有期间而付出的成本与预期从重新延续中流入企业的未来经济利益相比具有重要性,则从本质上来看是企业获得了一项新的无形资产。

(2)没有明确的合同或法律规定无形资产的使用寿命的,企业应当综合各方面因素判断,如聘请相关专家进行论证、与同行业的情况进行比较以及参考企业的历史经验等来确定无形资产为企业带来未来经济利益的期限。

(3)企业经过上述努力仍确实无法合理确定无形资产为企业带来经济利益的期限的,才能将其作为使用寿命不确定的无形资产。如企业取得了一项在过去几年中市场份额领先的畅销产品的商标,该商标按照法律规定还有5年的使用寿命,但是在保护期届满时,企业可每10年以较低的手续费申请延期,同时有证据表明企业有能力申请延期。此外,有关的调查表明,根据产品生命周期、市场竞争等方面情况综合判断,该商标将在不确定的期间内为企业带来现金流量。综合各方面情况,该商标可视为使用寿命不确定的无形资产。又如,企业通过公开拍卖取得一项出租车运营许可,按照所在地的规定以现有出租车运营许可权为限,不再授予新的运管许可权,而且在旧的出租车报废以后有关的运营许可权可用于新的出租车。企业估计在有限的未来,将持续经营出租车行业。对于该运营许可权,由于其能为企业带来未来经济利益的期限从目前情况来看,无法可靠地估计,因而应将其视为使用寿命不确定的无形资产。

3.无形资产使用寿命的复核

企业至少应当于每年年度终了,对使用寿命有限的无形资产的使用寿命进行复核。如果有证据表明无形资产的使用寿命与以前估计不同的,应当改变其摊销期限,并按照会计估计变更进行处理。如企业使用的某项专利权,原预计使用寿命为一年,使用至第三年末时,该企业计划再使用两年即不再使用,为此,在第三年末,企业应当变更该项无形资产的使用寿命,并作为会计估计变更进行处理。

企业应当在每个会计期末对使用寿命不确定的无形资产的使用寿命进行复核。如果有证据表明该无形资产的使用寿命是有限的,应当作为会计估计变更进行处理,并按照使用寿命有限的无形资产的处理原则进行会计处理。

(二)使用寿命有限的无形资产

使用寿命有限的无形资产,应以成本减去累计摊销额和累计减值损失后的余额进行后续计量。使用寿命有限的无形资产,应在其预计的使用寿命内采用系统合理的方法对应摊销金额进行摊销。

1.应摊销金额

无形资产的应摊销金额,是指其成本扣除预计残值后的金额。已计提减值准备的无形资产,还应扣除已计提的无形资产减值准备累计金额。无形资产的残值一般为零,但下列情况除外。

(1)有第三方承诺在无形资产使用寿命结束时购买该无形资产。

(2)可以根据活跃市场得到预计残值信息,并且该市场在无形资产使用寿命结束时很可能存在。

无形资产的残值意味着,在其经济寿命结束之前,企业预计将会处置该无形资产,并且从该处置中获得利益。估计无形资产的残值应以资产处置时的可收回金额为基础,此时的可收回金额是指在预计出售日,出售一项使用寿命已满且处于类似使用状况下,同类无形资产预计的处置价格(扣除相关税费)。残值确定以后。在持有无形资产的期间内,至少应于每年年末进行复核,预计其残值与原估计金额不同的,应按照会计估计变更进行处理,如果无形资产的残值重新估计以后高于其账面价值的,则无形资产不再摊销,直至残值降至低于账面价值时再恢复摊销。

2.摊销期和摊销方法

无形资产的摊销期自其可供使用(即其达到预定用途)时起至终止确认时止,企业选择的无形资产摊销方法,应根据与无形资产有关的经济利益的预期消耗方式作出决定,并一致地运用于不同会计期间。具体摊销方法包括直线法、产量法等。受技术陈旧因素影响较大的专利权和专有技术等无形资产,可采用类似固定资产加速折旧的方法进行摊销;有特定产量限制的特许经营权或专利权,应采用产量法进行摊销。无法可靠确定预期消耗方式的,应当采用直线法进行摊销。

由于收入可能受到投入、生产过程和销售等因素的影响,这些因素与无形资产有关经济利益的预期消耗方式无关,因此,企业通常不应以包括使用无形资产在内的经济活动所产生的收入为基础进行摊销,但是,下列极其有限的情况除外:①企业根据合同约定确定无形资产固有的根本性限制条款(如无形资产的使用时间、使用无形资产生产产品的数量或因使用无形资产而应取得固定的收入总额)的,当该条款为因使用无形资产而应取得的固定的收入总额时,取得的收入可以成为摊销的合理基础,如企业获得勘探开采黄金的特许权,且合同明确规定该特许权在销售黄金的收入总额达到某固定的金额时失效。②有确凿的证据表明收入的金额和无形资产经济利益的消耗是高度相关的。

企业采用车流量法对高速公路经营权进行摊销的,不属于以包括使用无形资产在内的经济活动产生的收入为基础的摊销方法。

企业至少应当于每年年度终了,对使用寿命有限的无形资产的使用寿命及摊销方法进行复核,如果有证据表明无形资产的使用寿命及摊销方法与以前估计不同的,应当改变其摊销期限和摊销方法,并按照会计估计变更进行会计处理。

3.使用寿命有限的无形资产摊销的会计处理

无形资产的摊销金额一般应当计入当期损益,但如果某项无形资产是专门用于生产某种产品或其他资产的,其所包含的经济利益是通过转入所生产的产品或其他资产中实现的,则该无形资产的摊销金额应当计入相关资产的成本。例如,一项专门用于生产某种产品的专利技术,其摊销金额应构成所生产产品成本的一部分,计入制造该产品的制造费用。

【例8-3】 20×1年1月1日,天目公司从外单位购得一项新专利技术用于产品生产,支付价款75 000 000元,款项已支付。该项专利技术法律保护期间为15年,公司预计运用该专利生产的产品在未来1年内会为公司带来经济利益。假定这项无形资产的净残值为0,并按年采用直线法摊销。

本例中,天目公司外购的专利技术的预计使用期限(10年)短于法律保护期间(15年),应当按企业预计使用期限确定其使用寿命。同时,这也表明该项专利技术是使用寿命有限的无形资产,且该无形资产用于产品生产,因此,应当将其摊销金额计入相关产品的成本。

天目公司的账务处理如下。

(1)取得无形资产时。

借:无形资产——专利权　　　　　　　　　　　　　　　　75 000 000
　　贷:银行存款　　　　　　　　　　　　　　　　　　　　75 000 000

(2)按年摊销时。

借:制造费用——专利权摊销　　　　　　　　　　　　　　7 500 000
　　贷:累计摊销　　　　　　　　　　　　　　　　　　　　7 500 000

20×3年1月1日,就上述专利技术,第三方向天目公司承诺在3年内以其最初取得时公允价值的60%购买该专利技术,从公司管理层目前的持有计划来看,准备在3年内将其出售给第三方。为此,天目公司应当在20×3年将该项专利技术的估计使用寿命变更为3年,变更净残值为45 000 000元(75 000 000×60%),并按会计估计变更进行处理。

20×3年该项无形资产的摊销金额=(75 000 000-7 500 000×2-45 000 000)÷3
　　　　　　　　　　　　　　　=5 000 000(元)

天目公司20×3年对该项专利技术按年摊销的账务处理如下。

借:制造费用——专利权摊销　　　　　　　　　　　　　　5 000 000
　　贷:累计摊销　　　　　　　　　　　　　　　　　　　　5 000 000

(三)使用寿命不确定的无形资产

根据可获得的相关信息判断,有确凿证据表明无法合理估计其使用寿命的无形资产,才能作为使用寿命不确定的无形资产。对于使用寿命不确定的无形资产,在持有期间内不需要进行摊销,但应当至少在每个会计期末进行减值测试。

如经减值测试表明已发生减值,则需要计提相应的减值准备,具体账务处理为:借记"资产减值损失"科目,贷记"无形资产减值准备"科目。

五、无形资产的处置

无形资产的处置,主要是指无形资产出售、对外捐赠,或者是无法为企业带来未来经济利益时,应予转销并终止确认。

(一)无形资产出售

无形资产出售是指将无形资产的所有权转让给他人。即在出售以后,企业不再对该项无形资产拥有占有、使用、收益、处置的权利。

企业出售无形资产时,应将出售所得的不含增值税价款扣除无形资产账面价值后的差额计入当期损益。企业出售无形资产时,应按出售无形资产的全部价款借记"银行存款"等科目;按应缴纳的增值税,贷记"应交税费——应交增值税(销项税额)"科目;按无形资产的累计摊销额,借记"累计摊销"科目;按无形资产的原始价值,贷记"无形资产"科目(如果计提了减值准备,还应借记"无形资产减值准备"科目);按其差额,借记或贷记"资产处置损益"科目。

【例 8-4】 天目公司出售一项无形资产,收取价款 100 000 元,增值税 6 000 元;以银行存款支付律师费 2 000 元,增值税 120 元;该项无形资产的原始价值为 150 000 元,累计摊销额为 70 000 元,未计提减值准备。根据以上资料,编制会计分录如下。

出售无形资产净损益=100 000-(150 000-70 000)-(2120-120)=18 000(元)

借:银行存款	106 000
累计摊销	70 000
应交税费——应交增值税(进项税额)	120
贷:应交税费——应交增值税(销项税额)	6 000
无形资产	150 000
银行存款	2 120
资产处置损益	18 000

(二)无形资产报废

无形资产报废是指无形资产由于已被其他新技术所代替或不再受法律保护等原因,预期不能为企业带来经济利益而进行的处置。无形资产报废时,应按照累计摊销额,借记"累计摊销"科目;按照计提的减值准备,借记"无形资产减值准备"科目;按照原始价值,贷记"无形资产"科目;按照账面价值,借记"营业外支出"科目。

【例 8-5】 天目公司原拥有一项非专利技术,采用直线法进行摊销,预计使用期限为 10年。现该项非专利技术已被内部研发成功的新技术所替代,并且根据市场调查,用该非专利技术生产的产品已没有市场,预期不能再为企业带来任何经济利益,故应当予以转销。转销时,该项非专利技术的成本为 9 000 000 元,已摊销 6 年,累计计提减值准备为 2 400 000 元,该项非专利技术的残值为 0。假定不考虑其他相关因素。

天目公司的账务处理如下。

借:累计摊销	5 400 000
无形资产减值准备——非专利技术	2 400 000
营业外支出——处置非流动资产损失	1 200 000
贷:无形资产——非专利技术	9 000 000

六、无形资产的期末计价及报表列示

(一)无形资产的期末计价

期末对无形资产进行摊销之后,还应对其进行减值测试。如果无形资产已经发生减值,应对其计提减值准备。衡量无形资产是否发生减值的标准是其可收回金额。

(1)无形资产的可收回金额。每年年末,企业应对无形资产的账面价值进行检查。如果出现减值,应对无形资产的可收回金额进行估计。可收回金额应当根据无形资产的公允价值减去处置费用后的净额与无形资产预计未来现金流量的现值两者之间较高者确定。

(2)无形资产的减值损失。无形资产可收回金额的计量结果表明,资产的可收回金额低于其账面价值的,应当将资产的账面价值减记至可收回金额,借记"资产减值损失"科目,贷记"无形资产减值准备"科目。

无形资产减值损失确认后,减值无形资产的摊销费用应当在未来期间作相应调整,以使该无形资产在剩余使用寿命内,系统地分摊调整后的无形资产账面价值。

无形资产的减值损失一经确认,在以后会计期间不得转回。

(二)报表列示

(1)"无形资产"项目。在资产负债表中,"无形资产"项目反映全部无形资产的账面价值,即以无形资产的原始价值扣除累计摊销和无形资产减值准备后的净额列示。

(2)"开发支出"项目。在资产负债表中,"开发支出"项目反映全部处于开发阶段的无形资产符合资本化条件的支出,可以按照"研发支出"科目的余额直接列示。

第二节　投资性房地产

一、投资性房地产概述

(一)投资性房地产的定义与特征

投资性房地产,是指为赚取租金或资本增值,或者两者兼有而持有的房地产。投资性房地产应当能够单独计量和出售。

投资性房地产具有以下特征。

1.投资性房地产是一种经营性活动

投资性房地产的主要形式是出租建筑物、出租土地使用权,这实质上属于一种让渡资产使用权行为。房地产租金就是让渡资产使用权取得的使用费收入,是企业为完成其经营目标所从事的经营性活动以及与之相关的其他活动形成的经济利益总流入。投资性房地产的另一种形式是持有并准备增值后转让的土地使用权,尽管其增值收益通常与市场供求、经济发展等因素相关,但目的是增值后转让以赚取增值收益,也是企业为完成其经营目标所从事的经营性活动以及与之相关的其他活动形成的经济利益总流入。

2.投资性房地产在用途、状态、目的等方面区别于作为生产经营场所的房地产和用于销售的房地产

企业持有的房地产除了用作自身管理、生产经营活动场所和对外销售之外,出现了将房地产用于赚取租金或增值收益的活动,甚至成为个别企业的主营业务。这就需要将投资性房地产单独作为一项资产进行核算和反映,与自用的厂房、办公楼等房地产和作为存货(已建完工商品房)的房地产加以区别,从而更加清晰地反映企业所持有的房地产的构成情况和盈利能力。

(二)投资性房地产的范围

属于投资性房地产的项目主要包括已出租的土地使用权、持有并准备增值后转让的土地使用权和已出租的建筑物。

1.属于投资性房地产的项目

(1)已出租的土地使用权

已出租的土地使用权,是指企业通过出让或转让方式取得并以经营租赁方式出租的土地使用权。企业计划用于出租但尚未出租的土地使用权不属于此类。对于租入土地使用权再转租给其他单位的,不能确认为投资性房地产。

【例8-6】 20×1年5月10日,甲公司与乙公司签订了一项租赁合同,约定自20×1年6月1日起,甲公司以年租金8 000 000元租赁使用乙公司拥有的一块400 000平方米的场地,租赁期为8年。20×1年7月1日,甲公司又将这块场地转租给丙公司,以赚取租金差价,租赁期为5年。以上交易假设不违反国家有关规定。

本例中,对于甲公司而言,这项土地使用权不能确认为投资性房地产。对于乙公司而言,自租赁期开始日(20×1年6月1日)起,这项土地使用权属于投资性房地产。

(2)持有并准备增值后转让的土地使用权

持有并准备增值后转让的土地使用权,是指企业通过出让或转让方式取得并准备增值后转让的土地使用权。但是,按照国家有关规定认定的闲置土地,不属于持有并准备增值的土地使用权。

(3)已出租的建筑物

已出租的建筑物,是指企业拥有产权并出租的房屋等建筑物,包括自行建造或开发活动完成后用于出租的建筑物。

企业在判断和确认已出租的建筑物时,应当把握以下要点:

①用于出租的建筑物是指企业拥有产权的建筑物,企业租入再转租的建筑物不属于投资性房地产。

【例8-7】 20×1年8月15日,甲公司与乙公司签订了一项租赁合同,乙公司将其拥有产权的两间房屋出租给甲公司,租赁期为6年。甲公司起初将这两间房屋用于自行经营餐馆。3年后,由于连续亏损,甲公司把餐馆转租给丙公司,以赚取租金差价。

本例中,对于甲公司而言,这两间房屋属于租入后又转租的建筑物,甲公司并不拥有其产权,因此不能将其确认为投资性房地产。乙公司拥有这两间房屋的产权并以经营租赁方式对外出租,可以将其确认为投资性房地产。

②已出租的建筑物是企业已经与其他方签订了租赁协议,约定以经营租赁方式出租的

建筑物。一般应自租赁协议规定的租赁期开始日起,租出的建筑物才作为已出租的建筑物。

③企业将建筑物出租,按租赁协议向承租人提供的相关辅助服务在整个协议中不重大的,应当将该建筑物确认为投资性房地产。例如,企业将其办公楼出租,同时向承租人提供维护、保安等日常辅助服务,应当将其确认为投资性房地产。

2.不属于投资性房地产的项目

下列房地产不属于投资性房地产项目:

(1)自用房地产,即为生产商品、提供劳务或者经营管理而持有的房地产,包括自用建筑物和自用土地使用权。

(2)作为存货的房地产,通常指房地产开发企业在正常经营过程中销售的或为销售而正在开发的商品房和土地。

某项房地产部分用于赚取租金或资本增值、部分自用(即用于生产商品、提供劳务或经营管理)或者能够单独计量和出售、用于赚取租金或资本增值的部分,应当确认为投资性房地产;不能够单独计量和出售、用于赚取租金或资本增值的部分,不确认为投资性房地产。该项房地产自用的部分,以及不能够单独计量和出售、用于赚取租金或资本增值的部分,应当确认为固定资产或无形资产。

延伸思考 8.1:拟出租但是还未出租的房屋建筑物,是确认为固定资产还是确认为投资性房地产?

二、投资性房地产的确认和初始计量

(一)投资性房地产的确认和初始计量

投资性房地产只有在符合定义,并同时满足下列条件时,才能予以确认。

(1)与该投资性房地产有关的经济利益很可能流入企业。

(2)该投资性房地产的成本能够可靠地计量。

投资性房地产初始计量时,应当按照成本进行计量。

1.外购投资性房地产的确认条件和初始计量

企业外购的房地产,只有在购入的同时开始对外出租或用于资本增值,才能作为投资性房地产加以确认。

企业购入房地产,自用一段时间之后再改为出租或用于资本增值的,应当先将外购的房地产确认为固定资产或无形资产,自租赁期开始日或用于资本增值之日起,才能从固定资产或无形资产转换为投资性房地产。

企业外购投资性房地产时,应当按照取得时的实际成本进行初始计量。取得时的实际成本,包括购买价款、相关税费和可直接归属于该资产的其他支出。采用成本模式进行后续计量的,企业应当在购入投资性房地产时,借记"投资性房地产"科目,贷记"银行存款"等科目;采用公允价值模式进行后续计量的,企业应当在购入投资性房地产时,借记"投资性房地产——成本"科目,贷记"银行存款"等科目。

2.自行建造投资性房地产的确认条件和初始计量

企业自行建造的房地产,只有在自行建造活动完成(即达到预定可使用状态)的同时开始对外出租或用于资本增值,才能将自行建造的房地产确认为投资性房地产。自行建造投资性房地产的成本,由建造该项房地产达到预定可使用状态前发生的必要支出构成。

　　企业自行建造房地产达到预定可使用状态后一段时间才对外出租或用于资本增值的，应当先将自行建造的房地产确认为固定资产、无形资产或存货，自租赁期开始日或用于资本增值之日开始，从固定资产、无形资产或存货转换为投资性房地产。

　　自行建造的投资性房地产，其成本由建造该项资产达到预定可使用状态前发生的必要支出构成，包括土地开发费、建筑成本、安装成本、应予以资本化的借款费用、支付的其他费用和分摊的间接费用等。采用成本模式进行后续计量的，应按照确定的自行建造投资性房地产成本，借记"投资性房地产"科目，贷记"在建工程"或"开发产品"科目。采用公允价值模式进行后续计量的，应按照确定的自行建造投资性房地产成本，借记"投资性房地产——成本"科目，贷记"在建工程"或"开发产品"科目。

　　【例 8-8】 20×1 年 2 月，甲公司从其他单位购入一块使用期限为 50 年的土地，并在这块土地上开始自行建造两栋厂房。20×1 年 11 月，甲公司预计厂房即将完工，与乙公司签订了经营租赁合同，将其中的一栋厂房租赁给乙公司使用。租赁合同约定，该厂房于完工时开始起租。20×1 年 12 月 5 日，两栋厂房同时完工。该块土地的使用权成本为 9 000 000 元，至 20×1 年 12 月 5 日，土地使用权已摊销 165 000 元；两栋厂房的实际造价均为 12 000 000 元，能够单独出售。假设两栋厂房分别占用这块土地的一半面积，为简化处理，以占用的土地面积作为土地使用权的划分依据。假设甲公司采用成本模式进行后续计量。

　　由于甲公司在购入的土地上建造的两栋厂房中的一栋厂房用于出租，因此应当将土地使用权中的对应部分同时转换为投资性房地产。

　　9 000 000×1/2＝4 500 000（元）

　　甲公司的账务处理如下。

借：固定资产——厂房	12 000 000
投资性房地产——厂房	12 000 000
贷：在建工程——厂房	24 000 000
借：投资性房地产——已出租土地使用权	4 500 000
累计摊销	82 500
贷：无形资产——土地使用权	4 500 000

投资性房地产累计摊销 82 500 元（165 000÷2）。

（二）与投资性房地产有关的后续支出

1.资本化的后续支出

　　与投资性房地产有关的后续支出，满足投资性房地产确认条件的，应当计入投资性房地产成本。例如，企业为了提高投资性房地产的使用效能，往往需要对投资性房地产进行改建、扩建而使其更加坚固耐用，或者通过装修而改善其室内装潢，改扩建或装修支出满足投资性房地产确认条件的，应当将其资本化。

　　采用成本模式计量的投资性房地产进入改扩建或装修阶段后，应当将其账面价值转入改扩建工程，借记"投资性房地产——在建""投资性房地产累计折旧"等科目，贷记"投资性房地产"科目；发生资本化的改良或装修支出，通过"投资性房地产——在建"科目归集，借记"投资性房地产——在建"科目，贷记"银行存款""应付账款"等科目；改扩建或装修完成后，借记"投资性房地产"科目，贷记"投资性房地产——在建"科目。

采用公允价值模式计量的投资性房地产进入改扩建或装修阶段后,应当将其账面价值转入改扩建工程,借记"投资性房地产——在建"科目,贷记"投资性房地产——成本"科目,借记或贷记"投资性房地产——公允价值变动"科目;在改扩建或装修完成后,借记"投资性房地产——成本"科目,贷记"投资性房地产——在建"科目。

企业对某项投资性房地产进行改扩建等再开发且将来仍作为投资性房地产的,再开发期间应继续将其作为投资性房地产,不计提折旧或摊销。

【例 8-9】 20×1 年 5 月,甲公司与乙公司的一项厂房经营租赁合同即将到期。该厂房原价为 50 000 000 元,已计提折旧 10 000 000 元。为了提高厂房的租金收入,甲公司决定在租赁期满后对该厂房进行改扩建,并与丙公司签订了经营租赁合同,约定自改扩建完工时将该厂房出租给丙公司。20×1 年 5 月 31 日,与乙公司的租赁合同到期,该厂房随即进入改扩建工程。20×1 年 12 月 31 日,该厂房改扩建工程完工,共发生支出 5 000 000 元,均已支付,即日按照租赁合同出租给丙公司。假定甲公司采用成本计量模式。

本例中,改扩建支出属于后续支出,假定符合投资性房地产确认条件,应当计入投资性房地产的成本。

甲公司的账务处理如下。

(1)20×1 年 5 月 31 日,投资性房地产转入改扩建工程。

借:投资性房地产——厂房——在建 40 000 000
　投资性房地产累计折旧 10 000 000
　　贷:投资性房地产——厂房 50 000 000

(2)20×1 年 5 月 31 日至 20×1 年 12 月 31 日,发生改扩建支出。

借:投资性房地产——厂房——在建 5 000 000
　　贷:银行存款 5 000 000

(3)20×1 年 12 月 31 日,改扩建工程完工。

借:投资性房地产——厂房 45 000 000
　　贷:投资性房地产——厂房——在建 45 000 000

【例 8-10】 20×1 年 5 月,甲公司与乙公司的一项厂房经营租赁合同即将到期。为了提高厂房的租金收入,甲公司决定在租赁期满后对该厂房进行改扩建,并与丙公司签订了经营租赁合同,约定自改扩建完工时将该厂房出租给丙公司。20×1 年 5 月 31 日,与乙公司的租赁合同到期,该厂房随即进入改扩建工程。20×1 年 5 月 31 日,该厂房账面余额为 20 000 000 元,其中成本 16 000 000 元,累计公允价值变动 4 000 000 元。20×1 年 11 月 30 日,该厂房改扩建工程完工,共发生支出 3 000 000 元,均已支付,即日按照租赁合同出租给丙公司。假定甲公司采用公允价值计量模式。

甲公司的账务处理如下。

(1)20×1 年 5 月 31 日,投资性房地产转入改扩建工程

借:投资性房地产——厂房——在建 20 000 000
　　贷:投资性房地产——厂房——成本 16 000 000
　　　　　　　　　　　　——公允价值变动 4 000 000

(2)20×1 年 5 月 31 日至 20×1 年 11 月 30 日,发生改建支出。

借:投资性房地产——厂房——在建 3 000 000

　　　　　　贷:银行存款　　　　　　　　　　　　　　　　　　　　　　3 000 000

　　(3)20×1 年 11 月 30 日,改扩建工程完工。

　　借:投资性房地产——厂房——成本　　　　　　　　　　　　　23 000 000

　　　　贷:投资性房地产——厂房——在建　　　　　　　　　　　　　23 000 000

　　2.费用化的后续支出

　　与投资性房地产有关的后续支出,不满足投资性房地产确认条件的,如企业对投资性房地产进行日常维护所发生的支出,应当在发生时计入当期损益,借记"其他业务成本"等科目,贷记"银行存款"等科目。

三、投资性房地产的后续计量

　　投资性房地产的后续计量有成本和公允价值两种模式,通常应当采用成本模式计量,满足特定条件时也可以采用公允价值模式计量。但是,同一企业只能采用一种模式对所有投资性房地产进行后续计量,不得同时采用两种计量模式。

　　(一)采用成本模式计量的投资性房地产

　　企业通常应当采用成本模式对投资性房地产进行后续计量。采用成本模式进行后续计量的投资性房地产,应当遵循以下会计处理规定。

　　(1)按照固定资产或无形资产的有关规定,按期(月)计提折旧或摊销,借记"其他业务成本"等科目,贷记"投资性房地产累计折旧"或"投资性房地产累计摊销"科目。

　　(2)取得的租金收入,借记"银行存款"等科目,贷记"其他业务收入"等科目。

　　(3)投资性房地产存在减值迹象的,适用资产减值的有关规定。经减值测试后确定发生减值的,应当计提减值准备,借记"资产减值损失"科目,贷记"投资性房地产减值准备"科目。已经计提减值准备的投资性房地产,其减值损失在以后的会计期间不得转回。

　　【例 8-11】　甲公司将一栋写字楼出租给乙公司使用,确认为投资性房地产,采用成本模式进行后续计量。假设这栋办公楼的成本为 72 000 000 元,按照年限平均法计提折旧,使用寿命为 20 年,预计净残值为 0。经营租赁合同约定,乙公司每月等额支付甲公司租金 400 000 元。

　　甲公司的账务处理如下。

　　(1)每月计提折旧。

　　每月计提的折旧=(72 000 000÷20)÷12=300 000(元)

　　借:其他业务成本——出租写字楼折旧　　　　　　　　　　　　300 000

　　　　贷:投资性房地产累计折旧　　　　　　　　　　　　　　　　300 000

　　(2)每月确认租金收入。

　　借:银行存款(或其他应收款)　　　　　　　　　　　　　　　　400 000

　　　　贷:其他业务收入——出租写字楼租金收入　　　　　　　　　400 000

　　(二)采用公允价值模式计量的投资性房地产

　　只有存在确凿证据表明投资性房地产的公允价值能够持续可靠取得的情况下,企业才可以采用公允价值模式对投资性房地产进行后续计量。企业一旦选择采用公允价值计量模式,就应当对其所有投资性房地产均采用公允价值模式进行后续计量。

　　1.采用公允价值模式计量的条件

　　采用公允价值模式进行后续计量的投资性房地产,应当同时满足以下两个条件。

（1）投资性房地产所在地有活跃的房地产交易市场。

所在地，通常是指投资性房地产所在的城市。对于大中型城市，应当为投资性房地产所在的城区。

（2）企业能够从活跃的房地产交易市场上取得同类或类似房地产的市场价格及其他相关信息，从而对投资性房地产的公允价值作出合理的估计。

同类或类似的房地产，对建筑物而言，是指所处地理位置和地理环境相同、性质相同、结构类型相同或相近、新旧程度相同或相近、可使用状况相同或相近的建筑物；对土地使用权而言，是指同一位置区域、所处地理环境相同或相近、可使用状况相同或相近的土地。

投资性房地产的公允价值是市场参与者在计量日的有序交易中，出售该房地产所能收到的金额。确定投资性房地产的公允价值时，应当参照活跃市场上同类或类似房地产的现行市场价格（市场公开报价）；无法取得同类或类似房地产现行市场价格的，应当参照活跃市场上同类或类似房地产的最近交易价格，并考虑交易情况、交易日期、所在区域等因素，从而对投资性房地产的公允价值作出合理的估计；也可以基于预计未来获得的租金收益和相关现金流量予以估计。

2. 采用公允价值模式计量的会计处理规定

采用公允价值模式进行后续计量的投资性房地产，应当遵循以下会计处理规定：

（1）不对投资性房地产计提折旧或摊销。企业应当以资产负债表日投资性房地产的公允价值为基础调整其账面价值，公允价值与原账面价值之间的差额计入当期损益。

资产负债表日，投资性房地产的公允价值高于原账面价值的差额，借记"投资性房地产——公允价值变动"科目，贷记"公允价值变动损益"科目；公允价值低于原账面价值的差额，作相反的账务处理。

（2）取得的租金收入，借记"银行存款"等科目，贷记"其他业务收入"等科目。

【例 8-12】 20×1 年 9 月，甲公司与乙公司签订租赁协议，约定将甲公司新建造的一栋写字楼租赁给乙公司使用，租赁期为 10 年。

20×1 年 12 月 1 日，该写字楼开始起租，写字楼的工程造价为 80 000 000 元，公允价值也为相同金额。该写字楼所在区域有活跃的房地产交易市场，而且能够从房地产交易市场上取得同类房地产的市场报价，甲公司决定采用公允价值模式对该项出租的房地产进行后续计量。

在确定该投资性房地产的公允价值时，甲公司选取了与该处房产所处地区相近、结构及用途相同的房地产，参照公司所在地房地产交易市场的平均销售价格，结合周边市场信息和自有房产的特点。20×1 年 12 月 31 日，该写字楼的公允价值为 84 000 000 元。

甲公司的账务处理如下。

（1）20×1 年 12 月 1 日，甲公司出租写字楼。

借：投资性房地产——写字楼——成本   80 000 000

    贷：固定资产——写字楼   80 000 000

（2）20×1 年 12 月 31 日，按照公允价值调整其账面价值，公允价值与原账面价值之间的差额计入当期损益。

借：投资性房地产——写字楼——公允价值变动   4 000 000

    贷：公允价值变动损益——投资性房地产   4 000 000

(三)投资性房地产后续计量模式的变更

为保证会计信息的可比性,企业对投资性房地产的计量模式一经确定,不得随意变更。只有在房地产市场比较成熟、能够满足采用公允价值模式条件的情况下,才允许企业对投资性房地产从成本模式计量变更为公允价值模式计量。成本模式转为公允价值模式的,应当作为会计政策变更处理,根据计量模式变更时公允价值与账面价值的差额,调整期初留存收益。企业变更投资性房地产计量模式的,应当按照计量模式变更日投资性房地产的公允价值,借记"投资性房地产——成本"科目,按照已计提的折旧或摊销,借记"投资性房地产累计折旧"或"投资性房地产累计摊销"科目,原已计提减值准备的,借记"投资性房地产减值准备"科目,按照原账面余额,贷记"投资性房地产"科目,按照公允价值与其账面价值之间的差额,调整期初留存收益。

已采用公允价值模式计量的投资性房地产,不得从公允价值模式转为成本模式。

在极少数情况下,采用公允价值模式对投资性房地产进行后续计量的企业,如果有证据表明企业首次取得某项投资性房地产(或某项现有房地产在完成建造或开发活动或改变用途后首次成为投资性房地产)时,该投资性房地产的公允价值不能持续可靠取得的,应当对该投资性房地产采用成本模式计量直至处置,并且假设无残值。但是,采用成本模式对投资性房地产进行后续计量的企业,即使有证据表明企业首次取得某项投资性房地产时,该投资性房地产的公允价值能够持续可靠取得,该企业仍应对该投资性房地产采用成本模式进行后续计量。

四、投资性房地产的转换和处置

(一)房地产的转换

1.房地产的转换形式及转换日

房地产的转换是指房地产用途的变更。企业不得随意对自用或作为存货的房地产进行重新分类。企业有确凿证据表明房地产用途发生改变,满足下列条件之一的,才应当将投资性房地产转换为其他资产或者将其他资产转换为投资性房地产。

(1)投资性房地产开始自用,即将投资性房地产转为自用房地产。在此种情况下,转换日为房地产达到自用状态,企业开始将其用于生产商品、提供劳务或者经营管理的日期。

(2)作为存货的房地产改为出租,通常是指房地产开发企业将其持有的开发产品以经营租赁的方式出租,存货相应地转换为投资性房地产。在这种情况下,转换日为房地产的租赁期开始日。

(3)自用建筑物停止自用,改为出租。即企业将原本用于生产商品、提供劳务或者经营管理的房地产改用于出租,固定资产相应地转换为投资性房地产。在这种情况下,转换日为租赁期开始日。

(4)自用土地使用权停止自用,改用于赚取租金或资本增值。即企业将原本用于生产商品、提供劳务或者经营管理的土地使用权改用于赚取租金或资本增值,该土地使用权相应地转换为投资性房地产。在这种情况下,转换日为自用土地使用权停止自用后确定用于赚取租金或资本增值的日期。

(5)确凿证据表明房地产企业将用于经营出租的房地产重新开发用于对外销售,从投资性房地产转为存货。在这种情况下,转换日为租赁期满,企业董事会或类似机构作出书面决议明确表明将其重新开发用于对外销售的日期。

以上所指凿证据包括两个方面:一是企业董事会或类似机构应当就改变房地产用途形成正式的书面决议;二是房地产因用途改变而发生实际状态上的改变,如从自用状态改为出租状态。

2.房地产转换的会计处理

(1)成本模式下的转换

①投资性房地产转换为自用房地产

企业将采用成本模式计量的投资性房地产转换为自用房地产时,应当按该项投资性房地产在转换日的账面余额、累计折旧或摊销、减值准备等,分别转入“固定资产”“无形资产”“累计折旧”“累计摊销”“固定资产减值准备”“无形资产减值准备”等科目,按其账面余额,借记“固定资产”或“无形资产”科目,贷记“投资性房地产”科目,按已计提的折旧或摊销,借记“投资性房地产累计折旧”或“投资性房地产累计摊销”科目,贷记“累计折旧”或“累计摊销”科目,原已计提减值准备的,借记“投资性房地产减值准备”科目,贷记“固定资产减值准备”或“无形资产减值准备”科目。

【例8-13】 20×1年8月10日,为扩大生产经营,甲公司董事会作出书面决议,计划于20×1年8月31日将某出租在外的厂房在租赁期满时收回,用于本公司的产品生产。随后,甲公司做好了厂房重新用于生产的各项准备工作。20×1年8月31日,甲公司将该出租的厂房收回,20×1年9月1日开始用于本公司的产品生产。该项房地产在转换前采用成本模式计量,截至20×1年8月31日,账面余额为80 000 000元,已计提累计折旧金额为20 000 000元。假定不考虑其他因素。

本例属于成本模式下投资性房地产转换为自用房地产,甲公司应当将投资性房地产在转换日的账面余额80 000 000元转入“固定资产——厂房”;将投资性房地产在转换日的累计折旧20 000 000元转入“累计折旧——厂房”。

甲公司在20×1年9月1日的账务处理如下。

借:固定资产——厂房　　　　　　　　　　　　　　　　　　　　　80 000 000
　　投资性房地产累计折旧　　　　　　　　　　　　　　　　　　　20 000 000
　贷:投资性房地产——厂房　　　　　　　　　　　　　　　　　　　80 000 000
　　　累计折旧——厂房　　　　　　　　　　　　　　　　　　　　　20 000 000

②投资性房地产转换为存货

企业将采用成本模式计量的投资性房地产转换为存货时,应当按照该项房地产在转换日的账面价值,借记“开发产品”科目,按照已计提的折旧或摊销,借记“投资性房地产累计折旧”或“投资性房地产累计摊销”科目,原已计提减值准备的,借记“投资性房地产减值准备”科目,按其账面余额,贷记“投资性房地产”科目。

③自用房地产转换为投资性房地产

企业将自用土地使用权或建筑物转换为采用成本模式计量的投资性房地产时,应按该项建筑物或土地使用权在转换日的原价、累计折旧或摊销、减值准备等,分别转入“投资性房地产”“投资性房地产累计折旧”或“投资性房地产累计摊销”“投资性房地产减值准备”科目,按其账面余额,借记“投资性房地产”科目,贷记“固定资产”或“无形资产”科目,按已计提的折旧或摊销,借记"累计折旧"或"累计摊销"科目,贷记"投资性房地产累计折旧"或"投资性房地产累计摊销"科目,原已计提减值准备的,借记"固定资产减值准备"或"无形资产减值准备"科目,贷记"投资性房地产减值准备"科目。

【例8-14】 甲公司拥有一栋本公司总部办公使用的办公楼,公司董事会就将该栋办公楼用于出租形成了书面决议。20×1年4月10日,甲公司与乙公司签订了经营租赁协议,将这栋办公楼整体出租给乙公司使用,租赁期开始日为20×1年5月1日,租期为5年。20×1年5月1日,这栋办公楼的账面余额为500 000 000元,已计提折旧5 000 000元。假设甲公司所在地不存在活跃的房地产交易市场。

甲公司在20×1年5月1日的账务处理如下。

借:投资性房地产——办公楼   500 000 000
  累计折旧   5 000 000
  贷:固定资产——办公楼   500 000 000
    投资性房地产累计折旧   5 000 000

④作为存货的房地产转换为投资性房地产

企业将作为存货的房地产转换为采用成本模式计量的投资性房地产时,应当按该项存货在转换日的账面价值,借记"投资性房地产"科目,原已计提跌价准备的,借记"存货跌价准备"科目,按其账面余额,贷记"开发产品"等科目。

【例8-15】 甲公司是从事房地产开发的企业,20×1年4月10日,甲公司董事会就将其开发的一栋写字楼不再出售改用作出租形成了书面决议。甲公司遂与乙公司签订了租赁协议,将此写字楼整体出租给乙公司使用,租赁期开始日为20×1年5月1日,租赁期为5年。20×1年5月1日,该写字楼的账面余额为500 000 000元,未计提存货跌价准备,转换后采用成本模式进行后续计量。

甲公司在20×1年5月1日的账务处理如下。

借:投资性房地产——写字楼   500 000 000
  贷:开发产品   500 000 000

(2)公允价值模式下的转换

①投资性房地产转换为自用房地产

企业将采用公允价值模式计量的投资性房地产转换为自用房地产时,应当以其转换当日的公允价值作为自用房地产的账面价值,公允价值与原账面价值的差额计入当期损益。转换日,按该项投资性房地产的公允价值,借记"固定资产"或"无形资产"科目;按该项投资性房地产的成本,贷记"投资性房地产——成本"科目;按该项投资性房地产的累计公允价值变动,贷记或借记"投资性房地产——公允价值变动"科目;按其差额,贷记或借记"公允价值变动损益"科目。

【例8-16】 20×1年11月1日,租赁期满,甲公司将出租的写字楼收回,公司董事会就将该写字楼作为办公楼用于本公司的行政管理使用形成了书面决议。20×1年11月1日,该写字楼正式开始自用,相应由投资性房地产转换为自用房地产,当日的公允价值为72 000 000元。该项房地产在转换前采用公允价值模式计量,原账面价值为70 000 000元,其中,成本为67 000 000元,公允价值变动为增值3 000 000元。

甲公司的账务处理如下。

借：固定资产——写字楼　　　　　　　　　　　　　　　　　72 000 000
　　贷：投资性房地产—写字楼——成本　　　　　　　　　　　　67 000 000
　　　　　　　　　　　　　　——公允价值变动　　　　　　　　　3 000 000
　　　　公允价值变动损益——投资性房地产　　　　　　　　　　2 000 000

②投资性房地产转换为存货

企业将采用公允价值模式计量的投资性房地产转换为存货时，应当以其转换当日的公允价值作为存货的账面价值，公允价值与原账面价值的差额计入当期损益。

转换日，按该项投资性房地产的公允价值，借记"开发产品"等科目；按该项投资性房地产的成本，贷记"投资性房地产——成本"科目；按该项投资性房地产的累计公允价值变动，贷记或借记"投资性房地产—公允价值变动"科目；按其差额，贷记或借记"公允价值变动损益"科目。

③自用房地产转换为投资性房地产

企业将自用土地使用权或建筑物转换为采用公允价值模式计量的投资性房地产时，应当按该项土地使用权或建筑物在转换日的公允价值，借记"投资性房地产——成本"科目；按已计提的累计摊销或累计折旧，借记"累计摊销"或"累计折旧"科目；原已计提减值准备的，借记"无形资产减值准备"或"固定资产减值准备"科目；按其账面余额，贷记"固定资产"或"无形资产"科目。同时，转换日的公允价值小于账面价值的，按其差额，借记"公允价值变动损益"科目；转换日的公允价值大于账面价值的，按其差额，贷记"其他综合收益"科目。待该项投资性房地产处置时，因转换计入其他综合收益的部分应转入当期损益。

【例 8-17】　20×1 年 8 月，甲公司打算搬迁至新建办公楼，由于原办公楼处于商业繁华地段，甲公司准备将其出租，以赚取租金收入，已经公司董事会批准形成书面决议。20×1 年 12 月底，甲公司完成了搬迁工作，原办公楼停止自用。20×2 年 1 月 1 日，甲公司与乙公司签订了租赁协议，将其原办公楼租赁给乙公司使用，约定租赁期开始日为 20×2 年 1 月 1 日，租赁期为 3 年。

在该例中，甲公司应当于租赁期开始日（20×2 年 1 月 1 日）将自用房地产转换为投资性房地产。该办公楼所在地房地产交易活跃，公司能够从市场上取得同类或类似房地产的市场价格及其他相关信息，假设甲公司对出租的该办公楼采用公允价值模式计量。

假设 20×2 年 1 月 1 日，该办公楼的公允价值为 380 000 000 元，其原价为 550 000 000 元，已提折旧 150 000 000 元。

甲公司在 20×2 年 1 月 1 日的账务处理如下。

借：投资性房地产——办公楼——成本　　　　　　　　　　380 000 000
　　公允价值变动损益——投资性房地产　　　　　　　　　　20 000 000
　　累计折旧　　　　　　　　　　　　　　　　　　　　　150 000 000
　　贷：固定资产——办公楼　　　　　　　　　　　　　　　550 000 000

④作为存货的房地产转换为投资性房地产

企业将作为存货的房地产转换为采用公允价值模式计量的投资性房地产时，应当按该项房地产在转换日的公允价值，借记"投资性房地产——成本"科目，原已计提跌价准备的，借记"存货跌价准备"科目，按其账面余额，贷记"开发产品"等科目；同时，转换日的公允价值小于账面价值的，按其差额，借记"公允价值变动损益"科目，转换日的公允价值大于账面价值的,按其差额,贷记"其他综合收益"科目。待该项投资性房地产处置时,因转换计入其他综合收益的部分应转入当期损益。

【例8-18】 20×1年4月15日,甲房地产开发公司(简称"甲公司")董事会形成书面决议,将其开发的一栋写字楼用于出租。甲公司遂与乙公司签订了租赁协议,租赁期开始日为20×1年5月1日,租赁期为5年。20×1年5月1日,该写字楼的账面余额为400 000 000元,公允价值为430 000 000元。

甲公司在20×1年5月1日的账务处理如下。

借:投资性房地产——写字楼——成本　　　　　　　　　　　　　　430 000 000
　　贷:开发产品　　　　　　　　　　　　　　　　　　　　　　　400 000 000
　　　　其他综合收益——公允价值变动——投资性房地产　　　　　30 000 000

(二)投资性房地产的处置

当投资性房地产被处置或者永久退出使用且预计不能从其处置中取得经济利益时,应当终止确认该项投资性房地产。企业出售、转让、报废投资性房地产或者发生投资性房地产毁损,应当将处置收入扣除其账面价值和相关税费后的金额计入当期损益。此外,企业因其他原因,如非货币性资产交换等而减少投资性房地产,也属于投资性房地产的处置。

1.成本模式计量的投资性房地产的处置

处置采用成本模式计量的投资性房地产时,应当按实际收到的金额,借记"银行存款"等科目,贷记"其他业务收入"科目;按该项投资性房地产的账面价值,借记"其他业务成本"科目,按其账面余额,贷记"投资性房地产"科目;按照已计提的折旧或摊销,借记"投资性房地产累计折旧"或"投资性房地产累计摊销"科目;原已计提减值准备的,借记"投资性房地产减值准备"科目。

【例8-19】 甲公司将其出租的一栋写字楼确认为投资性房地产。租赁期届满后,甲公司将该栋写字楼出售给乙公司,合同价款为200 000 000元,乙公司已用银行存款付清。假设这栋写字楼原采用成本模式计量。出售时,该栋写字楼的成本为180 000 000元,已计提折旧20 000 000元,不考虑相关税费。

甲公司的账务处理如下。

借:银行存款　　　　　　　　　　　　　　　　　　　　　　　　200 000 000
　　贷:其他业务收入　　　　　　　　　　　　　　　　　　　　　200 000 000
借:其他业务成本　　　　　　　　　　　　　　　　　　　　　　160 000 000
　　投资性房地产累计折旧　　　　　　　　　　　　　　　　　　20 000 000
　　贷:投资性房地产——写字楼　　　　　　　　　　　　　　　　180 000 000

延伸思考8.2:投资性房地产的处置收入作为营业收入是否合理?

2.公允价值模式计量的投资性房地产的处置

处置采用公允价值模式计量的投资性房地产时,应当按实际收到的金额,借记"银行存款"等科目,贷记"其他业务收入"科目;按该项投资性房地产的账面余额,借记"其他业务成本"科目,按其成本,贷记"投资性房地产——成本"科目;按其累计公允价值变动,贷记或借记"投资性房地产——公允价值变动"科目。同时,结转投资性房地产累计公允价值变动。若存在原转换日计入其他综合收益的金额,也一并结转。

思考题

1. 对于企业内部研究开发项目,研究阶段和开发阶段的支出应当如何处理? 开发阶段的支出资本化的条件是什么? 无法区分研究阶段和开发阶段的支出,应当如何确认?

2. 使用寿命有限的无形资产是否必须按年平均摊销? 使用寿命不确定的无形资产是需要进行摊销?

3. 企业在每个会计期末对使用寿命不确定的无形资产的使用寿命进行复核,有证据表明该无形资产的使用寿命是有限的,应当作为会计估计变更处理还是作为会计政策变更?

4. 投资性房地产的特征有哪些,包括哪些项目?

5. 投资性房地产应当如何进行初始计量? 应当如何对后续支出进行会计处理?

6. 投资性房地产采用成本模式计量和公允价值模式计量的要求有何不同?

7. 将投资性房地产转换为其他资产或者将其他资产转换为投资性房地产的条件有哪些? 在成本模式和公允价值模式下应当如何进行会计处理?

8. 处置以成本模式和以公允价值模式计量的投资性房地产时应当如何进行会计处理?

练习题

1. 20×1 年 1 月 1 日,甲公司外购用于生产 A 产品的非专利技术,以银行存款支付买价 2 000 000 元,增值税 120 000 元,合计 2 120 000 元。根据相关法律,该项非专利技术的有效期限为 10 年。20×1 年 12 月 31 日,甲公司估计该项非专利技术预计使用年限还有 6 年。20×3 年 12 月 31 日,与该项非专利技术相关的经济因素发生了不利变化,致使该项非专利技术发生减值。甲公司估计其可收回金额为 1 000 000 元,公允价值无法可靠计量,预计使用年限不变。20×5 年 1 月 5 日,甲公司将该项非专利技术出售,收取价款 800 000 元,增值税 48 000 元,合计 848 000 元;结转无形资产成本。

要求:编制甲公司从非专利技术购入到出售的相关会计分录。

2. 乙公司自行研制一项新型技术,成功后拟申请专利。研究过程中,发生职工薪酬 100 000 元,以银行存款支付各项费用 200 000 元(未取得增值税专用发票);开发过程中,发生职工薪酬 200 000 元,以银行存款支付其他各项费用 500 000 元(其中职工薪酬全部符合资本化条件,其他各项费用未取得增值税专用发票,符合资本化条件的为 400 000 元)。该项目研制成功后申请专利,以银行存款支付申请专利费 10 000 元,获专利部门批准领取了专利证书。

要求:编制有关该专利权的各项会计分录。

3. 20×1 年 12 月 31 日,丙公司购入一栋房屋,以银行存款支付买价 50 000 000 元,增值税 4 500 000 元,合计 54 500 000 元,作为管理用房使用,采用年限平均法计提折旧,预计使用年限为 50 年,预计净残值为 0。20×2 年 12 月 31 日,该公司将房屋的用途改为出租,并以公允价值模式计量,当日的公允价值为 48 500 000 元。20×3 年,该企业收取房屋租金 1 500 000 元,增值税 135 000 元;20×3 年 12 月 31 日,该房屋公允价值为 48 200 000 元。20×4 年 1 月 10 日,该企业将房屋出售,收取买价 47 800 000 元,增值税 4 302 000 元,合计 52 102 000 元,存入银行。

要求:根据以上资料,编制有关会计分录。

第九章

流动负债

■■■ 学习目标

1. 掌握：短期借款的核算；应付票据的核算；应付职工薪酬的核算；应交增值税、消费税的核算。

2. 理解：应付账款的核算；应交城市维护建设税、教育费附加的核算；其他应付及预收款项的核算。

3. 了解：流动负债的性质，流动负债的入账价值。

■■■ 案例引入

日照港集团紧急借新偿旧

日照港股份有限公司(简称"日照港")于 2006 年 10 月在上海证券交易所上市。公司依托日照港口开展大宗散杂货物的装卸、堆存及中转服务。公司主营业务包括码头和其他港口设施经营；在港区内从事货物装卸、仓储服务等。从业务板块看，可分为装卸业务、堆存业务和港务管理业务，其中装卸业务营业收入占比最高。

2014 年末、2015 年末、2016 年末及 2017 年 3 月末，日照港集团资产负债率分别为 68.02%、67.57%、65.47% 及 64.31%，始终较高。其中，上述报告期，其流动负债分别为 182.92 亿元、207.59 亿元、236.35 亿元及 205.40 亿元，分别占负债总额比重的 55.23%、56.23%、64.91% 及 59.13%。毫无疑问，流动负债占负债总额比重较高，短期偿债压力较大，这为日照港集团带来了一定的流动性风险。

截至 2017 年 3 月末，其短期借款余额为 56.18 亿元，长期借款余额为 81.21 亿元，一年内到期的非流动负债达 47.88 亿元。其中，仅集团本部的短期借款余额就达到 46.20 亿元，长期借款余额为 38.95 亿元，一年内到期的非流动负债为 29.70 亿元。

为提高直接融资比例，改善融资结构，日照港集团在 2017 年 2 月发行 2017 年度第一期中期票据后，又火速启动了第二期中期票据的发行。截至 2017 年 5 月，公司拟在银行间市场发行金额为 30 亿元的中期票据，所募集的资金将用于补充公司本部及子公司的营运资金需求以及偿还公司本部到期的银行借款。

近三年及 2017 年 3 月末，日照港集团归属于母公司所有者的净利润分别为 -3371.98 万元、-5.09 亿元、-3.09 亿元和 1424.21 万元。随着上市公司、合资公司中少数股东持股数量的增加，使得少数股东损益增加，导致归属于母公司所有者的净利润有所减少。同时，在合并报表中，母公司及部分子公司等未盈利单位稀释了部分净利润，导致合并净利润减少。随着日照港集团持有上市公司股权比例的降低，归属于母公司所有者的净利润不足以弥补其亏损，导致归属于母公司所有者的净利润为负值。

负债是构成企业会计六要素的主要方面，也是资产负债表的主要构成部分。高负债预埋的金融风险巨大，在我国直接融资有待发展的环境中，目前贷款融资仍然是企业的主要负债项目，一旦企业高负债受宏观经济影响不能为继，或者企业高负债雪球滚动不下去，资金链条就会断裂，金融风险立马就会暴露。因此，企业应未雨绸缪，加强对负债的管控，密切关注高负债可能带来的风险，采取措施提前予以化解。

案例来源：焦点｜日照港集团紧急借新偿旧[EB/OL]．(2017-05-11)[2024-03-28]．https://www.so-hu.com/a/139921538_237762．

第一节　流动负债概述

一、流动负债的性质

流动负债是指企业在一年或超过一年的一个营业周期内，需要以流动资产或增加其他负债来抵偿的债务，主要包括短期借款、应付票据、应付账款、预收账款、应付职薪酬、应付股利、应付利息、应交税费和其他应付款等。

确认流动负债的目的，主要是将其与流动资产进行比较，反映企业的短期偿债能力。短期偿债能力是债权人非常关心的财务指标，在资产负债表上必须将流动负债与非流动负债分别列示。

二、流动负债的分类

流动负债按照不同的标准可以分为不同的类别，以满足不同的需要。

(一)按照偿付手段分类

流动负债按照偿付手段分类，可以分为货币性流动负债和非货币性流动负债。

(1)货币性流动负债。货币性流动负债是指需要以货币资金来偿还的流动负债，主要包括短期借款、应付票据、应付账款、应付职工薪酬、应付股利、应交税费和其他应付款。

(2)非货币性流动负债。非货币性流动负债是指不需要用货币资金来偿还的流动负债，主要为预收账款。

(二)按照偿付金额是否确定分类

流动负债按照偿付金额是否确定分类，可以分为金额可以确定的流动负债和金额需要估计的流动负债。

(1)金额可以确定的流动负债。金额可以确定的流动负债是指有确切的债权人和偿付日期并有确切的偿付金额的流动负债，主要包括短期借款、应付票据、已经取得结算凭证的应付账款、预收账款、应付职工薪酬、应付股利、应付利息、应交税费和其他应付款等。

(2)金额需要估计的流动负债。金额需要估计的流动负债是指没有确切的债权人和偿付日期，或虽有确切的债权人和偿付日期但其偿付金额需要估计的流动负债，主要包括没有取得结算凭证的应付账款等。结算凭证尚未到达但已经入库的存货，其应付账款应于月末估计确定。

(三)按照形成方式分类

流动负债按照形成方式分类，可以分为融资活动形成的流动负债和营业活动形成的流动负债。

（1）融资活动形成的流动负债。融资活动形成的流动负债是指企业从银行和其他金融机构筹集资金形成的流动负债，主要包括短期借款、应付股利和应付利息。

（2）营业活动形成的流动负债。营业活动形成的流动负债是指企业在正常的生产经营活动中形成的流动负债，可以分为外部业务结算形成的流动负债和内部往来形成的流动负债。外部业务结算形成的流动负债主要包括应付票据、应付账款、预收账款、应交税费、其他应付款中应付外单位的款项等；内部往来形成的流动负债主要包括应付职工薪酬和其他应付款中应付企业内部单位或职工的款项。

需要说明的是，将流动负债进行上述划分是相对而言的。企业的一项流动负债属于何种类型，除了按上述标准进行一般的分类外，还应进行具体分析，确定该项负债的性质。

三、流动负债的入账价值

负债是企业应在未来偿付的债务，从理论上讲，其入账价值应按未来应付金额的现值计量。流动负债也是负债，从理论上讲也不应例外。但是，流动负债的偿付时间一般不超过一年，未来应付的金额与折现值相差不多，按照重要性原则，其差额往往忽略不计，因而流动负债入账价值一般按照业务发生时的金额计量。

不同业务形成的流动负债，发生时的金额既可能是未来应付的金额，也可能是未来应付金额的现值。如果形成流动负债的业务发生时双方协定不计算利息，则发生时的金额即为未来应付的金额。例如，企业赊购一批存货，应付账款为 1 000 元，付款期为两个月，不计利息，则两个月后应付的金额为 1 000 元。在这种情况下，未来应付的金额 1 000 元中实际上已经隐含了两个月的利息，其现值应为扣除两个月利息后的余额，但与未来应付的金额相差不多。按照重要性原则，应付票据的入账价值一般按照 1 000 元计量，即按照未来应付的金额计量。如果形成流动负债的业务发生时双方协定计算利息，则发生时的金额为现在应付的金额，未来应付金额为现在应付的金额与应付利息之和。例如，上例业务中双方协商采用商业汇票结算，计算利息，年利率为 6%，则业务发生时的金额 1 000 元为现在应付的金额，两个月应付的利息为 10 元，未来应付的金额为 1 010 元。在这种情况下，应付票据的入账价值仍按 1 000 元计量，即按照现在应付的金额计量。

第二节　短期借款

短期借款是指企业从银行或其他金融机构借入的偿还期在一年以内（特殊情况下在超过一年的一个营业周期以内，本章下同）的款项。

一、短期借款的取得

企业从银行或其他金融机构借入款项时应签订借款合同，注明借款金额、借款利率和还款时间等。取得短期借款时，应借记"银行存款"科目，贷记"短期借款"科目。"短期借款"科目应按债权人以及借款种类、还款时间设置明细账。

【例 9-1】　天目公司 20×1 年 4 月 1 日从银行取得偿还期为 6 个月的借款 80 000 元，年利率为 6%,每季度结息一次。

根据以上资料,编制会计分录如下。

借:银行存款　　　　　　　　　　　　　　　　　　　　　　　80 000

　　贷:短期借款　　　　　　　　　　　　　　　　　　　　　　　80 000

二、短期借款的利息费用

企业取得短期借款而发生的利息费用,一般应作为财务费用处理,计入当期损益。银行或其他金融机构一般按季度在季末月份结算借款利息,每季度的前两个月不支付利息。

按照权责发生制原则,当月应负担的利息费用即使在当月没有支付,也应作为当月的利息费用处理,应在月末估计当月的利息费用数额进行预提,借记"财务费用"科目,贷记"应付利息"科目。在实际支付利息的月份,应根据已经预提的数额,借记"应付利息"科目;实际支付的利息大于预提数的差额,为当月应负担的利息费用,借记"财务费用"科目;根据实际支付的利息,贷记"银行存款"科目。在实际支付利息的月份,也可以先根据实际支付的利息,借记"应付利息"科目,贷记"银行存款"科目;月末再调整应付利息的差额,借记"财务费用"科目,贷记"应付利息"科目。采用月末调整应付利息差额的方法,能够在应付利息明细账中全面反映借款利息的预提和支出数额。

【例 9-2】　沿用【例 9-1】的资料,天目公司采用预提法进行利息费用的核算,编制会计分录如下。

(1)4 月、5 月预提利息费用 400 元,共预提 800 元。

借:财务费用　　　　　　　　　　　　　　　　　　　　　　　400

　　贷:应付利息　　　　　　　　　　　　　　　　　　　　　　　400

(2)6 月份实际支付借款利息 1 200 元。

借:应付利息　　　　　　　　　　　　　　　　　　　　　　　800

　　财务费用　　　　　　　　　　　　　　　　　　　　　　　400

　　贷:银行存款　　　　　　　　　　　　　　　　　　　　　　1 200

(3)6 月份也可以在实际支付借款利息时。

借:应付利息　　　　　　　　　　　　　　　　　　　　　　1 200

　　贷:银行存款　　　　　　　　　　　　　　　　　　　　　　1 200

(4)6 月末预提利息费用。

借:财务费用　　　　　　　　　　　　　　　　　　　　　　　400

　　贷:应付利息　　　　　　　　　　　　　　　　　　　　　　　400

在短期借款的数额不多,各月负担的利息费用数额不大的情况下,年内各月份也可以采用简化的核算方法,即于实际支付利息的月份,将其全部作为当月的财务费用处理,借记"财务费用"科目,贷记"银行存款"科目。但在年末,如果有应由本年负担但尚未支付的借款利息,应予以预提,否则会影响年度所得税的计算。

三、短期借款的偿还

企业在短期借款到期偿还借款本金时,应借记"短期借款"科目,贷记"银行存款"科目。

【例 9-3】　沿用【例 9-2】的资料,天目公司 20×1 年 10 月 1 日偿还短期借款 80 000 元,编制会计分录如下。

借:短期借款   80 000

    贷:银行存款   80 000

第三节　应付及预收款项

一、应付票据

应付票据是指企业采用商业汇票结算方式延期付款购入货物应付的票据款。在我国，商业汇票的付款期限最长为 6 个月，因而应付票据即短期应付票据。

(一)商业汇票的签付

商业汇票结算方式是一种延期付款的结算方式。企业采用商业汇票结算方式购入货物，应向供货单位签付已承兑的商业汇票。企业也可以签付商业汇票，用以抵偿应付账款。商业汇票按承兑人分类，可以分为商业承兑汇票和银行承兑汇票两种。实际工作中使用的商业汇票，一般为不带息的商业汇票。

企业签付商业汇票，不论是商业承兑汇票还是银行承兑汇票，其到期价值即为票面价值。按照重要性原则，应付票据应按业务发生时的金额即票面价值(亦即到期价值)作为入账价值。企业取得结算凭证并签付商业汇票后，应按票面价值借记"原材料""应交税费——应交增值税(进项税额)"等科目，贷记"应付票据"科目。企业向银行申请承兑支付的手续费，应计入财务费用。

(二)商业汇票到期

企业签付的商业汇票到期时，应无条件支付票据款。由于企业筹集付款资金的方法和能力有所不同，到期时可能会出现有能力支付票据款和无力支付票据款两种情况。

(1)有能力支付票据款。在商业汇票到期时，如果企业有能力支付票据款，则企业的开户银行在收到商业汇票付款通知时无条件支付票据款。企业在收到开户银行的付款通知时核销应付票据。支付票据款时，应借记"应付票据"科目，贷记"银行存款"科目。

(2)无力支付票据款。在商业汇票到期时，如果企业无力支付票据款，则应根据不同承兑人承兑的商业汇票作不同的处理。采用商业承兑汇票进行结算，承兑人即为付款人。如果付款人无力支付票据款，银行将把商业承兑汇票退还给收款人，由收付款双方协商解决。由于商业汇票已经失效，付款人应将应付票据款转为应付账款，企业应按票面价值借记"应付票据"科目，贷记"应付账款"科目。

采用银行承兑汇票进行结算，承兑人为承兑银行。如果付款人无力支付票据款，承兑银行将代为支付票据款，并将其转为对付款人的逾期贷款。由于商业汇票已经失效，付款人应将应付票据款转为短期借款，企业应按票面价值借记"应付票据"科目，贷记"短期借款"科目。企业支付的罚息，应计入财务费用。

【例 9-4】　天目公司 3 月 1 日购入原材料一批，买价为 10 000 元，增值税为 1 300 元，共计 11 300 元，原材料已验收入库，采用商业汇票结算方式进行结算。该企业签付一张商业汇票，付款期限为 3 个月。6 月 1 日用银行存款支付票据款 11 300 元。根据以上资料，编制会计分录如下。

(1)3 月 1 日签付商业汇票 11 300 元。

借：原材料 10 000
　　应交税费——应交增值税(进项税额) 1 300
　　贷：应付票据 11 300

(2)6 月 1 日支付票据款 11 300 元。

借：应付票据 11 300
　　贷：银行存款 11 300

(3)假定该商业汇票为商业承兑汇票，6 月 1 日商业汇票到期时该企业无力支付票据款。

借：应付票据 11 300
　　贷：应付账款 11 300

(4)假定该商业汇票为银行承兑汇票，6 月 1 日商业汇票到期时该企业无力支付票据款。

借：应付票据 11 300
　　贷：短期借款 11 300

二、应付账款

应付账款是指企业在正常的生产经营过程中因购进货物或接受劳务应在一年以内偿付的债务。

(一)应付账款的入账时间

从理论上讲，应付账款的入账时间应为结算凭证取得的时间。因为在赊购情况下企业取得结算凭证的同时可以取得货物，也意味着取得了该项货物的产权，应在确认资产的同时确认负债。在实际工作中，由于应付账款的偿付期限较短，往往在月内能够付款，为了简化核算工作，一般在取得结算凭证时不作账务处理，而在实际支付货款时作为资产入账。但是，结算凭证已到而月末仍未支付货款，则应确认资产和负债。

如果购进的货物已验收入库，而结算凭证在月末仍未到达，企业应对其进行估价，同时确认资产和负债，但为了规范实际支付货款时的核算方法，应在下月冲销。

(二)应付账款的入账价值

一般来说，应付账款不再单独计算利息，业务发生时的金额即为未来应付的金额，延期付款期间的利息已经隐含在业务发生时的金额之内，按照重要性原则，应付账款的入账价值一般按照业务发生时的金额即未来应付的金额确定。企业确认应付账款时，应借记有关科目，贷记"应付账款"科目；偿付应付账款时，应借记"应付账款"科目，贷记"银行存款"等科目。

【例 9-5】　天目公司 4 月 3 日赊购原材料一批，发票中注明的买价为 10 000 元，增值税为 1 300 元，共计 11 300 元，原材料已经入库。5 月 5 日实际支付价款 11 300 元。

(1)4 月 3 日购入原材料。

借：原材料 10 000
　　应交税费——应交增值税(进项税额) 1 300
　　贷：应付账款 11 300

(2)5月5日支付价款11 300元。

借:应付账款 11 300
　　贷:银行存款 11 300

三、预收账款

预收账款是指企业在销货之前预先向购买方收取的款项,应在一年以内用产品或劳务来偿付。

企业发生的预收账款业务,一般可以通过"预收账款"科目核算。收到预收账款时,应借记"银行存款"科目,贷记"预收账款"科目;销售货物或提供劳务时,应借记"预收账款"科目,贷记"主营业务收入""应交税费——应交增值税(销项税额)"等科目;退还多收的货款时,应借记"预收账款"科目,贷记"银行存款"科目;收到购买方补付的货款时,应借记"银行存款"科目,贷记"预收账款"科目。采用这种方式,在销货的全部价款大于预收账款而尚未收到购买方补付的账款时,"预收账款"科目所属的明细科目会有借方余额。月末,"预收账款"所属明细科目的借方余额,在资产负债表上应列入"应收账款"项目。

在企业预收账款业务不多的情况下,为了简化核算工作,也可以不设"预收账款"科目,预收的账款记入"应收账款"科目的贷方。采用这种方式,"应收账款"科目所属的明细科目可能会有贷方余额。月末,"应收账款"科目所属明细科目的贷方余额,在资产负债表上应列入"预收款项"项目。

【例9-6】 天目公司根据发生的有关预收账款业务,编制会计分录如下。

(1)8月31日预收长空公司货款20 000元,存入银行。

借:银行存款 20 000
　　贷:预收账款——长空公司 20 000

(2)9月30日向长空公司发货一批,不含税的价款为50 000元,增值税为6 500元,用银行存款代垫运杂费100元,共计56 600元;长空公司尚未补付货款。

借:预收账款——长空公司 56 600
　　贷:主营业务收入 50 000
　　　　应交税费——应交增值税(销项税额) 6 500
　　　　银行存款 100

9月30日,"预收账款——长空公司"明细科目借方余额36 600元,列入资产负债表的"应收账款"项目。

(3)10月6日,收到长空公司补付的货款36 600元,存入银行。

借:银行存款 36 600
　　贷:预收账款——长空公司 36 600

四、其他应付款

其他应付款是指除短期借款、应付票据、应付账款、应付职工薪酬、应交税费、应付利润以及预提费用以外的各种偿付期在一年以内的款项,如出租、出借包装物收取的押金等。

其他应付款的数额一般能够直接确定。发生其他应付款时,应借记有关科目,贷记"其他应付款"科目;偿付其他应付款时,应借记"其他应付款"科目,贷记"银行存款"等科目。

第四节　应付职工薪酬

一、职工薪酬的内容

职工薪酬,是指企业为获得职工提供的服务或解除劳动关系而给予的各种形式的报酬或补偿。职工薪酬包括短期薪酬、离职后福利、辞退福利和其他长期职工福利。企业提供给职工配偶、子女、受赡养人、已故员工遗属及其他受益人等的福利,也属于职工薪酬。此处所称职工,是指与企业订立劳动合同的所有人员,含全职、兼职和临时职工,也包括虽未与企业订立劳动合同但由企业正式任命的人员。未与企业订立劳动合同或未由其正式任命,但向企业提供的服务与职工所提供服务类似的人员,也属于职工的范畴,如通过企业与劳务中介公司签订用工合同而向企业提供服务的人员。

短期薪酬,是指企业在职工提供相关服务的年度报告期间结束后 12 个月内需要全部予以支付的职工薪酬,因解除与职工的劳动关系给予的补偿除外。短期薪酬具体包括:职工工资、奖金、津贴和补贴,职工福利费,医疗保险费和工伤保险费等社会保险费,住房公积金,工会经费和职工教育经费,短期带薪缺勤,短期利润分享计划,非货币性福利以及其他短期薪酬。

离职后福利,是指企业为获得职工提供的服务而在职工退休或与企业解除劳动关系后提供的各种形式的报酬和福利,短期薪酬和辞退福利除外。

辞退福利,是指企业在职工劳动合同到期之前解除与职工的劳动关系或为鼓励职工自愿接受裁减而给予职工的补偿。

其他长期职工福利,是指除短期薪酬、离职后福利、辞退福利之外所有的职工薪酬,包括长期带薪缺勤、其他长期服务福利、长期残疾福利、长期利润分享计划和长期奖金计划等。

带薪缺勤,是指企业支付工资或提供补偿的职工缺勤,包括年休假、病假、短期伤残、婚假、产假、丧假、探亲假等。

利润分享计划,是指因职工提供服务而与职工达成的基于利润或其他经营成果提供薪酬的协议。

为了反映职工薪酬的发放和提取情况,应设置"应付职工薪酬"科目进行核算,该科目应按照职工薪酬的类别设置明细科目。

二、职工薪酬的确认和计量

(一)应付短期薪酬

1.应付工资

(1)工资总额。工资总额是指企业在一定时期内实际支付给职工的劳动报酬总数。企业的工资总额一般由计时工资、计件工资、奖金、津贴和补贴、加班加点工资和特殊情况下支付的工资六个部分组成。

(2)工资结算。工资的核算分为工资结算的核算和工资分配的核算。工资结算包括工资的计算和工资的发放。一般来说,企业发放工资的时间在月度的上旬或中旬,无法统计职工当月的出勤时间或产量,往往按照上月的出勤和产量记录计算发放当月的工资。企业有时还为某些部门代扣一些款项,如代扣社会保险费等,应付职工的工资总额减去代扣款,即为应付给职工的现金。为了反映企业工资总额的构成,便于进行工资结算的核算,企业应编制工资结算汇总表。工资结算汇总表应按照职工类别和工资总额构成项目分别予以反映。

【例 9-7】 天目公司 11 月份的工资结算汇总表如表 9-1 所示。

表 9-1 工资结算汇总表   单位:元

项目	应付工资	代扣款项			应发现金
		社会保险费等	个人所得税	合计	
生产工人	800 000	150 000	30 000	180 000	620 000
车间管理人员	45 000	8 000	1 500	9 500	35 500
企业管理人员	147 000	30 000	5 000	35 000	112 000
销售人员	33 000	6 000	1 000	7 000	26 000
在建工程人员	65 000	12 000	2 000	14 000	51 000
合计	1 090 000	206 000	39 500	245 500	844 500

为了反映企业与职工的工资结算情况,应在"应付职工薪酬"科目下设置"工资"明细科目。

企业在发放工资之前,应按照应发现金合计数提取现金,借记"库存现金"科目,贷记"银行存款"科目;实际发放工资时,按照实发工资数额,借记"应付职工薪酬——工资"科目,贷记"库存现金"科目;如果企业将应发给职工的工资通过银行转账方式直接转入职工的银行账户,则不必提取现金,应按照实发工资数额,借记"应付职工薪酬——工资"科目,贷记"银行存款"科目。结转代扣社会保险费和住房公积金时,借记"应付职工薪酬——工资"科目,贷记"其他应付款"等科目;结转代扣个人所得税时,借记"应付职工薪酬——工资"科目,贷记"应交税费"科目;实际缴纳社会保险费和住房公积金以及个人所得税时,借记"其他应付款""应交税费"科目,贷记"银行存款"等科目。

【例 9-8】 沿用【例 9-7】的资料,天目公司 11 月份根据有关的工资结算业务,编制会计分录如下。

①通过银行转账方式,实际发放工资 844 500 元。

借:应付职工薪酬——工资   844 500
　　贷:银行存款   844 500

②结转代扣款 245 500 元。

借:应付职工薪酬——工资   245 500
　　贷:其他应付款——应付社会保险费等   206 000
　　　　应交税费——应交个人所得税   39 500

③缴纳由职工个人负担的社会保险费等 206 000 元。

借:其他应付款   206 000
　　贷:银行存款   206 000

④缴纳个人所得税 39 500 元。

借:应交税费——应交个人所得税 39 500

  贷:银行存款 39 500

(3)工资分配。工资分配是指将企业发放的工资,于月末按照用途进行分配。按照权责发生制原则,企业当月分配的工资额应为按照职工当月的出勤或产量记录计算的工资额,但是采用这种方法,月末计算职工工资的工作量很大,影响财务报表的及时报送。在企业各月工资总额相差不多的情况下,为了简化核算工作,也可以按照当月实际支付的工资额进行分配,也就是说,当月分配的工资额,为按照职工月出勤或产量记录计算的工资额。采用这种方法,"应付职工薪酬——工资"科目月末没有余额。

企业进行工资分配时,应按照工资的用途分别记入有关科目。一般来说,应根据生产车间职工工资计入产品成本,其中,生产工人的工资借记"生产成本"科目,车间管理人员的工资借记"制造费用"科目;应根据销售人员的工资,借记"销售费用"科目;应根据在建工程人员的工资,借记"在建工程"科目;应根据自行开发无形资产人员的工资,借记"研发支出"科目;应根据其他人员的工资,借记"管理费用"科目;应根据职工工资总额,贷记"应付职工薪酬——工资"科目。

为了便于进行工资分配的核算,企业应编制工资分配汇总表。

【例 9-9】 沿用【例 9-8】的资料,天目公司 11 月份的工资分配汇总表如表 9-2 所示(工资额按上月出勤和产量记录计算)。

表 9-2 工资分配汇总表   单位:元

应借科目	生产工人	车间管理人员	企业管理人员	销售人员	在建工程人员	合计
生产成本	800 000					800 000
制造费用		45 000				45 000
管理费用			147 000			147 000
销售费用				33 000		33 000
在建工程					65 000	65 000
合计	800 000	45 000	14 7000	33 000	65 000	1 090 000

根据工资分配汇总表,编制会计分录如下。

借:生产成本 800 000

  制造费用 45 000

  管理费用 147 000

  销售费用 33 000

  在建工程 65 000

  贷:应付职工薪酬——工资 1 090 000

2.应付福利费

在我国,企业职工从事生产经营活动除领取劳动报酬外还享受一定的福利补助,如职工生活困难补助费等。为了反映职工福利的支付与分配情况,应在"应付职工薪酬"科目下设置"职工福利"明细科目。

(1)应付福利费的支出。企业发生福利费支出时,应借记"应付职工薪酬——职工福利"科目,贷记有关科目。

(2)应付福利费的分配。月末,企业应按照用途对发生的职工福利费进行分配,各月实际发生的职工福利费相差不多的情况下,可以根据实际发生的金额进行分配;如果各月发生的职工福利费相差较大,则应根据估计的金额进行分配。

企业分配职工福利费时,应借记"生产成本""制造费用""管理费用""销售费用""在建工程""研发支出"等科目,贷记"应付职工薪酬——职工福利"科目。

【例 9-10】 天目公司 11 月份用现金支付生产工人福利费 5 000 元,编制会计分录如下。

(1)支付福利费。

借:应付职工薪酬——职工福利	5 000
贷:库存现金	5 000

(2)月末分配福利费。

借:生产成本	5 000
贷:应付职工薪酬——职工福利	5 000

3. 应付医疗、工伤和生育等社会保险费以及住房公积金

(1)医疗、工伤和生育等社会保险费以及住房公积金的计提。医疗、工伤和生育等社会保险费是按国家规定由企业和职工共同负担的费用。住房公积金是按照国家规定由企业和职工共同负担用于解决职工住房问题的资金。职工负担的医疗、工伤和生育等社会保险费以及住房公积金属于职工薪酬的范畴,这里所说的医疗、工伤和生育等社会保险费以及住房公积金,是指企业负担的医疗、工伤和生育等社会保险费以及住房公积金。为了反映企业负担的医疗、工伤和生育等社会保险费以及住房公积金的提取和缴纳情况,应在"应付职工薪酬"科目下设置"社会保险费"和"住房公积金"明细科目。

应由企业负担的医疗、工伤和生育等社会保险费以及住房公积金,应在职工为其提供服务的会计期间,根据职工工资的一定比例计算,并按照规定的用途进行分配,借记"生产成本""制造费用""管理费用""销售费用""在建工程""研发支出"等科目,贷记"应付职工薪酬——社会保险费(或住房公积金)"科目。

(2)医疗、工伤和生育等社会保险费以及住房公积金的缴纳。企业缴纳由其负担的医疗、工伤和生育等社会保险费以及住房公积金时,借记"应付职工薪酬"科目,贷记"银行存款"科目。

【例 9-11】 沿用【例 9-8】的资料,天目公司 11 月应负担生产工人医疗、工伤和生育等社会保险费 170 000 元,车间管理人员医疗、工伤和生育等社会保险费 9 000 元,行政管理人员医疗、工伤和生育等社会保险费 35 000 元,销售人员医疗、工伤和生育等社会保险费 7 000 元,在建工程人员医疗、工伤和生育等社会保险费 14 000 元,合计 235 000 元。编制会计分录如下。

①计提企业负担的医疗、工伤和生育等社会保险费。

借:生产成本	170 000
制造费用	9 000
管理费用	35 000
销售费用	7 000

在建工程	14 000
贷:应付职工薪酬——社会保险费(或住房公积金)	235 000

②缴纳企业负担的医疗、工伤和生育等社会保险费 235 000 元。

借:应付职工薪酬——社会保险费(或住房公积金)	235 000
贷:银行存款	235 000

4.应付工会经费和职工教育经费

(1)应付工会经费。工会经费是按照国家规定由企业负担的用于工会活动方面的经费。为了反映工会经费的提取和使用情况,应在"应付职工薪酬"科目下设置"工会经费"明细科目。

企业计提工会经费时,应根据职工工资的一定比例计算,并按职工工资的用途进行分配,借记"生产成本""制造费用""管理费用""销售费用""在建工程""研发支出"等科目,贷记"应付职工薪酬——工会经费"科目。企业的工会作为独立法人,一般可以在银行独立开户,实行独立核算。企业划拨工会经费时,应借记"应付职工薪酬——工会经费"科目,贷记"银行存款"科目。如果企业的工会经费由企业代管,则在发生工会经费支出时,借记"应付职工薪酬——工会经费"科目,贷记有关科目。

【例 9-12】 天目公司工会独立核算,11 月按照职工工资总额的 2% 计提工会经费,其中,按照生产工人工资计提 16 000 元,按照车间管理人员工资计提 900 元,按照行政管理人员工资计提 2 940 元,按照销售人员工资计提 660 元,按照在建工程人员工资计提 1 300 元,合计 21 800 元。编制会计分录如下。

①计提工会经费 21 800 元。

借:生产成本	16 000
制造费用	900
管理费用	2 940
销售费用	660
在建工程	1 300
贷:应付职工薪酬——工会经费	21 800

②划拨工会经费 21 800 元。

借:应付职工薪酬——工会经费	21 800
贷:银行存款	21 800

(2)应付职工教育经费。职工教育经费是按国家规定由企业负担的用于职工教育培训方面的经费。为了反映职工教育经费的提取和使用情况,应在"应付职工薪酬"科目下设置"职工教育经费"明细科目。

企业的职工教育经费,一般据实列支。企业发生各教育经费支出时,应借记"应付职工薪酬——职工教育经费"科目,贷记"银行存款"等科目。

企业分配职工教育经费时,应根据实际发生的职工教育经费按职工工作的性质进行分配,借记"生产成本""制造费用""管理费用""销售费用""在建工程""研发支出"等科目,贷记"应付职工薪酬——职工教育经费"科目。

【例 9-13】 天目公司 11 月为培训生产工人,以银行存款支付教育经费 10 000 元,为培训在建工程人员,以银行存款支付教育经费 2 000 元,合计 12 000 元。编制会计分录如下。

①支付职工教育经费 12 000 元。

借:应付职工薪酬——职工教育经费   12 000

  贷:银行存款   12 000

②分配职工教育经费 12 000 元。

借:生产成本   10 000

  在建工程   2 000

  贷:应付职工薪酬——职工教育经费   12 000

5.应付短期带薪缺勤

短期带薪缺勤是指企业支付工资或提供补偿的职工缺勤,包括年休假、病假、短期伤残、婚假、产假、丧假、探亲假等。短期带薪缺勤分为累积带薪缺勤和非累积带薪缺勤。

(1)累积带薪缺勤是指带薪缺勤权利可以结转下期的带薪缺勤,本期尚未使用的带薪缺勤权利可以在未来期间使用。例如,某职工每年可以享受 10 天带薪假,当年由于工作任务较重,未能按时休假,如果该企业规定当年未休假的时间可以递延一年,则当年未休假的时间属于累积带薪缺勤。为了反映累积带薪缺的提取和使用情况,应在"应付职工薪酬"科目下设置"累积带薪缺勤"明细目。

职工当期未享受带薪缺勤而在未来可以享受带薪缺勤的情况下,增加了当期为企业提供的服务。因此,企业应当在职工提供服务从而增加了其未来享有的带薪缺勤权利时,确认与累积带薪缺勤相关的职工薪酬,并以累积未行使权利而增加的预期支付金额计量,计入当期成本费用,借记"生产成本""制造费用""管理费用""销售费用""在建工程""研发支出"等科目,贷记"应付职工薪——累积带薪缺勤"科目。

职工在未来期间实际享受前期带薪缺勤时,由于该期间职工未提供服务,应冲减该期间的成本费用,借记"应付职工薪酬——累积带薪缺勤"科目,贷记"生产成本""制造费用""管理费用""销售费用""在建工程""研发支出"等科目。

(2)非累积带薪缺勤是指带薪缺勤权利不能结转下期的带薪缺勤,本期未用完的带薪缺勤权利将予以取消,并且职工离开企业时也无权获得现金支付。例如,某职工每年可以享受 10 天带薪休假,当年由于工作任务较重,未能按时休假,如果该企业规定当年未休假的时间不能递延,则当年未休假的时间属于非累积带薪缺勤。

企业应当在职工实际发生带薪缺勤的会计期间确认与非累积带薪缺勤相关的职工薪酬。这部分职工薪酬属于前述应付工资的范畴。

【例 9-14】 天目公司 20×1 年有一名生产工人按照规定每年可以享受 5 天带薪休假,由于工作任务较重,该职工当年未能带薪休假,公司规定,可以将未享受的带薪休假时间递延到 20×2 年。该职工的日工资为 300 元。编制会计分录如下。

(1)20×1 年确认应付带薪缺勤薪酬 1 500 元(300×5)。

借:生产成本   1 500

  贷:应付职工薪酬—累积带薪缺勤   1 500

(2)20×2 年该职工实际享受了上年未享受的带薪休假。

借:应付职工薪酬——累积带薪缺勤   1 500

  贷:生产成本   1 500

6.应付短期利润分享计划

短期利润分享计划同时满足下列条件的,企业应当确认相关的应付职工薪酬,并计入当期损益或相关资产成本。

(1)企业因过去事项导致现在具有支付职工薪酬的法定义务或推定义务。

(2)因利润分享计划所产生的应付职工薪酬义务金额能够可靠估计。属于下列三种情形之一的,视为义务金额能够可靠估计:①在财务报告批准报出之前企业已确定应支付的薪酬金额;②该利润分享计划的正式条款中包括确定薪酬金额的方式;③过去的惯例为企业确定推定义务金额提供了明显的证据。

企业在计量利润分享计划产生的应付职工薪酬时,应当反映职工因离职而无法得到利润分享计划支付的可能性。如果企业预期在职工为其提供相关服务的年度报告期间结束后12个月内,不需要全部支付利润分享计划产生的应付职工薪酬,该利润分享计划应当适用其他长期职工福利的有关规定。

企业根据经营业绩或职工贡献等情况提取的奖金,属于奖金计划,应当比照短期利润分享计划进行处理。

【例9-15】 天目公司于20×0年初制订和实施了一项短期利润分享计划,以对公司管理层进行激励。该计划规定,公司全年的净利润指标为1 000万元,如果在公司管理层的努力下完成的净利润超过1 000万元,公司管理层将可以分享超过1 000万元净利润部分的10%作为额外报酬。假定至20×0年12月31日,天目公司全年实际完成净利润1 500万元。如果不考虑离职等其他因素,则天目公司管理层按照利润分享计划可以分享利润50万元[(1 500-1 000)×10%]作为其额外的薪酬。

天目公司20×0年12月31日的相关账务处理如下。

借:管理费用 500 000
　　贷:应付职工薪酬——利润分享计划 500 000

7.应付非货币性福利

(1)非货币性福利的支付。非货币性福利是指企业以非货币性资产支付给职工的薪酬,主要包括企业以自己的产品或其他有形资产发放给职工作为福利,向职工无偿提供自己拥有的资产供其使用,以及为职工无偿提供类似医疗保健服务等。为了反映非货币性福利的支付与分配情况,应在"应付职工薪酬"科目下设置"非货币性福利"明细科目。

企业以其生产的产品作为非货币性福利提供给职工的,应当作为正常产品销售处理,按照该产品的公允价值确定非货币性福利金额,借记"应付职工薪酬——非货币性福利"科目,贷记"主营业务收入""应交税费——应交增值税(销项税额)"科目;同时结转产品销售成本,借记"主营业务成本"科目,贷记"库存商品"科目。

企业无偿向职工提供住房等资产使用的,应当根据该住房每期应计提的折旧确定非货币性福利金额,借记"应付职工薪酬——非货币性福利"科目,贷记"累计折旧"等科目。租赁住房等资产供职工无偿使用的,应当根据每期应付的租金确定非货币性福利金额,借记"应付职工薪酬——非货币性福利"科目,贷记"银行存款"等科目。

(2)非货币性福利的分配。企业应按照用途对实际发生的非货币性福利进行分配。企业分配非货币性福利时,应借记"生产成本""制造费用""管理费用""销售费用""在建工程""研发支出"等科目,贷记"应付职工薪酬——非货币性福利"科目。

(二)应付离职后福利

离职后福利包括退休福利(如养老金和一次性的退休支付)及其他离职后福利(如离职

后人寿保险和离职后医疗保障）。

职工正常退休时获得的养老金等离职后福利，是职工与企业签订的劳动合同到期或者职工达到了国家规定的退休年龄时，获得的离职后生活补偿金额。企业给予补偿的事项是职工在职时提供的服务而不是退休本身，因此，企业应当在职工提供服务的会计期间对离职后福利进行确认和计量。

离职后福利计划，是指企业与职工就离职后的福利达成的协议，或者企业为向职工提供离职后的福利而制定的规章或办法等。企业应当按照其承担的风险和义务情况，将离职后的福利计划分类为设定提存计划和设定受益计划两种类型。

设定提存计划，是指企业向单独主体（如基金等）缴存固定费用后，不再承担进一步支付义务的离职后福利计划。对于设定提存计划，企业应当根据在资产负债表日为换取职工在会计期间提供的服务而应向单独主体缴存的提存金，确认为职工薪酬负债，并计入当期损益或相关资产成本。根据设定提存计划，预期不会在职工提供相关服务的年度报告期结束后12个月内支付全部应缴存金额的，企业应当参照规定的折现率，将全部应缴存金额以折现后的金额计量应付职工薪酬。

设定受益计划，是指除设定提存计划以外的离职后福利计划。企业应当计量设定受益计划所产生的义务，并确定相关义务的归属期间。为了反映设定受益计划的提取和发放情况，应在"应付职工薪酬"科目下设置"设定受益计划"明细科目。企业应当将设定受益计划所产生的义务予以折现，以确定设定受益计划义务的现值和当期服务成本。

企业确认设定受益计划产生的应付职工薪酬，应借记"生产成本"等科目，贷记"应付职工薪酬——设定受益计划"科目；并于年末确认相关的利息费用，借记"财务费用"等科目，贷记"应付职工薪酬——设定受益计划"科目。

如果职工在离职后将长期享有设定受益计划，企业应采用保险精算的方法对设定受益计划的应付职工薪酬进行重新计量。企业重新计量设定受益计划应付职工薪酬所产生变动的金额，应计入其他综合收益，借记或贷记"应付职工薪酬——设定受益计划"科目，贷记"其他综合收益"科目。企业确认的这部分其他综合收益，在后续会计期间不允许转回至损益，但企业可以将其转为期初留存收益。

企业实际支付设定受益计划职工薪酬时，应借记"应付职工薪酬——设定受益计划"科目，贷记"银行存款"等科目。企业在某一职工的设定受益计划结束时应当进行设定受益计划结算，确认一项结算利得或损失，借记或贷记"应付职工薪酬——设定受益计划"科目，贷记"营业外收入"或借记"营业外支出"科目。同时，将原确认的其他综合收益转为期初留存收益，借记或贷记"其他综合收益"科目，贷记或借记"盈余公积""利润分配——未分配利润"科目。

（三）应付辞退福利

企业向职工提供辞退福利的，应当在企业不能单方面撤回因解除劳动关系计划或裁减建议所提供的辞退福利时与企业确认涉及支付辞退福利的重组相关的成本或费用时两者孰早日，确认辞退福利产生的职工薪酬负债，并计入当期损益。

企业有详细、正式的重组计划并且该重组计划已对外公告时，表明已经承担了重组义务。重组计划包括重组涉及的业务、主要地点、需要补偿的职工人数及其岗位性质、预计重组支出、计划实施时间等。

企业应当按照辞退计划条款的规定,合理预计并确认辞退福利产生的职工薪酬负债,并具体考虑下列情况。

(1)对于职工没有选择权的辞退计划,企业应当根据计划条款规定拟解除劳动关系的职工数量、每一职位的辞退补偿等确认职工薪酬负债。

(2)对于自愿接受裁减建议的辞退计划,由于接受裁减的职工数量不确定,企业应当根据相关会计处理规定,预计将会接受裁减建议的职工数量,根据预计的职工数量、每一职位的辞退补偿等确认职工薪酬负债。

(3)对于预期在辞退福利确认的年度报告期间期末后 12 个月内完全支付的辞退福利,企业应当适用短期薪酬的相关规定。

(4)对于预期在年度报告期间期末后 12 个月内不能完全支付的辞退福利,企业应当适用其他长期职工福利的相关规定。

企业在确定提供的经济补偿是否为辞退福利时,应当区分辞退福利和正常退休养老金。辞退福利是在职工与企业签订的劳动合同到期前,企业根据法律与职工本人或职工代表(如工会)签订的协议,或者基于商业惯例,承诺当其提前终止对职工的雇佣关系时支付的补偿,引发补偿的事项是辞退。

对于职工虽然没有与企业解除劳动合同,但未来不再为企业提供服务,不能为企业带来经济利益,企业承诺提供实质上具有辞退福利性质的经济补偿的,如发生"内退"的情况,在其正式退休日期之前,应当比照辞退福利处理,在其正式退休日期之后,应当按照离职后福利处理。

实施职工内部退休计划的,在内退计划符合确认条件时,企业应当将自职工停止提供服务日至正常退休日期间、企业拟支付的内退职工工资和缴纳的社会保险费等,确认为应付职工薪酬,一次性计入当期损益,不能在职工内退后各期分期确认因支付内退职工工资和为其缴纳社会保险费等产生的义务。

【例 9-16】　天目公司是一家空调制造企业。20×0 年 9 月,为了能够在下一年度顺利实施转产,甲公司管理层制订了一项辞退计划。该计划规定,从 2021 年 1 月 1 日起,天目公司将以职工自愿方式辞退其柜式空调生产车间的职工。辞退计划的详细内容,包括拟辞退的职工所在部门、数量、各级别职工能够获得的补偿以及计划大体实施的时间等均已与职工沟通,并达成一致意见。辞退计划已于 20×0 年 12 月 10 日经董事会正式批准,并将于下一个年度内实施完毕。该项辞退计划的详细内容如表 9-3 所示。

表 9-3　天目公司辞退计划

所属部门	职位	辞退数量/人	工龄/年	每人补偿额/万元
空调生产车间	车间主任副主任	10	1~10	10
			11~20	20
			21~30	30
	高级技工	50	1~10	8
			11~20	18
			21~30	28

续 表

所属部门	职位	辞退数量/人	工龄/年	每人补偿额/万元
空调生产车间	一般技工	100	1～10	5
			11～20	15
			21～30	25
合计		160		

20×0 年 12 月 31 日,天目公司预计各级别职工拟接受辞退职工数量的最佳估计数(最可能发生数)及其应支付的补偿如表 9-4 所示。

表 9-4　天目公司预计辞退职工数量及补偿金额

所属部门	职位	辞退数量/人	工龄/年	拟接受数量/人	每人补偿额/万元	补偿金额/万元
空调生产车间	车间主任副主任	10	1～10	5	10	50
			11～20	2	20	40
			21～30	1	30	30
	高级技工	50	1～10	20	8	160
			11～20	10	18	180
			21～30	5	28	140
	一般技工	100	1～10	50	5	250
			11～20	20	15	300
			21～30	10	25	250
合计		160		123		1 400

根据表 9-4,愿意接受辞退的职工的最佳估计数为 123 人,预计补偿总额为 1 400 万元,则天目公司在 20×0 年(辞退计划于 20×0 年 12 月 10 日由董事会批准)应作如下账务处理。

借:管理费用　　　　　　　　　　　　　　　　　　　　14 000 000
　　贷:应付职工薪酬——辞退福利　　　　　　　　　　　　14 000 000

(四)应付其他长期职工福利

企业向职工提供的其他长期职工福利,符合设定提存计划条件的,应当按照设定提存计划的有关规定进行会计处理;符合设定受益计划条件的,应当按照设定受益计划的有关规定进行会计处理。报告期末,企业应当将其他长期职工福利产生的职工薪酬的总净额计入当期损益或相关资产成本。

长期残疾福利水平取决于职工提供服务期间长短的,企业应在职工提供服务的期间确认应付长期残疾福利义务,计量时应当考虑长期残疾福利支付的可能性和预期支付的期限;与职工提供服务期间长短无关的,企业应当在导致职工长期残疾的事件发生的当期确认应付长期残疾福利义务。

第五节 应交税费

应交税费是指企业在生产经营过程中产生的应向国家缴纳的各种税费,主要包括增值税、消费税、资源税、城市建设维护税、教育费附加和所得税等。这些应交的税费在尚未缴纳之前暂时停留在企业,形成一项流动负债。

一、增值税

根据《中华人民共和国增值税暂行条例》,在我国境内销售货物或者加工、修理修配劳务(以下简称劳务),销售服务、无形资产、不动产以及进口货物的单位和个人,为增值税的纳税人,应当缴纳增值税。

纳税人购进货物、劳务、服务、无形资产、不动产支付或者负担的增值税额,为进项税额。下列进项税额准予从销项税额中抵扣。

(1)从销售方取得的增值税专用发票上注明的增值税额。

(2)从海关取得的海关进口增值税专用缴款书上注明的增值税额。

(3)购进农产品,除取得增值税专用发票或者海关进口增值税专用缴款书外,按照农产品收购发票或者销售发票上注明的农产品买价和扣除率计算的进项税额,国务院另有规定的除外。进项税额计算公式:进项税额=买价×增值税税率。

(4)自境外单位或者个人购进劳务、服务、无形资产或者境内的不动产,从税务机关或者扣缴义务人取得的代扣代缴税款的完税凭证上注明的增值税额。

纳税人购进货物、劳务、服务、无形资产、不动产,取得的增值税扣税凭证不符合法律、行政法规或者国务院税务主管部门有关规定的,其进项税额不得从销项税额中抵扣。

企业的增值税,在"应交税费"账户下设置"应交增值税"明细账户进行核算。增值税一般纳税人应在"应交增值税"明细账内设置"进项税额""销项税额抵减""已交税金""转出未交增值税""减免税款""出口抵减内销产品应纳税额""销项税额""出口退税""进项税额转出""转出多交增值税"等专栏。

(一)一般纳税企业一般购销业务的会计处理

企业采购环节发生增值税应税行为,符合抵扣条件的,借记"应交税费——应交增值税(进项税额)""原材料"等科目,按应付或实际支付的金额,贷记"应付账款""应付票据""银行存款"等科目。

企业按实现的销售收入(不含增值税的销售额)和应交的增值税,借记"应收账款""应收票据""银行存款"等科目,按实现的销售收入贷记"主营业务收入""其他业务收入",按当期的销售收入和规定的税率计算的增值税,贷记"应交税费——应交增值税(销项税额)"科目。如果发生销售退回,则做相反的会计分录。

【例9-17】 天目公司购入原材料一批,增值税专用发票上注明的原材料款为6 000 000元,增值税额为780 000元。货款已经支付,材料已经到达并验收入库。该企业当期销售产品不含税收入为12 000 000元,货款尚未收到。该产品的增值税率为13%,不缴纳消费税。

天目公司应作如下账务处理。

(1)材料到达时。

借:原材料　　　　　　　　　　　　　　　　　　　　　6 000 000
　　应交税费——应交增值税(进项税额)　　　　　　　 780 000
　　贷:银行存款　　　　　　　　　　　　　　　　　　 6 780 000

(2)销售产品时。

借:应收账款　　　　　　　　　　　　　　　　　　　 13 560 000
　　贷:主营业务收入　　　　　　　　　　　　　　　　12 000 000
　　　　应交税费——应交增值税(销项税额)　　　　　 1 560 000

(二)一般纳税企业购入免税产品的会计处理

按照《中华人民共和国增值税暂行条例》规定,对农业生产者销售的自产农业产品;古旧图书;直接用于科学研究、科学试验和教学的进口仪器、设备;外国政府、国际组织无偿援助的进口物资和设备;由残疾人组织直接进口供残疾人专用的物品;销售的自己使用过的物品等部分项目免征增值税。

企业销售免征增值税项目的货物,不能开具增值税专用发票,只能开具普通发票。企业购进免税产品,一般情况下不能扣税,企业购进免税农产品,按购进免税农业产品使用的经主管税务机关批准的收购凭证上注明的金额(买价)扣除依9%计算的进项税额,作为购进农业产品的成本,借记"原材料"等科目;按买价的9%部分作为进项税额,借记"应交税费——应交增值税(进项税额)"科目;按买价贷记"银行存款""应付账款""应付票据"等科目。

【例9-18】　天目公司收购农业产品,实际支付的价款为1 500 000万元,收购的农业产品已入库。天目公司应作如下账务处理。

进项税额=1 500 000×9%=1 500 000(元)

借:原材料　　　　　　　　　　　　　　　　　　　　　1 365 000
　　应交税费——应交增值税(进项税额)　　　　　　　1 500 000
　　贷:银行存款　　　　　　　　　　　　　　　　　　1 500 000

(三)进货退回与进货折让的会计处理

企业购进货物后,由于各种原因,可能会发生全部退货、部分退货与进货折让等事项。对此,应区分不同情况进行会计处理。

企业进货后尚未入账就发生退货或折让的,无论货物是否入库,必须将取得的增值税专用发票的发票联和税款抵扣联主动退还给销售方注销或重新开具,不需作任何会计处理。

企业进货后已入账,发生退货或索取折让时,若专用发票的发票联和抵扣联无法退还,企业必须向当地主管税务机关申请开具"进货退出或索取折让证明单"送交销售方,作为销售方开具红字专用发票的合法依据。企业收到销售方开来的红字专用发票时,按发票上注明的增值税额,红字借记"应交税费——应交增值税(进项税额)"科目,按发票上注明的价款,红字借记"原材料"等科目,按价税合计数,红字贷记"应付账款""银行存款"等科目。

(四)不予抵扣项目的会计处理

按照《中华人民共和国增值税暂行条例》及其实施细则的规定,下列项目的进项税额不得从销项税额中抵扣:用于非应税项的购进货物或者应税劳务;用于免税项目的购进货物或者应税劳务;用于集体福利或者个人消费的购进货物或者应税劳务;非正常损失的购进货物;非正常损失的在产品、产成品所耗用的购进货物或者应税劳务。这里的"购进货物"包括企业接受投资、捐赠及利润分配的货物。

对于按规定不予抵扣的进项税额,会计处理上采用不同的方法。

购入货物时即能认定其进项税额不能抵扣的,如购入货物直接用于免税项目,或者直接用于非应税项目,或者直接用于集体福利和个人消费的,其增值税专用发票上注明的增值税额,记入购入货物及接受劳务的成本。

购入货物时不能直接认定其进项税额能否抵扣的,其增值税专用发票上注明的增值税额,按照增值税会计处理方法记入"应交税费——应交增值税(进项税额)"科目,如果这部分购入货物以后用于按规定不得抵扣进项税额项目的,应将原已记入进项税额并已支付的增值税转入有关的承担者予以承担,通过"应交税费——应交增值税(进项税额转出)"科目转入有关的"在建工程""待处理财产损溢"等科目。如无法准确划分不得抵扣的进项税额的,应按增值税法规规定的方法和公式进行计算。

【例 9-19】 天目公司因管理不善造成一批库存材料发生霉变,相关凭证显示其成本为 20 000 元,增值税税率 13%。天目公司应作如下账务处理。

借:待处理财产损溢	22 600
贷:原材料	20 000
应交税费——应交增值税(进项税额转出)	2 600

(五)视同销售的会计处理

按照《中华人民共和国增值税暂行条例实施细则》的规定,对于企业下列行为,视同销售货物计算缴纳增值税:货物交付他人代销;销售代销货物;有两个以上机构并实行统一核算的纳税人,将货物从一个机构移送其他机构用于销售,但相关机构设在同一县(市)的除外;自产或委托加工的货物用于非应税项目;将自产、委托加工或购买的货物作为投资,提供给其他单位或个体经营者;将自产、委托加工或购买的货物分配给股东或投资者;将自产、委托加工的货物用于集体福利或个人消费;将自产、委托加工或购买的货物无偿赠送他人。

拓展资源 9.1:
什么是视同销售? 如何理解视同销售?

【例 9-20】 天目公司将自产的成本为 4 800 000 元的产品赠予乙公司,该产品的增值税率为 13%,计税价格为 5 200 000 元。

(1)天目公司应作如下账务处理。

借:营业外支出	5 876 000
贷:主营业务收入	5 200 000
应交税费——应交增值税(销项税额)	676 000
借:主营业务成本	4 800 000
贷:库存商品	4 800 000

(2)乙公司应作如下账务处理。

借:原材料	5 200 000
应交税费——应交增值税(进项税额)	676 000
贷:营业外收入	5 876 000

(六)随同产品出售单独计价包装物的会计处理

企业销售产品时,对单独计价销售的包装按规定应缴纳增值税。按价税合计数,借记"应收账款""银行存款"等科目,按应交的增值税额,贷记"应交税费——应交增值税(销项税额)"科目,按包装物价款,贷记"其他业务收入"科目。企业逾期未收回的包装物的押金,按规定缴纳增值税。按应退的押金,借记"其他应付款"科目,按应交的增值税额,货记"应交税费——应交增值税(销项税额)"科目,按应退押金扣除应交增值税的差额,贷记"其他业务收入"科目。

【例 9-21】 天目公司销售产品领用单独计价的包装物,实际成本为 500 元,销售价格为 678 元(含增值税 78 元),款已收到。天目公司应作如下账务处理。

```
借:银行存款                                    678
  贷:其他业务收入                                    600
    应交税费——应交增值税(销项税额)                    78
借:其他业务成本                                  500
  贷:周转材料——包装物                                500
```

(七)销货退回和销货折让与折扣的会计处理

企业销售货物后,由于种种原因,可能会发生全部退货、部分退货与销售折让等事项。企业在收到购买方退回的原发票联和税款抵扣联时,可直接扣减当期销项税额;在仅收到购买方退回的税款抵扣联时,可根据按规定开具的红字专用发票扣减当期销项税额;如果未收到购买方退回的原发票联和税款抵扣联时,应在取得购买方所在地主管税务机关开具的"进货退出或索取折让证明单"后,才可根据退回货物的数量、价款或折让金额向购买方开具红字专用发票并据此扣减当期销项税额。

对发生的销售折扣,如果与销售额在同一张发票上分别注明的,可不计算对应的销项额;如将折扣额另开发票的,不得扣减相应的销项税额。

【例 9-22】 甲公司收到乙公司因产品质量问题退回的上月销售的 A 产品 20 件,价款为 20 000 元,增值税为 2 600 元,企业已将转账支票交给客户。已知 A 产品单位成本 600 元。甲公司会计处理如下。

```
借:主营业务收入                                20 000
  应交税费——应交增值税(销项税额)              2 600
  贷:银行存款                                      22 600
借:库存商品                                    12 000
  贷:主营业务成本                                  12 000
```

(八)不符合申报抵扣时间规定的进项税额的会计处理

根据现行规定,增值税一般纳税人购进货物或应税劳务,其进项税额申报抵扣时间如下。

工业生产企业购进货物,必须在购进的货物已经验收入库后,才能申报抵扣进项税额,对货物尚未到达企业或尚未验收入库的,其进项税额不得作为纳税人当期进项税额予以抵扣。

商业企业购进货物,必须在购进的货物付款后(采用分期付款方式的,也应在所有款项支付完毕后)才能申报抵扣进项税额,尚未付款或未开出承兑商业汇票的,或分期付款、所有款项未支付完毕的,其进项税额不得作为纳税人当期进项税额予以抵扣。商业企业接受投资、捐赠或分配的货物,则以收到增值税专用发票的时间为申报抵扣进项税额的时限;申报抵扣时,应提供投资、捐赠、分配货物的合同或证明材料。

一般纳税人购进应税劳务,必须在劳务费用支付后,才能申报抵扣进项税额,对接受应税劳务,但尚未支付款项的,其进项税额不得作为纳税人当期进项税额予以抵扣。

对不符合申报抵扣时间规定的进项税额,目前的有关会计处理办法允许企业记入"应交税费——应交增值税(进项税额)"科目,只是在实际申报时予以剔除。

(九)上交当期增值税的会计处理

企业按规定期限申报缴纳的增值税,在收到银行退回的税收缴款书后,借记"应交税费——应交增值税(已交税金)"科目,贷记"银行存款"科目。

(十)月终未交和多交增值税的结转

月度终了,企业应当将当月应交未交或多交的增值税自"应交增值税"明细科目转入"未交增值税"明细科目。对于当月应交未交的增值税,借记"应交税费——应交增值税(转出未交增值税)"科目,贷记"应交税费——未交增值税"科目;对于当月多交的增值税,借记"应交税费——未交增值税"科目,贷记"应交税费——应交增值税(转出多交增值税)"科目。

【例 9-23】 天目公司为一般纳税企业,该企业 5 月购入原材料一批,货款 20 000 元,增值税 26 000 元,款项已支付,材料已验收入库,原材料按实际成本计价核算。月内医务室维修领用原材料 2 000 元,其购入时支付的增值税为 260 元,本月销售产品的收入为 600 000元,增值税税率为 13%,款项尚未收到。本月以银行存款 50 000 元预缴增值税,该企业月初"应交税费——未交增值税"的贷方余额为 5 000 元。编制全部会计分录,并计算本月应交纳的增值税。

(1)购进材料时。

借:原材料	200 000	
应交税费——应交增值税(进项税额)	26 000	
贷:银行存款		226 000

(2)医务室维修用原材料,进项税额不得抵扣。

借:应付职工薪酬	2 260	
贷:原材料		2 000
应交税费——应交增值税(进项税额转出)		260

(3)销售产品,确认销项税额。

借:应收账款	678 000	
贷:主营业务收入		600 000
应交税费——应交增值税(销项税额)		78 000

(4)预缴税金。

借:应交税费——预交增值税	50 000	
贷:银行存款		50 000

(5)月末,企业将"预交增值税"明细科目余额转入"未交增值税"明细科目。

借：应交税费——未交增值税 50 000

　　贷：应交税费——预交增值税 50 000

（6）期末计算本月应交增值税＝78 000－（26 000－260）＝52 260（元）。

将本月应交增值税转出分录如下。

借：应交税费——应交增值税（转出未交增值税） 52 260

　　贷：应交税费——未交增值税 52 260

（7）如果 6 月以银行存款结清并上缴 5 月及前期应缴未缴增值税（截至 4 月末，欠缴增值税 5 000 元，加上 5 月欠缴 2 260 元，共计 7 260 元），则编制会计分录如下。

借：应交税费——未交增值税 7 260

　　贷：银行存款 7 260

（十一）小规模纳税企业的会计处理

小规模纳税人购入货物时，无论是否取得增值税专用发票，其所支付的增值税均不计入进项税额，而应计入所购货物的成本，即购货时支付的增值税将来不得由销项税额予以抵扣。

小规模纳税人在销售货物或提供应税劳务时一般不能开具增值税专用发票，而只能开具普通发票。这种情况下，对小规模纳税人来说，收取的销货款中的增值税部分，不单独计入销项税额；从购货方来讲，支付的购货款中的增值税部分，也不单独计入进项税额，而应计入所购货物成本。如果小规模纳税人销货时由税务所代开增值税专用发票，其也不得将收取的增值税计入销项税额。

小规模纳税人的销售收入按不含税价格计算，如果销售额和应纳税额合并定价，则按下列公式将含税销售额还原为不含税销售额：

不含税销售额＝含税销售额/（1＋征收率）

小规模纳税人销售货物或提供应税劳务，实行简易办法计算应纳增值税额，计算公式为：

应纳税额＝销售额（不含税）×征收率

【例 9-24】 天目公司被核定为小规模纳税人，本期购入原材料，按照增值税专用发票上记载的原材料成本为 100 万元，支付的增值税额为 13 万元，天目公司开出商业承兑汇票，材料尚未到达（材料按实际成本核算），该公司本期销售产品的含税价格为 90 万元，货款尚未收到。本月实际缴纳增值税 8 万元。天目公司的会计处理如下。

（1）购进货物。

借：在途物资 1 130 000

　　贷：应付票据 1 130 000

（2）销售货物。

不含税价格＝90/（1＋3%）＝87.3786（万元）

应交增值税＝87.3786×3%＝2.6214（万元）

借：应收账款 900 000

　　贷：主营业务收入 873 786

　　　　应交税费——应交增值税 26 214

（3）上交本月应纳增值税 80 000 元。

借:应交税费——应交增值税   80 000

  贷:银行存款   80 000

二、消费税

消费税是指企业生产、委托加工和进口应税消费品时应缴纳的税金。

（一）应纳税额的计算

消费税的计算方法有从价定率和从量定额两种。

采用从价定率方法时,基本计算公式为:应纳消费税＝计税价格×适用税率。"计税价格"是企业销售应税消费品所收取的全部价款(包括收取的一切价外费用,不包括收到的销项税额)。

在没有销售额资料的情况下,从价定率方法可以以组成计税价格作为计税依据。组成计税价格是相对于实际交易价格而言的,即按照计税价格应包含的因素计算出来的价格。

自产自用应税消费品,如果没有纳税人生产的同类或类似消费品的销售价格,按(成本＋利润)/(1－消费税率)确定组成计税价格计税。其中,"成本"为应税消费品的产品销售成本,"利润"为按该应税消费品的全国平均成本利润率计算的利润。

委托加工的应税消费品,在没有委托方同类或类似消费品的销售价格时,按(材料成本＋加工费)/(1－消费税率)确定组成计税价格计税。

进口的实行从价定率办法征税的应税消费品,按(到岸价格＋关税)/(1－消费税率)确定组成计税价格计税。

采用从量定额方法时,基本计算公式为:应纳消费税＝计税数量×单位税额。其中,"计税数量"具体是指:销售应税消费品的,为应税消费品的销售数量;自产自用应税消费品的,为应税消费品的移送数量;委托加工应税消费品的,为纳税人收回的应税消费品数量;进口应税消费品的,为海关核定的应税消费品进口征税数量。

（二）账户设置

企业按规定应交的消费税,在"应交税费"账户下设置"应交消费税"明细账户核算。"应交消费税"明细账户的借方发生额,反映企业实际缴纳的消费税和待扣的消费税;贷方发生额,反映按规定应缴纳的消费税期末贷方余额,反映尚未缴纳的消费税;期末借方余额,反映多交或待扣的消费税。

（三）产品销售的会计处理

企业销售产品时应缴纳的消费税,应区分情况进行处理。

企业将生产的应税消费品直接对外销售时,一方面,按销售收入及销售成本转账;另一方面,按应纳消费税额借记"税金及附加"科目,贷记"应交税费——应交消费税"科目。

【例 9-25】 天目公司销售应税消费品,不包含增值税的价款为 80 000 元,销售成本为 60 000 元,增值税率为 13％,消费税率为 15％。天目公司的会计处理如下。

（1）确认销售收入。

借:银行存款、应收账款等   90 400

  贷:主营业务收入   80 000

应交税费——应交增值税(销项税额)	10 400

(2)结转销售成本。

借:主营业务成本	60 000
贷:库存商品	60 000

(3)计算应交消费税:80 000×15%=12 000(元)。

借:税金及附加	12 000
贷:应交税费——应交消费税	12 000

企业用应税消费品对外投资,或用于在建工程、非生产机构等其他方面,按规定应缴纳的消费税,计入有关的成本,借记"长期股权投资""固定资产""在建工程""营业外支出"等科目,贷记"主营业务收入""应交税费——应交消费税"等科目。

【例 9-26】 天目公司将自产的消费税率为 10%、增值税率为 13%、计税价格为 20 000元。成本为 17 000 元的应税消费品用作广告样品,则天目公司的会计处理如下。

借:销售费用	24 600
贷:主营业务收入	20 000
应交税费——应交消费税	2 000
应交税费——应交增值税(销项税额)	2 600
借:主营业务成本	17 000
贷:库存商品	17 000

随同商品出售但单独计价的包装物,按规定应缴纳的消费税,借记"其他业务成本"科目,贷记"应交税费——应交消费税"科目。出租、出借包装物逾期未收回没收的押金应交的消费税,借记"其他业务成本"科目,贷记"应交税费——应交消费税"科目。

(四)委托加工应税消费品的会计处理

按照税法的规定,企业委托加工的应税消费品,由受托方在向委托方交货时代收代缴税款(受托加工或翻新改制金银首饰按规定由受托方缴纳消费税的除外)。委托加工应税消费品,是指由委托方提供原料和主要材料,受托方只收取加工费和代垫部分辅助材料加工的应税消费品。

委托加工的应税消费品直接销售的,不再征收消费税。

受托方按应扣税款金额,借记"应收账款""银行存款"等科目,贷记"应交费——应交消费税"科目。

委托加工应税消费品收回后,委托方直接用于销售的,应将代扣代交的消费税计入委托加工的应税消费品成本,借记"委托加工物资""生产成本"等科目,贷记"应付账款""银行存款"等科目,待委托加工应税消费品销售时,不需要再缴纳消费税。

委托加工的应税消费品收回后用于连续生产应税消费品,委托方所缴纳的消费税允许抵扣,委托方应按代扣代交的消费税款,借记"应交税费——应交消费税"科目,贷记"应付账款""银行存款"等科目,待用委托加工的应税消费品生产出应纳消费税的产品销售时,再缴纳消费税。

【例 9-27】 天目公司根据发生的有关委托加工应税消费品业务,编制会计分录如下。

(1)发出原材料一批,实际成本 100 000 元,加工应税消费品。

| 借:委托加工物资 | | 100 000 |
| 贷:原材料 | | 100 000 |

（2）收回加工完成的应税消费品，作为原材料入库，用银行存款实际支付不含税的加工费 20 000 元，增值税 2 600 元，经税务机关认证可以抵扣；采用从价定率办法计算缴纳消费税，消费税税率为 20％，支付消费税 30 000 元，共计 52 600 元。

①如果收回的应税消费品用于连续生产应税消费品。

借:委托加工物资		20 000
应交税费——应交增值税（进项税额）		2 600
——应交消费税		30 000
贷:银行存款		52 600
借:原材料		120 000
贷:委托加工物资		120 000

②如果收回的应税消费品直接出售。

借:委托加工物资		50 000
应交税费——应交增值税（进项税额）		2 600
贷:银行存款		52 600

三、其他应交税费

(一)资源税

资源税是国家对在我国境内开采矿产品或者生产盐的单位和个人征收的税种。资源税按照应税产品的课税数量和规定的单位税额计算，公式为：应纳税额＝课税数量×单位税额。这里的"课税数量"为：开采或者生产应税产品销售的，以销售数量为课税数量；开采或者生产应税产品自用的，以自用数量为课税数量。

(二)城市维护建设税

为了加强城市的维护建设，扩大和稳定城市维护建设资金的来源，国家开征了城市维护建设税。在会计核算时，企业按规定计算出的城市维护建设税，借记"税金及附加""其他业务成本"等科目，贷记"应交税费——应交城市维护建设税"科目；实际缴纳时、借记"应交税费——应交城市维护建设税"科目，贷记"银行存款"科目。

(三)所得税

企业的生产、经营所得和其他所得，依照有关《中华人民共和国所得税暂行条例》及其细则的规定需要缴纳所得税。企业应缴纳的所得税，在"应交税费"账户下设置"应交所得税"明细账户核算；当期应计入损益的所得税，作为一项费用，在净收益前扣除。

(四)土地增值税

企业转让国有土地使用权与其地上建筑物及其附着物应交的土地增值税，一并在"固定资产"或"在建工程"科目核算的，转让时应缴纳的土地资源税，借记"固定资产清理""在建工程"科目，贷记"应交税费——应交土地增值税"科目。

(五)教育费附加

教育费附加是国家为了发展我国的教育事业，提高人民的文化素质而征收的一项费用，按照企业缴纳流转税的一定比例计算,并与流转税一起缴纳。企业按规定计算出应缴纳的教育费附加,借记"税金及附加""其他业务成本"等科目,贷记"应交税费——应交教育费附加科目"。缴纳时,借记"应交税费——应交教育费附加"科目,贷记"银行存款"科目。

■■■ 思考题

1. 职工薪酬包括哪些内容?
2. 一般纳税人进行增值税的核算应设置哪些明细科目?
3. 一般纳税人支付的哪些增值税进项税额不能抵扣?
4. 一般纳税人的哪些业务应视同销售?
5. 企业收回哪些应税消费品支付的消费税应计入应税消费品成本?

■■■ 练习题

1. 甲公司为增值税一般纳税人,销售商品适用的增值税税率为 13%,转让金融商品适用的增值税税率为 6%。该公司 20×1 年 3 月初"应交税费——未交增值税"科目的贷方余额为 100 000 元,"应交税费"其他明细科目无余额;3 月份发生下列有关增值税的经济业务。

(1)购入一批原材料,增值税专用发票上注明的原材料价款为 200 000 元,增值税为 26 000 元,经税务机关认证可以抵扣,货款已经支付,另购入材料过程中支付运费 1 000 元,运费增值税 90 元;材料已经到达并验收入库。

(2)购入一批原材料,增值税专用发票上注明的原材料价款为 100 000 元,增值税为 13 000 元,尚未经税务机关认证,货款尚未支付,原材料已经到达并验收入库。

(3)收购农业产品,实际支付的价款为 10 000 元,收购的农业产品已验收入库,增值税抵扣税率为 9%,经税务机关认证可以抵扣。

(4)一批原材料用于建造集体福利设施,成本为 20 000 元,购进原材料时进项税额 2 600 元已经抵扣。

(5)购入一栋房屋,增值税专用发票上注明的房屋价款为 30 000 000 元,增值税为 2 700 000 元,经税务机关认证可以抵扣,项已经支付。

(6)用原材料对外投资,该批原材料的成本为 500 000 元,双方协议不含增值税的价格为 600 000 元。

(7)销售产品一批,销售价格为 4 520 000 元(含增值税),实际成本为 3 600 000 元,提货单和增值税专用发票已交购货方,货款尚未收到。该销售符合收入确认条件。

(8)自行建造机器设备在建工程领用库存商品一批,实际成本为 40 000 元,市场售价为 50 000 元。

(9)采用分期收款方式销售一批产品,不含增值税的价款为 5 000 000 元,收款期为 5 个月,自下月起每月月末收取价款 1 000 000 元,同时开具相应金额的增值税专用发票并收取增值税;该批产品实际成本为 3 000 000 元。

(10)出售一批尚未到期的保本收益公司债券,收到款项 3 000 000 元;该批公司债券取得时确认为其他债权投资,出售时成本为 2 682 000 元,未确认公允价值变动损益。

(11)月末盘亏原材料一批,该批原材料的实际成本为 30 000 元,经查为计量误差所致,经批准可以处理。

(12)用银行存款缴纳上月未交增值税 100 000 元。

(13)月末结转未交增值税。

要求：

(1)根据上述业务编制有关会计分录。

(2)计算有关增值税明细科目 3 月末余额，并说明在资产负债表中的列示。

2.甲公司为增值税一般纳税人，增值税税率为 13％，消费税税率为 10％。材料按照实际成本进行核算，20×1 年 6 月发生了下列经济业务：

(1)委托加工原材料一批(属于应税消费品)，发出原材料成本为 170 000 元，支付加工费 10 000 元，增值税为 1 300 元，经税务机关认证可以抵扣；受托方代扣代交消费税 20 000 元。委托加工的原材料已全部收回，将直接出售，加工费和税金已用银行存款支付。

(2)收回的委托加工原材料全部出售，收取价款 200 000 元，增值税 26 000 元，存入银行。

要求:根据上述业务编制有关会计分录。

第十章

非流动负债

■■■ **学习目标**

1. 掌握：长期借款、应付债券和借款费用资本化的账务处理。
2. 理解：借款费用的金额确定与会计处理；非流动负债的性质与种类。
3. 了解：预计负债的账务处理。

■■■ **案例引入**

多次重大债务逾期不及时披露　中润资源被处罚

根据中国证监会行政处罚决定书〔2021〕133 号公告,经查明,2016 年 5 月,中润资源分别向崔某、刘某庆、疏某倩、国金聚富、鼎亮汇通、上海翊芃借款,合计 40 000 万元,截至 2016 年 7 月 11 日,上述借款中有 27 500 万元借款本金到期未清偿,中润资源在借款到期前未能取得相关债权人同意债务展期的书面文件,已构成违约,且上述本金金额占 2015 年末经审计净资产的 19.16%。截至 2017 年 6 月 30 日,崔某、刘某庆、国金聚富同意的展期届满,鼎亮汇通的借款也已到期,但中润资源仍未能偿还这 4 个债权人合计 30 000 万元的借款本金及利息,也未在该日前取得债权人同意再次展期的书面文件,再度发生债务到期未能清偿事项。这 30 000 万元借款本金占 2016 年末经审计净资产的 20.32%。中润资源的做法违反了哪些规定?

分析:根据 2005 年《中华人民共和国证券法》(简称《证券法》)第六十七条第一款和第二款第四项"公司发生重大债务和未能清偿到期重大债务的违约情况"的规定,中润资源应及时披露上述未能清偿到期重大债务的违约情况,但中润资源未对上述事项及时予以披露,直至 2018 年 4 月 27 日才在《2017 年年度报告》中披露。中润资源在 2016 年 7 月 11 日至 2018 年 4 月 27 日期间多次发生未及时披露重大债务逾期的行为,违反 2005 年《证券法》第六十七条第一款的规定,构成《证券法》第一百九十三条第一款所述"发行人、上市公司或者其他信息披露义务人未按规定披露信息"的违法行为。

案例来源:多次重大债务逾期不及时披露 中润资源被处罚[EB/OL]. (2021-12-28)[2024-03-28]. https://business.sohu.com/a/512341088_436021.

第一节　非流动负债概述

一、非流动负债的性质与种类

非流动负债是流动负债以外的负债,通常是指偿还期在一年以上的债务。与流动负债相比,非流动负债具有偿还期限较长、金额较大的特点,其会计处理与流动负债也有所不同。

二、与非流动负债有关的借款费用的会计处理

借款费用的会计处理,就是确定一定时期的借款费用金额以及应归属何种会计要素的过程。也就是说,借款费用是作为费用计入当期损益(即费用化)还是计入相关资产的成本(即资本化)。

对借款费用的会计处理主要有两种观点。

一种观点认为,借款费用应该全部计入当期损益予以费用化,其理由是,企业举借债务所发生的借款费用属于筹资过程中发生的筹资费用,企业不能因为筹资方式的不同而对借款费用采用不同的会计处理方式,这在一定程度上违背了可比性的会计质量要求,借款费用的发生与借入资金的运用无关,因此,应计入当期损益处理,而不是计入相关资产的成本。

另一种观点则认为应该予以资本化。理由是因为非流动负债一般是为了取得某项长期资产而借入的,其借款费用的产生与取得的资产密切相关,与构成资产成本的其他要素并无本质上的区别,因而应该计入所取得资产的成本。

我国现行《企业会计准则 17 号——借款费用》规定,企业发生的借款费用,符合资本化条件的资产的购建或者生产的,应当予以资本化,计入相关资产成本;其他借款费用应当在发生时根据其发生额确认为费用,计入当期损益。

第二节　长期借款

一、长期借款的性质

长期借款是指企业从银行或其他金融机构借入的期限在一年以上(不含一年)的借款。为了反映企业长期借款的增减变动,企业应设置"长期借款"科目。取得时记入该科目的贷方,偿还则记入该科目的借方,期末贷方余额反映尚未偿还的长期借款实际数额。

企业取得的长期借款,通常是一次支付利息的,因此,应付未付的利息与本金一样,属于非流动负债,贷记"长期借款"科目。确认的利息费用应根据借款的用途等情况,确定予以费用化还是资本化,分别记入"财务费用"或"在建工程"等科目。

二、长期借款的核算

企业借入各种长期借款时,按实际收到的款项,借记"银行存款"科目,贷记"长期借款——本金";按借贷双方之间的差额,借记"长期借款——利息调整"。

在资产负债表日,企业应按长期借款的摊余成本和实际利率确定的长期借款的利息费用,借记"在建工程""财务费用""制造费用"等科目,按借款本金和合同利率计算确定的应付未付利息,贷记"应付利息"科目,按其差额,贷记"长期借款——利息调整"科目。

企业归还长期借款,按归还的长期借款本金,借记"长期借款——本金"科目,按转销的利息调整金额,贷记"长期借款——利息调整"科目,按实际归还的款项,贷记"银行存款"科目,按借贷双方之间的差额,借记"在建工程""财务费用""制造费用"等科目。

第三节　应付债券

一、应付债券概述

（一）应付债券内容

应付债券是核算企业为筹集长期资金而发行债券的本金和利息。企业应该设置"应付债券"总账科目，并按"面值""利息调整""应计利息"进行明细核算，其中，"债券面值"用来反映发行债券应偿还的本金；"利息调整"用来反映发行债券的溢折价；"应计利息"用来反映债券到期一次付息发行债券的利息，"应付债券"科目贷方登记应付债券的本息，借方登记归还债券的本息，期末贷方余额，反映尚未偿还的长期债券的摊余成本。

（二）应付债券分类

应付债券可以按照不同的标准划分为不同的种类。

（1）按偿还方式分类，应付债券可分为到期一次还本付息债券、分期还本付息债券、到期还本分期付息债券。

（2）按有无担保分类，应付债券可分为抵押债券和信用债券。

（3）按是否记名分类，应付债券可分为记名债券和不记名债券。

（4）按是否可转换分类，应付债券可分为可转换债券和不可转换债券。

二、应付债券发行价格

（一）一般公司债券

1.债券发行

根据《中华人民共和国票据法》的规定，企业发行的债券往往都是一年以上的，它们构成了企业的非流动负债。应付债券的发行价格是由票面利率和市场利率不一致所决定的。由于票面利率和市场利率会存在差异，因此，应付债券的发行方式有三种：面值发行、溢价发行和折价发行。

如果票面利率等于市场利率，则为面值发行；如果票面利率大于市场利率，就是溢价发行，溢价的实质是企业为以后多付利息而事先得到的补偿；如果票面利率小于市场利率，即折价发行，折价的实质是为以后少付利息而事先付出的代价，溢折价发行是对企业债券利息的一种调整。

无论是按面值发行，还是溢价发行或折价发行，均按债券面值记入"应付债券"科目的"面值"明细科目。实际收到的款项与面值的差额，记入"利息调整"明细科目。企业发行债券时，按实际收到的款项借记"银行存款""库存现金"等科目，按债券面值，贷记"应付债券——面值"科目，两者之间的差额，借记或贷记"应付债券——利息调整"科目。如果是折价发行，"应付债券——利息调整"科目在借方；如果是溢价发行，"应付债券——利息调整"科目在贷方。

2.利息调整的摊销

利息调整应在债券存续期间内采用实际利率法进行摊销。实际利率法是按应付债券的实际利率计算其摊余成本及各期利息费用的方法;实际利率是指将应付债券在债券存续期间的未来现金流量折现为该债券当前账面价值所使用的利率。

资产负债表日,对于分期付息、一次还本的债券,企业应按应付债券的摊余成本和实际利率计算确定的债券利息费用,借记"在建工程""制造费用""财务费用"等科目,按票面利率计算确定的应付未付利息,贷记"应付利息"科目,按其差额,借记或贷记"应付利息——利息调整"科目。

小贴士 10.1:如何计算实际利率?

【例 10-1】　20×1 年 12 月 31 日,天目公司经批准发行 5 年期一次还本、分期付息的公司债券 10 000 000 元,债券利息在每年 12 月 31 日支付,票面利率为年利率 6%。假定债券发行时市场利率为 5%。

天目公司发行债券的实际价格=10 000 000×0.7835+10 000 000×6%
　　　　　　　　　　　　　　　×4.3295=10 432 700(元)

国际视野 10.1:摊销方法世界观

天目公司应付债券采用实际利率法和按摊余成本计算的利息费用如表 10-1 所示。

表 10-1　利息费用一览表　　　　　　　　　　　　　　　　　　单位:元

付息日期	支付利息	利息费用	摊销的利息调整	摊余成本
	(1)=面值×6%	(2)=(4)×5%	(3)=(1)-(2)	(4)=期初-(3)
20×1 年 12 月 31 日				10 432 700
20×2 年 12 月 31 日	600 000	521 635	78 365	10 354 335
20×3 年 12 月 31 日	600 000	517 716.75	82 283.25	10 272 051.75
20×4 年 12 月 31 日	600 000	513 602.59	86 397.41	10 185 654.34
20×5 年 12 月 31 日	600 000	509 282.72	90 717.28	10 094 937.06
20×6 年 12 月 31 日	600 000	505 062.94	94 937.06	10 000 000

根据表 10-1 资料,天目公司的账务处理如下。

(1)20×1 年 12 月 31 日发行债券时。

借:银行存款　　　　　　　　　　　　　　　　　　　　　　　　　　10 432 700
　　贷:应付债券——面值　　　　　　　　　　　　　　　　　　　　　　10 000 000
　　　　　　　　——利息调整　　　　　　　　　　　　　　　　　　　　　432 700

(2)20×2 年 12 月 31 日计算利息费用时。

借:财务费用等　　　　　　　　　　　　　　　　　　　　　　　　　　521 635
　　应付债券——利息调整　　　　　　　　　　　　　　　　　　　　　78 365
　　贷:应付利息　　　　　　　　　　　　　　　　　　　　　　　　　　600 000

20×3 年、20×4 年、20×5 年确认利息费用的会计处理同 20×2 年。

(3)20×6 年 12 月 31 日归还债券本金及最后一期利息费用时。

借:财务费用等　　　　　　　　　　　　　　　　　　　　　　　　　505 062.94

	应付债券——面值	10 000 000
	——利息调整	94 937.06
贷:银行存款		10 600 000

【例 10-2】 沿用【例 10-1】的资料,假设债券发行的实际利率为8%。

则天目公司发行债券的实际价格＝10 000 000×0.7130＋10 000 000×6%×4.1002
＝9590120(元)

天目公司应付债券采用实际利率法和按摊余成本计算的利息费用如表10-2所示。

表 10-2　利息费用一览表　　　　　　　　单位:元

付息日期	支付利息 (1)＝面值×5%	利息费用 (2)＝(4)×7%	摊销的利息调整 (3)＝(2)－(1)	摊余成本 (4)＝期初＋(3)
20×1 年 12 月 31 日			409 880	9 590 120
20×2 年 12 月 31 日	600 000	671 308.4	71 308.4	9 661 428.4
20×3 年 12 月 31 日	600 000	676 299.99	76 299.99	9 737 728.39
20×4 年 12 月 31 日	600 000	681 640.99	81 640.99	9 819 369.38
20×5 年 12 月 31 日	600 000	687 355.86	87 355.86	9 906 725.24
20×6 年 12 月 31 日	600 000	693 274.76	93 274.76	10 000 000

根据表 10-2 资料,天目公司的账务处理如下。

(1)20×1 年 12 月 31 日发行债券时。

借:银行存款	9 590 120
应付债券——利息调整	409 880
贷:应付债券——面值	10 000 000

(2)20×2 年 12 月 31 日计算利息费用时。

借:财务费用等	671 308.4
贷:应付利息	600 000
应付债券——利息调整	71 308.4

20×3 年、20×4 年、20×5 年确认利息费用的会计处理同 20×2 年。

(3)20×6 年 12 月 31 日归还债券本金及最后一期利息费用时。

借:财务费用等	693 274.76
应付债券——面值	10 000 000
贷:银行存款	10 600 000
应付债券——利息调整	93 274.76

对于一次还本付息的债券,应于资产负债表日采用按实际利率和摊余成本计算确定的债券利息费用,借记“在建工程”“制造费用”“财务费用”等科目,按票面利率计算确定的应付利息,贷记“应付债券——应计利息”科目,按其差额,借记或贷记“应付债券——利息调整”科目。

3.债券的偿还

企业发行的债券通常分为到期一次还本付息或一次还本、分期付息两种,采用到期一次还本付息方式的,企业应于债券到期支付债券本息时,借记"应付债券——面值""应计利息"科目,贷记"银行存款"科目。采用一次还本、分期付息方式的,在每期支付利息时,借记"应付利息"科目,贷记"银行存款"科目;债券到期偿还本金并支付最后一期利息时,借记"应付债券——面值""在建工程""财务费用""制造费用"等科目,贷记"银行存款"科目,按债券借贷双方之间的差额,借记或贷记"应付债券——利息调整"科目。

(二)可转换公司债券

我国发行可转换公司债券采取记名式无纸化发行方式。企业发行的可转换公司债券在"应付债券"科目下设置"可转换公司债券"明细科目核算。

企业发行的可转换公司债券,应当在初始确认时将其包含的负债成分和权益成分进行分拆。将负债部分确认为应付债券,将权益部分拆分为其他权益工具。在进行分拆时,应当先对负债成分的未来现金流量进行折现,确定负债成分的初始确认金额。发行可转换公司债券发生的交易费用,应当在负债成分和权益成分之间按照各自的相对公允价值进行分摊。企业应按实际收到的款项,借记"银行存款"等科目,按可转换公司债券包含负债成分面值,贷记"应付债券——可转换公司债券(面值)"科目,按权益成分的公允价值,贷记"其他权益工具"科目,按借贷双方之间的差额,借记或贷记"应付债券——可转换公司债券(利息调整)"科目。

【例 10-3】　天目公司经批准于 20×1 年 1 月 1 日按面值发行 5 年期到期一次还本、按年付息的可转换公司债券 200 000 000 元。款项已存银行,债券票面利率为 6%。债券发行 1 年后可转换为普通股股票,初始转股价为每股 10 元,股票面值为每股 1 元。债券持有人若在当期付息前转换股票的,应按债券面值和应计利息之和除以转股价,计算转换的股数。假定 20×2 年 1 月 1 日,债券持有人将持有的可转换公司债券全部转换为普通股股票,天目公司发行可转换公司债券时,二级市场上与之类似的没有附带转换权的债券市场利率为 9%。天目公司的账务处理如下。

(1)20×1 年 1 月 1 日发行可转换公司债券时。

借:银行存款　　　　　　　　　　　　　　　　　　　　　　200 000 000
　　应付债券——可转换公司债券(利息调整)　　　　　　　　23 343 600
　　贷:应付债券——可转换公司债券(面值)　　　　　　　　　　200 000 000
　　　　其他权益工具　　　　　　　　　　　　　　　　　　　　23 343 600

可转换公司债券负债成分的公允价值＝200 000 000×0.6499＋200 000 000×6%
　　　　　　　　　　　　　　　　　×3.8897＝175 656 400(元)

可转换公司债券权益成分的公允价值＝200 000 000－175 656 400＝23 343 600(元)

(2)20×1 年 12 月 31 日确认利息费用时。

借:财务费用等　　　　　　　　　　　　　　　　　　　　　15 899 076
　　贷:应付利息——可转换公司债券利息　　　　　　　　　　　12 000 000
　　　　应付债券——可转换公司债券(利息调整)　　　　　　　　3 899 076

(3)20×2 年 1 月 1 日债券持有人行使转换权时(假定利息尚未支付)。

转换的股份数＝(200 000 000＋12 000 000)÷10＝21 200 000(股)

借:应付债券——可转换公司债券(面值)　　　　　　　　　　200 000 000

应付利息——可转换公司债券	12 000 000
其他权益工具	23 343 600
贷:股本	21 200 000
应付债券——可转换公司债券(利息调整)	19 444 524
资本公积——股本溢价	194 699 076

企业发行附有赎回选择权的可转换公司债券,其在赎回日可能支付的利息补偿金,即债券约定赎回期届满日应当支付的利息减去应付债券票面利息的差额,应当在债券发行日至债券约定赎回届满日期间计提应付利息,计提的应付利息,分别计入相关资产成本或财务费用。

第四节 预计负债

一、预计负债的性质

企业在经营活动中有一些具有不确定性的经济事项,这些不确定性的经济事项对企业的财务状况和经营成果可能产生较大影响,其结果须由某些未来事项的发生或不发生加以决定。这些不确定性的经济事项称为或有事项,由或有事项引起的负债确认与计量一般通过预计负债来进行处理。

二、或有事项的概念及特征

或有事项是指过去交易或事项形成的,其结果须由某些未来事项的发生或不发生才能决定的不确定事项。常见的或有事项包括:未决诉讼、未决仲裁、债务担保、产品质量保证(含产品安全保证)、亏损合同、重组义务、承诺、环境污染整治等。

或有事项具有以下特征。

(一)或有事项是由过去交易或事项形成的

或有事项作为一种不确定性的经济事项,是由企业过去交易或事项形成的。由过去交易或事项形成,是指或有事项的现存情况是过去交易或者事项引起的客观存在。如未决诉讼是企业因为过去的经济行为导致其诉讼其他单位或被其他单位诉讼,是现存的一种状况,而不是未来将要发生的事项。又如,产品质量保证是企业对已售出商品或已提供劳务的质量提供的保证,不是为尚未出售商品或尚未提供劳务的质量提供的保证。基于这一特征,未来可能发生的自然灾害、交通事故、经营亏损等事项,都不属于或有事项。

(二)或有事项的结果具有不确定性

或有事项的结果具有不确定性是指或有事项的结果是否发生具有不确定性或者或有事项的结果预计将会发生,但发生的具体时间或金额具有不确定性。首先,或有事项的结果是否发生具有不确定性;其次,或有事项的结果预计将会发生,但发生的具体时间或金额具有不确定性。

(三)或有事项的结果由未来事项决定

由未来事项决定是指或有事项的结果只能由未来不确定事项的发生或不发生才能决定。如企业为其他单位提供债务担保,该担保事项最终是否会要求企业履行偿还债务的连带责任,要看被担保方的未来经营情况和偿还能力。

或有事项与不确定联系在一起,但会计处理过程中存在不确定的事项并不都是或有事项,企业应当按照或有事项的定义和特征进行判断。

延伸思考 10.1:或有负债和或有资产确认标准一样吗?

三、预计负债的确认

或有事项的确认通常是与或有事项相关义务的确认。或有事项形成的或有资产只有在企业基本确定能够收到的情况下,才能转变为真正的资产,应当予以确认。

根据《企业会计准则第 13 号——或有事项》的规定,与或有事项有关的义务在同时符合以下三个条件时,应当确认为预计负债:①该义务是企业承担的现时义务;②履行该义务时很可能导致经济利益流出企业;③该义务的金额能够可靠地计量。

(一)该义务是企业承担的现时义务

该义务是企业承担的现时义务是指与或有事项相关的义务是企业在当前条件下已承担的义务,企业没有其他现实的选择,只能履行该现时义务。通常情况下,过去的事项是否导致现时义务是比较明确的,但也存在极少数情况,特定事项是否已发生或这些事项是否已产生了一项现时义务可能难以确定,企业应当考虑包括资产负债表日后所有可能获得的证据、专家意见等,以此确定资产负债表日是否存在现时义务。如果据此判断,资产负债表日很可能存在现时义务,且符合预计负债确认条件的,应当确认一项预计负债;如果资产负债表日不是很可能存在现时义务,企业应披露一项或有负债,除非含有经济利益的资源流出企业的可能性极小。

这里所指的义务包括法定义务和推定义务。其中,法定义务是指因合同、法律法规等产生的义务,通常是企业在经济管理和经济协调中,依照经济法律法规的规定必须履行的责任。例如,企业与其他企业签订购货合同产生的义务就属于法定义务。

推定义务,是指因企业的特定行为而产生的义务。企业的"特定行为",泛指企业以往的习惯做法、已公开的承诺或已公开宣布的经营政策。并且,由于以往的习惯做法,或通过这些公开或承诺的声明,企业向外界表明了它将承担特定的责任,从而使受影响的各方形成了其将履行那些责任的合理预期。例如,天目公司是一家化工企业,因扩大经营规模,到 A 国设立了分公司。假定 A 国没有制定针对天目公司生产经营可能产生环境污染的相关法律,因而天目公司的分公司对在 A 国生产经营可能产生的环境污染问题不承担法定义务。但天目公司自行向社会公告,宣称将对经营活动可能产生的环境污染进行治理,天目公司的分公司为此承担的义务就属于推定义务。

(二)履行该义务时很可能导致经济利益流出企业

履行该义务时很可能导致经济利益流出企业,是指履行与或有事项相关的现时义务时,导致经济利益流出企业的可能性超过 50%,但尚未达到基本确定的程度。

可能性通常按照一定的概率区别加以判断。一般情况下,发生的概率可分为以下几个层次:基本确定、很可能、可能、极小可能。

结果的可能性	对应的概率区间
基本确定	大于95%但小于100%
很可能	大于50但小于或等于95%
可能	大于5%但小于或等于50%
极小可能	大于0但小于或等于5%

(三)该义务的金额能够可靠地计量

该义务的金额能够可靠地计量是指与或有事项相关的现时义务的金额能够合理地估计。由于或有事项具有不确定性,因或有事项产生的现时义务的金额也具有不确定性,需要估计。要对或有事项确认一项预计负债,相关现时义务的金额应当能够可靠地估计,只有在其金额能够可靠地估计并同时满足其他两个条件时,企业才能加以确认。

四、预计负债的计量

当与或有事项有关的义务符合确认为预计负债的条件时应当将其确认为预计负债,预计负债应当按照履行相关现时义务所需支付的最佳估计数进行初始计量。此外,企业清偿因或有事项而确认的负债所需支出还可能从第三方或其他方获得补偿。或有事项的计量主要涉及两个方面:一是预计负债的计量;二是预期可获得补偿的处理。

(一)最佳估计数的确定

预计负债应当按照履行相关现时义务所需支出的最佳估计数进行初始计量。最佳估计数的确定应当区分两种情况进行处理。

(1)所需支出存在一个连续范围,且该范围内各种结果发生的可能性相同,则最佳估计数应当按照该范围内的中间值,即上下限金额的平均数确定。

【例10-4】 20×1年12月1日,天目公司因合同违约被乙公司起诉。20×1年12月31日,天目公司尚未接到人民法院的判决。天目公司预计,最终的法院判决很可能对公司不利。假定预计将要支付的赔偿金额为2 000 000~2 600 000元的某一金额,而且这个区间内每个金额的可能性大致相同。

在这种情况下,天目公司应在20×1年12月31日的资产负债表中确认一项预计负债,金额为2 300 000元[(2 000 000+2 600 000)÷2]

相关账务处理如下。

借:营业外支出——赔偿支出——乙公司   2 300 000
  贷:预计负债——未决诉讼——乙公司   2 300 000

(2)所需支出不存在一个连续范围,或者虽然存在一个连续范围,但该范围内各种结果发生的可能性不相同。

在这种情况下,最佳估计数按照以下方法确定。

①如果或有事项仅涉及单个项目,最佳估计数按照最可能发生的金额确定。"涉及单个项目"是指或有事项涉及的项目只有一个,如一项未决诉讼、一项未决仲裁或一项债务担保等。

【例10-5】 20×1年10月11日,乙公司涉及一起诉讼案。20×1年12月31日,人民法院尚未作出判决。在咨询了公司的法律顾问后,乙公司认为:胜诉的可能性为30%,败诉的可能性为70%;如果败诉,需要赔偿2 000 000元。

在这种情况下,乙公司在20×1年12月31日资产负债表中应确认的预计负债金额应为最可能发生的金额,即2 000 000元。

有关账务处理如下。

借:营业外支出——赔偿支出 2 000 000
　　贷:预计负债——未决诉讼 2 000 000

②如果或有事项涉及多个项目,最佳估计数按照各种可能结果及相关概率加权计算确定。"涉及多个项目"是指或有事项涉及的项目不止一个,如产品质量保证。在产品质量保证中,提出产品保修要求的可能有许多客户,相应的,企业对这些客户负有保修义务。

【例10-6】　天目公司20×1年度第一季度共销售A产品30 000件,销售收入180 000 000元。根据公司的产品质量保证条款,该产品售出后一年内,如果发生质量问题,公司将负责免费维修。根据以前年度的维修记录,如果发生较小的质量问题,发生的维修费用为销售收入的1%;如果发生较大的质量问题,发生的维修费用为销售收入的2%。根据公司质量部门的预测,本季度销售的产品中,80%不会发生质量问题,15%可能发生较小的质量问题,5%可能发生较大的质量问题。

根据上述资料,20×1年第一季度末天目公司应确认的预计负债金额
=180 000 000×(0×80%+1%×15%+2%×5%)=45 000(元)

借:销售费用——产品质量保证——A产品 45 000
　　贷:预计负债——产品质量保证——A产品 45 000

(二)对预期可获得补偿的处理

企业清偿预计负债所需支付全部或部分预期由第三方补偿的,补偿金额只有在基本确定能够收到时才能作为资产单独确认。确认的补偿金额不应当超过预计负债的账面价值。

或有事项确认为资产的前提条件是或有事项已经确认为负债,或有事项确认为资产通过"其他应收款"科目核算,但不能冲减预计负债的账面价值。

(三)预计负债的计量需要考虑的其他因素

1.风险和不确定性

风险是对交易或有事项结果的可能性的一种描述。风险的变动可能会增加负债计量的金额。企业在不确定的情况下进行判断需要谨慎,避免收入或资产被高估、费用或负债被低估。但是,不确定性并不能说明应当确认过多的预计负债和故意夸大支出或费用。

企业应当充分考虑与或有事项有关的风险和不确定性,既不能忽略风险和不确定性对或有事项计量的影响,也要避免对风险和不确定性进行重复调整,从而在低估和高估预计负债金额之间寻找平衡点。

2.货币时间价值

预计负债的金额通常应当等于未来应支付的金额。但是,因货币时间价值的影响,资产负债表日后不久发生的现金流出,要比一段时间之后发生的同样金额的现金流出负有更大的义务。所以,如果预计负债的确认时点距离实际清偿有较长的时间跨度,货币时间价值的影响重大,那么在确定预计负债的确认金额时,应考虑采用现值计量,即通过对相关未来现

金流出进行折现后确认最佳估计数。

3.未来事项

企业应当考虑影响现时义务所需金额的相关未来事项。有确凿证据表明相关未来事项将会发生的,确定预计负债金额时应当考虑未来事项的影响,确定预计负债的金额不应考虑预期处置相关资产形成的利得。

五、预计负债的账务处理

(一)未决诉讼及未决仲裁

诉讼是指当事人不能通过协商解决争议,因而在人民法院起诉、应诉,请求人民法院通过审判程序解决纠纷的活动。诉讼未裁决之前,对于被告来说,可能形成一项或有负债或预计负债,对于原告来说,则可能是形成一项或有资产。

仲裁,是指经济法的各方当事人依照事先约定或事后达成的书面仲裁协议,共同选定仲裁机构并由其对争议依法作出具有约束力裁决的一种活动。作为当事人一方,仲裁的结果在仲裁决定公布以前是不确定的,会构成一项潜在义务或现时义务,或者潜在资产。

【例10-7】 天目公司20×1年度发生的有关交易或事项如下。

(1)20×1年10月9日,天目公司有一笔已到期的银行贷款本金10 000 000元,利息1 500 000元,天目公司具有还款能力,但因为与乙银行存在其他经济纠纷,而未按时归还银行的贷款,20×1年12月9日,乙银行向人民法院提起诉讼。截至20×1年12月31,人民法院尚未对案件进行审理。天目公司法律顾问认为败诉的可能性为60%,预计将支付的罚息、诉讼费用在1 000 000~1 200 000元之间,其中诉讼费50 000元。

(2)20×0年1月11日,天目公司委托银行向丙公司贷款60 000 000元,由于经营困难,20×1年12月11日贷款到期时丙公司无力偿还贷款,天目公司依法起诉丙公司,20×1年12月20日,人民法院一审判决天目公司胜诉,责成丙公司向天目公司偿付贷款本息70 000 000元,并支付罚息及其他费用6 000 000元,两项合计76 000 000元,但由于种种原因,丙公司未履行判决,直到20×1年12月31日,天目公司未采取进一步的行动。

在本例中,天目公司的会计处理如下。

①天目公司败诉的可能性为60%,即很可能败诉,且相关罚息和诉讼费用等支出能可靠计量,因此,天目公司应在20×1年12月31日确认一项预计负债,金额为1 100 000元[(1 000 000+1 200 000)÷2]。

天目公司的有关账务处理如下。

借:管理费用——诉讼费　　　　　　　　　　　　　　　　　50 000
　　营业外支出——罚息支出　　　　　　　　　　　　　　1 050 000
　　贷:预计负债——未决诉讼——乙银行　　　　　　　　　　　　1 100 000

同时,天目公司应在20×1年12月31日的财务报表附注中作如下披露:

本公司欠乙银行贷款于20×1年10月9日到期,到期本金和利息合计11 500 000元,由于与乙银行存在其他经济纠纷,故本公司尚未偿还上述借款本金和利息,为此,乙银行起诉本公司,除要求本公司偿还本金和利息外,还要求支付罚息等费用,由于以上情况,本公司在20×1年12月31日确认了一项预计负债1 100 000元。目前,此案正在审理中。

②虽然一审判决天目公司胜诉,将很可能从丙公司收回贷款本金、利息及罚息,但是由于丙公司本身经营困难,该款项是否能全额收回存在较大的不确定性,因此,天目公司20×1年12月31日不应确认资产,但应当考虑该项委托贷款的减值问题。同时,天目公司应在20×1年12月31日的财务报表附注中作如下披露:

本公司20×0年1月11日委托银行向丙公司贷款60 000 000元,丙公司到期未还,为此,本公司依法向人民法院起诉丙公司。20×1年12月20日,人民法院一审判决本公司胜诉,可从丙公司索偿款项76 000 000元,其中贷款本金60 000 000元,利息10 000 000元以及罚息等其他费用6 000 000元。截至20×1年12月31日,丙公司未履行判决,本公司尚未采取进一步措施。

(二)债务担保

企业对外担保经常会涉及未决诉讼,这时可以区分以下情况进行处理。

(1)企业已被判决败诉,则应当按照人民法院判决的应承担的损失金额,确认为预计负债,并计入营业外支出。

(2)已判决败诉,但企业不上诉,或者经上一级人民法院暂缓执行,或者由上一级人民法院发回重审等,企业应当在资产负债表日,根据已有判决结果合理估计可能产生的损失金额,确认预计负债,并列入当期营业外支出。

(3)人民法院尚未判决的,企业应向其律师或法律顾问等咨询,估计败诉的可能性,以及败诉后可能发生的损失金额,并取得有关书面意见。

如果败诉的可能性大于胜诉的可能性,并且损失金额能够合理估计的,应当在资产负债表日将预计担保损失金额确认为预计负债,并列入当期营业外支出。

【例10-8】　天目公司20×0年1月15日为乙公司一项贷款提供担保。截至20×1年12月31日,乙公司贷款逾期未还,银行已起诉乙公司和天目公司,但人民法院尚未判决。天目公司法律顾问认为其败诉的可能性为70%,预计天目公司因承担连带责任需赔偿1 000 000～1 600 000元。

天目公司的账务处理如下。

借:营业外支出——债务担保——乙公司　　　　　　　　　　　　1 300 000
　　贷:预计负债——未决诉讼——丙银行　　　　　　　　　　　　1 300 000

(三)产品质量保证

产品质量保证,通常是指销售商或制造商在销售产品或提供劳务后,对客户提供服务的一种承诺。在约定期内(或终身保修),若产品或劳务在正常使用过程中出现质量或与之相关的其他属于正常范围的问题,企业负有更换产品、免费或只收成本价进行修理的责任。按照权责发生制的要求,上述相关支出符合确认条件就应在收入实现时确认相关预计负债。

【例10-9】　天目公司对其销售的机床作出承诺:机床售出后3年如出现非意外事件造成的机床故障和质量问题,天目公司免费负责保修。天目公司20×1年第4季度销售400台,每台售价5万元。根据以往经验,机床发生的保修费一般为销售额的1%～5%。天目公司第4季度实际发生的维修费用为40 000元(其中,银行存款支付50%,另外的50%为耗用的原材料)。

延伸思考10.2:产品质量保证确认时需要注意什么?

天目公司的账务处理如下。

发生维修费时。

借:预计负债——产品质量保证——机床 40 000

　　贷:银行存款 20 000

　　　　原材料 20 000

应确认的产品质量保证负债金额＝400×50 000×(1%＋5%)÷2＝250 000(元)

借:销售费用——产品质量保证——机床 250 000

　　贷:预计负债——产品质量保证——机床 250 000

(四)亏损合同

亏损合同,是指履行合同义务时不可避免地会发生成本超过预期经济利益的合同情况。亏损合同产生的义务满足预计负债确认条件的,应当确认为预计负债。预计负债的计量应当反映退出该合同的最低净成本,即履行该合同的成本与未能履行该合同而发生的补偿或处罚两者之中的较低者。企业与其他企业签订的商品销售合同、劳务合同、租赁合同等,均可能变为亏损合同。

亏损合同会计处理应遵循以下原则。

企业履行该合同的成本包括履行合同的增量成本、与履行合同直接相关的其他成本的分摊金额。其中,履行合同的增量成本包括直接人工、直接材料等;与履行合同直接相关的其他成本的分摊金额包括用于履行合同的固定资产折旧费用分摊金额等。

(1)如果亏损合同相关的义务不需支付任何补偿即可撤销,企业通常就不存在现时义务,不应确认为预计负债;如果与亏损合同相关的义务不可撤销,企业就存在现时义务,同时满足该义务很可能导致经济利益流出企业且金额能够可靠计量的,应当确认为预计负债。

(2)亏损合同存在标的资产的,应当对标的资产进行减值测试并按规定确认减值损失,在这种情况下,企业通常不需要确认预计负债,如果预计亏损超过该减值损失,应将超过部分确认预计负债;合同不存在标的资产的,亏损合同相关义务满足预计负债确认条件时,应当确认为预计负债。

【例10-10】 天目公司20×0年12月15日与乙公司签订不可撤销合同,约定在20×1年3月3日以每件200元的价格向乙公司提供A产品1 000件,若不能按期交货,将对天目公司处以总价款20%的违约金。签订合同时A产品尚未开始生产,天目公司准备采购原材料生产A产品时,原材料价格突然上涨,预计生产A产品的单位成本将超过合同单价。不考虑相关税费。

(1)若生产A产品的单位成本为210元。

履行合同发生的损失＝1 000×(210－200)＝10 000(元)

不履行合同支付的违约金＝1 000×200×20%＝40 000(元)

本例中,该合同为亏损合同。由于该合同变为亏损合同时不存在标的资产,天目公司应当按照履行合同造成的损失与违约金两者中的较低者确认一项预计负债,即确认预计负债10 000元。

借:营业外支出——亏损合同损失——A产品 10 000

　　贷:预计负债——亏损合同损失——A产品 10 000

待产品完工后,将已确认的预计负债冲减产品成本。

借:预计负债——亏损合同损失——A产品   10 000

    贷:库存商品——A产品   10 000

(2)若生产A产品成本为270元。

履行合同发生的损失 $=1\,000\times(270-200)=70\,000$(元)。

不履行合同支付的违约金 $=1\,000\times200\times20\%=40\,000$(元)。

借:营业外支出——亏损合同损失——A产品   40 000

    贷:预计负债——亏损合同损失——A产品   40 000

支付违约金时。

借:预计负债——亏损合同损失——A产品   40 000

    贷:银行存款   40 000

【例10-11】 天目公司与乙公司于20×0年11月签订不可撤销合同,天目公司向乙公司销售设备50台,合同价格每台1 000 000元(不含税)。该设备在20×1年2月15日交货。至20×0年末,天目公司已生产该设备40台,由于原材料价格上涨,单位成本达到1 020 000元,每销售一台亏损20 000元,因此这项合同已成为亏损合同。预计其余生产的10台设备的单位成本与已生产的设备单位成本相同。则天目公司对有标的的40台设备计提存货跌价准备,对没有标的的10台设备确认为预计负债。不考虑相关税费。

有关账务处理如下。

(1)有标的部分,合同为亏损合同,确认减值损失。

借:资产减值损失——存货跌价损失   800 000

    贷:存货跌价主编——存货跌价损失   800 000

(2)无标的部分,合同为亏损合同,确认预计负债。

借:营业外支出——亏损合同损失   200 000

    贷:预计负债——亏损合同损失   200 000

在产品生产出来后,将已确认的预计负债冲减产品成本。

借:预计负债——亏损合同损失   200 000

    贷:库存商品   200 000

(五)重组义务

企业因重组而承担了重组义务,并且同时满足预计负债确认条件时,才能确认预计负债。

首先,同时存在下列情况的,表明企业承担了重组义务:①有详细、正式的重组计划;②该重组计划对外公告,重组计划已经开始实施,或已向受其影响的各方通告了该计划的主要内容,从而使各方形成了对该企业将实施重组的合理预测。

其次,需要判断重组义务是否同时满足预计负债的三个确认条件,才能将重组确认为预计负债。

企业应当按照与重组方有关的直接支出确定预计负债金额,计入当期损益。其中,直接支出是指企业重组必须承担的,并且与主体继续进行的活动

延伸思考10.3:如何判断某项支出是否属于与重组有关的直接支出?

无关的支出。

(六)固定资产弃置义务形成的预计负债

弃置费用是指通常根据国家法律和行政法规、国际公约等的规定,企业承担的环境保护和生态恢复等义务确定的支出,如油气资产、核电站核设施等的弃置和恢复环境义务。

弃置费用的金额比较大,通常需要考虑货币的时间价值。企业应根据《企业会计准则第13号——或有事项》的规定,按现值计算确定应计入固定资产成本的金额和相应的预计负债。具体核算参见本书固定资产相关内容。

第五节 借款费用资本化

一、借款费用的范围

借款费用,是指企业因借入资金所付出的代价,包括借款利息、溢折价摊销、辅助费用以及因外币借款而发生的汇兑差额等。

因借款而发生的利息包括企业向银行或其他金融机构等借入资金发生的利息、发行公司债券或企业债券发生的利息以及为购建或生产符合资本化条件的资产而发生的带息债务所承担的利息等。

因借款而发生的溢折价主要是指发行债券等而发生的溢价或者折价,其实质上是对债券票面利息的调整,属于借款的范畴。

因借款发生的辅助费用,是指企业借款过程中发生的手续费、佣金等费用,这些费用是因安排借款而发生的,也属于借入资金所付出的代价,是借款费用的构成。

因外币借款而发生的汇兑差额,是指由于汇率变动导致市场汇率与账面汇率出现差异,从而对外币借款本金及其利息的记账本位币金额所产生的影响金额。

企业发生的权益性融资费用,不包括在借款费用中。

二、借款费用的确认

(一)确认原则

借款费用的确认主要涉及的是将每期发生的借款费用资本化计入相关资产成本还是将借款费用计入当期损益予以费用化的问题。借款费用确认的基本原则是企业发生的借款费用可直接归属于符合资本化条件的资产购建或者生产的,应当予以资本化,计入相关资产成本;其他费用应当在发生时根据其发生额确认为费用,计入当期损益。

符合资本化条件的资产是指需要经过相当长时间的购建或者生产活动才能达到预定可使用或者可销售状态的固定资产、投资性房地产和存货等。无形资产的开发支出等在符合条件的情况下,也可以认定为符合资本化条件的资产。符合资本化条件的存货主要包括房地产开发企业开发的用于对外出售的房地产开发产品、企业制造的用于对外出售的大型机器设备等。其中,"相当长时间"应当是指资产的购建或者生产所必需的时间,通常为1年以上(含1年)。

在实务中,如果由于人为或者故意等非正常原因导致资产的购建或者生产时间相当长的,该资产不属于符合资本化条件的资产。购入即可使用的资产、购入后需要安装但安装时间较短的资产、需要建造或生产但建造或生产时间较短的资产,均不属于符合资本化条件的资产。

(二)借款费用予以资本化的借款范围

借款包括专门借款和一般借款。专门借款是指为购建或者生产符合资本化条件的资产而专门借入的款项。专门借款通常有明确的用途,即为购建或者生产符合资本化条件的资产而专门借入,并通常具有标明该用途的借款合同。如某企业为建造一条生产线向某银行专门贷款 500 万元,属于专门借款,其使用目的明确。一般借款是指除专门借款之外的借款,通常没有特指用于符合资本化条件的资产购建或者生产。

借款费用资本化借款范围,既包括专门借款也包括一般借款。对于一般借款,只有在购建或者生产某项符合资本化条件的资产占用了一般借款时,才应将与该部分一般借款相关的费用资本化,否则,所发生的借款费用应当计入当期损益。

(三)借款费用资本化期间的确定

只有发生在资本化期间内的有关借款费用才允许资本化,资本化期间的确定是借款费用确认和计量的重要前提。借款费用资本化期间是指从借款费用开始资本化时点到终止资本化时点的期间,不包括借款费用暂停资本化的期间。

1.借款费用开始资本化的时点

借款费用开始资本化必须同时满足三个条件,即资产支出已经发生、借款费用已经发生、为使资产达到预定可使用或者可销售状态所必要的构建或者生产活动已经开始。

(1)资产支出已经发生的判断

资产支出包括以支付现金、转移非现金资产和承担带息债务形式所发生的支出。

①支付现金,是指用货币资金支付符合资本化条件的资产的购建或者生产支出。

②转移非现金资产,是指企业将自有非现金资产直接用于符合资本化条件的资产购建或者生产。

③承担带息债务,是指企业为了购建或者生产符合资本化条件的资产而承担的带息应付款项。如果是不带息债务,则不应当将购买借款计入资产支出,因为该债务在偿付时不需要承担利息,也没有占用借款资金。

(2)借款费用已经发生的判断

借款费用已经发生是指企业已经发生了因购建或者生产符合资本化条件的资产而专门借入款项的借款费用,或者占用一般借款的借款费用。

(3)为使资产达到预定可使用或者可销售状态所必要的购建或者生产活动已经开始的判断

为使资产达到预定可使用或者可销售状态所必要的购建或者生产活动已经开始,是指符合资本化条件的资产的实体建造或者生产工作已经开始,如主体设备的安装、厂房的实际开工建造等。

2.借款费用暂停资本化的时点

符合资本化条件的资产在购建或者生产过程中发生非正常中断且中断时间连续超过 3 个月的,应当暂停借款费用的资本化。中断的原因必须是非正常中断,属于正常中断的,相

拓展资源 10.1：
正常中断与
非正常中断
的区别

关借款费用仍可资本化。非正常中断，通常是由于企业管理决策上的原因或者其他不可预见的原因所导致的中断。如与施工方发生了质量纠纷、工程或者生产用料投入及时供应、资金周转发生了困难等原因导致资产购建或者生产活动发生的中断，均属于非正常中断。

3.借款费用停止资本化的时点

购建或者生产符合资本化条件的资产达到预定可使用或者可销售状态时，借款费用应当停止资本化。在符合资本化条件达到预定可使用或者可销售状态之后发生的借款费用，应当在发生时根据其发生额确认为费用，计入当期损益。

资产达到预定可使用或可销售状态，是指所购建或者生产的符合资本化条件的资产已经达到建造方、购买方或者企业自身等预先设计、计划或者合同约定的可使用或可销售状态。具体可从以下几个方面进行判断。

（1）符合资本化条件的资产的实体建造（包括安装）或者生产活动已经全部完成或者实质上已经完成。

（2）所购建或者生产的符合资本化条件的资产与设计要求、合同规定或者生产要求相符或者基本相符，即使有极个别与设计、合同或者生产要求不相符的地方，也不影响其正常使用或者销售。

（3）继续发生在所购建或生产符合资本化条件的资产上的支出金额很少或者几乎不再发生。

【例 10-12】 某企业借入一笔款项，于 20×1 年 2 月 1 日采用出包方式开工建造一幢厂房。20×1 年 12 月 1 日工程全部完工，达到合同要求。12 月 15 日工程验收合格，12 月 20 日办理竣工结算，12 月 25 日完成全部资产移交手续，12 月 30 日厂房正式投入使用。

在本例中，企业应于 20×1 年 12 月 1 日确定为工程达到预定可使用状态的时点，作为借款费用停止资本化的时点。后续工程验收日、竣工结算日、资产移交日和投入使用日均不作为借款费用停止资本化的时点，否则会导致资产价值和利润的高估。

三、借款费用的计量

（一）借款利息资本化的确定

在借款费用资本化期间内，每一会计期间的利息（包括溢折价摊销，下同）的资本化金额，应当按下列原则确定。

（1）为购建或者生产符合资本化条件的资产而借入专门借款的，应当以专门借款当期实际发生的利息费用减去将尚未动用的借款资金存入银行取得的利息收入或进行暂时性投资取得的投资收益后的金额，确定专门借款应予资本化的利息金额。

$$\begin{matrix} 每一会计期间 \\ 专门借款利息 \\ 的资本化金额 \end{matrix} = \begin{matrix} 专门借款当期 \\ 实际发生的 \\ 利息费用 \end{matrix} - \begin{matrix} 尚未动用的 \\ 借款资金的 \\ 利息收入 \end{matrix} - \begin{matrix} 尚未动用的借款资金 \\ 暂时性投资取得 \\ 的投资收益 \end{matrix}$$

（2）为购建或者生产符合资本化条件的资产占用了一般借款的，企业应当根据累计资产支出超过专门借款部分的资产支出加权平均数乘以所占用一般借款的资本化率，计算确定一般借款应予资本化的利息金额。资本化率应当根据一般借款加权平均利率计算确定。即企业占用一般借款购建或者生产符合资本化条件的资产时,一般借款的借款费用资本化金额的确定应当与资产支出相挂钩。

有关计算公式如下:

一般借款利息费用资本化金额＝累计资产超过专门借款部分的资产支出加权平均数
×所占用一般借款的资本化率

所占用一般借款的资本化率＝所占用一般借款加权平均利率＝所占用一般借款当期实际发生的利息之和÷所占用一般借款本金加权平均数

(3)每一会计期间的利息资本化金额不应超过当期相关借款实际发生的利息金额。

【例10-13】 天目公司拟在厂区内建造一幢厂房,有关资料如下:

(1)20×0年1月1日向银行专门借款60 000 000元,期限为3年,年利率为6%,每年1月1日付息。

(2)除专门借款外,公司只有一笔其他借款,为公司3年前借入的长期借款72 000 000元,期限为5年,年利率为8%,每年12月1日付息,假设天目公司在20×0年和20×1年底均未支付当年利息。

(3)由于审批、办手续等原因,厂房于20×0年4月1日才开始动工兴建,当日支付工程款24 000 000元。工程建设期间支出情况如表10-3所示。

表 10-3　天目公司厂房建造资产支出及闲置资金投资情况表　　　单位:元

日期	每期资产支出金额	累计资产支出金额	在银行存放的闲置借款资金金额
20×0年4月1日	24 000 000	24 000 000	36 000 000
20×0年6月1日	12 000 000	36 000 000	24 000 000
20×0年7月1日	36 000 000	72 000 000	
20×1年1月1日	12 000 000	84 000 000	占用一般借款
20×1年4月1日	6 000 000	90 000 000	
20×1年7月1日	6 000 000	96 000 000	
总计	9 6000 000	—	—

工程于20×1年9月30日完工,达到预定可使用状态。其中,由于施工问题,工程于20×0年9月1日至20×0年12月31日停工4个月。

(4)专门借款中未支出部分全部存放银行,月利率为0.25%。假定全年按照360天计算,每月按30天计算。

根据以上资料,有关利息资本化金额的计算和账务处理如下。

①计算20×0年、20×1年全年发生的利息费用:

20×0年专门借款发生的利息金额＝60 000 000×6%＝3 600 000(元)

20×0年一般借款发生的利息金额＝72 000 000×8%＝5 760 000(元)

20×1年专门借款发生的利息金额＝60 000 000×6%＝3 600 000(元)

20×1年一般借款发生的利息金额＝72 000 000×8%＝5 760 000(元)

②在本例中,尽管专门借款于20×0年1月1日借入,但是厂房于4月1日才开工。因

此,借款利息费用自4月1日起才符合开始资本化的条件,计入在建工程成本。同时,由于厂房建设在20×0年9月1日至20×0年12月31日期间发生非正常中断4个月,该期间发生的利息费用应当暂停资本化,计入当期损益。

③计算20×0年借款利息资本化金额和应计入当期损益的金额及其账务处理。

首先,计算20×0年专门借款应予资本化的利息金额。

20×0年1—3月和9—12月专门借款发生的利息费用 $= 60\,000\,000 \times 6\% \times 210 \div 360$
$$= 2\,100\,000(元)$$

20×0年专门借款存放银行取得的利息收入 $= 60\,000\,000 \times 0.25\% \times 3 + 36\,000\,000$
$$\times 0.25\% \times 2 + 24\,000\,000 \times 0.25\% \times 1$$
$$= 690\,000(元)$$

其中,专门借款在资本化期间内取得的利息收入 $= 36\,000\,000 \times 0.25\% \times 2 + 24\,000\,000$
$$\times 0.25\% \times 1 = 240\,000(元)$$

公司在20×0年应予资本化的专门借款利息金额 $= 3\,600\,000 - 2\,100\,000 - 240\,000$
$$= 1\,260\,000(元)$$

公司在20×0年应当计入当期损益的专门借款利息金额 $= 3\,600\,000 - 1\,260\,000$
$$= 2\,340\,000(元)$$

其次,计算20×0年一般借款应予资本的利息金额。

公司在20×0年占用了一般借款资金的资产支出加权平均数 $= (24\,000\,000 + 12\,000\,000$
$$+ 3\,600\,000 - 6\,000\,000)$$
$$\times 60 \div 360 = 2\,000\,000(元)$$

公司在20×0年一般借款应予资本化的利息金额 $= 2\,000\,000 \times 8\% = 160\,000(元)$

公司在20×0年应当计入当期损益的一般借款利息金额 $= 5\,760\,000 - 160\,000$
$$= 5\,600\,000(元)$$

最后,计算20×0年应予资本化和应当计入当期损益的借款利息金额。

公司在20×0年应予资本化的借款利息金额 $= 1\,260\,000 + 160\,000 = 1\,420\,000(元)$

公司在20×0年应当计入当期损益的借款利息金额 $= 2\,340\,000 + 5\,600\,000 = 7\,940\,000(元)$

20×0年有关借款利息的账务处理如下。

借:在建工程——厂房	1 420 000	
财务费用	7 940 000	
贷:应付利息		9 360 000

专门借款存放银行取得的利息收入的账务处理略。

④计算20×1年借款利息资本化金额和应计入当期损益的金额及其账务处理。

首先,计算20×1年专门借款应予资本化的利息金额。

公司在20×1年应予资本化的专门借款利息金额 $= 60\,000\,000 \times 6\% \times 270 \div 360$
$$= 2\,700\,000(元)$$

公司在20×1年应当计入当期损益的专门借款利息金额 $= 3\,600\,000 - 2\,700\,000$
$$= 900\,000(元)$$

其次,计算20×1年一般借款应予资本的利息金额。

公司在 20×1 年占用了一般借款资金的资产支出加权平均数＝24 000 000×270÷360
＋6 000 000×180÷
360＋6 000 000×90÷
360＝22 500 000(元)

公司在 20×1 年一般借款应予资本化的利息金额＝22 500 000×8％＝1 800 000(元)

公司在 20×0 年应当计入当期损益的一般借款利息金额＝5 760 000－1 800 000
＝3 960 000(元)

最后,计算 20×1 年应予资本化和应当计入当期损益的借款利息金额。

公司在 20×1 年应予资本化的借款利息金额＝2 700 000＋1 800 000＝4 500 000(元)

公司在 20×1 年应当计入当期损益的借款利息金额＝900 000＋3 960 000＝4 860 000(元)

20×1 年有关借款利息的账务处理如下。

借:在建工程——厂房   4 500 000

   财务费用   4 860 000

   贷:应付利息   9 360 000

(二)借款辅助费用资本化金额的确定

辅助费用是企业为了安排借款而发生的必要费用,包括借款手续费(如发行债券手续费)、佣金等。如果企业不发生这些费用,就无法取得借款。辅助费用是企业借入款项所付出的一种代价,是借款费用的有机组成部分。

对于企业发生的专门借款辅助费用,在所购建或者生产符合资本化条件的资产达到预定可使用或可销售状态之前发生的,应当在发生时根据其发生额予以资本化;在所购建或者生产的符合资本化条件的资产达到预定可使用或者可销售状态之后所发生的,应当在发生时根据其发生额确认为费用,计入当期损益。

(三)外币专门借款汇兑差额资本化金额的确定

在资本化期间,外币专门借款本金及其利息的汇兑差额应当予以资本化,计入符合资本化条件的资产或成本;除外币专门借款之外的其他外币借款本金及其利息所产生的汇兑差额,应当作为财务费用计入当期损益。

思考题

1.如何理解应付债券的溢折价?

2.应付债券的摊销方法有哪些? 各有什么优缺点?

3.如何理解借款费用资本化?

练习题

1.天目公司 20×1 年 7 月 1 日,发行 10 000 万元 5 年期公司债券,债券票面利率为 4％,债券利息按年计算,每年底支付,本金到期一次还清。每张债券面值为 100 元,公司按照每张 110 元的价格发行,支付债券承销商的债券发行佣金及手续费为 500 万元,直接从债券收入中扣除。该公司采用实际利率法确定债券的摊余成本。

要求：

(1)计算公司发行债券每年的利息调整摊销金额。

(2)编制相关会计分录。

2.天目公司于20×1年1月1日动工兴建一条新的生产线，工期为2年。工程采用出包方式，天目公司分别于20×1年1月1日、4月1日、7月1日和10月1日向承包方支付工程进度款500万元、1 000万元、2 500万元和2 000万元。该生产线于20×2年12月31日完工，并立即投产。

公司为建造该条生产线筹措了三笔专门借款，分别为：

(1)20×1年1月1日专门借款2 000万元，借款期限为3年，年利率为5%，利息按年支付。

(2)20×1年7月1日专门借款1 500万元，借款期限为5年，年利率为6%，利息按年支付。

(3)20×1年10月1日专门借款1 000万元，借款期限为2年，年利率为4%，利息按年支付。假定闲置的专门借款资金均用于短期投资，短期投资的月平均收益率为0.3%。

公司为建造该条生产线还占用了两笔一般借款，分别为：

(1)向工商银行借入长期借款1 000万元，期限为20×0年11月1日至20×2年11月1日，年利率为4%，按年支付利息。

(2)20×1年7月1日发行公司债券10 000万元，期限3年，年利率5%，按年支付利息。

要求：根据上述资料，计算20×1年公司建造该条生产线应予以资本化的利息费用金额。

第十一章

所有者权益

■□ 学习目标

1. 掌握：实收资本（股本）的核算，资本（股本）溢价和其他综合收益的核算；库存股的核算；留存收益的核算。

2. 理解：其他权益工具的核算。

3. 了解：所有者权益的分类；所有者权益的特点。

■□ 案例引入

转增资本，从心所欲？

某上市公司 2021 年 1 月 1 日所有者权益余额如下：股本 3 000 万元（每股面值 1 元），资本公积 5 600 万元（其中股本溢价 5 500 万元，其他资本公积 100 万元），盈余公积 1 000 万元，未分配利润 800 万元。2022 年 12 月 31 日所有者权益余额各项（未审数）：股本 4 480 万元，资本公积 6 790 万元，盈余公积 0，未分配利润 770 万元。注册会计师审计该公司 2021 年报表时发现：2021 年 5 月 6 日，公司召开股东大会会议，以留存收益转增资本，每 3 股转增 1 股，计 1 000 万股。其会计处理是：借记"盈余公积"1 000 万，贷记"股本"1 000 万。该公司的会计处理是否合理？

分析：根据《中华人民共和国公司法》（简称《公司法》）的相关规定，盈余公积转增资本后不得少于转增前股本的 25%。因此，该公司的做法不符合规定，正确做法如下。

借：盈余公积   250 万
  贷：股本   250 万
借：利润分配——未分配利润   750 万
  贷：盈余公积   750 万
借：盈余公积   250 万
  贷：股本   250 万

第一节 实收资本（股本）

一、实收资本（股本）概述

按照我国有关法律的规定，投资设立企业首先必须投入资本。实收资本（股本）投资者投入资本形成法定资本的价值。所有者向企业投入的资本，在一般情况下无须偿还，可以长期周转使用。实收资本的构成比例，即投资者的出资比例或股东的股份比例，通常是确定所有者在企业所有者权益中所占的份额和参与企业财务经营决策的基础，也是企业进行利润分配或股利分配的依据,同时还是企业清算时确定所有者对净资产的要求权的依据。

实收资本确认和计量要求企业应当设置"实收资本"科目,核算企业接受投资者投入的实收资本,股份有限公司应将该科目改为"股本"。投资者可以用现金投资,也可以用现金以外的其他有形资产投资,符合国家规定比例的,还可以用无形资产投资。企业收到投资时,一般应作如下会计处理:收到投资人投入的现金,应在实际收到或者存入企业开户银行时,按实际收到的金额,借记"银行存款"科目;以实物资产投资的,应在办理实物产权转移手续时,借记有关资产科目;以无形资产投资的,应按照合同、协议或公司章程规定移交有关凭证时,借记"无形资产"科目,按投入资本在注册资本或股本中所占份额,贷记"实收资本"或"股本"科目,按其差额,贷记"资本公积——资本溢价"或"资本公积——股本溢价"科目。

初建有限责任公司时,各投资者按照合同、协议或公司章程投入企业的资本,应全部记入"实收资本"科目,注册资本为在公司登记机关登记的全体股东认缴的出资额。在企业增资时,如有新投资者介入,新介入的投资者缴纳的出资额大于其按约定比例计算的其在注册资本中所占的份额部分,不记入"实收资本"科目,而作为资本公积,记入"资本公积"科目。

股份有限公司是指全部资本由等额股份构成并通过发行股票筹集资本、股东以其认购的股份为限对公司承担责任、公司以其全部财产对公司债务承担责任的企业法人。股份有限公司设立有发起式和募集式两种方式。所谓的发起式设立,是指公司的股份全部由发起人认购;而募集式设立,是指公司股份除发起人认购以外,还可以采用向其他法人或自然人发行股票的方式进行募集。公司设立方式不同,筹集资本的风险也会不同。很显然,发起式设立一般不会发生公司设立失败的情况,筹资风险较低;而募集式设立有发行失败即股票未被全部认购的可能,因此,其筹资风险较大。按照规定,发行失败损失由发起人负担,包括承担筹资费用、公司筹建过程中的债务以及利息等责任。

股份有限公司是将企业的全部资本划分为等额股份,并通过发行股票的方式来筹集资本,股东以其认购股份对公司承担有限责任。股本应等于企业的注册资本,会计核算时设置"股本"科目。该科目核算股东投入股份有限公司的股本,企业应将核定的股本总额、股份总数以及每股面值在股本账户中作备查记录,按照股东单位或姓名设置明细账。股票发行有三种方式:溢价、面值和折价发行,公司发行股票取得的收入大于股本总额的,称为溢价发行;小于股本总额的,称为折价发行;等于股本总额的,称为面值发行。我国不允许折价发行股票。在采用溢价发行股票的情况下,企业将相当于股票面值部分记入"股本",其余部分在扣除发行手续费、佣金等发行费用后记入"资本公积——股本溢价"科目。

二、实收资本(股本)的核算

在我国,根据《中华人民共和国登记管理条例》规定,公司增加注册资本的,有限责任公司股东认缴资本的出资和股份有限公司的股东认购新股,应当分别依据《公司法》设立有限责任公司缴纳出资和设立股份有限公司缴纳有关股款的规定执行。公司法定公积金转增为注册资本的,验资证明应当载明留存的该项公积金不少于转增前公司注册资本的25%。公司减少注册资本的,应当自公告之日起45日后申请变更登记,并应当提交公司在报纸上登载公司减少注册资本公告的有关证明和公司债务清偿或者债务担保情况的说明。公司减资后的注册资本不得低于法定的最低限额。公司变更实收资本的,应当提交依法设立的验资机构出具的验资证明,并应当按照公司章程载明的出资时间、出资方式缴纳出资。公司应当自足额缴纳出资或者股款之日起 30 日内申请变更登记。

（一）实收资本增加的核算

1.企业增加资本的一般途径

企业增加资本最常见的途径一般有三条：一是将资本公积转增实收资本或股本。会计上应借记"资本公积——资本溢价"或"资本公积——股本溢价"科目，贷记"实收资本"或"股本"科目。二是将盈余公积转增实收资本或股本。会计上应借记"盈余公积"科目，贷记"实收资本"或"股本"科目。资本公积或盈余公积转增实收资本或股本时，不同的组织形式做法不尽相同，如为独资企业，直接结转即可；如为股份有限公司或有限责任公司，应按原投资者所持股份同比例增加各股东的股权。三是所有者投入。企业接受投资者投入的资本，借记"银行存款""固定资产""无形资产""长期股权投资"等科目，贷记"实收资本""股本"等科目。

【例 11-1】 天目公司为有限责任公司，收到股东投入的原材料一批，不含增值税的评估价为 100 000 元，增值税为 13 000 元；不需要安装的设备一台，不含税评估价为 1 000 000 元，增值税为 130 000 元。则编制的会计分录如下。

借：原材料		100 000
固定资产		1 000 000
应交税费——应交增值税（进项税额）		143 000
贷：实收资本		1 243 000

2.股份有限公司发放股票股利

股份有限公司采用发放股票股利增资的，在发放股票股利时，按照股东原来持有的股数分配，不足 1 股时，应采用恰当的方法处理。一般有两种方法可供选择，一是将不足 1 股的股票股利改为现金股利，用现金支付；二是由股东相互转让，凑为整股。股东大会批准的利润分配方案中分配的股票股利，应在办理增资手续后，借记"利润分配"科目，贷记"股本"科目。

3.可转换公司债券持有人行使转换权利

可转换公司债券持有人行使转换权利时，将其持有的债券转换为股票，按可转换公司债券的余额，借记"应付债券——可转换公司债券"科目，按其权益成分的金额，借记"其他权益工具"科目，按股票面值和转换的股数计算的股票面值总额，贷记"股本"科目，按其差额，贷记"资本公积——股本溢价"科目。

4.企业将重组债务转为权益工具

企业将重组债务转为权益工具，债务人初始确认权益工具时，应当按照权益工具的公允价值计量，权益工具的公允价值不能可靠计量的，应当按照所清偿债务的公允价值计量。借记"应付账款""长期借款"等科目，贷记"实收资本"或"股本""资本公积——资本溢价"或"资本公积——股本溢价"科目，按其差额，借记或贷记"投资收益"科目。具体核算参考《高级财务会计》中有关债务重组的内容。

5.以权益结算的股份支付的行权

以权益结算的股份支付换取职工或其他方提供服务的，应在行权日，按根据实际行权情况确定的金额，借记"资本公积——其他资本公积"科目，按应计入实收资本或股本的金额，贷记"实收资本"或"股本"科目。

(二)实收资本减少的核算

企业实收资本减少的原因主要有两种,一是资本过剩;二是企业发生重大亏损而需要减少实收资本。企业因资本过剩而减资,一般要发还股款。有限责任公司和一般企业发还投资的会计分录比较简单,按法定程序报经批准减少注册资本的,借记"实收资本"科目,贷记"库存现金""银行存款"等科目。

股份有限公司由于采用的是发行股票方式筹集股本,发还股款时,则要回购发行的股票,发行股票的价格与股票面值可能不同,回购股票的价格也可能与发行价格不同,会计处理较为复杂。股份有限公司因减少注册资本而回购本公司股份的,应按实际支付的金额,借记"库存股"科目,贷记"银行存款"等科目,注销库存股时,按照股票价值和注销股数计算的股票面值总额,借记"股本"科目,按注销库存股的账面余额,贷记"库存股"科目,按其差额,冲减股票发行时原计入资本公积的溢价部分,借记"资本公积——股本溢价"科目,回购价格超过上述冲减"股本"及"资本公积——股本溢价"科目的部分,应依次借记"盈余公积""利润分配——未分配利润"等科目;如回购价格低于回购股份对应的股本面值,借记"股本"科目,按注销库存股的账面余额,贷记"库存股"科目,按其差额,贷记"资本公积——股本溢价"科目。

【例 11-2】 甲股份有限公司截至 20×1 年 12 月 31 日共发行股票 30 000 000 股,股票面值为 1 元,资本公积——股本溢价为 6 000 000 元,盈余公积为 4 000 000 元,利润分配——未分配利润为 5 000 000 元。经股东大会批准,公司以现金回购本公司股票3 000 000 股并注销。假定天目公司按照每股 5 元回购股票,不考虑其他因素,天目公司的账务处理如下。

借:库存股		15 000 000
贷:银行存款		15 000 000
借:股本		3 000 000
资本公积——股本溢价		6 000 000
盈余公积		4 000 000
利润分配——未分配利润		2 000 000
贷:库存股		15 000 000

第二节　资本公积

资本公积是企业收到投资者的超出其在注册资本(或股本)中所占份额的投资,主要包括资本(股本)溢价和以权益结算的股份支付等。

一、资本(股本)溢价

资本(或股本)溢价是指企业收到投资者的超出其在企业注册资本(或股本)中所占份额的投资。形成资本(或股本)溢价的原因主要有溢价发行股票、投资者超额缴入资本等。

有限责任公司在创立时出资者按其在企业注册资本所占份额认缴的出资额全部记入

"实收资本"科目,一般不存在资本溢价。在企业重组或有新的投资者加入时,为了维护原有投资者的权益,新加入的投资者的出资额并不一定全部作为实收资本处理。这是因为,在企业正常经营过程中投入的资金虽然与企业创立时投入的资金在数量上一致,但其获利能力却不一致。企业创立时,要经过筹建、试生产经营、开辟市场等过程,从投入资金到取得回报可能需要经历很长时间,且具有很大的不确定性,风险性高,资本利润率很低。而在企业正常经营后,一般情况下,资本利润率要高于企业创立阶段,因此,新加入的投资者要付出大于原投资者的出资额,才能取得与投资者相同的投资比例。另外,不仅原投资者原有投资在质量上发生了变化,在数量上也可能发生变化,这是因为企业经营过程中实现利润的一部分留在企业,形成留存收益,而留存收益也属于投资者权益,但其未转入实收资本。新加入的投资者如与原投资者共享这部分留存收益,也要求其付出大于原投资者的出资额,才能取得与原有投资者相同的投资比例。投资者投入的资本中按其投资比例计算的出资额部分,应记入"实收资本"科目,大于部分记入"资本公积"。

【例11-3】　甲、乙两位股东各出资 100 万元建立公司。3 年后,该公司的留存收益为 100 万元,所有者权益总额为 300 万元,每位股东享有的权益为 150 万元。此时,丙投资者愿意出资 150 万元占 1/3 的股份,丙投资者投入后,该公司的注册资本为 450 万元,丙投资者的实际出资额 150 万元大于其在注册资本中占有的份额 50 万元的差额,确认为资本公积(资本溢价)。接受丙投资者出资后,所有者权益总额为 450 万元(其中,实收资本为 300 万元,资本公积为 50 万元,留存收益为 100 万元),每位股东享有的权益仍为 150 万元。

收到丙投资者出资时,编制会计分录如下。

借:银行存款等　　　　　　　　　　　　　　　　　　　　　1 500 000
　　贷:实收资本　　　　　　　　　　　　　　　　　　　　　1 000 000
　　　　资本公积——资本溢价　　　　　　　　　　　　　　　　 500 000

股份有限公司是以发行股票方式筹集股本的,股票是企业签发的证明股东按其所持有股份享有权利和承担义务的书面证明。由于股东按其所持企业股份享有权利和承担义务,为了反映和便于计算各股东所持股份占企业全部股本的比例,企业的股本总额应按股票的面值与股份总数的乘积计算。按我国相关规定,实收股本总额应与注册资本相等。因此,为提供企业股本总额及其构成和注册资本等信息,在采用与股票面值相同的发行股票的情况下,企业发行股票取得的收入,应全部记入"股本"科目;采用溢价发行股本的情况下,企业发行股票取得的收入,相当于股票面值的部分记入"股本"科目,超出股票面值的溢价部分记入"资本公积——股本溢价"科目。发行股票而支付的手续费、佣金等应从溢价发行收入中扣除,企业应按扣除手续费、佣金后的数额记入"资本公积——股本溢价"科目。

【例11-4】　天目公司发行股票筹集股本,共发行股票 1 000 万股,每股面值为 1 元,发行价格为 3 元,另支付委托证券公司发行股票所支付的佣金、手续费等共计 50 万元。

编制的会计分录如下。

借:银行存款　　　　　　　　　　　　　　　　　　　　　29 500 000
　　贷:股本　　　　　　　　　　　　　　　　　　　　　　10 000 000
　　　　资本公积——股本溢价　　　　　　　　　　　　　　 19 500 000

股份有限公司除了利用发行普通股来筹集股本以外,还可以在符合条件的情况下发行优先股来筹集资金,股份有限公司发行优先股时,应设置"其他权益工具——优先股"科目进行核算。该科目贷方登记发行优先股收到的价款,借方登记可转换优先股转换为普通股的账面价值,贷方余额反映发行在外的优先股账面价值。公司在优先股发行之前或发行过程中,可能会发生各项发行费支出,如手续费、佣金等,应冲减优先股的账面价值。公司发行优先股时,应按照收到的价款,借记"银行存款"等科目,贷记"其他权益工具——优先股"科目。可转换优先股转换为普通股时,应按照可转换优先股的账面价值,借记"其他权益工具——优先股"科目;按照普通股的面值,贷记"股本"科目,差额记入"资本公积——股本溢价"科目。

【例 11-5】 甲股份有限公司发行归类为权益工具的可转换优先股 100 万股,扣除相关交易费用后实收价款 120 万元。编制会计分录如下。

借:银行存款	1 200 000
贷:其他权益工具	1 200 000

上述优先股全部转为普通股股票 400 000 股,每股面值 1 元。

借:其他权益工具——优先股	1 200 000
贷:股本	400 000
资本公积——股本溢价	800 000

二、股份支付

(一)股份支付概述

股份支付是指企业为获取职工和其他方提供服务而授予权益工具或者承担以权益工具为基础确定的负债的交易,这里的权益工具是指企业自身的权益工具。股份支付分为以权益结算的股份支付和以现金结算的股份支付。其中,以权益结算的股份支付是指企业为获取服务以股份或以其他权益工具作为对价进行结算的交易;以现金结算的股份支付是指企业为获取服务承担的以股份或其他权益工具为基础计算确定的交付现金或其他资产义务的交易。

股份支付一般涉及四个主要环节:授予、可行权、行权和出售。

授予日是指股份支付协议获得批准的日期。

可行权日是指可行权条件得到满足、职工或其他方具有从企业取得权益工具或现金权利的日期。

行权日是指职工或其他方行使权利、获取现金或权益工具的日期。

出售日是指股票的持有人行使期权所取得的期权股票出售的日期。按照我国法规规定,用于期权激励的股份支付协议,应在行权日与出售日之间设立禁售期,其中国有控股上市公司的禁售期不得低于两年。

小贴士 11.1:
如何理解授予日?

(二)股份支付的会计处理

1.以权益结算的股份支付

企业以权益结算的股份支付换取职工提供的服务,应当以授予职工期权授予日的公允价值为基础计量,计入相关成本费用,同时确认资本公积。授予后立即可行权的换取职工服务的以权益结算的股份支付,应当在授予日按照权益工具的公允价值计入相关成本费用,借记"管理费用"等科目,贷记"资本公积——其他资本公积"科目。

职工完成约定期内的服务或达到规定的业绩条件才可行权的以权益结算的股份支付，在约定期内的每个资产负债表日，应当按照可行权期权数量的最佳估计数和期权授予日的公允价值确定的金额，分期计入相关成本费用，借记"管理费用"等科目，贷记"资本公积——其他资本公积"科目。在资产负债表日，后续信息表明可行权期权的数量与以前估计不同的，应当进行调整。企业在股份支付等待期，不再对已确认的相关成本费用和资本公积进行调整。

在行权日，企业应当根据实际行权股票收取的价款与实际行权股票期权确认的资本公积，计算确定实际行权股票的发行价格，并分别转入股本和资本公积（股本溢价）。企业应根据收取的行权价款，借记"银行存款"等科目；根据已行权股票确认的资本公积，借记"资本公积——其他资本公积"科目；根据已行权股票的股本金额，贷记"股本"科目；根据差额，贷记"资本公积——股本溢价"科目。

【例 11-6】 甲上市公司于 20×1 年 1 月 1 日向 300 名管理人员每人授予 10 万股股票期权，自授予日起在该公司连续服务 3 年，即可以 5 元每股购买 10 万股天目公司股票。该期权在授予日的公允价值为 10 元。第一年有 20 名职员离开天目公司，天目公司估计 3 年中离开的职员比例将达到 25%；第二年又有 10 名职员离开公司，公司将估计的职员离开比例修正为 20%；第三年又有 15 名职员离开。

根据以上资料，编制会计分录，如表 11-1 所示。

表 11-1　成本费用计算表　　　　　　　　　　　　　　　　　　　单位：万元

年份	计算	累计费用
第一年	$3\,000 \times 10 \times 10 \times (1-25\%) \times 1 \div 3$	7 500
第二年	$3\,000 \times 10 \times 10 \times (1-20\%) \times 2 \div 3$	16 000
第三年	$(300-20-10-15) \times 10 \times 10$	22 500

1 月 1 日授予日不作账务处理。

第一年末。

借：管理费用　　　　　　　　　　　　　　　　　　　　　　75 000 000

　　贷：资本公积——其他资本公积　　　　　　　　　　　　　　　75 000 000

第二年末。

借：管理费用　　　　　　　　　　　　　　　　　　　　　160 000 000

　　贷：资本公积——其他资本公积　　　　　　　　　　　　　　160 000 000

第三年末。

借：管理费用　　　　　　　　　　　　　　　　　　　　　225 000 000

　　贷：资本公积——其他资本公积　　　　　　　　　　　　　　225 000 000

假设全部 255 名职员在第三年末行权，面值 1 元。

借：银行存款　　　　　　　　　　　　　　　　　　　　　127 500 000

　　资本公积——其他资本公积　　　　　　　　　　　　　　225 000 000

　　贷：股本　　　　　　　　　　　　　　　　　　　　　　　22 500 000

　　　资本公积——其他资本公积　　　　　　　　　　　　　　330 000 000

2.以现金结算的股份支付

以现金结算的股份支付，应当按照企业承担的以股票增值权为基础计算确定的负债的公允价值计量。授予后立即可行权的以现金结算的股份支付,应当在授予日以企业承担负债的公允价值计入相关成本费用,相应增加负债,借记"管理费用"等科目,贷记"应付职工薪酬——股份支付"科目;行权时,借记"应付职工薪酬——股份支付"科目,贷记"银行存款"科目。

企业应当在等待期内的每个资产负债表日,以对可行权情况的最佳估计为基础,按照企业承担负债的公允价值,将当期取得的服务计入相关资产成本或当期费用,同时计入负债,并在结算前的每个资产负债表日和结算日对负债的公允价值重新计算,将其变动计入损益。对于授予后立即可行权的现金结算的股份支付(例如授予虚拟股票或业绩股票的股份支付),企业应当在授予日按照企业承担负债的公允价值计入相关资产成本或费用,同时计入负债,并在结算前的每个资产负债表日和结算日对负债的公允价值重新计量,将其变动计入损益。

【例 11-7】 乙公司 20×1 年 11 月批准了一项股份支付协议。协议规定,20×2 年 1 月 1 日,公司为其 200 名管理人员每人授予 10 万份现金股票增值权。管理人员必须在该公司连续服务 3 年,即可自 20×4 年 12 月 31 日起根据股价的增长幅度可以行权获得现金。该股票增值权应在 20×6 年 12 月 31 日之前行使完毕。乙公司估计,该股票增值权在负债结算之前每一个资产负债表日以及结算日的公允价值和可行权后的每份股票增值权现金支出额如表 11-2 所示。

表 11-2　每份股票增值权现金支出表　　　　　　　　　　单位:元

年份	公允价值	支付现金
20×2	14	
20×3	15	
20×4	18	16
20×5	21	20
20×6		25

第一年有 20 名管理人员离开乙公司,乙公司估计 3 年中还有 15 名管理人员离开;第二年又有 10 名管理人员离开公司,乙公司估计还将有 10 名管理人员离开;第三年又有 15 名管理人员离开。第三年末,假定有 70 人行使股份增值权取得了现金。第四年末,假定有 50 人行使了股份增值权。第 5 年末,假定剩余 35 人也行使了股份增值权。损益影响和股份支付金额计算过程如表 11-3 所示。

表 11-3　支付金额和损益影响确定表　　　　　　　　　　单位:万元

年份	负债计算	负债余额	支付现金计算	支付现金	当期损益
20×2	(200−20−15)×10×14×1÷3	7 700			7 700
20×3	(200−20−10−10)×10×15×2÷3	16 000			8 300
20×4	(200−20−10−15)×10×18	15 300	70×100×16	11 200	10 500
20×5	(200−20−15−70)×10×21	7 350	50×100×20	10 000	2 050
20×6	0	0	35×100×25	8 750	1 400
	合计			29 950	29 950

20×2年1月1日,授予日不作处理。

20×2年12月31日。

借:管理费用	77 000 000
贷:应付职工薪酬——股份支付	77 000 000

20×3年12月31日。

借:管理费用	83 000 000
贷:应付职工薪酬——股份支付	83 000 000

20×4年12月31日。

借:管理费用	105 000 000
贷:应付职工薪酬——股份支付	105 000 000
借:应付职工薪酬——股份支付	112 000 000
贷:银行存款	112 000 000

20×5年12月31日。

借:公允价值变动损益	20 500 000
贷:应付职工薪酬——股份支付	20 500 000
借:应付职工薪酬——股份支付	100 000 000
贷:银行存款	100 000 000

20×6年12月31日。

借:公允价值变动损益	14 000 000
贷:应付职工薪酬——股份支付	14 000 000
借:应付职工薪酬——股份支付	87 500 000
贷:银行存款	87 500 000

第三节　其他综合收益

其他综合收益,是指根据企业会计准则规定,企业未在当期损益中确认的各项利得和损失,包括以后会计期间不能重分类进损益的其他综合收益和以后会计期间满足规定条件时将重分类进损益的其他综合收益两类。

一、公允价值计量且其变动计入其他综合收益的金融工具

符合《企业会计准则第22号——金融工具确认和计量》的规定,同时符合两个条件的金融资产应当分类以公允价值变动且其变动计入其他综合收益。

(1)企业管理该类金融资产的业务模式既以收取合同现金流量为目的又以出售该金融资产为目的。

(2)该金融资产的合同条款规定,在特定日期产生的现金流量,仅为对本金和以未偿付本金金额为基础的利息的支付。当该类金融资产终止确认时,之前计入其他综合收益的累计利得或损失应当从其他综合收益中转出,计入当期损益。

二、权益法核算的长期股权投资

采用权益法核算的长期股权投资,按照被投资单位实现其他综合收益以及持股比例计算应享有或分担的金额,调整长期股权投资的账面价值,同时增加或减少其他综合收益,其会计处理为:借记(或贷记)"长期股权投资——其他综合收益"科目,贷记(或借记)"其他综合收益",待该项股权投资处置时,将原计入其他综合收益的金额转入当期损益。

三、存货或自用房地产转为投资性房地产

企业将作为存货的房地产转换为采用公允价值模式计量的投资性房地产时,应按该项房地产在转换日的公允价值,借记"投资性房地产——成本"科目,原已计提跌价准备的,借记"存货跌价准备"科目,按其账面余额,贷记"开发产品"等科目;同时,转换日的公允价值小于账面价值的,按其差额,借记"公允价值变动损益"科目,转换日的公允价值大于账面价值的,按其差额,贷记"其他综合收益"科目。

企业将自用的建筑物等转换为采用公允价值模式计量的投资性房地产时,应按该项房地产在转换日的公允价值,借记"投资性房地产——成本"科目,原已计提减值准备的,借记"固定资产减值准备"科目,按已计提的累计折旧等,借记"累计折旧"等科目,按其账面余额,贷记"固定资产"等科目;同时,转换日的公允价值小于账面价值的,按其差额,借记"公允价值变动损益"科目,转换日的公允价值大于账面价值的,按其差额,贷记"其他综合收益"科目。待该项投资性房地产处置时,因转换计入其他综合收益的部分应计入当期损益。

第四节　留存收益

一、盈余公积

(一)相关规定

根据《公司法》等有关法规的规定,企业当年实现的净利润,一般按照如下顺序进行分配。

1.提取法定公积金

公司制企业的法定公积金按照税后利润的10%的比例提取(非公司制企业也可以按照超过10%的比例提取),在计算提取法定盈余公积的基数时,不应包括企业年初未分配利润。《公司法》规定法定公积金累计额为公司注册资本的50%以上时,可以不再提取法定公积金。

公司的法定公积金不足以弥补以前年度亏损的,在提取法定盈余公积金之前,应当先用当年利润弥补亏损。

2.提取任意公积金

公司从税后利润中提取法定公积金后,经股东会或股东大会决议,还可以从税后利润中提取任意公积金。非公司制企业经类似权力机构批准,也可以提取任意盈余公积。

3.向投资者分配利润或股利

公司弥补亏损和提取公积金后所余税后利润,有限责任公司股东按照实缴的出资比例

分取红利,但是,全体股东约定不按照出资比例分取红利的除外;股份有限公司按照股东持有的股份比例分配,但股份有限公司章程规定不按持股比例分配的除外。

股东会、股东大会或者董事会违反规定,在公司弥补亏损和提取法定公积金之前向股东分配利润的,股东必须将违反规定分配的利润退还公司。公司持有的本公司股份不得分配利润。

盈余公积是指企业按照规定从净利润中提取的各种积累资金。公司制企业的盈余公积分为法定盈余公积和任意盈余公积。两者的区别在于计提的依据不同,前者按照国家的法律法规为依据提取,后者由企业自行决定提取。

企业提取盈余公积主要有以下用途。

(1)弥补亏损。弥补亏损的渠道主要有三条:一是用以后年度税前利润弥补。按照相关规定,企业发生亏损时,可以用以后5年内实现的税前利润弥补,即税前利润弥补亏损的期间为5年。二是用以后年度税后利润弥补。企业发生的亏损经过5年期间未弥补足额的,尚未弥补的亏损应用所得税后的利润弥补。三是以盈余公积弥补亏损。企业以盈余公积弥补亏损时,应由公司董事会提议,并经股东大会批准。

(2)转增资本。企业将盈余公积转增资本时,必须经股东大会决议批准。在实际用盈余公积转增资本时,要按股东原持有比例结转。

(二)盈余公积的确认和计量

为了反映盈余公积的形成及使用情况,企业应设置"盈余公积"科目,并设置"法定盈余公积""任意盈余公积"进行明细核算。外商投资企业还应设置"储备基金""企业发展基金"进行明细核算。

企业提取盈余公积时,借记"利润分配——提取法定盈余公积""利润分配——提取任意盈余公积"科目,贷记"盈余公积——法定盈余公积""盈余公积——任意盈余公积"科目。

企业用盈余公积弥补亏损或转增资本时,借记"盈余公积"科目,贷记"利润分配——盈余公积补亏""实收资本"或"股本"科目。

二、未分配利润

未分配利润是指企业实现的净利润中用于以后年度向投资者分配的利润。企业应于年度终了,将"本年利润"科目的余额转入"利润分配——未分配利润"科目;同时,将"利润分配"其他二级科目的余额转入"利润分配——未分配利润"科目。经过上述结算后,"利润分配——未分配利润"科目的余额如果在贷方,即为未分配利润;反之,则为未弥补亏损。

■■ 思考题

1.留存收益包括哪些内容?

2.股份支付包括哪些内容?

3.其他综合收益包括哪些内容?

■■ 练习题

天目公司20×1年12月批准了一项股份支付协议。协议规定,20×2年1月1日,公司向其200名管理人员每人授予1 000份股票期权,这些管理人员必须从20×2年1月1日起在公司连续服务3年,服务期满时才能够以每股5元购买1000股该公司股票。公司估计该期权在授予日的公允价值为每股10元。

20×2年有3名管理人员离开该公司;20×2年12月31日,该公司估计3年中离开的管理人员比例达到10%。20×3年又有3名管理人员离开该公司;20×3年12月31日,该公司将估计的管理人员离开比例修正为8%。20×4年又有1名管理人员离开。20×5年1月1日,未离开的管理人员全部行权获得股票。

要求:根据以上资料,编制有关会计分录。

第十二章

收入、费用和利润

学习目标

1.掌握:营业收入与营业成本的核算;税金及附加的核算;管理费用、销售费用、财务费用的核算;资产处置损益的核算;所得税费用的核算;利润分配的核算;资产减值损失、信用减值损失、公允价值变动损益、投资收益的核算;营业外收支的核算。

2.理解:营业收入的确认;利润结算。

3.了解:收入的定义、费用的定义、利润的定义。

案例引入

上市公司财务造假被处罚

根据中国证监会行政处罚决定书 2022(17)号公告,经查明,新疆同济堂健康产业股份有限公司(简称"同济堂")从 2016—2019 年通过三家子公司虚构销售及采购业务、虚增销售及管理费用、伪造银行回单等方式,累计虚增收入 207.35 亿元,虚增成本 178.51 亿元,虚增利润总额 24.3 亿元。其中,2016 年虚增营业收入 64.42 亿元,虚增营业成本 56.05 亿元,虚增费用 1.57 亿元,相应虚增利润总额 6.8 亿元,占当期披露利润总额的 90.43%;2017 年虚增营业收入 72.32 亿元,虚增营业成本 61.36 亿元,虚增费用 1.76 亿元,相应虚增利润总额 9.2 亿元,虚增净利润 7.01 亿元,占当期披露净利润的 120.65%;2018 年虚增营业收入 70.61 亿元,虚增营业成本 61.1 亿元,虚增费用 1.21 亿元,相应虚增利润总额 8.3 亿元,虚增净利润 6.08 亿元,占当期披露净利润的 107.61%;2019 年通过虚构业务的方式虚增营业收入——其他业务收入 3.86 亿元,虚增利润总额 3.86 亿元,虚增净利润 2.99 亿元,占 2019 年年度报告中披露净利润的 226.52%。上述行为违反了《证券法》第七十八条第二款的规定,构成《证券法》第一百九十七条第二款所述"信息披露义务人报送的报告或者披露的信息有虚假记载、误导性陈述或者重大遗漏"的行为。

分析:从这个案例中我们可以看出,企业造假的手段多种多样,但通过调节收入和费用的数据进行利润操纵的案例占了财务造假的相当大比例,财务造假让会计职业经受了较大的信任危机,不仅给投资者带来了巨大的经济损失,也严重影响了国家经济的稳定。案例给我们的启示是,公司财务造假是"要想人不知,除非己莫为",怀侥幸心理造假必将受到应有的惩罚,同时,作为会计人员一定要坚守"不做假账"的道德底线,诚信做人做事。

第一节 收入

一、收入概述

收入是指企业在日常经济活动中形成的、会导致所有者权益增加、与所有者投入资本无关的经济利益的总流入。其中,日常活动是指企业为完成其经营目标所从事的经常性活动以及与之相关的其他活动。工业企业制造并销售产品、商品流通企业销售商品、软件公司开发软件、安装公司提供安装服务等,均属于企业的日常活动。

二、关于收入的确认原则

《企业会计准则第 14 号——收入》(简称"收入准则"),企业应当在履行了合同中的履约义务,即在客户中取得相关商品控制权时确认收入。其中,取得相关商品控制权,是指能够主导该商品的使用并从中获得几乎全部的经济利益。

【例 12-1】 天目公司销售一批商品给乙公司,乙公司根据天目公司开具的发票账单已支付货款,并取得提货单,但天目公司仍未将该项商品移交乙公司。

分析:根据本案例的相关信息,天目公司采用了交款提货的销售方式,即购买方根据销售方开出的发票账单已支付货款,并取得卖方开具的提货单。在这种情况下,购买方支付了货款并取得提货单,但如果购买方此时仍不能主导该商品的使用,并从中获得几乎全部的经济利益,天目公司在这种情况下仍不能确认为收入。

从上面的例子可以看出,取得商品控制权包括以下三个要素。

(一)能力

能力即客户必须拥有现时权利,能够主导该商品的使用并从中获取几乎全部经济利益。如果客户只能在未来某一期间主导该商品的使用并从中获益,则表明其尚未取得该商品的控制权。

(二)能够主导该商品的使用

客户有能力主导该商品的使用,是指客户有权使用该商品,或者能够允许或阻止其他方使用该商品。

(三)能够获得几乎全部的经济利益

商品的经济利益,是指该商品的潜在现金流量,既包括现金流入的增加,也包括现金流出的减少。

三、收入的确认与计量

根据收入准则的规定,收入确认的基本步骤可分为以下五步:第一步,识别与客户订立的合同;第二步,识别合同中的单独履约义务;第三步,确定交易价格;第四步,将交易价格分摊至合同中的各项履约义务;第五步,在主体履行每一项履约义务时确认收入。

(一)识别与客户订立的合同

1.合同识别

本节所称合同,是指双方或多方之间订立有法律约束力的权利义务的协议,包括书面形式、口头形式以及其他可验证的形式(如隐含于商业惯例或企业以往的习惯做法等)。企业与客户之间的合同同时满足下列条件的,企业应当在客户取得相关商品控制权时确认收入。

(1)合同各方已批准该合同并承诺将履行各自义务;

(2)该合同明确了合同各方与所转让的商品(或提供的劳务,以下简称转让的商品)相关的权利和义务;

(3)该合同有明确的与所转让的商品相关的支付条款;

(4)该合同具有商业实质;

(5)企业因向客户转让商品而有权取得的对价很可能收回。

在进行上述判断时,需要注意以下三点:

一是合同约定的权利和义务是否具有法律约束力,需要根据企业所处的法律环境和实务操作进行判断,包括合同订立的方式和流程、具有法律约束力的权利和义务的时间等。对于各方均有权单方面终止完全未执行的合同,且无须对合同其他方作出补偿的,企业应当视为该合同不存在。

二是合同具有商业实质,是指履行该合同将改变企业未来现金流量的风险、时间分布或金额。

延伸思考 12.1:商业实质如何理解?

三是企业在评估其因向客户转让商品而有权取得的对价是否很可能收回时,仅应考虑客户到期时支付对价的能力和意图(即客户的信用风险)。

2.合同合并

企业与同一客户(或该客户的关联方)同时订立或在相近时间内先后订立的两份或多份合同,在满足下列条件之一时,应当合并为一份合同进行会计处理:一是该两份或多份合同基于同一商业目的而订立,并构成"一揽子"交易,如一份合同在不考虑另一份合同对价的情况下将会发生亏损(多个合同为了实现同一个目的);二是该两份或多份合同中的一份合同的对价金额取决于其他合同的定价或履行情况,如一份合同如果发生违约,将会影响另一份合同的对价金额(某一合同价格取决于其他合同);三是该两份或多份合同中的承诺的商品(或每份合同中所承诺的部分商品)构成单项履约义务。两份或多份合同合并为一份合同进行会计处理的,仍然需要区分该一份合同中包含的各单项履约义务(多份合同实际上只卖一种商品)。

案例讨论 12.1:如何识别与客户订立的合同?

3.合同变更

合同变更,是指经合同各方批准对原合同范围或价格作出的变更。合同各方可能以书面形式、口头形式或其他形式(如隐含于企业以往的习惯做法中)批准合同变更。企业应当区分下列三种情形对合同变更分别进行会计处理。

(1)合同变更部分作为单独合同(原合同一个,新合同一个)

合同变更增加了可明确区分的商品及合同价款,且新增合同价款反映了新增商品单独售价的(简称"合同变更的第 1 种情形"),应当将该合同变更部分作为一份单独的合同进行会计处理。此类合同变更不影响原合同的会计处理。

【例 12-2】　天目公司承诺向某客户销售 300 件商品，单价 1 000 元。该批商品彼此之间可明确区分，且将于未来 3 个月内陆续转让给该客户。天目公司将其中的 200 件商品转让给该客户后，双方对合同进行了变更，天目公司承诺向该客户额外销售 100 件相同的商品，这 100 件与原合同中的商品可明确区分，单价为 900 元（假设该价格反映了合同变更时该商品的单独售价）。上述价格均不包含增值税。

本例中，额外的 100 件是可明确区分的，且新增的合同价款反映了新增商品的单独售价，因此，该合同变更实际上构成了一份单独的、在未来销售 100 件商品的新合同。天目公司应该对原合同中的 300 件商品按单价 1 000 元确认收入，对新合同中的 100 件按单价 900 元确认收入。

（2）合同变更作为原合同终止及新合同订立（原合同已执行部分一个，未执行部分＋变更部分作为一个）

合并变更不属于合同变更的第 1 种情形，且在合同变更日已转让的商品与未转让的商品之间可明确区分的（简称"合同变更的第 2 种情形"），应当视为原合同终止，同时，将原合同未履约部分与合同变更部分合并为新合同进行会计处理。

【例 12-3】　沿用【例 12-2】的资料，天目公司新增销售的 100 件商品单价为 800 元（假定该价格不能反映合同变更时该商品的单独售价）。同时，由于客户发现天目公司已转让的 200 件商品存在瑕疵，要求天目公司对已转让的商品提供每件 100 元的销售折让以弥补损失。经协商，双方同意将价格折让在销售新增的 100 件产品的合同价款中进行抵减，金额为 20 000 元。上述价格均不包含增值税。

本例中，由于 20 000 元的折让金额与已经转让的 200 件商品有关，因此应当将其作为已销售的 200 件商品的销售价格的抵减，在该折让发生时冲减当期销售收入。对于合同变更新增加的 100 件商品，由于其售价不能反映该商品在合同变更时的单独售价，因此，该合同变更不能作为单独合同进行会计处理。由于尚未转让给客户的商品（包括原合同尚未交付的 100 件商品以及新增加的 100 件商品）与已转让的商品是可明确区分的，因此，天目公司应当将该合同变更作为原合同终止，同时，将原合同的未履约部分合同变更合并为新合同进行会计处理。该新合同中，剩余产品为 200 件，其对价为 180 000 元，即原合同下未确认收入的客户已承诺对价 100 000 元（100×1 000）与合同变更部分的对价 80 000 元（100×800）之和，新合同中的 200 件商品应确认的单价为 9 000 元（180 000/2）。

（3）合同变更部分作为原合同的组成部分（变更部分视同原来合同的一部分，整体作为一个）

合同变更不属于合同变更的第 1 种情形，且在合同变更日已转让的商品与未转让的商品之间不可明确区分的（简称"合同变更的第 3 种情形"）。应当将该合同变更部分作为原合同的组成部分，在合同变更日重新计算履约进度，并调整当期收入和相应成本等。

【例 12-4】　20×1 年 9 月 20 日，乙建筑公司和客户签订了一项总金额为 1 500 万元的固定资产造价合同，在客户自有土地上建造一幢办公楼，预计合同总成本为 1 000 万元。假设该建造服务属于在某时段内履行的履约义务，并根据累计发生的合同成本占合同预计总成本的比例确定履约进度。截至 20×1 年底，乙公司累计发生成本 600 万元，履约进度为 60％（600/1 000），因此，乙公司在 20×1 年确认收入 900 万元（1 500×60％）。20×2 年初，合同双方同意变更该办公楼屋顶的设计，合同价格和预计总成本因此分别增加 500 万元和

200万元。

本例中,由于合同变更后拟提供的剩余服务与在合同变更日或之前已提供的服务不可明确区分(即该合同仍为单项履约义务),因此,乙公司应当将合同变更作为原合同的组成部分进行会计处理。合同变更后的交易价格为2 000万元,乙公司重新估计的履约进度为50%(600/1 200),乙公司在合同变更日应额外确认收入100万元(50%×2 000—900)。

(二)识别合同中的单项履约义务

这一步,有两个关键词:履约义务和单项。

履约义务,是指合同中企业向客户转让可明确区分商品的承诺。

站在卖方角度,就是我们给客户提供了什么,提供的东西可以是商品、服务、专利等。站在买方角度,就是我花钱后到底得到了什么?

单项,要求这项履约义务必须是可明确区分的。

企业向客户承诺的商品同时满足下列条件的,应当作为可明确区分商品。

(1)客户能够从该商品本身或从该商品与其他易于获得的资源一起使用中受益。

(2)企业向客户转让该商品的承诺与合同中其他承诺可单独区分。

【例12-5】 天目公司与乙公司签订合同,向其销售一批产品,并负责将该批产品运送至乙公司指定的地点,天目公司承担相关的运输费用。假设销售该产品属于在某一时点履行的履约义务,且控制权在出库时转移给乙公司。

本例中,天目公司向乙公司销售产品,并负责运输。该批产品在出库时,控制权转移给乙公司,在此之后,天目公司为将产品运送至乙公司指定的地点而发生的运输活动,属于为乙公司提供了一项运输服务。当该运输服务构成单项履约义务,且天目公司是运输服务的主要责任人时,天目公司应当按照分摊至该运输服务的交易价格确认收入。假定该产品的控制权不在出库时转移给乙公司,而是在送达乙公司指定地点时转移给乙公司,由于天目公司的运输活动是在产品的控制权转移给客户之前发生的,因此不构成单项履约义务,而是天目公司履行合同发生的必要活动。

(三)确定交易价格

交易价格是指企业因向客户转让商品而预期有权收取的对价金额。企业代第三方收取的款项(如增值税)以及企业预期将退还给客户的款项,应当作为负债处理,不计入交易价格。合同标价并不一定代表交易价格,企业应当根据合同条款,并结合以往的习惯做法等确定交易价格。

1.可变对价

企业与客户的合同中约定的对价金额可能是固定的,也可能会因折扣、价格折让、返利、退款、奖励积分、激励措施、业绩奖金、索赔、未来事项等因素而变化。此外,企业有权收取的对价金额,将根据一项或多项或有事项的发生有所不同的情况,也属于可变对价的情形。如企业售出商品但允许客户退货时,企业有权收取的对价金额将取决于客户是否退货,因此该合同的交易价格是可变的。

【例12-6】 天目公司为一般规模纳税人,在20×1年6月1日向乙公司销售一批商品,销售价格为800 000元,增值税为104 000元,款项尚未收到;该批商品成本为640 000元。6月30日,乙公司在验收过程中发现商品存在瑕疵,但基本上不影响使用,要求天目公司在价格上(不含增值税)给予5%的减让。假定天目公司已确认收入;并已取得税务机关开具的红字增值税专用发票。天目公司的账务处理如下。

①20×1年6月1日

借:应收账款——乙公司　　　　　　　　　　　　　　　　90 4000
　　贷:主营业务收入　　　　　　　　　　　　　　　　　　　800 000
　　　　应交税费——应交增值税(销售税额)　　　　　　　104 000
借:主营业务成本　　　　　　　　　　　　　　　　　　　640 000
　　贷:库存商品　　　　　　　　　　　　　　　　　　　　640 000

②20×1年6月30日

借:主营业务收入　　　　　　　　　　　　　　　　　　　40 000
　　应交税费——应交增值税(销售税额)　　　　　　　　　5 200
　　　　贷:应收账款——乙公司　　　　　　　　　　　　　45 200

③收到货款

借:银行存款　　　　　　　　　　　　　　　　　　　　858 800
　　贷:应收账款——乙公司　　　　　　　　　　　　　　858 800

(1)可变对价最佳估计数的确定

企业应当按照期望值或最可能发生的金额确定可变对价的最佳估计数。期望值,是按照各种可能发生的对价金额及相关概率计算确定的金额。当企业拥有大量具有类似特征的合同,并据此估计合同可能产生多个结果时,按照期望值估计可变对价金额通常是恰当的。

【例12-7】　天目公司向乙公司销售1 000台洗衣机,每台价格2 000元,合同价款200万元。同时,天目公司承诺,如果在未来6个月内,同类洗衣机售价下降,则按照合同价格与最低售价之间的差额向乙公司支付差价。天目公司根据以往执行类似合同的经验,预计未来6个月内,不降价的概率为50%,每台降价200元的概率为40%,每台降价500元的概率为10%。假定不考虑增值税等因素。

天目公司估计交易价格为每台1 870元(2 000×50%+1 800×40%+1 500×10%),账务处理如下。

借:应收账款——乙公司　　　　　　　　　　　　　　　1 870 000
　　贷:主营业务收入　　　　　　　　　　　　　　　　　1 870 000

(2)计入交易价格的可变对价金额的限制

企业按照期望值或最可能发生额确定可变对价金额之后,计入交易价格的可变对价金额还应该满足限制条件,即包含可变对价的交易价格,应当不超过在相关不确定性消除时累计已确认的收入极可能不会发生重大转回的金额。企业在对此进行评估时,应当同时考虑收入转回的可能性及转回金额的比重。在评估收入转回的比重时,应同时考虑合同中包含的固定对价和可变对价。企业应当将满足上述限制条件的可变对价的金额,计入交易价格。

每一资产负债表日,企业应当重新估计可变对价金额(包括重新评估对可变对价的估计是否受到限制),以如实反映报告期末存在的情况以及报告期内发生的情况变化。

【例12-8】　司在20×1年的采购量不超过2 000件时,每件产品的价格为80元;当乙公司在20×1年的采购量超过2 000件时,每件产品的价格为70元。乙公司在第一季度的采购量为150件,天目公司预计乙公司全年的采购量不会超过2 000件。20×1年4月,乙公司因完成产能升级而增加了原材料的采购量,第二季度共向天目公司采购 A 产品 1 000 件,天目公司预计乙公司全年的采购量将超过 2 000 件,因此,全年采购量适用的产品单价均将调整为 70 元。

本例中,20×1 年第一季度,天目公司根据以往经验估计乙公司全年的采购量将不会超过 2 000 件,天目公司按照 80 元的单价确认收入,满足在不确定性消除之后(即乙公司全年的采购量确定之后),累计已确认的收入将极可能不会发生重大转回的要求,因此,天目公司在第一季度确认的收入金额为 12 000 元(80×150)。20×1 年第二季度,天目公司对交易价格进行重新估计,由于预计乙公司全年的采购量将超过 2 000 件,按照 70 元的单价确认收入,才满足极可能不会导致累计已确认的收入发生重大转回的要求。因此,天目公司在第二季度确认收入 68 500 元[70×(1 000+150)-12 000]。

2. 合同中存在的重大融资成分

合同中如果存在重大融资成分的,企业应当按照假定客户在取得商品控制权时即以现金支付的应付金额(现销价格)确定交易价格。在评估合同中是否存在融资成分以及该融资成分对于合同而言是否重大时,企业应当考虑所有相关的事实和情况,具体包括如下方面。

(1)已承诺的对价金额与已承诺的现销价格之间的差额。

(2)企业将承诺的商品转让给客户与客户支付相关款项之间的预计时间间隔和相应的市场现行利率的共同影响。

合同中存在重大融资成分的,企业在确定该重大融资成分的金额时,应使用将合同对价的名义金额折现为商品现销价格的折现率。该折现率一经确定,不得因后续市场利率或客户信用风险等情况的变化而变更。

为简化实务操作,如果在合同开始日,企业预计客户取得商品控制权与客户支付价款的间隔不超过一年的,可以不考虑合同中存在的重大融资成分。企业应当对类似情形的类似合同一致地应用这一简化处理方法。

【例 12-9】 20×0 年 1 月 1 日,天目公司与乙公司签订合同,向其销售一批产品,合同约定,该批产品将于两年之后交货。合同中包含两种可供选择的付款方式。即乙公司可以在两年后交付产品时支付 449.44 万元,或者在合同签订时支付 400 万元。乙公司选择在合同签订时支付货款,该批产品的控制权在交货时转移。天目公司于 20×0 年 1 月 1 日收到乙公司支付的货款,上述价格中均不包含增值税,且假定不考虑相关税费的影响。

本例中,按照上述两种方式计算的内含利率为 6%。考虑到乙公司付款时间和产品交付时间间隔以及现行的市场利率水平,天目公司认为该合同包含重大融资成分,在确定交易价格时,应当对合同承诺的对价金额进行调整,以反映该重大融资成分的影响。假定该融资费用不符合借款费用资本化的要求。天目公司的账务处理如下。

①20×0 年 1 月 1 日。

借:银行存款 4 000 000

　　未确认融资费用 494 400

　　　贷:合同负债 4 494 400

②20×0 年 12 月 31 日。

借:财务费用——利息支出 240 000

　　　贷:未确认融资费用 240 000

③20×1年12月31日交付产品。

借:财务费用——利息支出   254 400

                 (4 240 000×6%)

  贷:未确认融资费用   254 400

借:合同负债   4 494 400

  贷:主营业务收入   4 494 400

合同负债,是指企业已收或应收客户对价而向客户转让商品的义务。企业在向客户转让商品之前,如果客户已经支付了合同对价或企业已经取得了无条件收取合同对价的权利,则企业应当在客户实际支付款项与到期应支付款项孰早时点,将该已收或应收的款项确认并列示为合同负债。合同资产是指企业已向客户转让商品而有权收取对价的权利,且该权利取决于时间流逝之外的其他因素。

3.非现金对价

当企业因转让商品而有权向客户收取的对价是非现金形式时,如实物资产、无形资产、股权、客户提供的广告服务等,企业通常应当按照非现金对价在合同开始日的公允价值确定交易价格。非现金对价公允价值不能合理估计的,企业应当参照其承诺向客户转让商品的单独售价,间接确定交易价格。

(四)将交易价格分摊至各单项履约义务

合同中包含两项或履约义务的,企业应当在合同开始日,按照各单项履约义务所承诺商品的单独售价的相对比例,将交易价格分摊至各单项履约义务。单独售价,是指企业向客户单独销售商品的价格。企业在类似环境下向客户单独销售某商品的价格,应作为该商品的单独售价。单独售价无法直接观察的,企业应当综合考虑其能够合理取得的全部相关信息,采用市场调整法、成本加成法、余值法等方法合理估计单独售价。

市场调整法是指企业根据某商品或类似商品的市场售价,考虑本企业的成本和毛利率等进行适当调整后的金额,确定其单独售价的方法。

成本加成法是指企业根据某商品的预计成本加上合理毛利后的金额,确定其单独售价的方法。

余值法是指企业根据合同交易价格减去合同中其他商品可观察单独售价后的余额,确定某商品单独售价的方法。

【例 12-10】 20×1年3月1日,天目公司与客户签订合同,向其销售A、B两项商品,合同价款为2 000元。合同约定,A商品于合同开始日交付,B商品在一个月后交付,只有当A、B两项商品交付之后,天目公司才有权收取2 000元的合同对价。假定A商品和B商品构成两项履约义务,其控制权在交付时转移给客户,分摊至A商品和B商品的交易价格分别为500元和2000元。上述价格均不含增值税,且假定不考虑其他税费的影响。

本例中,根据交易价格分摊原则,A商品应当分摊的交易价格为400元(500÷2 500×2 000),B产品应当分摊的交易价格为1600元(2 000÷2 500×2 000),天目公司将A商品交付给客户之后,与该商品相关的履约义务已经履行,但是需要等到后续交付B产品时,企业才具有无条件收取合同对价的权利,因此,天目公司应将因交付A商品而有权收取的对价400元确认为合同资产,而不是应收账款,相应的账务处理如下。

①交付 A 商品时。

借:合同资产　　　　　　　　　　　　　　　　　　　　　　　　400
　　贷:主营业务收入　　　　　　　　　　　　　　　　　　　　　　400

②交付 B 商品时。

借:应收账款　　　　　　　　　　　　　　　　　　　　　　　　2 000
　　贷:合同资产　　　　　　　　　　　　　　　　　　　　　　　　400
　　　　主营业务收入　　　　　　　　　　　　　　　　　　　　　1 600

如果合同中存在两项或两项以上的商品,其销售价格变动幅度较大或尚未确定,企业需要采用多种方法相结合的方式,对合同所承诺的商品的单独售价进行估计。

(五)履行每一单项履约义务时确认收入

企业应当在履行了合同中的履约义务,即客户取得相关商品控制权时确认收入,控制权转移是确认收入的前提。对于履约义务,企业首先判断履约义务是否满足在某一时段内履行的义务,如不满足,则该履约义务属于在某一时点履行的履约义务。对于在某一时段内履行的义务,企业应当选取恰当的方法来确定履约进度;对于在某一时点履行的履约义务,企业应当综合分析控制权转移的迹象,判断其转移时点。

1.在某一时段内履行的履约义务

满足下列条件之一的,属于在某一时段内履行的履约义务。

(1)客户在企业履约的同时即取得并消耗企业履约所带来的经济利益,企业履约过程中持续地向客户转移企业履约所带来经济利益的,该履约属于在某一时段内履行的履约义务。

(2)客户能够控制企业履约过程中在建的商品。

(3)企业履约过程中所产出的商品具有不可替代的用途,且企业在整个合同期间内有权就累计至今已完成的履约部分收取款项。

2.在某一时段内履行的履约义务的收入确认

对于在某一时段内履行的履约义务,企业应当在该段时间内按照履约进度确认收入,但是,履约进度不能合理确定的除外。企业应当考虑商品的性质,采用产出法或投入法确定恰当的履约进度,并且在确定履约进度时,应当扣除那些控制权尚未转移给客户的商品。

(1)产出法

产出法是根据已转移给客户的商品对于客户的价值确定履约进度,通常可采用实际测量的完工进度、评估已实现的结果、已到达的工程进度节点、时间进度、已完工或交付的产品等产出指标确定履约进度。

【例 12-11】 20×1 年 2 月 3 日,天目公司与客户签订合同,为该客户拥有的一条铁路更换 100 根铁轨,合同价格为 10 万元(不含税价)。截至 20×1 年 12 月 31 日,天目公司共更换铁轨 60 根,剩余部分预计在 20×2 年 1 月 31 日之前完成。该合同仅包含一项履约义务,且该履约义务满足在某一时段内履行的条件。假定不考虑其他情况。

本例中,天目公司提供的更换铁轨的服务属于在某一时段内履行的履约义务,天目公司按照完成的工作量占预计总工作量的比例确定履约进度。因此,截至 20×1 年 12 月 31 日该合同履约进度为 60%(60÷100×100%),天目公司应确认的收入为 6 万元。

(2)投入法

投入法是根据企业为履约义务的投入确定履约进度,通常可采用投入的材料数量、花费的人工工时或机器工时、发生的成本和时间进度等投入指标确定履约进度。当企业从事的工作或发生的投入是在整个履约期间内平均发生时,企业也可以按照直线法确认收入。产出法下有关产出指标的信息有时可能无法直接观察获得,或者企业为获得这些信息需要花费很高的成本时,可能需要采用投入法来确定履约进度。

【例12-12】 天目公司于20×1年12月5日接受一项设备安装任务,安装期为3个月,合同总收入600 000元,至年底已预收安装费440 000元,实际发生安装费280 000元(假设均为安装人员薪酬),估计还将发生安装费120 000元。假定天目公司按实际发生的成本占估计总成本的比例确定安装的履约进度,不考虑增值税等其他因素。天目公司的账务处理如下。

实际发生的成本占估计总成本的比例＝280 000÷(280 000＋120 000)×100％＝70％

20×1年12月31日应确认的劳务收入＝600 000×70％－0＝420 000(元)

①实际发生劳务成本。

借:合同履约成本——设备安装　　　　　　　　　　　　280 000

　　贷:应付职工薪酬　　　　　　　　　　　　　　　　　　280 000

②预收劳务款。

借:银行存款　　　　　　　　　　　　　　　　　　　　440 000

　　贷:预收账款　　　　　　　　　　　　　　　　　　　　440 000

③20×1年12月31日确认劳务收入并结转劳务成本。

借:合同负债　　　　　　　　　　　　　　　　　　　　420 000

　　贷:主营业收入　　　　　　　　　　　　　　　　　　　420 000

借:主营业成本　　　　　　　　　　　　　　　　　　　280 000

　　贷:合同履约成本　　　　　　　　　　　　　　　　　　280 000

2.在某一时点履行的履约义务

对于不属于在某一时段内履行的履约义务,应当属于在某一时点履行的履约义务,企业应当在客户取得相关商品控制权时点确认收入。

在判断控制权是否转移时,企业应考虑下列五个迹象。

(1)企业就该商品享有现时收款权利,即客户就该商品负有现时付款义务。当企业就该商品享有现时收款权利时,可能表明客户已经有能力主导该商品的使用并从中获得几乎全部的经济利益。

(2)企业已将该商品的法定所有权转移给客户,即客户已拥有该商品的法定所有权。

(3)企业已将商品实物转移给客户,即客户已占有该商品实物。客户占有了某项商品实物并意味着其一定取得了该商品的控制权,反之亦然。

第一,委托代销安排。

【例12-13】 天目公司委托乙公司销售A商品200件,商品已经发出,每件成本60元。合同约定乙公司应按每件100元对外销售,天目公司按不含增值税的销售价格的10％向乙公司支付手续费。乙公司对外实际销售100件,开出的增值税专用发票上注明的销售价格为10 000元,增值税1 300元,款项已经收到。天目公司收到乙公司开具的代销清单时,向乙公司开具一张相同的增值税专用发票。假定除上述情况外,不考虑其他因素。

本例中,天目公司将 A 商品发送至乙公司后,乙公司虽然已经实物占有 A 商品,但是仅是接受天目公司的委托代销 A 商品,并根据实际销售的数量赚取一定比例的手续费。天目公司有权要求收回 A 商品或将其销售给其他的客户,乙公司并不能主导这些商品的销售,这些商品对外销售与否、是否获利以及获利多少等不由乙公司控制,乙公司没有取得这些商品的控制权。因此,天目公司将 A 商品发送至乙公司时,不应确认为收入,而应在乙公司将 A 商品销售给最终客户时确认为收入。

根据以上资料,天目公司的账务处理如下。

①发出商品

借:发出商品——乙公司	12 000	
贷:库存商品—A 商品		12 000

②收到代销清单时

借:应收账款——乙公司	11 300	
贷:主营业务收入——A 商品		10 000
应交税费——应交增值税(销项税额)		1 300
借:主营业务成本——A 商品	6 000	
贷:库存商品——A 商品		6 000
借:销售费用—代销手续费	1 000	
贷:应收账款——乙公司		1 000

③实际收到乙公司支付的货款

借:银行存款	10 300	
贷:应收账款——乙公司		10 300

乙公司的账务处理如下。

①收到商品

借:受托代销商品——天目公司	20 000	
贷:受托代销商品款——天目公司		20 000

②对外销售

借:银行存款	11 300	
贷:受托代销商品——天目公司		10 000
应交税费——应交增值税(销项税额)		1 300

③收到增值税专用发票

借:受托代销商品——天目公司	10 000	
应交税费——应交增值税(进项税额)	1 300	
贷:应付账款——天目公司		11 300

④支付货款并计算代销费

借:应付账款——天目公司	11 300	
贷:银行存款		10 000
其他业务收入——代销手续费		1 300

第二,售后代管商品。

售后代管商品是根据企业与客户签订的合同,企业已经就销售的商品向客户收款或取得了收款的权利,但是直到在未来某一时点将该商品交付给客户之前,企业仍将继续持有该商品实物的安排。在售后代管商品的安排下,除了应当考虑客户是否取得商品控制权的迹象之外,还应同时满足下列四项条件,才能表明客户取得了该商品的控制权:一是该安排必须具有商业实质;二是属于客户的商品必须能够单独识别;三是该商品可以随时应客户要求交付给客户;四是企业不能自行使用该商品或将该商品提供给其他客户。

(4)企业已将该商品所有权上的主要风险和报酬转移给客户,即客户已取得该商品所有权上的主要风险和报酬。企业在判断时不应考虑导致企业在所转让商品之外产生单项履约义务的风险。

【例 12-14】 天目公司在 20×1 年 7 月 16 日向乙公司销售一批商品,售价 200 000 元,增值税 26 000 元,款项尚未收到,该批商品成本 120 000 元。天目公司销售时已知乙公司资金周转发生困难,但为了减少存货积压,同时也为了维持与乙公司长期建立的商业合作关系,天目公司仍将商品发往乙公司且办妥托收手续。假设天目公司发出该批商品时其增值税纳税义务已经发生。

本例中,由于乙公司资金周转存在困难,因而天目公司在货款回收方面存在较大的不确定性,与该批商品所有权有关的风险和报酬没有转移给乙公司。根据在某一时点履行的履约义务的收入确认条件,天目公司在发出商品且办妥托收手续时不能确认收入,已经发出的商品成本通过“发出商品”科目反映。天目公司的账务处理如下。

①20×1 年 7 月 16 日,天目公司发出商品。

借:发出商品	120 000
贷:库存商品	120 000
借:应收账款——乙公司	26 000
贷:应交税费——应交增值税(销项税额)	26 000

②20×1 年 11 月 21 日,天目公司得知乙公司经营情况逐渐好转,乙公司承诺近期付款。

借:应收账款——乙公司	200 000
贷:主营业务收入	200 000
借:主营业务成本	120 000
贷:发出商品	120 000

③20×1 年 11 月 25 日,天目公司收到货款。

借:银行存款	226 000
贷:应收账款——乙公司	226 000

(5)客户已接受商品。

当商品通过了客户的验收,通常表明客户已接受商品。客户验收通常有两种情况:一是企业向客户转让商品时,能够客观地确定该商品符合和通过约定标准和条件,客户验收只是一项例行程序,不会影响企业判断客户取得该商品控制权的时点;二是企业向客户转让商品时,无法客观地确定该商品是否符合合同规定条件,在客户验收之前,企业不能认为已经将该商品的控制权转移给了客户,企业应当在客户完成验收并接受该商品时才能确认为收入。

四、收入的核算

(一)附有销售退回条款的销售

企业将商品控制权转让给客户之后,可能会因为各种原因允许客户依照有关合同、法律要求、声明或承诺、以往的习惯做法等选择退货,此销售为附有销售退回条款的销售。

企业应当在客户取得相关商品控制权时,按照因客户转让商品而预期有权收取的对价金额(即不包含预期因销售退回将退还的金额)确认收入,按照预期因销售退回将退还的金额确认负债;同时,按照预期将退回商品转让时的账面价值,扣除收回该商品预计发生的成本(包括退回商品的价值减损)后的余额,确认一项资产,按照所转让商品转让时的账面价值,扣除上述资产成本的净额结转成本。每一资产负债表日,企业应当重新估计未来销售退回情况,并对上述资产和负债进行重新计量,如有变化,应当作为会计估计变更进行会计处理。

【例 12-15】 天目公司于 20×1 年 10 月 10 日向乙公司销售 5 000 件健身器材,单位价格 500 元,单位成本 400 元,增值税税额 32.5 万元。商品已经发出,款项尚未收到。根据协议约定,乙公司应于 20×1 年 12 月 1 日之前支付货款,在 20×2 年 3 月 31 日之前有权退货。天目公司根据过去的经验,估计该批健身器材的退货率约为 20%。在 20×1 年 12 月 31 日,天目公司对退货率进行了重新评估,认为只有 10% 的健身器材会被退回。天目公司为增值税一般纳税人,实际退回时取得税务机关开具的红字增值税专用发票。假定健身器材发出时控制权已转移给乙公司。天目公司的账务处理如下。

(1)20×1 年 10 月 10 日。

借:应收账款——乙公司	2 825 000	
贷:主营业务收入		2 000 000
应交税费——应交增值税(销项税额)		825 000
借:主营业务成本	1 600 000	
应收退货成本	400 000	
贷:库存商品		2 000 000

(2)20×1 年 12 月 1 日。

借:银行存款	2 825 000	
贷:应收账款——乙公司		2 825 000

(3)20×1 年 12 月 31 日,天目公司对退货率进行重新评估。

借:预计负债——应付退货款	250 000	
贷:主营业务收入		250 000
借:主营业务成本	200 000	
贷:应收退货成本		200 000

(4)20×2 年 3 月 31 日发生销售退回,假定退货量为 400 件,退货款已经支付。

借:库存商品	160 000	
应交税费——应交增值税(进项税额)	26 000	
预计负债——应付退货款	250 000	

贷:应收退货成本	160 000
主营业务收入	50 000
银行存款	226 000
借:主营业务成本	40 000
贷:应收退货成本	40 000

(二)附有客户额外购买选择权的销售

企业在销售商品的同时,有时会向客户授予选择权,允许客户据此免费或者以折扣价格购买额外的商品,此种情况称为附有客户额外购买选择权的销售。企业向客户授予的额外购买选择权的形式包括销售激励、客户奖励积分、未来购买商品的折扣券以及合同续约选择权等。

对于附有客户额外购买选择权的销售,企业应当评估该选择权是否向客户提供了一项重大权利。如果客户只有在订立了一项合同的前提下才取得了额外购买选择权,并且客户行使该选择权购买的额外商品时,能够享受到超过该地区或该市场中其他同类客户能够享有的折扣,通常认为该选择权向客户提供了一项重大权利。对于该项重大权利,企业应当将其原购买的商品单独区分,作为单项履约义务,按照各单项履约义务的单独售价的相对比例,将交易价格分摊至各单项履约义务。其中,分摊至重大选择权的交易价格与未来的商品相关,企业应当在客户未来行使该选择权取得相关商品的控制权时,或者在该选择权失效时确认为收入。

企业在考虑授予客户的该项权利是否重大时,应根据其金额和性质综合判断。如企业实施一项积分奖励计划,客户每消费10元可获得1个积分,每个积分的单独售价为0.1元,该积分可累计使用,用于换取企业销售的产品。虽然客户每笔消费所获取的积分的价值相对于消费金额而言并不重大,但是由于该积分可以累积使用,基于企业的历史数据,客户通常能够累积足够的积分来免费换取产品,这可能表明该积分向客户提供了重大权利。

当企业向客户提供了额外购买选择权,客户在行使该选择权购买商品的价格反映该商品的单独售价时,即使客户只能通过与企业订立特定合同才能获得选择权,该选择权也不应视为企业向客户提供了一项重大权利,企业无须分摊交易价格,只有在客户行使选择权购买额外的商品时才需要进行相应的会计处理。

【例12-16】 20×0年1月5日,天目公司销售商品采取积分奖励的办法。根据该办法,客户在天目公司每消费10元可获得1个积分,每个积分从次月开始在购物时可以抵减1元。截至20×0年1月31日,客户共消费100 000元,可获得10 000个积分,根据历史经验,天目公司估计该积分的兑换率为95%。上述金额均不包括增值税,假定不考虑相关税费的影响。

本例中,天目公司认为其授予客户的积分为客户提供了一项重大权利,应当作为单项履约义务。客户购买商品的单独售价为100 000元,考虑积分的兑换率,天目公司估计积分的单独售价为9 500元(1×10 000×95%)。天目公司按照商品和积分单独售价的相对比例确定的交易价格进行分摊:

商品分摊的交易价格＝[100 000÷(100 000＋9 500)]×100 000＝91 324(元)

积分分摊的交易价格＝[9 500÷(100 000＋9 500)]×100 000＝8 676(元)

借：银行存款　　　　　　　　　　　　　　　　　　　　　　100 000
　　贷：主营业务收入　　　　　　　　　　　　　　　　　　　91 324
　　　合同负债　　　　　　　　　　　　　　　　　　　　　 8 676

截至20×0年12月31日，客户共兑换了4 500个积分。天目公司对该积分的兑换率进行了重新估计，仍然预计客户总共将会兑换9 500个积分。因此，天目公司以客户兑换的积分数占预期即将兑换的积分总数的比例为基础确认收入。积分当年应当确认的收入为4 110元(4 500÷9 500×8 676)；剩余未兑换的积分为4 566元。编制会计分录如下。

借：合同负债　　　　　　　　　　　　　　　　　　　　　　4 110
　　贷：主营业务收入　　　　　　　　　　　　　　　　　　　4 110

截至20×1年12月31日，客户累计兑换了8 500个积分。天目公司对该积分的兑换率进行了重新估计，预计客户总共将会兑换9 700个积分。积分当年应当确认的收入为3 493元(8 500÷9 700×8 676－4 110)；剩余未兑换的积分为1 073元。编制会计分录如下。

借：合同负债　　　　　　　　　　　　　　　　　　　　　　3 493
　　贷：主营业务收入　　　　　　　　　　　　　　　　　　　3 493

(三)附有质量保证条款的销售

收入准则规定，对于附有质量保证条款的销售，企业应当评估该质量保证是否在向客户所销售商品符合既定标准之外提供了单独的服务。企业提供额外服务的，相关服务应当作为单项履约义务，按照收入准则规定进行会计处理；否则，质量保证责任应当按照《企业会计准则第13号——或有事项》规定进行会计处理。对于客户能够选择单独购买质量保证的，表明该项质量保证构成单项履约义务；对于客户虽然不能单独购买质量保证，但如果质量保证在客户保证销售的商品符合既定标准之外提供了一项单独服务的，也应当作为单项履约义务。

企业在评估一项质量保证是否在向客户保证所销售的商品符合既定标准之外提供了一项单独的服务时，应考虑的因素包括如下方面。

1.该质量保证是否为法定要求

当法律要求企业提供质量保证时，该法律规定通常表明企业承诺提供的质量保证不是单项履约义务。

2.质量保证期限

企业提供质量保证的期限越长，越有可能表明企业向客户提供了保证商品符合既定标准之外的服务，该质量保证越有可能构成单项履约义务。

3.企业承诺履行任务的性质

如果企业必须履行某些特定的任务以保证所销售的商品符合既定标准，则这些特定任务可能不构成单项履约义务。

【例12-17】天目公司与客户签订合同，销售一部手机。该手机自售出起一年内如果发生质量问题，天目公司负责提供质量保证服务。此外，在此期间内，由于客户使用不当(如手机进水)等原因造成的产品故障，天目公司也免费提供维修服务。该维修服务不能单独购买。

本例中，天目公司对产品的质量问题提供质量保证服务是为了向客户保证所销售商品符合既定标准,因此不构成单项履约义务;天目公司对由于客户使用不当而导致的产品故障提供维修服务,属于在向客户保证所销售商品符合既定标准之外提供的单独服务,尽管没有单独销售,该服务与手机可明确区分,应当作为单项履约义务。因此,在该合同下,天目公司的履约义务有两项:销售手机和提供维修服务。天目公司应当按各自单独售价的相对比例,将交易价格分摊至这两项履约义务,并在各项履约义务履行时分别确认收入。

【例 12-18】 乙公司与客户签订合同,向客户销售一台笔记本电脑,总价 5 500 元,在法律规定的一年保质期外,乙公司额外提供延长一年的质保期,在此期间内如发生质量问题,B公司负责维修或更新。该笔记本的一般市场售价(按规定提供一年质保期的情况下)为 5 400 元,该笔记本一年延长服务的单独售价为 200 元。

本例中,根据收入准则的规定,乙公司应将 5 500 元在笔记本和延保服务之间按单独售价的相对比例进行分摊,确认笔记本销售收入 5 303.57 元[5 500×5 400÷(5 400+200)],在将笔记本电脑交付客户时确认收入;确认延保收入 196.43 元,该延保服务属于在某一时段内履行履约义务的情形,乙公司应在延保期间内按照履约进度确认延保服务收入。

(四)主要责任人和代理人

收入准则规定,企业应当根据其在向客户转让商品前是否拥有对该商品的控制权来判断其从事交易的身份是主要责任人还是代理人。在判断时,企业应当首先识别向客户提供的特定商品;其次,应评估该特定商品在转让给客户前,是否控制这些商品。企业在将特定商品转让给客户之前控制该商品的,企业为主要责任人;相反,企业在特定商品转让给客户之前不能控制该商品的,则企业为代理人。这里的特定商品是指向客户提供的可明确的商品或可明确区分的"一揽子"商品。

1.企业作为主要责任人的情况

(1)企业自第三方取得商品或其他资产控制权后,再转让给客户。

【例 12-19】 天目公司经营一购物网站,在该网站购物的消费者可以明确获知在该网站上销售的商品均为其他零售商直接销售的商品,这些零售商负责发货以及售后服务等。天目公司与零售商签订的合同约定,该网站所售商品的采购、定价、发货以及售后服务等均由零售商自行负责,天目公司仅负责协助零售商和消费者结算货款,并按每笔交易的实际销售额收取 5%的资金。

本例中,天目公司经营的购物网站是一个购物平台。消费者在该网站购物时,向其提供的特定商品为零售商在网站上销售的商品,除此之外,天目公司并未提供任何其他的商品。这些特定商品在转移给消费者之前,天目公司没有能力主导这些商品的使用。因此,消费者在该网站购物时,在相关商品转移给消费者之前,天目公司并未控制这些商品,天目公司履行履约义务时安排零售商向消费者提供相关商品,而非自行提供这些商品,天目公司在该交易中的身份是代理人。

(2)企业能够主导第三方代表本企业向客户提供服务。

当企业承诺向客户提供服务,并委托第三方代表企业向客户提供服务时,如果企业能够主导该第三方代表本企业向客户提供服务,则表明企业在相关服务提供给客户之前能够控制该相关服务。

【例 12-20】 天目公司与乙公司签订合同,为其写字楼提供保洁服务,并商定了服务范围及其价格。天目公司每月按照约定的价格向乙公司开具发票,乙公司按照约定的日期向天目公司付款。双方签订合同后,天目公司委托服务供应商丙公司代表其为乙公司提供保洁服务,并与其签订了合同。天目公司和丙公司商定了服务价格,双方签订的合同付款条款大致上与天目公司和乙公司约定的付款条款一致。当丙公司按照与天目公司的合同约定提供了服务时,无论乙公司是否向天目公司付款,天目公司都必须向丙公司付款。乙公司无权主导丙公司提供未经天目公司同意的服务。

本例中,天目公司向乙公司提供写字楼的保洁服务,根据天目公司与丙公司签订的合同,天目公司能够主导丙公司所提供的服务,包括要求丙公司代表天目公司向乙公司提供保洁服务,相当于天目公司利用其自身资源履行了该合同。乙公司无权主导提供未经天目公司同意的服务。因此,天目公司在丙公司向乙公司提供了保洁服务之前控制了该服务,天目公司在该交易中的身份为主要责任人。

(3)企业自第三方取得商品控制权后,通过提供重大的服务将该商品与其他商品整合成合同约定的某组合产出转让给客户,此时,企业承诺提供的特定商品就是合同约定的组合产出。企业只有获得为生产该特定商品所需要的投入的控制权,才能将这些投入加工整合为合同约定的组合产出。

【例 12-21】 天目公司与乙公司签订合同,向其销售一种特种设备,并商定了该设备的具体规格和销售价格,天目公司负责按照约定的规格设计该设备,并按双方商定的销售价格向乙公司开具发票。该特种设备的设计和制造高度相关。为履行该合同,天目公司与其供应商丙公司签订合同,委托丙公司按照其设计方案制造该设备,并安排丙公司直接向乙公司交付设备。丙公司将设备交付给乙公司后,天目公司按照与丙公司约定的价格向丙公司支付制造设备的对价;丙公司负责设备质量问题,天目公司负责设备由于设计原因引致的问题。

本例中,天目公司向乙公司提供的特定设备商品是其设计的专用设备。虽然天目公司将设备的制造工作分包给丙公司进行,但是,天目公司认为该设备的设计和制造高度相关,不能明确区分,应当作为单项履约义务。由于天目公司负责该合同的整体管理,如果在设备制造过程中发现需要对设备规格作出任何调整,天目公司需要负责制订相关的修订方案,通知丙公司进行相关调整,并确保任何调整均符合修订后的规格要求。天目公司主导了丙公司的制造服务,并通过必需的重大整合服务,将其整合作为向乙公司转让的组合产出的一部分,在该专用设备向客户转让前控制了该专用设备,因此,天目公司在该交易中的身份为主要责任人。

无论企业是主要负责人还是代理人,均应当在履约义务履行时确认收入。企业为主要负责人的,应当按照其自行向客户提供商品而有权收取的对价总额确认收入;企业为代理人的,按照既定的佣金金额或比例计算的金额确认收入,或者按照已收或应收对价总额扣除应支付给提供该特定商品的第三方的价款后的净额确认收入。

2.需要考虑的相关事实和情况

企业在判断其在向客户转让特定商品之前是否已经拥有对该商品的控制权时,不应局限于合同的法律形式,应综合考虑所有的相关事实和情况进行判断。这些事实和情况包括但不限于以下方面。

(1)转让商品的主要责任是企业还是第三方。该主要责任包括就特定商品的可接受性

（如确保商品的规格满足客户的要求）承担责任等。企业在判断时，应当从客户的角度进行评估。如客户认为谁对商品的质量或性能负责、谁负责提供售后服务、谁负责解决客户投诉等。

（2）该商品的存货风险在商品转让前后由企业还是由第三方承担。当企业与客户签订合同之前已经购买或承诺将自行购买特定商品时，这可能表明企业在将该特定商品转让给客户之前，就承担了该特定商品的存货风险。在附有销售退回条款的销售中，企业将商品销售给客户之后，客户有权要求向该企业退货，这可能表明企业在转让商品之后仍然承担了该商品的存货风险。

（3）所交易商品的价格由企业还是由第三方决定。代理人有时可能在一定程度上也拥有定价权（如在主要责任人规定的某一价格范围内决定价格）。

（五）授予知识产权许可

授予知识产权许可是指企业授予客户对企业拥有的知识产权享有的相应权利。常见的知识产权包括软件和技术、影视和音乐等的版权，特许经营权以及专利权、商标权和其他版权等。

1.授予知识产权许可是否构成单项履约义务

企业向客户授予知识产权许可时，可能也会同时销售商品，企业应当评估该知识产权许可是否构成单项履约义务。不构成单项履约义务的，企业应当将该知识产权许可和所售商品一起作为单项履约义务进行会计处理。

知识产权与所售商品不可明确区分的情形包括以下方面。

一是该知识产权许可构成有形商品的组成部分并且对于该商品的正常使用不可或缺，如软件。

二是客户只有将该知识产权许可和相关服务一起使用才能从中获益，如客户取得授权许可，但只有通过企业提供的在线服务才能访问相关内容。

2.授予知识产权许可属于在某一时段履行的履约义务

企业向客户授予的知识产权许可，同时满足下列三项条件的，应当作为在某一时段履行的履约义务，确认为相关收入，否则，应当作为在某一时点履行的履约义务，确认为相关收入。

（1）合同要求或客户能够合理预期企业将从事对该项知识产权有重大影响的活动。

企业向客户授予知识产权许可之后，还可能会从事市场推广、继续开发等后续活动。这些活动存在下列情况之一的，将会对该项知识产权产生重大影响：一是这些活动预期将显著改变该项知识产权的形式（如知识产权的设计、内容）或功能；二是客户从该项知识产权中获益的能力在很大程度上来源于或取决于这些活动。

（2）该活动对客户将产生有利或不利的影响。

（3）该活动不会导致向客户转让某项商品。

【例 12-22】 天目公司是一家设计制作连环漫画的公司，乙公司是一家大型游轮的运营商。天目公司授权乙公司可在四年内使用其三部连环漫画中的角色形象和名称，乙公司可以不同的方式（如展览或演出）使用这些漫画中的角色。天目公司的每部连环漫画都有相应的主要角色，并会定期创造新的角色，角色的形象也会随时变化。合同要求乙公司必须使用最新的角色形象。在授权期内,天目公司每年向乙公司收取 1 000 万元。

本例中,天目公司除了授予知识产权许可外不存在其他履约义务。天目公司基于下列因素的考虑,认为该许可的相关收入应当在某一时段内确认:一是乙公司合理预期(根据天目公司以往的习惯做法),天目公司将实施对该知识产权许可产生重大影响的活动,包括创作角色及出版包含这些角色的连环漫画等;二是合同要求乙公司必须使用天目公司创作的最新角色,这些角色成功与否,会直接对乙公司产生有利或不利的影响;三是尽管乙公司可以通过知识产权许可从这些活动中获益,但在这些活动发生时并没有导致向乙公司转让任何费用。

由于合同规定乙公司在一段固定期间内可无限制地使用其取得授权许可的角色,因此,天目公司按照时间进度确定履约的进度。

3.授予知识产权许可属于在某一时点履行的履约义务

授予知识产权许可不属于在某一时段内履行的履约义务,应当作为在某一时点履行的履约义务,在履行该履约义务时确认为收入。在客户能够使用某项知识产权许可并开始从中获利之前,企业不能对此类知识产权许可确认为收入。

【例 12-23】 天目公司将其拥有的一首经典民歌的版权授予乙公司,并约定乙公司在两年内有权在国内所有商业渠道使用该经典民歌。因提供该版权许可,天目公司每月收取 1 000 元的固定对价。除该版权之外,天目公司无须提供任何其他商品。该合同不可撤销。

本例中,天目公司除了授予该版权许可外,并无任何义务从事改变该版权的后续活动,该版权也具有重大的独立功能(即民歌的录音可直接用于播放),乙公司主要通过该重大独立功能获利。因此,天目公司应在乙公司能够主导该版权的使用并从中获得几乎全部经济利益时,全额确认为收入。此外,由于天目公司履约的时间与客户付款(两年内每月支付)的时间间隔较长,天目公司需要判断该项合同中是否存在重大的融资成分,并进行相应的会计处理。

4.基于销售或使用情况的特许权使用费

企业向客户授予知识产权许可,并约定按客户实际销售或使用情况(如按客户的销售额)收取特许权使用费的,应当在客户后续销售或使用行为实际发生与企业履行相关履约义务两者孰晚的时点确认为收入。

(六)客户未行使的权利

企业因销售商品向客户收取的预收款,赋予了客户一项在未来从企业取得该商品的权利,并使企业承担了向客户转让该商品的义务,因此,企业应当将预收的款项确认为合同负债,待未来履行了相关履约义务,即向客户转让相关商品时,再将该负债转为收入。

在某些情况下,企业收取的预收款无须退回,但是客户可能会放弃其全部或部分合同权利,如放弃储值卡的使用等。企业预期将有权获得与客户所放弃的合同权利相关的金额的,应当按照客户行使合同权利的模式按比例将上述金额确认为收入;否则,企业只有在客户要求其履行剩余履约义务的可能性极低时,才能将相关负债余额转为收入。

【例 12-24】 天目公司经营连锁面包店。20×1 年,天目公司向客户销售了 5 000 张储值卡,每张卡的面值为 200 元,总额为 100 万元。客户可在天目公司经营的任何一家门店使用该储值卡进行消费。根据历史经验,天目公司预期客户购买的储值卡中将有大约相当于储值卡面值金额 5% 的部分不会被消费。截至 20×1 年 12 月 31 日，客户使用该储值卡消费的金额为 400 000 元。假定天目公司为增值税一般纳税人，在客户使用该储值卡消费时发生增值税纳税义务。

本例中，天目公司预期将有权获得与客户未行使的合同权利相关的金额为 50 000 元，该金额应当按照客户行使合同权利的模式变化确认为收入。因此，天目公司在 20×1 年销售的储值卡应当确认的收入金额为 372 613 元 [(400 000＋50 000×40 000÷950 000÷(1＋13%)]，天目公司的账务处理如下。

(1)销售储值卡。

借：银行存款　　　　　　　　　　　　　　　　　　　1 000 000
　　贷：合同负债　　　　　　　　　　　　　　　　　　　884 966
　　　　应交税费——待转销项税额　　　　　　　　　　　115 044

(2)根据储值卡的消费金额确认收入。

借：合同负债　　　　　　　　　　　　　　　　　　　　372 613
　　应交税费——待转销项税额　　　　　　　　　　　　　46 018
　　贷：主营业务收入　　　　　　　　　　　　　　　　　372 613
　　　　应交税费——应交增值税(销项税额)　　　　　　　46 018

第二节　费用

一、费用的定义

费用是指企业在日常活动过程中发生的、会导致所有者权益减少的、与向所有者分配无关的经济利益的总流出。

费用由狭义和广义之分。广义的费用泛指企业各种日常活动发生的所有耗费，狭义的费用仅指与本期营业收入相配比的那部分耗费。在确认费用时，首先应当划分生产费用与非生产费用的界限。生产费用是指与企业日常生产经营活动有关的费用，如生产产品所发生的原材料费用、人工费等；非生产费用是指不属于生产费用的费用，如用于购建固定资产所发生的费用。其次，应当分清生产费用与产品成本的界限。生产费用与一定的期间相联系，而与生产的产品无关；产品成本与一定品种和数量的产品相联系，而不论发生在哪一期。再次，应当分清生产费用与期间费用的界限。生产费用应当计入产品成本；而期间费用直接计入当期损益。本节所述的费用采用广义上的概念，包括税金及附加、管理费用、财务费用、销售费用、资产减值损失、投资收益、资产处置收益、公允价值变动损益、所得税费用等。

二、费用的核算

(一)税金及附加

税金及附加主要包括消费税、城市维护建设税、教育费附加、房产税、土地使用税、车船税、印花税等。

企业按规定计算结转应交消费税、城市维护建设税、教育费附加、房产税、土地使用税、车船税、印花税等时，借记"税金及附加"科目，贷记"应交税费——应交消费税""应交税费——应交城市维护建设税""应交税费——应交教育费附加""应交税费——应交房产税""应交税费——土地使用税""应交税费——车船税""银行存款"等。

【例 12-25】 天目公司 12 月份根据发生的税金及附加业务编制相关会计分录。

结转应交城市维护建设税 500 元，应交教育费附加 400 元，应交房产税 800 元，应交车船税 200 元，购买印花税票 100 元。

```
借:税金及附加                                        2 000
    贷:应交税费——应交城市维护建设税                           500
            ——应交教育费附加                                 400
            ——应交房产税                                     800
            ——车船税                                        200
        银行存款                                           100
```

(二)管理费用

管理费用是企业为组织和管理企业生产经营活动所发生的费用，包括企业在筹建期间内发生的开办费、董事会和行政管理部门在企业的经营管理中发生的或者应由企业统一负担的公司经费(包括行政管理部门职工工资及福利费、物料消耗、低值易耗品摊销、办公费和差旅费等)、工会经费、董事会费(包括董事会成员津贴、会议费和差旅费等)、聘请中介机构费、咨询费(含顾问费)、诉讼费、业务招待费、技术转让费、矿产资源补偿费、研究费用、排污费以及企业生产车间(部门)和行政管理部门等发生的固定资产修理费用等。

【例 12-26】 天目公司 12 月份发生的经济业务如下。

(1)应付行政管理部门职工薪酬 100 000 元。

```
借:管理费用                                       100 000
    贷:应付职工薪酬                                      100 000
```

(2)计提行政管理部门折旧费 10 000 元。

```
借:管理费用                                        10 000
    贷:累计折旧                                          10 000
```

(3)计提工会经费 1 000 元。

```
借:管理费用                                         1 000
    贷:应付职工薪酬                                        1 000
```

(4)公司就一项产品的设计方案咨询专家，支付咨询费 5 000 元。

```
借:管理费用                                         5 000
    贷:银行存款                                          5 000
```

(三)财务费用

财务费用是指企业为筹集生产经营所需资金等而发生的筹资费用，包括计入当期损益的利息支出(减利息收入)、汇兑损益以及相关的手续费和其他财务费用。发生财务费用时，借记"财务费用"科目，贷记相关科目。

(四)资产减值损失

资产减值损失是指企业对存货、长期股权投资、固定资产、在建工程、工程物资、无形资产等发生减值确认的减值损失。

企业应根据确认的减值损失,借记"资产减值损失"科目,贷记"存货跌价准备""长期股权投资减值准备""固定资产减值准备""在建工程减值准备""工程物资减值准备""无形资产减值准备"等科目。

企业计提存货跌价准备后,相关资产的价值又得以恢复的,应在原已计提的减值准备金额内,按恢复增加的金额,借记"存货跌价准备"科目,贷记"资产减值损失"科目。

根据我国企业会计准则的规定,企业计提的长期股权投资减值准备、固定资产减值准备、在建工程减值准备、工程物资减值准备、无形资产减值准备,一律不准转回。

(五)信用减值损失

信用减值损失是指金融资产中的应收款项、债权投资、其他债权投资等资产价值下跌发生的损失。

【例12-27】 10月30日,天目公司应收账款余额1 000 000元,按2%计提坏账准备。该公司以前未计提坏账准备,10月末,计提坏账准备20 000元。

借:信用减值损失 20 000
　　贷:坏账准备 20 000

(六)投资收益

投资收益是指企业从事各项对外投资活动取得的收益;投资损失是指从事各项对外投资活动发生的损失。投资收益大于投资损失的差额为投资净收益,反之则为投资净损失。

【例12-28】 天目公司12月份发生下列业务,编制相关会计分录。

(1)用银行存款100 000元购入股票,不准备长期持有。

借:交易性金融资产——成本 100 000
　　贷:银行存款 100 000

(2)将上述股票全部卖出,收取价款110 000元。

借:银行存款 110 000
　　贷:交易性金融资产——成本 100 000
　　　　投资收益 10 000

(七)公允价值变动损益

公允价值变动损益是指交易性金融资产和以公允价值计量的投资性房地产等因公允价值变动形成的损益。公允价值高于其账面价值时,借记相关资产科目,贷记"公允价值变动损益"科目;公允价值低于其账面价值时,则作相反的会计分录。

【例12-29】 12月末,天目公司持有的以公允价值计量的投资性房地产账面价值为1 000万元,公允价值为1 100万元。

借:投资性房地产 1 000 000
　　贷:公允价值变动损益 1 000 000

(八)资产处置损益

资产处置损益主要是指处置固定资产、在建工程及无形资产等产生的损益。企业发生资产处置收益时,借记相关科目,贷记"资产处置损益"科目;发生资产处置损失时,作相反的会计分录。

【例 12-30】 天目公司 11 月份出售设备一台,原价 50 000 元,累计折旧 10 000 元,取得收入 45 000 元,增值税 5 850 元。编制会计分录如下。

(1)固定资产转入清理。

借:固定资产清理 40 000
　　累计折旧 10 000
　　贷:固定资产 50 000

(2)取得出售收益。

借:银行存款 50 850
　　贷:固定资产清理 45 000
　　　　应交税费——应交增值税(销项税额) 5 850

(3)结转固定资产净损益。

借:固定资产清理 5 000
　　贷:资产处置损益 5 000

(九)所得税费用

所得税费用是指应在会计税前利润中扣除的费用,包括当期所得税费用和递延所得税费用(或收益,下同)。我国企业会计准则规定,所得税费用确认采用资产负债表债务法。

1.当期所得税费用

当期所得税费用是指按照当期应缴纳的所得税确认的费用。

应纳税所得税额是指按《中华人民共和国企业所得税法》规定的项目计算确定的收益,是计算缴纳所得税的依据。由于企业会计税前利润与应纳税所得额的计算口径、计算时间可能不一致,因而两者之间可能存在差异,如国库券利息收入按照税法的要求是免税的,税收上可以扣除。这需要在会计利润的基础上,按照适用的税收法规进行调整,计算出当期应纳税所得额,按照应纳税所得额与适用所得税税率计算确定当期应交所得税。

应纳税所得额=会计利润+按照企业会计准则规定计入利润表但税法不允许扣除的费用±计入利润表的费用与按税法规定可予税前抵扣的费用金额之间的差额±计入利润表的收入与按照税法规定应计入应纳税所得额的收入之间的差额—税法规定的不征税收入±其他需要调整的因素

当期所得税=当期应交所得税=应纳税所得额×适用的所得税税率

【例 12-31】 天目公司适用的所得税税率为 25%。20×1 年 12 月份税前会计利润为 100 000 元,本月国债利息收入为 10 000 元,对外非公益性捐赠为 10 000 元,计提存货跌价准备 20 000 元,期末交易性金融资产公允价值变动收益为 10 000 元,假设其他项目不需要进行纳税调整。则

应交所得税=(100 000-10 000+10 000+20 000-10 000)×25%=110 000×25%
　　　　　　=27 500 元。

编制会计分录如下。

借:所得税费用——当期所得税费用 27 500

   贷：应交税费——应交所得税   27 500

  2.递延所得税费用

  递延所得税费用是指由于暂时性差异的发生或转回而确认的所得税费用。

  (1)暂时性差异

  暂时性差异是指资产、负债的账面价值与其计税基础不同产生的差额。其中,账面价值,是指按照企业会计准则规定确定的有关资产、负债在资产负债表中应列示的金额。由于资产、负债的账面价值与其计税基础不同,产生了在未来收回资产或清偿负债的期间内,应纳税所得额增加或减少并导致未来期间应交所得税增加或减少的情况,在这些暂时性差异发生的当期,一般应当确认相应的递延所得税负债或递延所得税资产。

  根据暂时性差异对未来期间应纳税所得额的影响,分为应纳税暂时性差异和可抵扣暂时性差异。

  应纳税暂时性差异是指在确定未来收回资产或清偿负债期间的应纳税所得额时,产生的应纳税金额的暂时性差异。当资产的账面价值大于计税基础或者负债的账面价值小于计税基础时,将产生应纳税暂时性差异。

  可抵扣暂时性差异是指在确定未来收回资产或清偿负债期间的应纳税所得额时,产生的可抵扣金额的暂时性差异。当资产的账面价值小于计税基础或者负债的账面价值大于计税基础时,将产生可抵扣暂时性差异。

  (2)递延所得税资产与递延所得税负债

  递延所得税资产是指按照可抵扣暂时性差异和适用税率计算确定的资产,其性质属于预付的税款,在未来期间抵扣应纳税税款。期末递延所得税资产大于期初递延所得税资产的差额,应确认为递延所得税收益,冲减所得税费用,借记"递延所得税资产"科目,贷记"所得税费用"科目;反之,则应冲减递延所得税资产,并作为递延所得税费用处理,借记"所得税费用"科目,贷记"递延所得税资产"科目。

  递延所得税负债是指按照应纳税暂时性差异和适用税率计算确定的负债,其性质属于应付的税款,在未来期间转为应纳税款。期末递延所得税负债大于期初递延所得税负债的差额,应确认为递延所得税费用。借记"所得税费用"科目,贷记"递延所得税负债"科目;反之,则应冲减递延所得税负债,并作为递延所得税收益处理,借记"递延所得税负债"科目,贷记"所得税费用"科目。

  如果形成的暂时性差异不涉及损益项目,则确认的递延所得税资产或递延所得税负债应直接调整为其他综合收益。

  【例 12-32】天目公司 20×1 年度利润表中利润总额为 240 万元,该公司适用的所得税税率为 25%。递延所得税资产与递延所得税负债不存在期初余额。20×1 年发生有关的交易和事项中,会计处理与税收处理存在的差别有如下方面。

  (1)20×1 年 1 月开始计提的一项固定资产,成本 120 万元,使用年限为 10 年,净残值为 0,会计处理按双倍余额递减法计提折旧,税收处理按直线法计提折旧。假定税法规定的使用年限与会计规定相同。

  (2)向关联企业捐赠现金 40 万元。假定按照税法的规定,企业向关联方的捐赠不允许税前扣除。

  (3)期末持有的交易性金融资产成本 60 万元,公允价值 120 万元。税法规定,以公允价值计量的金融资产持有期间市价变动不计入应纳税所得额。

（4）违反环保规定，应支付罚款 20 万元。

（5）期末对持有的存货计提了 6 万元的存货跌价准备，存货账面价值为 160 万元。

分析：20×1 年度应交所得税＝（240＋12＋40－60＋20＋6）×25％＝64.5（万元）

表 12-1　天目公司 20×1 年递延所得税计算表　　　　　单位：万元

项目	账面价值	计税基础	递延所得税负债	递延所得税资产
存货	160	166		6×25％＝1.5
固定资产原价	120	120		
减：累计折旧	24	12		
固定资产账面价值	96	108		12×25％＝3
交易性金融资产	60	120	60×25％＝15	
其他应付款	20	20		
合计			15	4.5

20×1 年与所得税相关的会计分录如下。

借：所得税费用　　　　　　　　　　　　　　　　　750 000
　　递延所得税资产　　　　　　　　　　　　　　　　45 000
　　贷：应交税费——应交税所得税　　　　　　　　　　　645 000
　　　　递延所得税负债　　　　　　　　　　　　　　　　150 000

（十）其他收益

其他收益相关内容可参考《高级财务会计》。

第三节　利润和利润分配

一、利润

企业作为独立的经济实体，应当以自己的经营收入抵补其成本费用，并且实现盈利。企业盈利的大小在很大程度上反映企业生产经营的经济效益，表明企业在每一会计期间的最终经营成果。利润是指企业在一定会计期间的经营成果。利润包括收入减去费用后的净额、直接计入当期利润的利得和损失等。

营业外收支是指企业发生的与日常活动无直接关系的各项支出。营业外收支虽然与企业生产经营活动没有多大的关系，但从企业主体来考虑，同样会带来收益与支出，对企业的利润总额及净利润会产生一定的影响。

营业外收入是指企业发生的营业利润以外的收益。营业外收入并不是企业经营资金耗费所产生的，不需要企业付出代价，实际上是一种纯收益，不可能也不需要与有关费用进行配比。因此，在会计处理上，应当严格区分营业外收入与营业收入的界限。营业外收入主要包括与企业日常活动无关的政府补助、赔款利得、捐赠利得等。

营业外支出是指企业在营业利润以外发生的支出,包括固定资产盘亏、毁损、报废等净损失、非常损失、对外捐赠支出、赔偿金和违约金支出等。

【例 12-33】 天目公司 20×1 年 11 月遭受重大自然灾害,并于 12 月收到了政府补助资金 200 万元,用于弥补其遭受自然灾害的损失。12 月 20 日,天目公司实际收到补助资金并选择总额法进行会计处理,其账务处理如下。

延伸思考 12.2:
利润如何结转?

借:银行存款   2 000 000
  贷:营业外收入   2 000 000

二、利润分配

企业净利润分配的内容主要包括弥补以前年度亏损、提取盈余公积和向投资者分配利润等。

为了反映利润分配的数额,应设置"利润分配"科目,并设置"提取盈余公积""应付利润""盈余公积补亏"等二级科目。"利润分配"科目是"本年利润"科目的抵减科目。

(一)弥补以前年度亏损

按照现行税法的规定,企业某年度发生纳税亏损,在其后 5 年内可以用应税所得弥补,从其后第 6 年开始,只能用净利润弥补。如果净利润还不够弥补亏损,则可以用发生亏损以前提取的盈余公积来弥补。盈余公积补亏时,应借记"盈余公积"科目,贷记"利润分配——盈余公积补亏"科目。

【例 12-34】 天目公司适用税率为 25%,税前会计利润与应税所得、会计亏损与纳税亏损完全相同。盈余公积科目贷方余额为 100 万元,本年度实现税前利润 100 000 元,尚有亏损 90 000 元没有弥补(连续用税前利润和税后利润弥补以前年度亏损已达 5 年)。

编制会计分录如下。

借:盈余公积   15 000
  贷:利润分配——盈余公积补亏   15 000

(二)提取盈余公积

企业的净利润在弥补了以前年度亏损后,如有剩余,应按一定比例计提盈余公积,借记"利润分配——提取盈余公积"科目,贷记"盈余公积"科目。

(三)向投资者分配利润或股利

企业当年净利润在扣除弥补以前年度亏损和提取盈余公积后的数额,再加上年初未分配利润,即为当年可以向投资者分配利润的限额。分配时,借记"利润分配——应付利润(应付股利)"科目,贷记"应付利润(股利)"科目。

【例 12-35】 甲股份有限公司 4 月 1 日宣告分派现金股利 100 000 元,并于 4 月 15 日实际分派。根据以上资料,编制会计分录如下。

借:利润分配——应付股利   100 000
  贷:应付股利   100 000

企业分派股票股利不必支付现金,有助于公司积累资金以扩大再生产。按照企业会计准则的规定,企业宣告分派股票股利,不作账务处理,在办妥增资手续后实际分派股票股利时,借记"利润分配——转作股本(或资本)的普通股股利"科目,贷记"股本(或实收资本)"科目。

■■ 思考题

1. 确认营业收入的条件是什么?
2. 如何确定商品交易价格?
3. 所得税会计处理方法是什么? 如何确认所得税费用?

■■ 练习题

1. 天目公司为增值税一般纳税人,适用税率为13%。该公司发生下列业务。

(1)20×1年12月1日,与A公司签订一项购销合同,合同规定:天目公司为A公司建造安装一部电梯,合同价款为600万元(不含增值税)。合同规定,A公司在合同签订5日内预付商品款(不含增值税)的30%,其余价款将在天目公司将商品运抵A公司并安装检验合格后支付。天目公司于20×1年12月5日收到A公司预付的价款180万元,并将商品运抵A公司。至20×1年12月31日,估计完成安装任务的50%,预计于20×2年1月31日全部安装完成。该电梯的实际成本为380万元。

(2)20×1年12月10日,销售给B公司一台设备,销售价款(不含增值税)为30万元,天目公司已开出增值税专用发票,并将提货单交给B公司,B公司已开出不带息的银行承兑汇票,期限为3个月。由于B公司车间内放置该项设备的场地尚未确定,经天目公司同意,设备待20×2年1月20日再予提货。该设备的实际成本为16万元。

要求:根据上述资料,编制天目公司相关会计分录。

2. 天目公司为增值税一般纳税人,适用的增值税税率为13%。该公司20×1年12月发生下列业务。

(1)12日,与客户签订一项服务合同,合同规定总价款为500万元(不含增值税),于合同签订5日内收取113万元,其余款项在服务完成后收取。天目公司采用产出法确认服务收入。

(2)15日,收到客户首期付款113万元,存入银行。

(3)31日,天目公司为完成该项服务发生服务成本200万元,经专业测量师测量,服务的履约进度为50%,预计到服务完成时还将发生成本200万元。确认收入开具增值税专用发票。

要求:根据上述资料,编制天目公司相关会计分录。

3. 天目公司第1~5年各年的会计税前利润均为200 000元。固定资产采用年限平均法计提折旧,某项设备原值为150 000元,净残值为0,税法规定折旧年限为5年,会计核算折旧年限为3年,当年1月份开始计提折旧。所得税税率为25%,采用资产负债表债务法进行所得税费用的核算,假定在可抵扣暂时性差异转回的年份有足够的应税所得可以抵扣可抵扣暂时性差异。

要求:根据上述资料,编制天目公司相关会计分录。

第十三章

财务报表

■■ 学习目标

1. 掌握：资产负债表、利润表、现金流量表和所有者权益变动表的编制方法。
2. 理解：财务报表的意义；报表附注。
3. 了解：综合收益的列报。

■■ 案例引入

隐而不发为哪般？

根据中国证监会行政处罚决定书〔2021〕96号公告，2016年上半年，宏达矿业对外签订存单质押合同1份，担保金额0.55亿元，为向颜静刚等关联方提供的担保，占2015年度经审计净资产的3.07%；2016年下半年，宏达矿业对外签订保证合同、存单质押合同共6份，宏达矿业子公司上海宏啸科技有限公司（简称"上海宏啸"）对外签订存单质押合同1份，前述担保金额合计23.75亿元。2016年全年，宏达矿业及其子公司发生对外担保金额合计24.30亿元，其中，向颜静刚等关联方提供的担保金额为22.30亿元，占2015年度经审计净资产的124.36%。

2017年上半年，宏达矿业对外签订保证合同共4份，宏达矿业全资子公司上海精银医疗管理有限公司对外签订存单质押合同共3份，临淄宏达签订存单质押合同共2份，前述担保金额合计21.10亿元，其中，向颜静刚等关联方提供的担保金额为18.00亿元，占2016年度经审计净资产的94.39%；2017年下半年，宏达矿业对外签订保证合同共4份，担保金额合计2.00亿元。2017年全年，宏达矿业及其子公司发生对外担保金额合计23.10亿元，其中，向颜静刚等关联方提供的担保金额为19.00亿元，占2016年度经审计净资产的99.63%。请问，宏达矿业财务报表信息披露是否符合规定？

分析：财务报表是企业会计信息披露的最重要载体，它既包括了财务信息也包括了非财务信息，财务报表信息不仅体现在各报表项目的货币反映上，还体现在重要会计信息报表的附注披露上。宏达矿业的做法显然违背了《证券法》的相关规定，在本例中，宏达矿业对外担保金额巨大，达到了净资产的99.63%，而这一重要信息在财务报表信息披露中竟然没有反映出来。

第一节　财务报表概述

会计核算包括记账、算账和报账三个主要内容。记账和算账过程中已经把企业发生的各项经济业务在有关凭证和账簿中进行全面、连续、系统地进行了记录和计算，企业一定日期的财务状况和一定时期内的经营成果也已得到反映。但是，这些日常核算资料太多，且比较分散,难以集中和概括反映企业的财务状况与经营成果,这也必将在很大程度上影响信息使用者作出正确决策。在此情况下,为信息使用者提供总括、综合的会计信息十分必要,而财务报表作为会计核算的最后环节,恰恰满足了这种需要。

一、财务报表的概念及性质

财务报表也称会计报表,它是以日常会计核算资料为主要依据,对企业财务状况、经营成果和现金流量的结构性表述。企业编制财务报表,对于企业改善外部有关方面的经济决策环境和加强企业内部经营管理具有重要作用。具体来说,财务报表的作用主要体现在以下两个方面。

一是为外部信息使用者提供决策依据。外部信息使用者包括政府部门、投资者、债权人等,这些信息使用者需要获取企业的报表信息加强宏观经济管理,作出正确的投资决策和信贷政策等。

二是为企业内部信息使用者提供评价信息。企业管理者为了考核和分析预算的完成情况,评价经济效益,需要利用财务报表的信息作出判断;另外,企业员工为了自身发展也需要了解财务报表提供的信息来判断企业的绩效好坏和发展潜力。

根据《企业会计准则第 30 号——财务报表列报》(简称“财务报表列报准则”),财务报表至少应当包括下列组成部分。

(1)资产负债表。资产负债表是反映企业在某一特定日期的财务状况的报表。

(2)利润表。利润表是反映企业在一定会计期间的经营成果的会计报表。

(3)现金流量表。现金流量表是反映企业在一定会计期间的现金和现金等价物流入和流出的报表。

(4)所有者权益(或股东权益,下同)变动表。所有者权益变动表是反映公司本期(年度或中期)内至期末所有者权益变动情况的报表。

(5)附注。附注是指对在会计报表中列示项目所作的进一步说明,以及对未能在这些报表中列示项目的说明等。

财务报表可以按照不同标准进行分类:①按财务报表编报期间的不同,可以分为中期财务报表和年度财务报表。中期财务报表是以短于一个完整会计年度的报告期间为基础编制的财务报表,包括月报、季报和半年报等。②按财务报表编报主体的不同,可以分为个别财务报表和合并财务报表。个别财务报表是由企业在自身会计核算基础上对账簿记录进行加工而编制的财务报表;合并财务报表是以母公司和子公司组成的企业集团为会计主体,根据母公司和所属子公司的财务报表,由母公司编制的综合反映企业集团财务状况、经营成果和现金流量的财务报表。

二、财务报表列报的基本要求

(一)依据各项企业会计准则确认和计量的结果编制财务报表

企业应当根据实际发生的交易和事项,遵循《企业会计准则——基本准则》和各项具体会计准则的规定进行确认和计量,并在此基础上编制财务报表。

(二)列报基础

小贴士 13.1：
非持续经营
的判断

持续经营是会计的基本前提，也是会计确认、计量及编制财务报表的基础。在编制财务报表的过程中，企业管理层应当利用其所有可获得的信息来评价企业自报告期末起至少 12 个月的持续经营能力。如果经评价，企业处于非持续经营情况（如破产清算），企业应当在附注中声明财务报表未以持续经营为基础列报，披露未以持续经营为基础的原因以及财务报表的编制基础。

(三)权责发生制

除现金流量表按照收付实现制编制外，企业应当按照权责发生制编制其他财务报表。

(四)列报的一致性

可比性是会计信息质量的一项重要质量要求，目的是使同一企业不同期间和同一期间不同企业的财务报表相互对比。因此，财务报表项目的列报应当在各个会计期间保持一致，不得随意变更。

(五)重要性原则

小贴士 13.2：
重要性的判断

关于项目在财务报表中是单独列报还是汇总列报，应当依据重要性原则来判断。总的原则是，如果某项目单个看不具有重要性，则可将其与其他项目汇总列报；如果具有重要性，则应当单独列报。

(六)财务报表项目金额的相互抵销

财务报表应当以总额列报，资产和负债、收入和费用、直接计入当期利润的利得和损失项目不能相互抵销，即不得以净额列报。但企业会计准则另有规定的除外。

(七)比较信息的列报

企业在列报当期财务报表时，至少应该提供所有列报项目上一个可比会计期间的比较数据，以及裂解当期财务报表相关的说明，目的是向报表使用者提供比较数据，提高会计信息在会计期间的可比性。

(八)财务报表表首的列报要求

财务报表一般分为表首、正表两个部分，其中，企业应当在表首部分概括地说明下列基本信息：①编报企业的名称；②日期；③货币名称和单位；④个别还是合并报表，应当标明。

(九)报告期间

企业至少应当按年编制财务报表。根据《中华人民共和国会计法》的规定，会计年度自公历 1 月 1 日至 12 月 31 日止。短于一个会计年度的，企业应当披露年度财务报表的实际涵盖期间及其短于一年的原因，并说明由此引起财务报表项目与比较数据不具可比性这一事实。

第二节 资产负债表

一、资产负债表的内容及结构

(一)资产负债表的内容

资产负债表是反映企业在某一特定日期财务状况的报表,它反映企业在某一特定日期所拥有或控制的经济资源、所承担的现时义务和所有者对净资产的要求权。通过资产负债表,可以提供某一日期资产的总额及其结构,表明企业拥有或控制的资源及其分布情况,使用者可以了解企业在某一特定日期所拥有的资产总量及其结构;可以提供某一日期的负债及其结构,表明企业未来需要用多少资产或劳务清偿债务以及清偿的时间;可以反映所有者所拥有的权益,据以判断资本保值、增值的情况以及对负债的保障程度。此外,通过资产负债表项目的比较可以进行财务分析。

(二)资产负债表的结构

1. 格式

在我国,资产负债表采用左右账户式结构,报表分为左右两方,左方列示资产各项目,反映全部资产的分布及其存在形态;右方列示负债和所有者权益各项目,反映全部负债和所有者权益的内容及构成情况。资产负债表的理论依据是会计等式,即"资产=负债+所有者权益"。为了解不同时点资产负债表数据,企业需要提供比较资产负债表,各项目分为"期末余额"和"年初余额"两栏分别填列(见表13-1)。

表13-1 资产负债表

会企01表

编制单位: 　　　　　　年　月　日　　　　　　单位:元

资产	期末余额	年初余额	负债和所有者权益(或股东权益)	期末余额	年初余额
流动资产:			流动负债:		
货币资金			短期借款		
交易性金融资产			交易性金融负债		
衍生金融资产			衍生金融负债		
应收票据			应付票据		
应收账款			应付账款		
应收款项融资			预收款项		
预付款项			合同负债		
其他应收款			应付职工薪酬		
存货			应交税费		
合同资产			其他应付款		

续　表

资产	期末余额	年初余额	负债和所有者权益(或股东权益)	期末余额	年初余额
持有待售资产			持有待售负债		
一年内到期的非流动资产			一年内到期的非流动负债		
其他流动资产			其他流动负债		
流动资产合计			流动负债合计		
非流动资产:			非流动负债:		
债权投资			长期借款		
其他债权投资			应付债券		
长期应收款			其中:优先股		
长期股权投资			永续债		
其他权益工具投资			租赁负债		
其他非流动金融资产			长期应付款		
投资性房地产			预计负债		
固定资产			递延收益		
在建工程			递延所得税负债		
生产性生物资产			其他非流动负债		
油气资产			非流动负债合计		
使用权资产			负债合计		
无形资产			所有者权益(或股东权益):		
开发支出			实收资本(或股本)		
商誉			其他权益工具		
长期待摊费用			其中:优先股		
递延所得税资产			永续债		
其他非流动资产			资本公积		
非流动资产合计			减:库存股		
			其他综合收益		
			专项储备		
			盈余公积		
			未分配利润		
			所有者权益(或股东权益)合计		
资产总计			负债和所有者权益(或股东权益)总计		

2.资产和负债的流动性划分

根据财务报表列报准则的规定,资产负债表中的资产和负债应当按照流动性分别划分为流动性资产和非流动性资产、流动性负债和非流动性负债列示。通常按资产的变现或耗用时间长短或者负债的偿还时间长短来确定。

(1)资产的流动性划分

资产满足下列条件之一的,应当归为流动性资产。

①预计在一个正常营业周期中变现、出售或耗用。这主要包括存货、应收款等资产。

②主要为交易目的而持有。如交易性金融资产,但并非所有交易性金融资产均为流动性资产,比如自资产负债表日起超过12个月到期且预期持有超过12个月的衍生工具应当划分为非流动性资产或非流动性负债。

③预计在资产负债表日起一年内(含一年,下同)变现。

④自资产负债表日起一年内,交换其他资产或清偿负债的能力不受限制的现金或现金等价物。

(2)负债的流动性划分

流动性负债的判断标准与流动性资产的判断标准类似。负债满足下列条件之一的,应当归类为流动负债。

①预计在一个正常营业周期中清偿。

②主要为交易目的而持有。

③自资产负债表日起一年内到期予以清偿。

④企业无权自主地将清偿推迟至资产负债表日后一年以上。

二、资产负债表的填列方法

资产负债表"期末余额"栏内各项数字,应根据资产、负债和所有者权益类科目的期末余额填列。主要包括以下填列方式。

(一)根据总账科目的余额填列

1.根据总账科目的余额直接填列

根据总账余额直接填列的项目有:"其他权益工具投资""递延所得税资产""长期待摊费用""短期借款""交易性金融负债""应付票据""持有待售负债""递延所得税负债""实收资本(或股本)""其他权益工具""库存股""资本公积""其他综合收益""专项储备""盈余公积"等项目,可直接根据有关总账科目的余额填列。"递延收益"项目中摊销期限只剩一年或不足一年的,或预计在一年内(含一年)进行摊销的部分,不得归类为流动性负债,仍在该项目填列,不转入"一年内到期的非流动性负债"项目。

2.根据几个总账账户余额相加减填列

(1)"货币资金"项目,应根据"库存现金""银行存款""其他货币资金"三个总账科目余额的合计数填列。

(2)"其他应付款"项目,应根据"其他应付款""应付利息""应付股利"等三个科目总账余额的合计数填列。

(3)"未分配利润"项目,应根据"本年利润"和"利润分配"总账科目相加或相减填列。

(二)根据有关明细账科目的余额计算填列

1."交易性金融资产"项目

应根据"交易性金融资产"科目的相关明细科目期末余额分析填列。自资产负债表日起超过一年到期且预期持有超过一年的以公允价值计量且其变动计入当期损益的非流动性金融资产的期末账面价值,在"其他非流动性金融资产"项目反映。

2."应收款项融资"项目

应根据"应收票据""应收账款"科目的明细科目期末余额分析填列。

3."其他债权投资"项目

应根据"其他债权投资"科目的相关明细科目期末余额分析填列。企业购入的以公允价值计量且其变动计入其他综合收益的一年内到期的债权投资的期末账面价值,在"其他流动资产"项目反映。

4."开发支出"项目

应根据"研发支出"科目中所属的"资本化支出"明细科目期末余额填列。

5."应付账款"项目

应根据"应付账款"和"预付账款"两个科目所属的相关明细科目的期末贷方余额计算填列。

6."预收款项"项目

应根据"应收账款""预收账款"明细科目的贷方余额合计填列。

7."应交税费"科目

应根据"应交税费"科目的期末贷方余额填列,如"应交税费"科目期末为借方余额,应以"—"号填列。

需要特别说明的是,"应交税费"科目下的"应交增值税""未交增值税""待抵扣进项税额""待认证进项税额""增值税留抵税额"等明细科目的借方余额,应根据情况在资产负债表中的"其他流动资产"或"其他非流动资产"项目列示。

"应交税费——待转销项税额"等科目期末贷方余额应根据情况,在资产负债表中的"其他流动负债"或"其他非流动负债"项目列示。

"应交税费"科目下的"未交增值税""简易计税""转让金融商品应交增值税""代扣代交增值税"等科目期末贷方余额应在资产负债表中的"应交税费"项目列示。

8."应付职工薪酬"项目

应根据"应付职工薪酬"科目的明细科目期末余额分析填列;"预计负债"项目,应根据"预计负债"科目的明细科目期末余额分析填列;"未分配利润"项目,应根据"利润分配"科目中所属的"未分配利润"明细科目期末余额分析填列。

9."应付退货款"项目

按照《企业会计准则第14号——收入》(2017年修订)的相关规定,确认为预计负债的应付退货款,应根据"预计负债"科目下的"应付退货款"明细科目是否在一年或一个正常营业周期内清偿,在"其他流动负债"或"预计负债"项目中填列。

(三)根据总账科目和明细账科目的余额分析计算填列

1."长期借款"项目

应根据"长期借款"科目的期末余额,扣除"长期借款"科目所属明细科目中将在资产负债表日起一年内到期且不能自主地将清偿义务展期的长期借款后的金额填列。

2."应付债券"项目

应根据"应付债券"总账科目余额扣除"应付债券"科目所属的明细科目中将在资产负债表日起一年内到期,且企业不能自主地将清偿义务展期的部分后的金额计算填列,一年内到期的应付债券在"一年内到期的非流动负债"项目填列。

(四)根据有关科目余额减去其备抵科目余额后的净额填列

1."持有待售资产""长期股权投资"等项目

应根据"持有待售资产""长期股权投资"等科目期末余额,减去相应的减值准备后的金额填列。

2."固定资产"项目

应根据"固定资产""固定资产清理"科目的期末余额合计数,减去"累计折旧""固定资产减值准备"科目余额后的净额填列。

3."在建工程"项目

应根据"在建工程""工程物资"等科目期末余额合计数,减去相应的减值准备后的金额填列。

4."无形资产"项目

应根据"无形资产"科目的期末余额,减去"累计摊销""无形资产减值准备"科目余额后的净额填列。

5."使用权资产"项目

应根据"使用权资产"科目的期末余额,减去"使用权资产累计折旧""使用权资产减值准备"科目的期末余额后的净额填列。

6."长期应收款"项目

应根据"长期应收款"科目的期末余额,减去相应的"未实现融资收益"科目和"坏账准备"科目所属相关明细科目期末余额后的金额填列。

7."长期应付款"项目

应根据"长期应付款""专项应付款"科目的期末余额,减去相应的"未确认融资费用"科目期末余额后的金额填列。

(五)综合运用上述填列方法分析填列

1."应收票据"项目

应根据"应收票据"科目的期末余额,减去"坏账准备"科目中相关坏账准备期末余额后的金额分析填列。

2."应收账款"项目

应根据"应收账款"和"预收账款"两个科目所属的相关明细科目的期末借方余额合计数,减去相应的"坏账准备"后的净额填列;"预付款项"项目,应根据"应付账款""预付账款"明细科目的借方余额合计数,减去相应的"坏账准备"后的净额填列。其中,预付账款中的预付固定资产款、预付无形资产款、预付长期股权投资款应列示在"其他非流动资产"项目中。

3."其他应收款"项目

根据"应收利息""应收股利""其他应收款"科目的期末余额合计数,减去"坏账准备"科目中相关坏账准备期末余额后的金额填列。

4."合同资产"和"合同负债"项目

应根据"合同资产"和"合同负债"科目的相关明细科目期末余额分析填列,同一合同下的合同资产和合同负债应当以净额列示,其中,净额为借方余额的,应当根据其流动性在"合同资产"或"其他非流动资产"项目中填列,已计提减值准备的,还应减去"合同资产减值准备"科目中相关的期末余额后的金额填列;其中,净额为贷方余额的,应当根据其流动性在"合同负债"或"其他非流动负债"项目中填列。

应注意,在建造合同业务中,"合同结算"科目为借方余额,应作为"合同资产"项目或"其他非流动资产"项目列示;"合同结算"科目为贷方余额,应作为"合同负债"项目或"其他非流动负债"项目列示。

5."债权投资"项目

应根据"债权投资"科目的相关明细科目期末余额,减去"债权投资减值准备"科目中相关减值准备的期末余额后的金额分析填列。自资产负债表日起一年内到期的债权投资的期末账面价值,在"一年内到期的非流动资产"项目反映。

6."存货"项目

应根据"材料采购""原材料""发出商品""库存商品""周转材料""委托加工物资""生产成本""受托代销商品"等科目的期末余额及"合同履约成本"科目的明细科目中初始确认时摊销期限不超过一年或一个营业周期的期末余额合计,减去"受托代销商品款""存货跌价准备"科目余额及"合同履约成本减值准备"科目中相应的期末余额后的金额填列。

7."其他非流动资产"项目

应根据有关科目的期末余额减去将于一年内(含)收回数后的金额,及"合同取得成本"科目和"合同履约成本"科目的明细科目中初始确认时摊销期限在一年或一个营业周期以上的期末余额,减去"合同取得成本减值准备"科目和"合同履约成本减值准备"科目中相应的期末余额填列;按照《企业会计准则第 14 号——收入》(2017 年修订)的相关规定确认为资产的应收退货成本,应当根据"应收退货成本"科目是否在一年或一个正常营业周期内出售,在"其他流动资产"或"其他非流动资产"项目中填列。

第三节　利润表

一、利润表的内容及结构

(一)利润表的内容

利润表是反映企业在一定会计期间经营成果的报表。利润表的列报应当充分反映企业经营业绩的主要来源和构成,有助于信息使用者判断净利润的质量及其风险,有助于信息使用者预测净利润的持续性,从而作出正确的决策。通过利润表,可以反映企业在一定会计期间的收入实现情况,如实现的营业收入、实现的投资收益、实现的营业外收入各有多少;可以反映一定会计期间的费用耗用情况,如营业成本、税金及附加、销售费用、管理费用、财务费用、营业外支出各有多少;可以反映企业生产经营活动的成果,即净利润的实现情况,可以提供进行财务分析的基本资料。

(二)利润表的结构

常见的利润表结构主要有单步式和多步式两种。在我国,企业利润表采用的基本上是多步式结构,即通过对当期的收入、费用、支出项目按照性质加以归类,按利润形成的主要环节列示一些中间性利润指标,分步计算当期净损益,便于使用者理解企业经营成果的不同来源。企业利润表对于费用列报通常应当按照功能进行分类,即分为从事经营业务发生的成本、管理费用、销售费用、财务费用等,有助于使用者了解费用发生的领域;与此同时,为了有助于报表使用者预测企业的未来现金流量,对于费用的列报还应当在附注中披露按照性质分类的补充资料,如分为耗用的原材料、职工薪酬费用、折旧费用等。

利润表主要反映以下几方面的内容:①营业收入。营业收入由主营业务收入和其他业务收入组成。②营业利润。营业收入减去营业成本、税金及附加、销售费用、管理费用、财务费用、资产减值损失,加上公允价值变动收益、投资收益、资产处置收益、其他收益,即为营业利润。③利润总额。营业利润加上营业外收入,减去营业外支出,即为利润总额。④净利润。利润总额减去所得税费用,即为净利润,按照经营可持续性具体分为"持续经营净利润"和"终止经营净利润"两项。⑤其他综合收益。其他综合收益具体分为"以后会计期间不能重分类进损益的其他综合收益"和"以后会计期间在满足条件时将重分类进损益的其他综合收益项目"两类,并以扣除相关所得税影响后的净额列报。⑥综合收益总额。净利润加上其他综合收益的税后净额,即为综合收益总额。⑦每股收益。每股收益包括基本每股收益和稀释每股收益两项指标。具体如表 13-2 所示。

表 13-2 利润表

编制单位: 会企 02 表 单位:元

项目	本期金额	上期金额
一、营业收入		
减:营业成本		
税金及附加		
销售费用		
管理费用		
研发费用		
财务费用		
其中:利息费用		
利息收入		
加:其他收益		
投资收益(损失以"－"号填列)		
其中:对联营企业和合营企业的投资收益		
以摊余成本计量的金融资产终止确认收益(损失以"－"号填列)		

中级财务会计

续　表

项目	本期金额	上期金额
净敞口套期收益(损失以"－"号填列)		
公允价值变动收益(损失以"－"号填列)		
信用减值损失(损失以"－"号填列)		
资产减值损失(损失以"－"号填列)		
资产处置收益(损失以"－"号填列)		
二、营业利润(亏损以"－"号填列)		
加:营业外收入		
减:营业外支出		
三、利润总额(亏损总额以"－"号填列)		
减:所得税费用		
四、净利润(净亏损以"－"号填列)		
(一)持续经营净利润(净亏损以"－"号填列)		
(二)终止经营净利润(净亏损以"－"号填列)		
五、其他综合收益的税后净额		
(一)不能重分类进损益的其他综合收益		
1.重新计量设定受益计划变动额		
2.权益法下不能转损益的其他综合收益		
3.其他权益工具投资公允价值变动		
4.企业自身信用风险公允价值变动		
……		
(二)将重分类进损益的其他综合收益		
1.权益法下可转损益的其他综合收益		
2.其他债权投资公允价值变动		
3.金融资产重分类计入其他综合收益的金额		
4.其他债权投资信用减值准备		
5.现金流量套期储备		
6.外币财务报表折算差额		
……		
六、综合收益总额		
七、每股收益		
(一)基本每股收益		
(二)稀释每股收益		

二、利润表的填列方法

(一)利润表"本期金额"栏的填列方法

利润表"本期金额"栏一般应根据损益类科目和所有者权益类科目的发生额填列。

(1)"营业收入""营业成本""税金及附加""销售费用""管理费用""财务费用""资产减值损失""公允价值变动收益""投资收益""资产处置收益""其他收益""营业外收入""营业外支出""所得税费用"等项目,应根据有关损益类科目的发生额填列。

(2)其中,"对联营企业和合营企业的投资收益"项目,应根据"投资收益"科目所属的相关明细科目的发生额分析填列。

(3)"其他综合收益的税后净额"项目及其各组成部分,应根据"其他综合收益"科目所属明细科目的本期发生额分析填列。

(4)"营业利润""利润总额""净利润""综合收益总额"项目,应根据利润表中相关项目计算填列。

(5)"(一)持续经营净利润"和"(二)终止经营净利润"项目,应根据《企业会计准则42号——持有待售的非流动资产、处置和终止经营》的相关规定分别填列。

(二)利润表"上期金额"栏的填列方法

利润表中的"上期金额"栏应根据上年同期利润表"本期金额"栏内所列数字填列。如果上年同期利润表规定的项目名称和内容与本期不一致,应对上年同期利润表各项目的名称和金额按照本期的规定进行调整,填入"上年金额"栏。

(三)资产负债表与利润表编制举例

1.资料

【例 13-1】 天目公司为股份有限公司,系一般规模纳税人,增值税税率为 13%,所得税税率为 25%。20×1 年 1 月 1 日期初余额表如表 13-3 所示。

表 13-3　20×1 年 1 月 1 日期初余额表　　　　　　　　　单位:元

科目名称	借方余额	科目名称	贷方余额
库存现金	2 000	短期借款	500 000
银行存款	100 000	应付票据	200 000
其他货币资金	150 000	应付账款	800 000
交易性金融资产	25 000	应付职工薪酬	50 000
应收票据	50 000	应交税费	41 000
应收账款	300 000	其他应付款	85 000
坏账准备	−8 000	应付利息	15 000
预付账款	50 000	长期借款	1 000 000
其他应收款	5 000	其中:一年内到期的非	
材料采购	100 000	流动负债	
原材料	80 000	递延所得税负债	8 000
周转材料	70 000	股本	1 000 000
库存商品	80 000	资本公积	3 000 000
材料成本差异	5 000	其他综合收益	494 000

续　表

科目名称	借方余额	科目名称	贷方余额
存货跌价准备	−6 000	盈余公积	
其他权益工具投资	80 000	利润分配(未分配利润)	
长期股权投资	300 000		
长期股权投资减值准备	−5 000		
固定资产	4 000 000		
累计折旧	−500 000		
固定资产减值准备	−200 000		
在建工程	1 600 000		
无形资产	1 200 000		
累计摊销	−200 000		
合计	8 178 000	合计	8 178 000

20×1年天目公司发生的经济业务如下：

(1)购买材料一批,货款100 000元,增值税13 000元,材料尚未到达,冲销已预付的货款50 000元,余款以银行存款支付。

(2)收回乙公司前欠货款400 000元,款项已存入银行。

(3)上月购买的材料验收入库,实际成本为150 000元,计划成本为140 000元。

(4)支付前欠货款,其中应付票据为200 000元,应付账款为60 000元。

(5)购买小型切割机一台(不需安装),价款100 000元,增值税为13 000元,已用银行存款支付。

(6)购入工程物资一批,价款为200 000元,增值税为26 000元,均用银行存款支付。

(7)从中国工商银行借入5年期借款1 000 000元,借款已存入银行。

(8)销售商品一批,货款为1 000 000元,增值税为130 000元,商品已发出,货款尚未收到。

(9)上年建设的一条生产线完工交付使用,已办理竣工手续,价值为2 000 000元。

(10)计算安装工人工资500 000元。

(11)销售商品一批,价款为1 500 000元,增值税为195 000元,价款及增值税款已收到。

(12)以银行存款偿还6个月到期的借款,其中本金为300 000元,利息为20 000元。

(13)在建工程计提长期借款利息150 000元。

(14)收到采用成本法核算的长期股权投资的现金股利50 000元,款项已存入银行。对方公司所采用的所得税税率与本公司一致,均为25%。

(15)出售一台不需用设备,收到总价款678 000元(其中增值税78 000元),款项已存入银行。设备原价800 000元,已提折旧50 000元,已提减值准备50 000元,设备已交付给购买单位。

(16)以银行本票支付采购材料款,其中材料及运费共计100 000元,增值税为13 000元,材料尚未到达。

(17)上述购买材料到达,验收入库,计划成本为110 000元。

(18)分配应支付的工资1 160 000元,其中生产工人的工资为1 060 000元,车间管理人员的工资为 50 000 元,行政管理人员的工资为 50 000 元。

(19)以银行存款支付职工工资 1 560 000 元(其中在建工人的工资为 400 000 元)。

(20)支付研发部门的研发支出 30 000 元,该项支出符合资本化条件;另支付研发费用40 000 元。

(21)以银行存款支付广告费 30 000 元。

(22)计提固定资产折旧 150 000 元,其中,生产车间固定资产计提折旧 100 000 元,行政管理部门计提固定资产折旧 50 000 元。

(23)销售商品一批,价款为 400 000 元,增值税为 52 000 元,收到一张 6 个月的商业承兑汇票一张。

(24)基本生产车间领用原材料,计划成本为 200 000 元;领用周转材料,计划成本为 50 000 元。采用一次摊销法摊销。

(25)结转领用原材料和周转材料的成本差异,材料成本差异率为 1%。

(26)摊销无形资产 60 000 元。

(27)用银行存款支付生产车间劳动保护费 15 000 元,行政管理部门公司经费80 000 元。

(28)将 6 个月期金额为 452 000 元的商业承兑汇票向银行办理贴现,贴现息为 52 000 元。

(29)收回货款存入银行,其中应收账款为 400 000 元;应收票据为 100 000 元。

(30)应收丙公司货款 10 000 元,因丙公司破产清算已确定无法收回。

(31)按应收账款余额的 1%计提坏账准备。

(32)计提存货跌价准备 10 000 元;计提固定资产减值准备 20 000 元。

(33)计提应计入当期损益的借款利息 30 000 元,其中短期借款利息 10 000 元,长期借款利息 20 000 元。

(34)计算本期应缴纳的城市维护建设税 15 000 元,消费税 20 000 元。

(35)用银行存款缴纳增值税 300 000 元,城市维护建设税 15 000 元,消费税 20 000 元。

(36)年末交易性金融资产的公允价值为 30 000 元,应确认的公允价值变动收益为 5 000元。

(37)年末其他权益工具公允价值为 100 000 元,较年初增加 20 000 元。

(38)偿还长期借款 1 000 000 元。

(39)盘亏一台设备,原价 300 000 元,已提折旧 100 000 元,已提减值准备 50 000 元。经批准转作营业外支出。

(40)结转本期制造费用。本期完工产品已全部验收入库,总成本为 1 500 000 元,没有期初在产品。

(41)结转本期已销产品成本 1 000 000 元。

(42)结转本期损益类账户。

(43)计算并结转所得税费用。

(44)按净利润的 10%提取盈余公积,分配现金股利 50 000 元。

(45)将利润分配各明细科目余额转入"未分配利润"明细科目,结转本年利润。

本例中除其他权益工具投资外均不考虑递延所得税因素。

2. 根据以上资料编制会计分录

(1) 借:材料采购   100 000

      应交税费——应交增值税(进项税额)   13 000

          贷:预付账款   50 000

             银行存款   63 000

(2) 借:银行存款   400 000

          贷:应收账款   400 000

(3) 借:原材料   140 000

      材料成本差异   10 000

          贷:材料采购   150 000

(4) 借:应付票据   200 000

      应付账款   60 000

          贷:银行存款   260 000

(5) 借:固定资产   100 000

      应交税费——应交增值税(进项税额)   13 000

          贷:银行存款   113 000

(6) 借:工程物资   200 000

      应交税费——应交增值税(进项税额)   26 000

          贷:银行存款   226 000

(7) 借:银行存款   1 000 000

          贷:长期借款   1 000 000

(8) 借:应收账款   1 130 000

          贷:主营业务收入   1 000 000

           应交税费——应交增值税(销项税额)   130 000

(9) 借:固定资产   2 000 000

          贷:在建工程   2 000 000

(10) 借:在建工程   500 000

          贷:应付职工薪酬   500 000

(11) 借:银行存款   1 695 000

          贷:主营业务收入   1 500 000

           应交税费——应交增值税(销项税额)   195 000

(12) 借:短期借款   300 000

      应付利息   20 000

          贷:银行存款   320 000

(13) 借:在建工程   150 000

          贷:长期借款   150 000

(14) 借:银行存款   50 000

          贷:投资收益   50 000

(15) 借:固定资产清理   700 000

累计折旧	50 000	
固定资产减值准备	50 000	
贷:固定资产		800 000
借:银行存款	678 000	
贷:固定资产清理		600 000
应交税费——应交增值税(销项税额)		78 000
借:资产处置损益——处理固定资产净损失	100 000	
贷:固定资产清理		100 000

(16)借:材料采购 100 000
 应交税费——应交增值税(进项税额) 13 000
 贷:其他货币资金 113 000

(17)借:原材料 110 000
 贷:材料采购 100 000
 材料成本差异 10 000

(18)借:生产成本 1 060 000
 制造费用 50 000
 管理费用 50 000
 贷:应付职工薪酬 1 160 000

(19)借:应付职工薪酬 1 560 000
 贷:银行存款 1 560 000

(20)借:研发支出 30 000
 研发费用 40 000
 贷:银行存款 70 000

(21)借:销售费用 30 000
 贷:银行存款 30 000

(22)借:制造费用 100 000
 管理费用 50 000
 贷:累计折旧 150 000

(23)借:应收票据 452 000
 贷:主营业务收入 400 000
 应交税费——应交增值税(销项税额) 52 000

(24)借:生产成本 200 000
 贷:原材料 200 000
 借:制造费用 50 000
 贷:周转材料 50 000

(25)借:生产成本 20 000
 制造费用 5 000
 贷:材料成本差异 25 000

(26)借:管理费用 60 000

	贷:累计摊销		60 000
(27)	借:制造费用	15 000	
	管理费用	80 000	
	贷:银行存款		95 000
(28)	借:银行存款	400 000	
	财务费用	52 000	
	贷:应收票据		452 000
(29)	借:银行存款	450 000	
	贷:应收账款		400 000
	应收票据		50 000
(30)	借:坏账准备	10 000	
	贷:应收账款		10 000

(31)应收账款提坏账准备＝620 000×1%＋2 000＝8 200(元)

	借:信用减值损失	8 200	
	贷:坏账准备		8 200
(32)	借:资产减值损失	30 000	
	贷:存货跌价准备		10 000
	固定资产减值准备		20 000
(33)	借:财务费用	30 000	
	贷:应付利息		10 000
	长期借款		20 000
(34)	借:税金及附加	35 000	
	贷:应交税费——应交城市维护建设税		15 000
	——应交消费税		20 000
(35)	借:应交税费——应交增值税(已交税金)	300 000	
	——应交城市维护建设税	15 000	
	——应交消费税	20 000	
	贷:银行存款		335 000
(36)	借:交易性金融资产——公允价值变动	5 000	
	贷:公允价值变动损益		5 000
(37)	借:其他权益工具投资——公允价值变动	20 000	
	贷:其他综合收益——公允价值变动		20 000
	借:其他综合收益——公允价值变动	5 000	
	贷:递延所得税负债		5 000
(38)	借:长期借款	1 000 000	
	贷:银行存款		1 000 000
(39)	借:待处理财产损溢——待处理固定资产损溢	150 000	
	累计折旧	100 000	
	固定资产减值准备	50 000	

贷:固定资产	300 000
借:营业外支出——固定资产盘亏	150 000
贷:待处理财产损溢——待处理固定资产损溢	150 000

(40)借:生产成本　　　　　　　　　　　　　　　220 000

　　　贷:制造费用　　　　　　　　　　　　　　　　　　220 000

　　借:库存商品　　　　　　　　　　　　　　　1 500 000

　　　贷:生产成本　　　　　　　　　　　　　　　　　1 500 000

(41)借:主营业务成本　　　　　　　　　　　　1 000 000

　　　贷:库存商品　　　　　　　　　　　　　　　　　1 000 000

(42)借:主营业务收入　　　　　　　　　　　　2 900 000

　　　投资收益　　　　　　　　　　　　　　　　50 000

　　　公允价值变动损益　　　　　　　　　　　　5 000

　　　贷:本年利润　　　　　　　　　　　　　　　　　2 955 000

　　借:本年利润　　　　　　　　　　　　　　　1 715 200

　　　贷:主营业务成本　　　　　　　　　　　　　　　1 000 000

　　　　税金及附加　　　　　　　　　　　　　　　　35 000

　　　　管理费用　　　　　　　　　　　　　　　　240 000

　　　　销售费用　　　　　　　　　　　　　　　　30 000

　　　　研发费用　　　　　　　　　　　　　　　　40 000

　　　　财务费用　　　　　　　　　　　　　　　　82 000

　　　　资产减值损失　　　　　　　　　　　　　　30 000

　　　　信用减值损失　　　　　　　　　　　　　　8 200

　　　　资产处置损益　　　　　　　　　　　　　100 000

　　　　营业外支出　　　　　　　　　　　　　　150 000

(43)利润总额=2 955 000-1 715 200=1 239 800(元)

　　应交所得税=1 239 800×25%=309 950(元)

　　借:所得税费用　　　　　　　　　　　　　　309 950

　　　贷:应交税费——应交所得税　　　　　　　　　　309 950

　　借:本年利润　　　　　　　　　　　　　　　309 950

　　　贷:所得税费用　　　　　　　　　　　　　　　　309 950

(44)借:利润分配——提取盈余公积　　　　　　92 985

　　　　　　　　——应付股利　　　　　　　　50 000

　　　贷:盈余公积　　　　　　　　　　　　　　　　92 985

　　　　应付股利　　　　　　　　　　　　　　　　50 000

　　借:利润分配——未分配利润　　　　　　　142 985

　　　贷:利润分配——提取盈余公积　　　　　　　　　92 985

　　　　　　　　——应付股利　　　　　　　　　　　50 000

　　借:本年利润　　　　　　　　　　　　　　　929 850

　　　贷:利润分配——未分配利润　　　　　　　　　　929 850

3.编制资产负债表(见表 13-4)

表 13-4　资产负债表

编制单位:天目公司　　　　　　　　20×1 年 12 月 31 日　　　　　　　　单位:元

资产	期末余额	年初余额	负债和所有者权益(或股东权益)	期末余额	年初余额
流动资产:			流动负债:		
货币资金	1 640 000	1 152 000	短期借款	200 000	500 000
交易性金融资产	30 000	25 000	交易性金融负债		
衍生金融资产			衍生金融负债		
应收票据		50 000	应付票据	140 000	200 000
应收账款	6 13 800	292 000	应付账款	600 000	800 000
应收款项融资			预收款项		
预付款项		50 000	合同负债		
其他应收款	5 000	5 000	应付职工薪酬	150 000	50 000
存货	744 000	329 000	应交税费	440 950	41 000
合同资产			其他应付款	125 000	85 000
持有待售资产			持有待售负债		
一年内到期的非流动资产			一年内到期的非流动负债		
其他流动资产			其他流动负债		
流动资产合计	3 032 800	1 903 000	流动负债合计	1 655 950	1 676 000
非流动资产:			非流动负债:		
债权投资			长期借款	2 170 000	2 000 000
其他债权投资			应付债券		
长期应收款			其中:优先股		
长期股权投资	295 000	295 000	永续债		
其他权益工具投资	100 000	80 000	租赁负债		
其他非流动金融资产			长期应付款		
投资性房地产			预计负债		
固定资产	4 380 000	3 300 000	递延收益		
在建工程	450 000	1 600 000	递延所得税负债	13 000	8 000
生产性生物资产			其他非流动负债		
油气资产			非流动负债合计	2 183 000	2 008 000
使用权资产			负债合计	3 838 950	3 684 000
无形资产	940 000	1 000 000	所有者权益(或股东权益):		
开发支出	30 000		实收资本(或股本)	1 000 000	1 000 000

资产	期末余额	年初余额	负债和所有者权益(或股东权益)	期末余额	年初余额
商誉			其他权益工具		
长期待摊费用			其中:优先股		
递延所得税资产			永续债		
其他非流动资产			资本公积	3 000 000	3 000 000
非流动资产合计	6 195 000	6 275 000	减:库存股		
			其他综合收益	509 000	494 000
			专项储备		
			盈余公积	92 985	
			未分配利润	786 865	
			所有者权益(或股东权益)合计	5 388 850	4 494 000
资产总计	9 227 800	8 178 000	负债和所有者权益(或股东权益)总计	9 227 800	8 178 000

4.编制利润表(见表13-5)

表 13-5　利润表

编制单位:天目公司　　　　　　　　　　20×1年度　　　　　　　　　　单位:元

项目	本期金额	上期金额
一、营业收入	2 900 000	1 200 000
减:营业成本	1 000 000	750 000
税金及附加	35 000	18 000
销售费用	3 0000	2 5000
管理费用	240 000	131 000
研发费用	40 000	60 000
财务费用	82 000	50 000
其中:利息费用	82 000	50 000
利息收入		
加:其他收益		
投资收益(损失以"－"号填列)	50 000	50 000
其中:对联营企业和合营企业的投资收益		
以摊余成本计量的金融资产终止确认收益(损失以"－"号填列)		
净敞口套期收益(损失以"－"号填列)		
公允价值变动收益(损失以"－"号填列)	5 000	1 000
信用减值损失(损失以"－"号填列)	－8 200	－5 000

续　表

项目	本期金额	上期金额
资产减值损失（损失以"一"号填列）	−30 000	−20 000
资产处置收益（损失以"一"号填列）	−100 000	—
二、营业利润（亏损以"一"号填列）	1 389 800	192 000
加：营业外收入		30 000
减：营业外支出	150 000	65 000
三、利润总额（亏损总额以"一"号填列）	1 239 800	157 000
减：所得税费用	309 950	48 000
四、净利润（净亏损以"一"号填列）	929 850	109 000
（一）持续经营净利润（净亏损以"一"号填列）	929 850	109 000
（二）终止经营净利润（净亏损以"一"号填列）		
五、其他综合收益的税后净额		
（一）不能重分类进损益的其他综合收益		
1. 重新计量设定受益计划变动额		
2. 权益法下不能转损益的其他综合收益		
3. 其他权益工具投资公允价值变动		
4. 企业自身信用风险公允价值变动		
……		
（二）将重分类进损益的其他综合收益		
1. 权益法下可转损益的其他综合收益		
2. 其他债权投资公允价值变动		
3. 金融资产重分类计入其他综合收益的金额		
4. 其他债权投资信用减值准备		
5. 现金流量套期储备		
6. 外币财务报表折算差额		
……		
六、综合收益总额		
七、每股收益		
（一）基本每股收益		
（二）稀释每股收益		

第四节　现金流量表

所有者现金流量表是指反映企业一定会计期间现金和现金等价物流入和流出的报表。从编制原则上看,现金流量表按照收付实现制原则编制,将权责发生制下的盈利信息调整为收付实现制下的现金流量信息,便于信息使用者了解企业净利润的质量。从内容上看,现金流量表被划分为经营活动、投资活动和筹资活动三个部分,每类活动又分为各具体项目,这些项目从不同角度反映企业业务活动的现金流入与流出,弥补了资产负债表和利润表提供信息的不足。资产负债表是反映某一特定日期的财务状况,通过负债与资产进行对比可以显示企业的偿债能力,但资产负债表不能反映财务状况的变动,也就无法反映财务状况变动的原因。同样的,利润表虽然能够反映企业本期经营成果,可以衡量企业的获利能力,但无法说明企业从经营活动中获取的现金数量,也不能说明筹资和投资活动获取和使用了多少现金。通过现金流量表能够了解企业现金流量的影响因素,评价企业的支付能力、偿债能力和周转能力,预测企业未来现金流量,为企业决策提供有力依据。

一、现金流量表的编制基础

现金流量表以现金及现金等价物为基础编制,划分为经营活动、投资活动和筹资活动,这里的现金指广义上的现金,具体包括库存现金、银行存款、其他货币资金和现金等价物。

(一)库存现金

库存现金是指企业持有的可随时用于支付的现金,与"库存现金"科目的核算内容一致。

(二)银行存款

银行存款是指企业存入金融机构、可以随时用于支取的存款,与"银行存款"科目核算内容基本一致,但不包括不能随时用于支付的存款。例如,不能随时支取的定期存款等不应作为现金;提前通知金融机构便可支取的定期存款则应包括在现金范围内。

(三)其他货币资金

其他货币资金是指存放在金融机构的外埠存款、银行汇票存款、银行本票存款、信用卡存款、信用证存款和存出投资款等,与"其他货币资金"科目核算内容一致。

(四)现金等价物

现金等价物是指企业持有的期限短、流动性强、易于转换为已知金额现金、价值变动风险很小的投资。其中,"期限短"一般是指从购买日起3个月内到期。例如,可在证券市场上流通的3个月内到期的短期债券等。现金等价物虽然不是现金,但其支付能力与现金的差别不大,可视为现金。例如,企业为保证支付能力,手持必要的现金,为了不使现金闲置,可以购买短期债券,在需要现金时,随时可变现。判断一项投资是不是现金等价物可依据四个条件:①期限短;②流动性强;③易于转换为已知金额的现金;④价值变动风险小。其中,期限短、流动性强强调了变现能力,而易于转换为已知金额的现金、价值变动风险很小则强调了支付能力的大小。

不同企业现金及现金等价物的范围可能不同。企业应当根据经营特点等具体情况，确定现金及现金等价物的范围。根据《企业会计准则第 31 号——现金流量表》的规定，企业应当根据具体情况，确定现金及现金等价物的范围，一经确定不得随意变更。如果发生变更，应当按照会计政策变更处理。

二、现金流量表的内容

在现金流量表中，现金及现金等价物被视为一个整体，企业现金（含现金等价物，下同）形式的转换不会产生现金的流入和流出。例如，将现金存入银行，是企业现金存放形式的转换，并未流出企业，不构成现金流量。同样，现金与现金等价物之间的转换也不属于现金流量，例如，企业用现金购买 3 个月内到期的国库券。

根据企业业务活动的性质和现金流量的来源，现金流量表将企业一定期间产生的现金流量分为三类：经营活动现金流量、投资活动现金流量和筹资活动现金流量。

（一）经营活动现金流量

经营活动现金流量是指企业投资活动和筹资活动以外的所有交易和事项。各类企业由于行业特点不同，对经营活动的认定也可能会存在不同。对于工商企业而言，经营活动主要包括销售商品、提供劳务、购买商品、接受劳务、支付税费等。

（二）投资活动现金流量

投资活动现金流量是指企业长期资产购建和不包括在现金等价物范围的投资及处置活动。长期资产是指固定资产、无形资产、在建工程、其他资产等持有期限在一年或一个营业周期以上的资产。这里所讲的投资，既包括实物资产投资，也包括金融资产投资。与经营活动相同，不同企业由于行业特点不同，对投资活动的认定也可能会存在差异。例如，交易性金融资产产生的现金流量，对于生产性企业而言属于投资活动现金流量，而对于投资公司而言，属于经营活动现金流量。

（三）筹资活动现金流量

筹资活动现金流量是指导致企业资本及债务规模和构成发生变化的活动。这里所说的资本，既包括实收资本（股本），也包括资本溢价（股本溢价）；这里所说的债务，是指对外举债，包括向银行借款、发行债券以及偿还债务等。通常情况下，应付账款、应付票据等属于经营活动，不属于筹资活动。

三、现金流量表的编制方法

编制现金流量表时，目前，对列报经营活动产生的现金流量的编制方法主要采用两种方法，一种是直接法，另一种是间接法。

采用直接法编制是指按照现金收入和现金支出的主要类别直接反映企业经营活动产生的现金流量，如销售商品、提供劳务收到的现金就是现金收入的直接反映。同样的，购买商品、接受劳务支付的现金是现金支出的直接反映。直接编制法下的一般做法是以利润表中的营业收入为起点，调节与经营活动有关的项目的增减变动，然后计算出经营活动产生的现金流量。采用直接法编制的现金流量表，能够直观反映经营活动产生的现金的增减变化情况，有利于企业分析企业经营活动产生的现金流量的来源和用途，预测企业现金流量的未来前景。

采用间接法编制是指以净利润为起点,调整不涉及现金的收入、费用、营业外收支等相关项目,剔除投资活动、筹资活动对现金流量的影响,并据此计算出经营活动产生的现金流量。众所周知,会计上的净利润是按照权责发生制原则计算出来的,它不仅包括经营活动有关的收入和费用等,还包括与投资活动和筹资活动相关的收益和费用,因此,将净利润调整为经营活动产生的现金流量,实际上是将按权责发生制原则确定的净利润调整为现金净流入,并反映投资活动和筹资活动对现金流量的影响。采用间接法编制现金流量表,便于将净利润与经营活动产生的现金流量净额进行比较,了解净利润与经营活动产生的现金流量差异的原因,从现金流量的角度分析净利润的质量。国际会计准则鼓励企业采用直接法编制现金流量表。在我国,现金流量表也采用直接法编制,但在现金流量表的附注补充资料中还要按照间接法反映经营活动现金流量的情况。

(一)直接法

采用直接法编制的企业经营活动产生的现金流量数据既可以从会计记录中直接获得,也可以在利润表的数据基础上通过计算调整获取。

1.“销售商品、提供劳务收到的现金”项目

本项目反映企业销售商品、提供劳务实际收到的现金(含增值税)、收回前期销售与提供劳务收到的款项、本期预收的款项、本期收回前期已核销的坏账,扣除本期发生的销售退回所支付的现金。销售材料和代购代销业务收到的现金也在本项目中反映。本项目可以根据“营业收入”“应收账款”“应收票据”“预收账款”等科目的记录分析填列。

小贴士 13.3:核销的坏账对现金流量的影响

计算公式如下:

销售商品、提供劳务收到的现金＝“营业收入”＋“应交税费——应交增值税(销项税额)”增加净额—“应收账款”“应收票据”“其他应收款(租金)”增加净额＋“预收账款”增加净额—本期计提的坏账准备—“财务费用”中的“票据贴现”—以非现金资产清偿债务而减少的“应收账款”和“应收票据”＋“应付销售退回款”的增加净额。

公式说明:

“营业收入”,根据利润表的数据填列。

“应交税费——应交增值税(销项税额)”增加净额,根据“应交税费——应交增值税(销项税额)”发生额填列。

“应收账款”“应收票据”“其他应收款(租金)”增加净额,表明本期销售商品、提供劳务的收入中有一部分并没有收到现金,故应予以扣除。

“预收账款”增加净额,表明本期收到的现金中有一部分虽然不是本期销售实现的收入,但在现金收付制下,只要本期收到现金,即确认为本期收入,故应将这一部分增加净额计入“销售商品、提供劳务收到的现金”之中。

本期收回的已核销的坏账,依据“坏账核销备查登记簿”中“已核销坏账收回”栏目数字填列。企业采用备抵法核算坏账,且本期发生了坏账,或有坏账收回,则应减去确认的坏账,加上本期收回的坏账。因为发生了坏账,减少了应收账款余额,但并没有实际的现金流入;坏账收回有现金流入,但与营业收入无直接关系。

“票据贴现”并不增加企业的现金,而在前面的计算中是将“应收票据”的减少额全部计

入"销售商品、提供劳务收到的现金"之中的,故应予以冲减。

以非现金资产清偿债务而减少的"应收账款"和"应收票据"并不增加企业的现金,而在前面的计算中是将"应收账款""应收票据"的减少额全部计入"销售商品、提供劳务收到的现金"之中的,故应予以冲减。

"应付销售退回款",如果存在销售退回,情况将变得较为复杂。销售退回一般都通过"主营业务收入"处理,即都减少本期销售收入。但销售退回有两种情况:一种情况是本来货款就未收,这种销售退回肯定不涉及现金的退回,一方面减少"主营业务收入",另一方面也减少"应收账款",不影响"销售商品收到的现金";另一种情况是销售商品时货款已收,销售退回时可能货款立即退回,也可能本期没有退回现金。如果本期退回货款,其对"销售商品收到的现金"的影响已经通过"主营业务收入"的减少得到了体现,因而不存在调整问题;如果本期没有退回货款(会计核算中可以通过设置"其他应付款——应付销售退回款"进行处理,即借记"主营业务收入"账户,贷记"其他应付款——应付销售退回款"账户),由于前面在计算"主营业务收入"时已将这种退回扣除,而实际上货款并未退回,不能从"销售商品收到的现金"中扣除,故应对这种情况予以冲回,可以通过"其他应付款——应付销售退回款"账户或"销售退回备查簿"进行计算。

【例 13-2】 某企业 20×1 年"主营业务收入"为 819 万元,"应收账款"增加净额为 19 万元,则:

销售商品收到的现金=819-19=800(万元)

假设本年度退回的以前年度销售收入为 20 万元,其中 8 万元因原来就没有收到货款,因而作减少应收账款处理;另 12 万元原来销售时货款已收,但退回时因各种原因只退回现金 7 万元,另 5 万元货款至年底时尚未支付,计入"其他应付款——应付退货款"挂账处理,则:

该企业 20×1 年度销售商品收到的现金=800-7=793(万元)

通过有关账户计算如下:

销售商品收到的现金=主营业务收入(819-20=799 万元)-应收账款增加净额(19-8=11 万元)+应付退货款增加净额(5 万元)=799-11+5=793(万元)

(2)"收到的税费返还"项目。本项目反映的是企业收到返还的各种税费,如收到的增值税、消费税、所得税、教育费附加返还等。本项目的填列需要分析"应交税费"科目下各明细科目的贷方发生额。

(3)"收到其他与经营活动有关的现金"项目。本项目反映了除上述各项目外,与经营活动产生有关的其他现金流入。如罚款罚没收入、逾期未退还出租和出借周转材料没收的押金收入、个人赔偿的现金收入等。其他现金流入如价值较大的,应单列项目反映。本项目包括的内容比较复杂,科目对应关系不固定导致分析起来存在一定的难度。一般可以根据"营业外收入""其他应收款"等项目的记录分析填列。

计算公式如下:

收到其他与经营活动有关的现金="营业外收入(处理非流动资产收益除外)"+"其他应收款(备用金、租金除外)"的减少净额+"其他应付款(押金等)"的增加净额

(4)"购买商品、接受劳务支付的现金"项目。本项目反映企业购买商品、接受劳务实际支付的现金,包括本期购买商品、接受劳务支付的现金,以及本期支付前期购买商品、接受劳

务的未付款项和本期预付款项。本期发生的购货退回收到的现金应从本项目中扣除。

计算公式如下：

购买商品、接受劳务支付的现金＝"营业成本"＋"存货"增加净额＋"应交税费——应交增值税（进项税额）"增加净额＋"应付账款、应付票据"减少净额＋"预付账款"增加净额＋应收购货退回款＋本期计提的存货跌价准备——本期以非现金资产清偿债务减少的应付账款、应付票据＋特殊原因引起的存货非正常减少—特殊原因引起的应付账款、应付票据的非正常减少

小贴士 13.4：存货跌价准备对现金流量的影响

公式说明：

"营业成本"，根据利润表中的数据填列。

"存货"增加净额，表明本期购买的存货有一部分并未销售，而在前面计算时是按"营业成本"的数据确认的，并没有包括这部分购买，故应予以加回。

"应交税费—应交增值税（进项税额）"增加净额，根据"应交税费—应交增值税（进项税额）"本期发生额填列。

"应付账款、应付票据"减少净额，表明本期支付的与购买商品、接受劳务有关的款项中有一部分是前期发生的，而在前面计算时是按"营业成本"的数据确认的，并没有包括这部分购买，故应予以加回。

"预付账款"增加净额，表明本期支付的与购买商品有关的现金中有一部分不是本期购买的成本。但现金流量表是以现金收付实现制为基础编制的，在收付实现制下，只要是本期支付的现金，均应确认为本期支出，因此，应将这部分增加净额计入"购买商品、接受劳务支付的现金"项目当中。

应收购货退回款填列时，如果存在购货退回，情况较为复杂。购货退回一般是通过"存货"进行处理，即减少本期存货。但购货退回存在两种情况，一种情况是货款未付，这种购货退回一般不涉及收取现金，一方面减少"存货"，另一方面减少"应付账款"，这样一来，并未影响"购买商品支付的现金"；另一种情况是购货时货款已付，购货退回时如果在本期收回退货款，其对本项目的影响已经在"存货"减少时得到反映，因而无须再作调整；如果本期尚未收到购货退回款，由于前面计算时，"存货"减少已经将退回扣除，但并未收到货款，即没有导致本期"现金"的流出，因此，应予以冲回。

计提的存货跌价准备并不减少企业的现金，但在前面的计算中减少了存货净增加额，从而减少了"购买商品、接受劳务支付的现金"，故因加回。

以非现金资产清偿债务减少的应付账款、应付票据并没有减少现金，但在前面的计算中认为所有的应付账款、应付票据的减少都计入了"购买商品、接受劳务支付的现金"之中，因此予以冲减。

特殊原因引起的存货非正常减少并不减少企业的现金，但在前面的计算中减少了存货净增加额，从而减少了"购买商品、接受劳务支付的现金"，故因加回。

特殊原因引起的应付账款、应付票据的非正常减少并没有减少现金，但在前面的计算中认为所有的应付账款、应付票据的减少都计入了"购买商品、接受劳务支付的现金"之中，因此予以冲减。

【例 13-3】 天目公司本期购入原材料 113 万元，实际支付现金 100 万元，应付账款期末增加 13 万元，主营业务成本 110 万元，存货期末成本增加 3 万元。

购买商品、接受劳务支付的现金＝实际支付现金(100 万元)＝主营业务成本(110 万元)－应付账款期末增加额(13 万元)＋存货期末成本增加额(3 万元)＝100(万元)。

(5)"支付给职工以及为职工支付的现金"项目。本项目反映企业实际支付给职工的工资以及其他为职工支付的现金。为职工支付的工资包括本期实际支付给职工的工资、奖金、各种津贴和补贴等;其他为职工支付的现金包括为职工支付的养老保险、待业保险等社会保险基金,为职工支付的商业保险基金,支付给职工的住房困难补助等。不包括支付给在建工人的工资,该项支出反映在投资活动中的"购建固定资产、无形资产和其他长期资产支付的现金"项目中。另外,支付的离退休人员的各项费用也不在本项目中反映,而是反映在"支付其他与经营活动有关的现金"项目中。

(6)"支付的各项税费"项目。本项目反映企业实际支付的各项税金以及教育费附加等。不包括本期退回的增值税、消费税、所得税等,本期退回的上述税金在"收到的税费返还"项目反映,也不包括计入固定资产价值实际支付的如固定资产耕地占用税等。本项目主要根据"应交税费"科目下属的明细科目分析填列。

【例 13-4】 乙公司本期向税务机关交纳增值税 6 800 元;本期发生的所得税为 330 000 元,已全部交纳;期初未交所得税 31 000 元,期末未交所得税 18 000 元。本期支付的各项税费计算如下:

本期支付的增值税额:6 800 元

加:本期发生并交纳的所得税额:330 000 元

前期发生本期交纳的所得税额:13 000 元(31 000－18 000)

本期支付的各项税费:349 800 元

(7)"支付其他与经营活动有关的现金"项目。本项目反映企业支付的除上述各项目外,与经营活动有关的其他现金流出,如现金捐赠支出、罚款支出、支付的差旅费、业务招待费现金支出、支付的保险费、经营租赁支付的现金等,其他现金流出如价值较大,应单列项目反映。本项目可以结合"管理费用""销售费用""制造费用""营业外支出""其他应收款"等科目的记录分析填列。

2.投资活动产生的现金流量

(1)收回投资收到的现金

本项目反映企业出售、转让或到期收回除现金等价物以外的交易性金融资产、债权投资、其他债权投资、其他权益工具投资、长期股权投资、投资性房地产而收回的现金。不包括债权性投资收回的利息和非现金资产,以及处置子公司和其他营业单位收到的现金净额。债权性投资收回的本金在本项目反映,债权性投资收回的利息,在"取得投资收益所收到的现金"项目中反映。处置子公司及其他营业单位收到的现金净额单设项目反映。本项目可以根据"交易性金融资产""债权投资""其他债权投资""其他权益工具投资""长期股权投资""投资性房地产""库存现金""银行存款"等科目的记录分析填列。

【例 13-5】 天目公司出售某项长期股权投资,收回的全部投资金额为 50 000 元;出售某项债权投资 27 000 元,其中,7 000 元是债券利息。本期收回投资所收到的现金计算如下。

收回长期股权投资金额:50 000 元

加:收回债权投资本金:20 000 元(27 000－7 000)

本期收回投资所收到的现金：70 000 元

（2）取得投资收益收到的现金

本项目反映企业因股权性投资而分得的现金股利，从子公司、联营企业或合营企业分回利润而收到的现金，因债权性投资而取得的现金利息收入。股票股利不在本项目中反映。本项目可以根据"应收股利""应收利息""投资收益""库存现金""银行存款"等科目的记录分析填列。

【例 13-6】　天目公司期初长期股权投资余额 300 000 元，其中，200 000 元投资于联营企业乙公司，占其股本的 25％，采用权益法核算。另外 50 000 元和 50 000 元分别投资于戊公司和戊公司，各占被投资公司 5％和 10％，采用成本法核算；当年乙公司盈利 100 000 元，分配现金股利 10 000 元，戊公司没有分配股利，戊公司盈利 50 000 元，分配现金股利 10 000 元。天目公司已收到现金股利。本期取得投资收益收到的现金计算如下。

取得乙公司实际分回的投资收益：2 500 元（10 000×25％）

加：取得戊公司实际分回的投资收益：0 元

　　取得戊公司实际分回的投资收益：1 000 元（10 000×10％）

本期取得投资收益收到的现金：3 500 元

（3）处置固定资产、无形资产和其他长期资产收回的现金净额

本项目反映企业出售固定资产、无形资产和其他长期资产所取得的现金，减去为处置这些资产而支付的有关费用后的净额。处置固定资产、无形资产和其他长期资产所取得的现金，与处置活动支付的现金，两者在时间上比较接近，净额更能准确反映处置活动对现金流量的影响。

由于自然灾害等原因造成的固定资产等长期资产报废、毁损而收到的保险赔偿收入，在本项目中反映。如处置固定资产、无形资产和其他长期资产所收回的现金净额为负数，则应作为投资活动产生的现金流量，在"支付的其他与投资活动有关的现金"项目中反映。本项目可以根据"固定资产清理""库存现金""银行存款"等科目的记录分析填列。

【例 13-7】　乙公司出售设备一台，收到价款 10 000 元，该设备原价 20 000 元，已提折旧 9 000 元。支付该项设备拆卸费 2 000 元，运输费用 1 000 元，该设备已由购买单位运走。本期处置固定资产、无形资产和其他长期资产所收回的现金净额计算如下。

本期出售固定资产收到的现金：10 000 元

减：支付出售固定资产的清理费用：3 000 元

本期处置固定资产、无形资产和其他长期资产所收回的现金净额：7 000 元

（4）处置子公司及其他营业单位收到的现金净额

本项目反映企业处置子公司及其他营业单位所取得的现金减去子公司或其他营业单位持有的现金和现金等价物以及相关处置费用后的净额。本项目可以根据有关科目的记录分析填列。

（5）收到其他与投资活动有关的现金

本项目反映企业除上述各项目外，收到的其他与投资活动有关的现金。其他与投资活动有关的现金，如果价值较大的，应单列项目反映。本项目可以根据有关科目的记录分析填列。

(6)购建固定资产、无形资产和其他长期资产支付的现金

本项目反映企业购买、建造固定资产,取得无形资产和其他长期资产支付的现金,包括购买机器设备所支付的现金及增值税款、建造工程支付的现金、支付在建工程人员的工资等现金支出;不包括为购建固定资产、无形资产和其他长期资产而发生的借款利息资本化部分,在"分配股利、利润或偿付利息支付的现金"项目中反映,融资租入固定资产所支付的租赁费,在"支付的其他与筹资活动有关的现金"项目中反映。本项目可以根据"固定资产""在建工程""工程物资""无形资产""库存现金""银行存款"等科目的记录分析填列。

(7)投资支付的现金

本项目反映企业进行权益性投资和债权性投资所支付的现金,包括企业取得的除现金等价物以外的交易性金融资产、债权投资、其他债权投资、其他权益工具、长期股权投资、投资性房地产而支付的现金,以及支付的佣金、手续费等交易费用。企业购买债券的价款中含有债券利息的,以及溢折价购入的,均按实际支付的金额反映。企业购买股票和债券时,实际支付的价款中包含已宣告但尚未领取的现金股利或已到付息期但尚未领取的债券利息,应在"支付的其他与投资活动有关的现金"项目中反映;收回购买股票和债券时支付的已宣告但尚未领取的现金股利或已到付息期但尚未领取的债券利息,应在"收到的其他与投资活动有关的现金"项目中反映。本项目可以根据"交易性金融资产""债权投资""其他债权投资""其他权益工具投资""投资性房地产""长期股权投资""库存现金""银行存款"等科目的记录分析填列。

(8)取得子公司及其他营业单位支付的现金净额

本项目反映企业取得子公司及其他营业单位购买出价中以现金支付的部分,减去子公司或其他营业单位持有的现金和现金等价物后的净额。本项目可以根据有关科目的记录分析填列。

3.筹资活动产生的现金流量有关项目

(1)吸收投资收到的现金

本项目反映企业以发行股票、债券等方式筹集资金实际收到的款项净额(发行收入减去支付的佣金等发行费用后的净额)。以发行股票等方式筹集资金而由企业直接支付的审计、咨询等费用,不在本项目中反映,而在"支付的其他与筹资活动有关的现金"项目中反映;由金融企业直接支付的手续费、宣传费、咨询费、印刷费等费用,从发行股票、债券取得的现金收入中扣除,以净额列示。本项目可以根据"实收资本(股本)""资本公积""库存现金""银行存款"等科目的记录分析填列。

【例13-8】 天目公司对外公开募集股份100 000万股,每股1元,发行价格每股1.1元,代理发行证券公司为其支付的各种费用,共计1 700万元。另支付证券公司咨询费、公证费等500万元。

本期吸收投资收到的现金计算如下。

发行债券取得的现金:108 300万元,其中:发行总额110 000万元(100000×1.1)。

减:发行费用1 700万元。

本期吸收投资收到的现金1 083 000万元。

已支付的咨询费、公证费等500万元,应在"支付的其他与筹资活动有关的现金"项目中反映。

（2）借款收到的现金

本项目反映企业举借的各种短期、长期借款而收到的现金。本项目可以根据"短期借款""长期借款""交易性金融负债""应付债券""库存现金""银行存款"等科目的记录分析填列。

（3）收到的其他与筹资活动有关的现金

本项目反映除上述项目外，收到的其他与筹资活动有关的现金。其他筹资活动有关的现金，如果价值较大的，应单列项目反映。本项目可以根据有关科目的记录分析填列。

（4）偿还债务所支付的现金

本项目反映企业以现金偿还债务的本金，包括归还金融企业的借款本金、偿付企业到期的债券本金等。企业偿还的借款利息、债券利息，在"分配股利、利润或偿付利息所支付的现金"项目中反映，不在本项目中反映。本项目可以根据"短期借款""长期借款""交易性金融负债""应付债券""库存现金""银行存款"等科目的记录分析填列。

（5）分配股利、利润或偿付利息支付的现金

本项目反映企业实际支付的现金股利、支付给其他投资单位的利润或用现金支付的借款利息、债券利息。不同用途的借款，对应利息的开支渠道不一样，如在建工程、财务费用等，但均在本项目中反映。本项目可以根据"应付股利""应付利息""利润分配""财务费用""在建工程""制造费用""研发支出""库存现金""银行存款"等科目的记录分析填列。

（6）支付其他与筹资活动有关的现金

本项目反映除企业除上述各项目外，支付的其他与筹资活动有关的现金，如以发行股票、债券等方式筹集资金而由企业直接支付的审计、咨询等费用，融资租赁所支付的现金、以分期付款方式购建固定资产以后各期支付的现金等。其他与筹资活动有关的现金，如果价值较大的，应单列项目反映。本项目可以根据有关科目的记录分析填列。

拓展资源 13.1：租赁准则的变化对现金流量表的影响

4.汇率变动对现金的影响

编制现金流量表时，应当将企业外币现金流量以及境外子公司的现金流量折算成记账本位币。现行企业会计准则规定，外币现金流量以及境外子公司的现金流量，应当采用现金流量发生时的即期汇率或按照系统合理的方法确定的、与现金流量发生日即期汇率近似的汇率折算。汇率变动对现金的影响额应当作为调节项目，在现金流量表中单独列报。汇率变动对现金的影响，是指企业外币现金流量及境外子公司的现金流量折算成记账本位币时所采用的是现金流量发生日的汇率或按照系统合理的方法确定的、与现金流量发生日即期汇率近似的汇率，而现金流量表"现金及等价物净增加额"项目中外币现金净增加额是按资产负债表日的即期汇率折算，两者的差额即为汇率变动对现金的影响。

5.附注披露补充资料

在我国，现金流量表补充资料应采用间接法反映经营活动产生的现金流量情况，以对现金流量表中采用直接法反映的经营活动现金流量进行核对和补充说明。具体反映的内容包括如下方面。

（1）不涉及现金收支的投资和筹资活动。本项目反映企业一定期间内影响资产或负债但不形成该期间现金收支的所有投资和筹资活动的信息。这些投资和筹资活动虽然不涉及现金收支，但对以后各期的现金流量有重大影响。不涉及现金收支的投资和筹资活动主要

包括以下项目。

①"债务转为资本"项目,反映企业本期转为资本的债务金额。

②"一年内到期的可转换公司债券"项目,反映企业一年内到期的可转换公司债券的金融。

(2)现金及现金等价物净变动情况。

现金及现金等价物净变动情况＝现金的期末余额—现金的期初余额＋现金等价物的期末余额—现金等价物的期初余额

(二)间接法

间接法是指以净利润为基础,调整为经营活动产生的现金流量。净利润的计算和现金流量表编制的基础各不相同,将权责发生制基础下计算出的净利润调整为现金收付制基础下的现金流量是间接法编制的主要任务。调整的项目具体可以分为四大类:一是实际没有支付现金的费用;二是实际没有收到现金的收益;三是不属于经营活动的损益;四是经营性应收应付项目的增减变动。具体调整方法如下。

1.资产减值损失和信用减值损失

本项目可以根据信用减值损失和资产减值损失科目分析填列,企业当期计提的坏账准备和各种资产减值准备,包括在利润表中,属于利润的减除项目,但没有发生现金流出。所以,在将净利润调整为经营活动产生现金流量时,需要加回。本项目根据"信用减值损失"和"资产减值损失"科目的记录分析填列。

2.固定资产折旧、油气资产折旧、生产性生物资产折旧

以固定资产折旧为例,企业计提的固定资产折旧,有的计入管理费用或销售费用,有的计入制造费用当中。计入管理费用或销售费用的部分,作为期间费用在计算利润时从中扣除,但没有发生现金流出,在将净利润调节为经营活动现金流量时,需要加回。计入制造费用中已经变现的部分,在计算净利润时通过销售成本予以扣除,但没有发生现金流出,计入制造付费用中的没有变现的部分,既不涉及现金收支,也不影响当期净利润,由于在调节存货时已经从中扣除,因此,在将净利润调节为经营活动现金流量时,需要予以加回。同理,企业计提的油气资产折耗、生产性生物资产折旧也是同样的处理。本项目根据"累计折旧""累计折耗""生产性生物资产累计折旧"等科目的记录分析填列。

3.无形资产摊销和长期待摊费用摊销

企业无形资产摊销计入管理费用,长期待摊费用摊销时,有的计入管理费用,有的计入销售费用,有的计入制造费用,同固定折旧分析一样,本项目摊销时需要加回。本项目根据"累计摊销"和"长期待摊费用"科目的记录分析填列。

4.处置固定资产、无形资产和其他长期资产的损失(减:收益)

企业处置固定资产、无形资产和其他长期资产发生的损益,属于投资活动产生的损益,不属于经营活动产生的损益,所以,在将净利润调节为经营活动现金流量时,需要予以剔除。如为损失,在将净利润调节为经营活动现金流量时,应当加回,反之,则应当扣除。本项目根据"资产处置损益""其他业务收入""其他业务成本"等科目的记录分析填列。

5.固定资产报废损失

企业发生的固定资产报废损益,属于投资活动产生的损益,不属于经营活动产生的损

益,所以,在将净利润调节为经营活动现金流量时,需要予以剔除。如为净损失,应当加回,如为净收益,应当扣除。本项目可根据"营业外收入""营业外支出"等科目所属明细科目的记录分析填列。

6.公允价值变动损失

公允价值变动损失反映企业交易性金融资产、投资性房地产等公允价值变动形成的应计入当期损益的利得或损失。企业发生的公允价值变动损益,通常与企业的投资活动或筹资活动有关,而且并不影响企业当期的现金流量。因此,应当将其从净利润中剔除。本项目可以根据"公允价值变动损益"科目的发生额分析填列。如为持有损失,在将净利润调节为经营活动现金流量时,应当加回,如为持有利得,在将净利润调节为经营活动现金流量时应当扣除。

7.财务费用

企业发生的财务费用不属于经营活动的部分,应当在将净利润调节为经营活动现金流量时将其加回。本项目可根据"财务费用"科目的本期借方发生额分析填列,如为收益,以"—"号填列。

8.投资损失(减:收益)

企业发生的投资损益,属于投资活动产生的损益,不属于经营活动产生的现金流量产生的损益。所以,在将净利润调节为经营活动现金流量时,需要予以剔除。如为净损失,应当加回,如为净收益,应当扣除。本项目可根据"投资收益"科目所属明细项目的数字填列。如为投资收益,以"—"号填列。

9.递延所得税资产减少(减:增加)

递延所得税资产减少使计入所得税费用的金额大于当期应交所得税金额,其差额没有发生现金流出,但在计算净利润时已经扣除,在将净利润调节为经营活动现金流量时,应当加回。反之(递延所得税资产增加时),应当扣除。本项目可以根据"递延所得税资产"项目期初、期末余额分析填列。

10.递延所得税负债增加(减:减少)

递延所得税负债增加使计入所得税费用的金额大于当期应交所得税金额,其差额没有发生现金流出,但在计算净利润时已经扣除,在将净利润调节为经营活动现金流量时,应当加回。反之(递延所得税负债减少时),应当扣除。本项目可以根据"递延所得税负债"项目期初、期末余额分析填列。

11.存货的减少(减:增加)

期末存货比期初存货减少,说明本期生产经营活动过程中耗用的存货有一部分是期初的存货,耗用的这部分存货并没有发生现金流出,但在计算净利润时已经扣除,所以,在将净利润调节为经营活动现金流量时,应当加回。期末存货比期初存货增加,说明当期购入的存货除耗用外,还剩余了一部分,这部分存货也发生了现金流出,但在计算净利润时没有包括在内,所以,在将净利润调节为经营活动现金流量时,需要扣除。本项目可根据"存货"项目的期初数、期末数之间的差额填列;期末数大于期初数的差额,以"—"号填列。如果存货中的增减变动属于投资活动,如在建工程领用存货,应当剔除。

12.经营性应收项目的减少(减:增加)

经营性应收项目包括应收票据、应收账款、预付账款、长期应收款和其他应收款中与经营活动有关的部分,以及应收的增值税销项税额等。经营性应收项目期末余额小于经营性应收项目期初余额,说明本期收回的现金大于利润表中所确认的销售收入,所以,在将净利润调节为经营活动现金流量时,需要加回。反之,需要扣除。本项目根据有关科目的期初、期末余额分析填列,如为增加,以"—"号填列。

13.经营性应付项目的增加(减:减少)

经营性应付项目包括应付票据、应付账款、预收账款、应付职工薪酬、应交税费、应付利息、长期应付款和其他应付款中与经营活动有关的部分,以及应付的增值税进项税额等。经营性应付项目期末余额大于经营性应付项目期初余额,说明本期购入的存货中有一部分没有支付现金,但是,在计算净利润时却通过销售成本包括在内,在将净利润调节为经营性活动现金流量时,需要加回。反之,需要扣除。本项目应当根据有关项目的期初、期末余额分析填列,如为减少,以"—"号填列。

四、现金流量表编制程序及方法举例

在具体编制现金流量表时,可以采用工作底稿法或 T 形账户法,也可以根据有关科目记录分析填列。

(一)工作底稿法

采用工作底稿法编制现金流量表,是以工作底稿为手段,以资产负债表和利润表数据为基础,对每一项目进行分析并编制调整分录,从而编制现金流量表。工作底稿法的程序是:

第一步,将资产负债表的期初数和期末数过入工作底稿的期初数栏和期末数栏。

小贴士 13.5:销售商品、提供劳务收到的现金的计算

第二步,对当期业务进行分析并编制调整分录。编制调整分录时,要以利润表项目为基础,从"营业收入"开始,结合资产负债表项目逐一分析。在调整附录中,有关现金和现金等价物的事项,并不直接借记或贷记现金,而是分别计入"经营活动产生的现金流量""投资活动产生的现金流量""筹资活动产生的现金流量"有关项目。借记表示现金流入,贷记表示现金流出。

第三步,将调整分录过入工作底稿中的相应部分。

第四步,核对调整分录,借方、贷方合计数均已相等,资产负债表项目期初数加减调整分录中的借贷金额以后,也等于期末数。

第五步,根据工作底稿中的现金流量表项目部分编制正式的现金流量表。

1.工作底稿法举例(直接法)

小贴士 13.6:购买商品、接受劳务支付的现金的计算

第一步,将资产负债表各项目期初和期末数过入工作底稿的期初数栏和期末数栏;将利润表各项目的本期数过入工作底稿的本期数栏。

第二步,对当期业务进行分析并编制调整分录。编制调整分录时,以利润表项目为基础,从"营业收入"项目开始,结合资产负债表项目逐一进行分析。根据【例 13.1】的资料,本例调整分录如下:

(1)分析调整营业收入

①确定本期确认的营业收入为 2 900 000 元,增值税销项税额为 377 000 元。

②根据营业收入,再结合应收票据、应收账款科目进行分析,原因是这两个项目反映的是非现金销售。

借:经营活动现金流量——销售商品、提供劳务收到的现金　　　　　　　3 007 000

　　应收账款　　　　　　　　　　　　　　　　　　　　　　　　　　20 000

　　贷:营业收入　　　　　　　　　　　　　　　　　　　　　　　　　2 900 000

　　　应交税费——应交增值税(销项税额)　　　　　　　　　　　　　377 000

　　　应收票据　　　　　　　　　　　　　　　　　　　　　　　　　50 000

(2)分析调整营业成本

借:营业成本　　　　　　　　　　　　　　　　　　　　　　　　　　1 000 000

　　应交税费——应交增值税(进项税额)　　　　　　　　　　　　　　26 000

　　应付票据　　　　　　　　　　　　　　　　　　　　　　　　　　60 000

　　应付账款　　　　　　　　　　　　　　　　　　　　　　　　　　200 000

　　存货　　　　　　　　　　　　　　　　　　　　　　　　　　　　425 000

　　贷:经营活动现金流量——购买商品、接受劳务支付的现金　　　　　1 661 000

　　　预付款项　　　　　　　　　　　　　　　　　　　　　　　　　50 000

(存货净值增加额415 000元,存货跌价准备增加额10 000元)

(3)分析调整本年税金及附加

先全部认定本期所有的税金及附加都已支付现金,后面如有未涉及现金的业务,在此基础上再作调整。

　　借:税金及附加　　　　　　　　　　　　　　　　　　　　　　　35 000

　　　贷:经营活动现金流量——支付的各项税费　　　　　　　　　　35 000

(4)计算销售费用付现

分析方法同税金及附加。

　　借:销售费用　　　　　　　　　　　　　　　　　　　　　　　　30 000

　　　贷:经营活动现金流量——支付其他与经营活动有关的现金　　　30 000

(5)分析调整管理费用和研发费用

分析方法同税金及附加。

　　借:管理费用　　　　　　　　　　　　　　　　　　　　　　　　240 000

　　　研发费用　　　　　　　　　　　　　　　　　　　　　　　　　40 000

　　　贷:经营活动现金流量——支付其他与经营活动有关的现金　　　280 000

(6)分析调整财务费用

一般来说,在权责发生制下,本期财务费用的增加通常与经营活动产生的现金流量无直接关系,但在本例中,财务费用的增加其中有一部分是因为应收票据贴现所致,而应收票据在调整分录(1)中已调整,因此需要在此基础上再次调整。

　　借:财务费用　　　　　　　　　　　　　　　　　　　　　　　　82 000

　　　贷:经营活动现金流量——销售商品、提供劳务收到的现金　　　52 000

　　　其他应付款(应付利息)　　　　　　　　　　　　　　　　　　10 000

　　　长期借款　　　　　　　　　　　　　　　　　　　　　　　　　20 000

(7)分析调整资产减值损失和信用减值损失

这两项减值损失的确认不涉及现金流量。

　　借:资产减值损失　　　　　　　　　　　　　　　　　　　　　　30 000

信用减值损失	8 200	
贷:应收账款(坏账准备)		8 200
存货(存货跌价准备)		10 000
固定资产(固定资产减值准备)		20 000

(8)分析调整公允价值变动损益

公允价值变动损益的确认不涉及现金流量。

借:交易性金融资产	5 000	
贷:公允价值变动损益		5 000

(9)分析调整投资收益

调整方法与税金及附加基本一样,先全部认定所有的投资收益都带来了现金流入,后面如有未涉及投资收益增加而投资活动现金流量并未增加的情况再予以调整。

借:投资活动现金流量——取得投资收益收到的现金	50 000	
贷:投资收益		50 000

(10)分析调整资产处置损失和营业外支出

天目公司本年确认资产处置损失 100 000 元,营业外支出 150 000 元,分别涉及处置固定资产损失 100 000 元,固定资产盘亏 150 000 元,处置固定资产有 1 022 000 元现金流入。

借:资产处置收益	100 000	
营业外支出	150 000	
投资活动现金流量——处置固定资产、无形资产和其他长期资产		
收回的现金净额	678 000	
固定资产(累计折旧)	150 000	
固定资产(固定资产减值准备)	100 000	
贷:固定资产(原价)		1 100 000
应交税费——应交增值税(销项税额)		78 000

(11)分析调整所得税费用

所得税费用的确认不直接涉及现金流量。

借:所得税费用	309 950	
贷:应交税费——应交所得税		309 950

(12)分析调整坏账准备

本年发生坏账 10 000 元,冲减了应收账款与坏账准备,该项应收账款的减少并没有导致现金流入,因而需要调整。

借:应收账款(坏账准备)	10 000	
贷:经营活动现金流量——销售商品、提供劳务收到的现金		10 000

(13)分析调整固定资产

此处调整固定资产增加额以及相应的增值税进项税额。

借:固定资产	2 100 000	
应交税费——应交增值税(进项税额)	13 000	
贷:投资活动现金流量——购建固定资产所支付的现金		113 000
在建工程		2 000 000

（14）分析调整累计折旧

本期计提折旧不会导致现金流出，但计入制造费用的累计折旧最后计入了存货成本，导致了本期存货的增加，而分录（2）中假设所有存货的增加都列入"购买商品、接受劳务支付的税金"，因此，需要在分录（2）的基础上，调整减少"购买商品、接受劳务支付的税金"；同理，计入管理费用，需要在分录（5）的基础上，调整减少"支付其他与经营活动有关的现金"。

借：经营活动现金流量——购买商品、接受劳务支付的现金　　　　100 000

　　　　　　　　——支付其他与经营活动有关的现金　　　　50 000

　贷：固定资产（累计折旧）　　　　150 000

（15）分析调整在建工程

借：在建工程　　　　850 000

　应交税费——应交增值税（进项税额）　　　　26 000

　贷：投资活动现金流量——购建固定资产、无形资产和其他长期资产

　　　　支付的现金　　　　626 000

　　　应付职工薪酬　　　　100 000

　　　长期借款（应付利息）　　　　150 000

在建工程＝工程物资（200 000 元）＋应付安装工人工资（500 000 元）＋在建工程利息（150 000 元）

小贴士 13.7：投资活动现金流量——购建固定资产、无形资产和其他长期资产支付的现金的计算

（16）分析调整无形资产

无形资产项目的变动，主要看增加和减少无形资产的业务，如果这类业务导致了现金流入或流出，则记入"投资活动现金流量"之中。本例没有无形资产增加业务，无形资产减少的业务来自无形资产的摊销，无形资产摊销记入"管理费用"，而管理费用在分录（5）中已全部调整，因此，在分录（5）的基础上，调减"经营活动现金流量——支付其他与经营活动有关的现金"。

借：经营活动现金流量——支付其他与经营活动有关的现金　　　　60 000

　贷：无形资产（累计摊销）　　　　60 000

（17）分析调整研发支出

借：研发支出　　　　30 000

　贷：投资活动现金流量——支付其他与投资活动有关的现金　　　　30 000

（18）分析调整其他权益工具

其他权益工具公允价值的变动不涉及现金流量。

借：其他权益工具投资　　　　20 000

　贷：其他综合收益　　　　15 000

　　　递延所得税负债　　　　5 000

（19）分析调整短期借款

本期"短期借款"科目有 30 000 元的借方发生额，系该公司以现金偿还短期借款本金。

借：短期借款　　　　300 000

　贷：筹资活动现金流量——偿还债务支付的现金　　　　300 000

（20）分析调整应付职工薪酬

本期"应付职工薪酬"科目借方发生额为 1 160 000 元，一部分是支付给在建工程人员的

工资,属于"投资活动现金流量——购建固定资产、无形资产和其他长期资产支付的现金";另一部分属于"支付给职工以及为职工支付的现金"。

借:应付职工薪酬 1 160 000
　　贷:经营活动现金流量——支付给职工以及为职工支付的现金 1 160 000
借:经营活动现金流量——购买商品、接受劳务支付的现金 1 110 000
　　　　　　　　　　——支付其他与经营活动有关的现金 50 000
　　贷:应付职工薪酬 1 160 000

(21)分析调整应交税费

由于应交税费的明细科目较多,除了增值税之外,还有所得税、消费税等,因此,该项目的调整也较复杂。在本例中,由于存货的增值税已经通过分录(2)进行了调整,与固定资产、工程物资相关的增值税已经通过分录(10)、(13)和(15)进行了调整,本期确认的税金及附加通过附录(3)进行了调整,故此处只需调整确定实际上缴税务机关的税费,本期缴纳增值税300 000元。

借:应交税费 300 000
　　贷:经营活动现金流量——支付的各项税费(增值税) 300 000

(22)分析调整应付利息

借:其他应付款(应付利息) 20 000
　　贷:筹资活动现金流量——分配股利、利润或偿付利息支付的现金 20 000

(23)分析调整长期借款

借:筹资活动现金流量——取得借款收到的现金 1 000 000
　　贷:长期借款 1 000 000

(24)偿还借款

借:长期借款 1 000 000
　　贷:筹资活动现金流量——偿还债务支付的现金 1 000 000

(25)结转净利润

借:净利润 929 850
　　贷:未分配利润 929 850

(26)提取盈余公积及分配股利

借:未分配利润 142 985
　　贷:盈余公积 92 985
　　　　其他应付款(应付股利) 50 000

(27)调整现金及现金等价物净变化额

借:货币资金 488 000
　　贷:现金及现金等价物净增加额 488 000

(28)结转损益

借:营业收入 2 900 000
　　投资收益 50 000
　　公允价值变动损益 5 000
　　贷:营业成本 1 000 000

		35 000
税金及附加		35 000
销售费用		30 000
管理费用		24 0000
研发费用		40 000
财务费用		82 000
资产减值损失		30 000
信用减值损失		8 200
资产处置收益		100 000
营业外支出		150 000
所得税费用		309 950
净利润		929 850

第三步,编制现金流量表工作底稿及现金流量表,如表 13-6 和表 13-7 所示。

表 13-6 现金流量表工作底稿

单位:元

项目	期初数	调整分录		期末数
		借方	贷方	
一、资产负债表项目				
借方科目:				
货币资金	1 152 000	488 000(27)		1 640 000
交易性金融资产	25 000	5 000(8)		30 000
应收票据	50 000		50 000(1)	
应收账款	292 000	321 800(1)		613 800
预付款项	50 000		50 000(2)	
其他应收款	5 000			5 000
存货	329 000	425 000(1)	10 000(7)	744 000
其他权益工具投资	80 000	20 000(18)		100 000
长期股权投资	295 000			295 000
固定资产	3 300 000	150 000(10)	20 000(7)	4 380 000
		100 000(10)	1 100 000(10)	
		2 100 000(13)	150 000(14)	
在建工程	1 600 000	850 000(15)	2 000 000(13)	450 000
无形资产	1 000 000		60 000(16)	940 000
开发支出		30 000(17)		30 000
借方项目合计	8 178 000			9 227 800
贷方项目:				
短期借款	500 000	300 000(19)		200 000

— 309 —

续　表

项目	期初数	调整分录 借方	调整分录 贷方	期末数
应付票据	200 000	60 000(2)		140 000
应付账款	800 000	200 000(2)		600 000
其他应付款	85 000	20 000(22)	10 000(6)	25 000
			50 000(25)	
应付职工薪酬	50 000	1 160 000(20)	100 000(15)	150 000
			1 160 000(20)	
应交税费	41 000	26 000(2)	377 000(1)	440 950
		13 000(13)	78 000(10)	
		26 000(15)	309 950(11)	
		300 000(21)		
递延所得税负债	8 000		5 000(18)	13 000
长期借款	2 000 000	1 000 000(24)	1 000 000(23)	2 170 000
			150 000(15)	
			20 000(6)	
股本	1 000 000			1 000 000
资本公积	3 000 000			3 000 000
盈余公积			92 985(26)	92 985
未分配利润		142 985(26)	929 850(25)	786 865
其他综合收益	494 000		15 000(18)	509 000
贷方科目合计				9 227 800
二、利润表项目				
营业收入			2 900 000	2 900 000
营业成本		1 000 000		1 000 000
税金及附加		35 000		35 000
销售费用		30 000		30 000
管理费用		240 000		240 000
研发费用		40 000		40 000
财务费用		82 000		82 000
资产减值损失		30 000		30 000
信用减值损失		8 200		8 200

项目	调整分录		本期数
	借方	贷方	
投资收益		50 000	
公允价值变动损益		5 000	
资产处置收益	100 000		
营业外收入			
营业外支出	150 000		
所得税费用	309 950		
净利润	929 850		929 850
三、现金流量表项目			
(一)经营活动产生的现金流量			
销售商品提供劳务收到的现金	3 007 000(1)	52 000(6)	2 945 000
		10 000(12)	
现金收入小计:	3 007 000	62 000	2 945 000
购买商品、接受劳务支付的现金	100 000(14)	1 661 000(2)	451 000
	1 110 000(20)		
支付给职工及为职工支付的现金		1 160 000(20)	1 160 000
支付的各项税费		35 000(3)	335 000
		300 000(21)	
支付其他与经营活动有关的现金	50 000(14)	30 000(4)	150 000
	60 000(16)	280 000(5)	
	50 000(20)		
现金支出小计:			2 096 000
经营活动产生的现金流量净额			849 000
(二)投资活动产生的现金流量			
收回投资收到的现金			
分得投资收益所收到的现金	50 000(9)		
处置固定资产、无形资产和其他长期资产收回的现金净额	678 000(10)		
现金收入小计:	728 000		728 000
购建固定资产、无形资产和其他长期资产所支付的现金		113 000(13)	
		626 000(15)	
支付其他与投资活动有关的现金		30 000(17)	

续　表

项目	调整分录		本期数
	借方	贷方	
现金流出小计		769 000	769 000
投资活动产生的现金流量净额			−41 000
(三)筹资活动产生的现金流量			
取得借款收到的现金	1 000 000(23)		
现金收入小计:			
偿还债务所支付的现金		300 000(19)	
		1 000 000(24)	
分配股利、利润和偿还利息支付的现金		20 000(22)	
现金支出小计:	1 000 000	1 320 000	
筹资活动产生的现金流量净额			−320 000
(四)现金及现金等价物净增加额		488 000	488 000
调整分录借贷合计	9 060 000	9 060 000	

表 13-7　现金流量表

编制单位:天目公司　　　　　　　　　　20×1 年度　　　　　　　　　　单位:元

项目	金额
一、经营活动产生的现金流量:	
销售商品、提供劳务收到的现金	2 945 000
收到的税费返还	
收到其他与经营活动有关的现金	
经营活动现金流入小计	2 945 000
购买商品、接受劳务支付的现金	451 000
支付给职工以及为职工支付的现金	1 160 000
支付的各项税费	335 000
支付其他与经营活动有关的现金	150 000
经营活动现金流出小计	2 096 000
经营活动产生的现金流量净额	849 000
二、投资活动产生的现金流量:	
收回投资收到的现金	
取得投资收益收到的现金	50 000
处置固定资产、无形资产和其他长期资产收回的现金净额	678 000

续　表

项目	金额
处置子公司及其他营业单位收到的现金净额	
收到其他与投资活动有关的现金	
投资活动现金流入小计	728 000
购建固定资产、无形资产和其他长期资产支付的现金	739 000
投资支付的现金	
取得子公司及其他营业单位支付的现金净额	
支付其他与投资活动有关的现金	30 000
投资活动现金流出小计	769 000
投资活动产生的现金流量净额	−41 000
三、筹资活动产生的现金流量:	
吸收投资收到的现金	
取得借款收到的现金	1 000 000
收到其他与筹资活动有关的现金	
筹资活动现金流入小计	1 000 000
偿还债务支付的现金	1 300 000
分配股利、利润或偿付利息支付的现金	20 000
支付其他与筹资活动有关的现金	
筹资现金流出小计	1 320 000
筹资活动产生的现金流量净额	−320 000
四、汇率变动对现金及现金等价物的影响	
五、现金及现金等价物净增加额	488 000
加:期初现金及现金等价物余额	1 152 000
六、期末现金及现金等价物余额	1 640 000

企业在采用直接法列报经营活动产生的现金流量的情况下,还应当采用间接法在报表附注中披露将净利润调节为经营活动现金流量的信息(见表 13-8)。

表 13-8　将净利润调整为经营活动现金流量　　　　　　　　　　单位:元

项目	金额
1.将净利润调节为经营活动现金流量:	
净利润	929 850
加:资产减值损失和信用减值损失	38 200
固定资产折旧	150 000

续 表

项目	金额
无形资产摊销	60 000
处置固定资产、无形资产和其他长期资产的损失（收益以"－"列示）	250 000
固定资产报废损失（收益以"－"列示）	
公允价值变动损失（收益以"－"列示）	－5 000
财务费用（收益以"－"列示）	82 000
投资损失（收益以"－"列示）	－50 000
递延所得税资产减少（增加以"－"列示）	
递延所得税负债增加（减少以"－"列示）	
存货的减少（增加以"－"列示）	－425 000
经营性应收项目的减少（增加以"－"列示）	－282 000
经营性应付项目的增加（减少以"－"列示）	100 950
其他	
经营活动产生的现金流量净额	84 900
2.不涉及现金收支的投资和筹资活动：	
债务转为资本	
一年内到期的可转换公司债券	
融资租入固定资产	
3.现金及现金等价物净增加情况	
现金的期末余额	1 640 000
减:现金的期初余额	1 152 000
加:现金等价物的期末余额	
减:现金等价物的期初余额	
现金及现金等价物净增加额	488 000

天目公司本期经营性应收项目的变动情况如下。

应收账款（未扣减坏账准备但加回注销的坏账 10 000 元）增加   330 000 元
（320 000＋10 000）

应收票据（扣除贴现息）减少   2 000 元

预付款项减少   －50 000 元

合计减少   282 000 元

经营性应付项目的变动情况如下：

应付账款减少   －200 000 元

应付票据减少   －60 000 元

应交税费减少（不包括与固定资产、工程物资相关的应交增值税

| 净增加额 39 000 元) | 360 950 元 |
| 合计减少 | -100 950 元 |

在编制现金流量表时,要区分经营活动、投资活动与筹资活动的现金流量。在分析调整有关资产负债表与利润表项目时,要区分经营性应收、应付项目与非经营性应收、应付项目。有些应收、应付项目既反映了经营性应收、应付项目的内容,也反映了非经营性应收、应付项目的内容。如应收票据中有可能赊销固定资产、无形资产等长期资产而应收的款项,同样,应付票据则有可能是赊购固定资产、无形资产等长期资产而应付的款项,而应付职工薪酬有可能包括在建工程人员的工资;应交税费——应交增值税则有可能是购买固定资产、工程物资、无形资产或销售固定资产、无形资产等产生的应税项目。

2.工作底稿法举例(间接法)

根据前例所提供的资料,在间接法报告经营活动产生现金流量的情况下,采用工作底稿法编制现金流量表。

(1)结转净利润

| 借:净利润 | 929 850 |
| 贷:未分配利润 | 929 850 |

(2)分析调整计提的减值准备

本期计提的资产有坏账准备 8 200 元,存货跌价准备 10 000 元,固定资产减值准备 20 000 元,共计 38 200 元。计提的减值准备减少了利润,但没有现金流出,因此,在净利润的基础上加上计提的减值准备。

借:净利润调整——计提的减值准备	38 200
贷:应收账款(坏账准备)	8 200
存货(存货跌价准备)	10 000
固定资产(固定资产减值准备)	20 000

(3)分析调整计提的固定资产折旧

| 借:净利润调整——固定资产折旧 | 150 000 |
| 贷:固定资产(累计折旧) | 150 000 |

(4)分析调整无形资产摊销

| 借:净利润调整——无形资产摊销 | 60 000 |
| 贷:无形资产(累计摊销) | 60 000 |

(5)调整处置固定资产损失

借:净利润调整——处置固定资产损失	250 000
投资活动现金流量——处置固定资产、无形资产和其他长期资产	
收回的现金净额	678 000
固定资产(累计折旧)	150 000
固定资产(固定资产减值准备)	100 000
贷:固定资产(原价)	1 100 000
应交税费——应交增值税(销项税额)	78 000

(6)调整公允价值变动损益

| 借:交易性金融资产 | 5 000 |

    贷:净利润调整——公允价值变动收益   5 000

  (7)调整财务费用

  借:净利润——财务费用   82 000

    贷:应收票据   52 000

      其他应付款(应付利息)   10 000

      长期借款   20 000

  (8)调整投资收益

  借:投资活动现金流量——取得投资收益收到的现金   50 000

    贷:净利润调整——投资收益   50 000

  (9)存货增加

  借:存货   425 000

    贷:净利润——存货增加   425 000

  (10)经营性应收项目减少

  本期经营性应收项目的变动涉及应收账款、应收票据、预付款项,各项目的变动情况如下:

  应收账款(未扣减坏账准备但加回注销的坏账 10 000 元)增加 330 000 元

                  (320 000+10 000)

  应收票据(扣除贴现息)减少   2 000 元

  预付款项减少   −50 000 元

  合计减少   −282 000 元

  借:应收账款   330 000

    应收票据   2 000

    贷:净利润调整——经营性应收项目的减少   282 000

      预付款项   50 000

  (11)经营性应付项目的减少

  本期经营性应付项目的变动涉及应付账、应付票据、应交税费,各项目的变动情况如下。

  经营性应付项目的变动情况如下:

  应付账款减少   −200 000 元

  应付票据减少   −60 000 元

  应交税费减少(不包括与固定资产、工程物资相关的应交增值税净

  增加额 39 000 元)   360 950 元

  合计减少   −100 950 元

  借:应付账款   200 000

    应付票据   60 000

    净利润调整——经营性应付项目的减少   100 950

    贷:应交税费   360 950

  (12)分析调整固定资产

  借:固定资产   2 100 000

    应交税费——应交增值税(进项税额)   13 000

贷:在建工程	2 000 000
投资活动产生的现金——购建固定资产无形资产	
和其他资产支付的现金	113 000

(13)分析在建工程和工程物资

借:在建工程	850 000
应交税费——应交增值税(进项税额)	26 000
贷:投资活动现金流量——购建固定资产、无形资产和其他长期资产	
支付的现金	626 000
应付职工薪酬	100 000
长期借款(应付利息)	150 000

(14)分析调整开发支出

借:研发支出	30 000
贷:投资活动现金流量——支付其他与投资活动有关的现金	30 000

(15)分析调整短期借款

借:短期借款	300 000
贷:筹资活动现金流量——偿还债务支付的现金	300 000

(16)分析调整应付利息

借:其他应付款(应付利息)	20 000
贷:筹资活动现金流量——分配股利、利润或偿付利息支付的现金	20 000

(17)分析调整长期借款

借:筹资活动现金流量——取得借款收到的现金	1 000 000
贷:长期借款	1 000 000

(18)偿还债务

借:长期借款	1 000 000
贷:筹资活动现金流量——偿还债务支付的现金	1 000 000

(19)提取盈余公积及分配股利

借:未分配利润	142 985
贷:盈余公积	92 985
其他应付款(应付股利)	50 000

(20)调整其他权益工具投资

借:其他权益工具投资	20 000
贷:其他综合收益	15 000
递延所得税负债	5 000

(21)调整现金及现金等价物净变化额

借:货币资金	488 000
贷:现金及现金等价物净增加额	488 000

现金流量表工作底稿如表13-9所示。

表 13-9　现金流量表工作底稿

项目	期初数	调整分录		期末数
		借方	贷方	
一、资产负债表项目				
借方科目：				
货币资金	1 152 000	488 000(21)		1 640 000
交易性金融资产	25 000	5 000(6)		30 000
应收票据	50 000	2 000(10)	52 000(7)	
应收账款	292 000	330 000(10)	8 200(2)	613 800
预付款项	50 000		50 000(10)	
其他应收款	5 000			5 000
存货	329 000	425 000(9)	10 000(2)	744 000
其他权益工具投资	80 000	20 000(20)		100 000
长期股权投资	295 000			295 000
固定资产	3 300 000	150 000(10)	20 000(2)	4 380 000
		100 000(5)	150 000(3)	
		2 100 000(12)	1 100 000(5)	
在建工程	1 600 000	850 000(13)	2 000 000(12)	450 000
无形资产	1 000 000		60 000(4)	940 000
开发支出		30 000(14)		30 000
借方项目合计	8 178 000	4 500 000	3 450 200	9 227 800
贷方项目：				
短期借款	500 000	300 000(15)		200 000
应付票据	200 000	60 000(11)		140 000
应付账款	800 000	200 000(11)		600 000
其他应付款	85 000	20 000(16)	10 000(7)	125 000
			50 000(19)	
应付职工薪酬	50 000		100 000(13)	150 000
应交税费	41 000	13 000(12)	78 000(5)	440 950
		26 000(13)	360 950(11)	
递延所得税负债	8 000		5 000(20)	13 000
长期借款	2 000 000	1 000 000(18)	1 000 000(17)	2 170 000
			150 000(13)	
			20 000(7)	

项目	期初数	调整分录		期末数
		借方	贷方	
股本	1 000 000			1 000 000
资本公积	3 000 000			3 000 000
盈余公积			92 985(19)	92 985
未分配利润		142 985(19)	929 850(1)	786 865
其他综合收益	494 000		15 000(20)	509 000
贷方科目合计		4 500 000	3 450 200	9 227 800

项目	调整分录		本期数
	借方	贷方	
二、现金流量表项目			
(一)经营活动产生的现金流量			
净利润	929 850(1)		929 850
净利润调整			
计提的资产减值准备	38 200(2)		38 200
固定资产折旧	150 000(3)		150 000
无形资产摊销	60 000(4)		60 000
处置固定资产、无形资产和其他长期资产的损失	250 000(5)		250 000
公允价值变动损失		5 000(6)	−5 000
财务费用	82 000(7)		82 000
投资损失		50 000(8)	−50 000
递延所得税负债增加			
存货增加		425 000(9)	425 000
经营性应收项目的减少		282 000(10)	−282 000
经营性应付项目的减少	100 950(11)		100 950
经营活动产生的现金流量净额			84 900
(二)投资活动产生的现金流量			
收回投资收到的现金			
取得投资收益所收到的现金	50 000(8)		50 000
处置固定资产、无形资产和其他长期资产收回的现金净额	678 000(5)		678 000
现金收入小计:	728 000		728 000

续　表

项目	调整分录		本期数
	借方	贷方	
购建固定资产、无形资产和其他长期资产所支付的现金		113 000(12)	113 000
		626 000(13)	626 000
支付的其他与投资活动有关的现金		30 000(14)	30 000
现金流出小计		769 000	
投资活动产生的现金流量净额			－41 000
(三)筹资活动产生的现金流量			
取得借款收到的现金	1 000 000(17)		
现金收入小计：	1 000 000		1 000 000
偿还债务所支付的现金		300 000(15)	
		1 000 000(18)	
分配股利、利润和偿还利息支付的现金		20 000(16)	
现金支出小计：	1 000 00	1 320 000	320 000
筹资活动产生现金流量净额			－320 000
(四)现金及现金等价物净增加额		488 000	488 000
调整分录借贷合计	9 060 000	9 060 000	

(二)T形账户法

采用 T 形账户法编制现金流量表,是以 T 形账户为手段,以资产负债表和利润表数据为基础,对每一项目进行分析并编制调整分录,从而编制现金流量表。T 形账户法的程序如下。

第一步,为所有的非现金项目(包括资产负债表项目和利润表项目)分别开设 T 形账户,并将各自的期末、期初变动数过入各相关账户。如果项目的期末数大于期初数,则将差额过入和项目余额相同的方向,反之,过入相反的方向。

第二步,开设一个大的"现金及现金等价物"T 形账户,每边分别为经营活动、投资活动和筹资活动三个部分,左边记现金流入,右边记现金流出。与其他账户一样,过入期末、期初变动数。

第三步,以利润表项目为基础,结合资产负债表分析每一个非现金项目的增减变动,并据此编制调整分录。

第四步,将调整分录过入各 T 形账户,并进行核对,该账户借贷相抵后的余额与原先过入的期末、期初变动数应当一致。

第五步,根据大的"现金及现金等价物"T 形账户编制正式的现金流量表。

T 形账户法是以 T 形账户为手段,以利润表和资产负债表数据为基础,对每一项目进行分析并编制调整分录,从而编制出现金流量表。采用 T 形账户法编制现金流量表的步骤如下。

（1）为所有的非现金（包括资产负债表和利润表项目）分别开设 T 形账户，并将各自的期末、期初变动数过入该科目。

（2）开设一个大的"现金及现金等价物"T 形账户，账户左右两边各分别为经营活动、投资活动和筹资活动三个部分，左边登记现金流入，右边登记现金流出，并过入期末、期初变动数。

（3）以利润表项目为基础，结合资产负债分析每一个非现金项目的增减变动，并据此编制调整分录。

（4）将调整分录过入各 T 形账户进行核对，该账户借贷相抵后的余额与期末、期初变动数应当一致。

（5）根据大的"现金及现金等价物"T 形账户编制现金流量表。

第五节　所有者权益变动表

一、所有者权益变动表的内容与结构

（一）所有者权益变动表的内容

所有者权益变动表是指反映构成所有者权益各组成部分当期增减变动情况的报表。所有者权益变动表应当全面反映一定时期所有者权益变动的情况，不仅包括所有者权益总量的增减变动，还包括所有者权益增减变动的重要结构性信息，让报表使用者准确理解所有者权益增减变动的根源。

在所有者权益变动表中，综合收益和与所有者权益的资本交易导致所有者权益的变动，应当分别列示。企业至少应当单独列示反映下列信息的项目：①综合收益总额；②会计政策变更和前期差错更正的累积影响金额；③所有者投入资本和向所有者分配利润等；④提取的盈余公积；⑤所有者权益各组成部分的期初和期末余额及其调节情况。

（二）所有者权益变动表的结构

为了清楚地表明构成所有者权益的各组成部分当期的增减变动情况，所有者权益变动表应当以矩阵的形式列示：一方面，列示导致所有者权益变动的交易或事项，改变以往仅仅按照所有者权益的各组成部分反映所有者权益变动的情况，而是从所有者权益变动的来源对一定时期所有者权益变动情况进行全面反映；另一方面，按照所有者权益各组成部分及其总额列示交易或事项对所有者权益的影响。

二、所有者权益变动表的编制

所有者权益变动表的格式如表 13-10 所示。表 13-10 各项目应当根据当期净利润、其他综合收益、所有者投入资本和向所有者分配利润、提取盈余公积等情况分析填列。

表 13-10　所有者权益变动表

项　目	本年金额						上年金额					
	实收资本（或股本）	资本公积	减:库存股	盈余公积	未分配利润	所有者权益合计	实收资本（或股本）	资本公积	减:库存股	盈余公积	未分配利润	所有者权益合计
一、上年年末余额												
加:会计政策变更												
前期差错更正												
二、本年年初余额												
三、本年增减变动金额（减少以"－"号填列）												
（一）综合收益总额												
（二）所有者投入和减少资本												
1.所有者投入的普通股												
2.其他权益工具持有者投入资本												
3.股份支付计入所有者权益的金额												
4.其他												
（四）利润分配												
1.提取盈余公积												
2.对所有者（或股东）的分配												
3.其他												
（五）所有者权益内部结转												
1.资本公积转增资本（或股本）												
2.盈余公积转增资本（或股本）												
3.盈余公积弥补亏损												
4.其他												
四、本年年末余额												

第六节 附注

一、附注披露要求

(一)附注概述

附注是对在资产负债表、利润表、现金流量表和所有者权益变动表等报表中列示项目的文字描述或详细资料,以及对未能在这些报表中列示项目的说明等。《企业会计准则第30号——财务报表列报》对附注披露的要求是对企业附注披露的最低要求,应当适用于所有类型的企业,企业还应当按照各项具体会计准则的规定在附注中披露相关信息。

(二)附注披露的总体要求

附注相关信息应当与资产负债表、利润表、现金流量表和所有者权益变动表等报表中列示的项目相互参照,以有助于使用者联系相关信息,并由此从整体上更好地理解财务报表。企业在披露附注信息时,应当定量、定性信息相结合,按照一定的结构对附注信息进行系统合理的排列和分类,以便于使用者理解和掌握。

二、附注的主要内容

附注应当按照如下顺序至少披露下列内容。

(一)企业的基本情况

(1)企业注册地、组织形式和总部地址。

(2)企业的业务性质和主要经营活动。

(3)母公司以及集团最终母公司的名称。

(4)财务报告的批准报出者和财务报告的批准报出日,或者以签字人及签字日期为准。

(5)营业期限有限的企业,还应当披露有关营业期限的信息。

(二)财务报表编制基础

财务报表的编制基础是指财务报表是在持续经营基础上还是在非持续经营基础上编制的。企业一般是在持续经营基础上编制财务报表,清算、破产属于非持续经营基础。

(三)遵循企业会计准则的声明

企业应当声明编制的财务报表符合企业会计准则的要求,真实、完整地反映了企业的财务状况、经营状况和现金流量等有关信息。

(四)重要会计政策和会计估计

1.重要会计政策的说明

企业应当披露采用的重要会计政策,并结合企业的具体实际披露其重要的会计政策的确定依据和财务报表项目的计量基础。其中,会计政策的确定依据主要是指企业运用会计政策过程中所作的重要判断,这些判断对在报表中确认的项目金额具有重要影响。

2.重要会计估计的说明

企业应当披露重要会计估计，并结合企业的具体实际披露其会计估计所采用的关键假设和不确定因素。重要会计估计的说明，包括可能导致下一个会计期间内资产、负债、账面价值重大调整的会计估计的确定依据等。

（五）会计政策和会计估计变更以及差错更正的说明

企业应当按照《企业会计准则第28号——会计政策、会计估计变更和差错更正》及其应用指南的规定，披露会计政策和会计估计变更以及差错更正的有关情况。

（六）报表重要项目的说明

企业应当以文字和数字描述相结合，尽可能以列表形式披露重要报表项目的构成或当期增减变动情况，并且报表重要项目的明细金额合计，应当与报表项目金额相衔接。在披露顺序上，一般按照资产负债表、利润表、现金流量表、所有者权益变动表的顺序及报表项目列示的顺序。

（七）其他需要说明的重要事项

其他需要说明的重要事项主要包括或有承诺事项、资产负债表日后非调整事项、关联方及其交易等。

（八）有助于财务报表使用者评价企业管理资本的目标、政策及程序的信息

资本管理受行业监管部门监管要求的金融等行业企业，除遵循相关监管要求外，比如我国商业银行遵循《商业银行资本管理办法（试行）》进行有关资本充足率等的信息披露，还应当在财务报表附注中披露有助于财务报表使用者评价企业管理资本的目标、政策及程序的信息。

思考题

1.财务报表的使用者有哪些？
2.资产负债表该如何编制？
3.利润表有何作用？
4.净利润与经营活动产生的现金流量有何区别？
5.报表附注有何作用？

练习题

天目公司为增值税一般纳税人，适用增值税税率为13%，所得税税率为25%。原材料采用计划成本核算。该公司20×1年12月31日的资产负债表相关项目及其数额见表13-11。其中，“应收账款”科目的期末余额为600 000元，“坏账准备”科目的期末余额为1 800元。其他资产没有计提减值准备。

表 13-11 天目公司资产负债表相关项目及数额

20×1 年 12 月 31 日 单位:元

科目名称	借方余额	科目名称	贷方余额
货币资金	2 812 600	短期借款	600 000
交易性金融资产	30 000	应付票据	1 000 000
应收票据	492 000	应付账款	1 307 600
应收账款	5 982 00	预收款项	2 000
预付款项	400 000	应付职工薪酬	220 000
其他应收款	10 000	应交税费	73 200
存货	5 160 000	其他应付款	100 000
长期股权投资	500 000	一年内到期的非流动负债	2 000 000
固定资产	3 000 000	长期借款	
在建工程	2 000 000	股本	1 200 000
无形资产	1 400 000	盈余公积	10 000 000
其他非流动资产	400 000	未分配利润	200 000
			100 000
合计	16 802 800	合计	16 802 800

20×1 年天目公司发生如下经济业务:

(1)收到银行通知,用银行存款支付到期的商业承兑汇票 200 000 元。

(2)购入甲材料一批,收到的增值税专用发票上注明的原材料价款为 300 000 元,增值税进项税额为 39 000 元,该款项已经通过银行转账支付,所购材料尚未验收入库。

(3)收到乙材料一批,实际成本为 200 000 元,计划成本为 190 000 元,材料已验收入库,价款已于上月支付。

(4)用银行汇票支付采购材料,公司收到开户银行转来的银行汇票多余款通知,通知上注明的多余款为 836 元,材料价款和运费共计 199 600 元,支付增值税进项税额 25 564 元,所购原材料已验收入库,该批原材料的计划成本为 200 000 元。

(5)销售产品一批,增值税专用发票上注明的销售价格为 600 000 元,增值税销项税额为 78 000 元,价款尚未收到,该批产品的实际成本为 360 000 元,产品已经发出。

(6)公司出售一项交易性金融资产,其账面价值为 30 000 元,收到价款 23 000 元,存入银行。

(7)购入不需安装设备一台,增值税专用发票上注明的设备价款为 170 940 元,增值税进项税额为 22 222 元,支付运费等必要费用 2 000 元,价款以及其他费用已通过银行支付,设备立即投入使用。

(8)购入工程物资一批,收到增值税专用发票上注明的价款为 300 000 元,增值税进项税额为 39 000 元,款项已通过银行支付。

(9)在建工程应付工资 456 000 元,应付耕地占用税 200 000 元。

(10)工程完工,计算应负担的长期借款利息为 300 000 元,该项利息尚未支付。

(11)某工程完工,交付使用,并已经办理竣工手续,固定资产价值为 2 800 000 元。

(12)基本生产车间一台机床报废,原价为 400 000 元,已提折旧 360 000 元,清理费用为 1 000 元,残值收入为 1 600 元,均通过银行存款收支。年底以前,该项固定资产已清理完毕。

(13)从银行借入 3 年期借款 800 000 元,所借款项已存入公司银行账户,该借款用于购建固定资产。

(14)销售产品一批,开出的增值税专用发票上注明的销售价格为 1 400 000 元,增值税销项税额为 182 000 元,款项已存入银行。销售产品的实际成本为 840 000 元。

(15)公司将收到的到期的一张面值为 400 000 元的无息银行承兑汇票(不含增值税),连同解讫通知和进账单交给银行办理转账手续。收到银行盖章退回的进账单一联,款项银行已收讫。

(16)收到被投资单位分派的现金股利 60 000 元(该项投资采用成本法核算,被投资单位和本公司税率一致),所收款项已经存入银行。

(17)公司出售一台不需用的设备,收到价款 600 000 元,该设备原价为 800 000 元,已计提折旧 300 000 元。该设备已经由购买单位运走。

(18)确认应计入本期损益的借款利息共计 43 000 元,其中,短期借款利息 23 000 元,长期借款利息 20 000 元。

(19)偿还短期借款本金 500 000 元和应付利息 25 000 元。

(20)用银行存款支付工资 1 000 000 元,其中,在建工程人员工资 400 000 元。

(21)分配应支付的职工工资 684 000 元(不包括在建工程应负担的工资)。其中,生产人员工资 627 000 元,车间管理人员工资 22 800 元,行政人员工资 34 200 元。

(22)基本生产车间领用原材料,计划成本为 1 400 000 元;领用低值易耗品,计划成本为 100 000 元,采用一次摊销法。

(23)结转领用原材料应分摊的材料成本差异,材料成本差异率为 5%。

(24)以银行存款支付基本生产车间固定资产修理费 180 000 元。

(25)收到应收账款 102 000 元,存入银行。

(26)用银行存款支付广告费 40 000 元。

(27)用银行存款偿还长期借款 2 000 000 元。

(28)计算并结转本期完工产品成本 2 564 800 元。

(29)公司采用商业承兑汇票结算方式销售产品一批,开出的增值税专用发票上注明的销售价格为 500 000 元,增值税销项税额为 65 000 元,收到 565 000 元的商业承兑汇票一张。产品实际成本为 300 000 元。

(30)公司将上述承兑汇票到银行办理贴现,贴现利息为 40 000 元。

(31)以银行存款 100 000 元支付应计入损益的研发费用。

(32)公司本期产品销售应缴纳的教育费附加为 4 000 元。

(33)用银行存款缴纳当月增值税 200 000 元、教育费附加 4 000 元。

(34)结转本期的产品销售成本 1 500 000 元。

(35)计提固定资产折旧 200 000 元。其中,应计入的制造费用为 160 000 元,管理费用为 40 000 元。

(36)首次计提固定资产减值准备 60 000 元。

(37)摊销无形资产 140 000 元。

(38)计提坏账准备 1 800 元。

(39)计算本年应交所得税 155 150 元(假定该公司的会计数据与税法的规定不存在任何差异)。

(40)结转损益类账户,计算本年净利润。

(41)提取盈余公积 46 545 元。

(42)将利润分配的其他明细科目余额转入"未分配利润"明细科目,结转本年利润。

(43)用银行存款缴纳所得税 155 150 元。

要求:

(1)根据以上资料,编制相关会计分录。

(2)编制 20×1 年 12 月 31 日资产负债表。

(3)编制 20×1 年度利润表。

(4)编制 20×1 年度现金流量表。

参考文献

[1] 贝洪俊,白玉华,龚素英.中级财务会计[M].3版.北京:高等教育出版社,2019.

[2] 财政部会计资格评价中心.中级会计实务[M].北京:经济科学出版社,2022.

[3] 戴德明,林钢,赵西卜.财务会计学[M].13版.北京:中国人民大学出版社,2021.

[4] 路国平,黄中生.中级财务会计[M].4版.北京:高等教育出版社,2021.

[5] 企业会计准则编审委员会.企业会计准则条文讲解与实务运用[M].上海:立信会计出版社,2020.

[6] 吴学斌.中级财务会计[M].4版.北京:中国邮电出版社,2019.

[7] 徐蓉.中级财务会计[M].成都:西南财经大学出版社,2020.

[8] 中国注册会计师协会.会计[M].北京:中国财政经济出版社,2022.